新自由主义全球化别名考

唐　袅　著

中央民族大学出版社

图书在版编目(CIP)数据

新自由主义全球化别名考/唐袅著. —北京: 中央民族大学出版社, 2007.1

ISBN 978-7-81056-319-2

Ⅰ.新 Ⅱ.唐… Ⅲ.新自由主义(经济学)—研究
Ⅳ.F091.352

中国版本图书馆 CIP 数据核字(2007)第 012486 号

新自由主义全球化别名考

作　　者　唐　袅
责任编辑　邓小飞
封面设计　汤建军
出 版 者　中央民族大学出版社
　　　　　北京市海淀区中关村南大街 27 号　　邮编: 100081
　　　　　电话: 68472815(发行部)　　68932218(总编室)
　　　　　传真: 68932751(发行部)　　68932447(办公室)
发 行 者　全国各地新华书店
印 刷 者　北京宏伟双华印刷有限公司
开　　本　880×1230(毫米)　1/32　印张: 13.125
字　　数　320 千字
印　　数　1000 册
版　　次　2007 年 1 月第 1 版　2007 年 1 月第 1 次印刷
书　　号　ISBN 978-7-81056-319-2
定　　价　23.00 元

目　录

导 语

新自由主义全球化的进程，正在逐步撕裂和剥落它许诺给全球的美好言辞，暴露它的卑污、丑恶和给人类带来的巨大灾难。这种暴露呈现出一种过程。全球的人们都在从不同的角度、站在不同立场、在不同侧重点上，认识和分析西方全球化首先是新自由主义全球化。这种认识和分析也呈现出一种过程。这就有了新自由主义全球化的种种别名。

可以在两种意义上使用“新自由主义全球化别名”这个范畴。一个是在全程判断的意义上，比如称之为资本扩张全球化、资本主义全球化、帝国主义全球化，比如它用之于苏联和东欧国家时候的称呼“休克疗法”，用之于非洲时候的称呼“经济结构调整”，用之于拉丁美洲时候的称呼“华盛顿共识”。另一个，是从不同方面对它的认识，虽非新自由主义全球化的全部，也非孤立的存在，从其中任何一个方面切入，都可以摸索和把握到新自由主义全球化的全貌。这就有了我们的“新自由主义别名考”。本书所列别名35种，并非作者新造，已经广泛地出现于媒体特别是西方媒体。人们在这里看到两种过程的交汇：一方面是新自由主义全球化本质暴露的过程，另一方面是人类认识与分析新自由主义全球化能力提高的过程。

这样的认识和分析是一种发现。发现就是创新。如果仍然停留于偏执、过时、守旧的思维模式，把创新理解为离开现实基地的面壁苦思和任由想象翅膀的自由翱翔，而不是理解为对于现实已经存在的事物及其规律的发现，那就又给我们增加一个人类思维能力倒退的实例了。

尽管西方主流媒体和它的各色跟班，至今还在对他们的全球化胡吹海吹，继续生编乱造他们的政绩和辉煌，事实却总是一次一次戳穿谎言。几乎是布什在某个场合宣布自己反恐胜利、全球更安全的同一时间，总会有什么地方来一场群众示威或自杀性袭击，闹得美国当局下不了台。尽管热心而忠诚地同白宫保持政治上一致和努力全面接轨的力量不在少数，世界历史进程和对这种进程的发现，却总是和白宫的调门很难一致。也是在欧洲议会闹出一个什么决议，咬牙切齿地要把共产主义的残余势力斩尽杀绝的时候，孕育了西方文明的西方大都会的街道上，却涌动着高举马克思、列宁、斯大林、毛泽东、卡斯特罗画像的游行队伍。报纸刊登着关于“欧洲变红”的议论，大幅照片上这些画像和红旗交相辉映，也真够他们七上八下些日子。新自由主义全球化别名种种，绝大多数难免使全球霸主和从这种全球化中获利的富贾大亨不愉快。然而有什么办法呢？这是货真价实的“别无选择”。

研究新自由主义全球化的别名，不是一件轻松的事情。仅仅资料的归类就不大容易，何况有时候还不得不进行若干考证性质的分析。

我们总是遇到棘手的问题。比如别名之一是犯罪全球化。那么什么是犯罪呢？一般地说，违反法律就是犯罪。但是古往今来，哪一个时代的革命性变革，能够在认可和维护现存法律秩序的情况下发生呢？以法律的形式维护和实施对人民的欺骗、剥削、掠夺、压榨、屠杀，才是真正的犯罪。当前最大的犯罪，正是美国的全球霸权主义和国际垄断资产阶级全球推行的新自由主义。今天的媒体，很少在这样的意义上，倒是宁愿在比较狭隘的意义上，使用“犯罪全球化”的概念。比如人口贩卖、环境破坏、吸毒贩毒、走私、卖淫、童工、诈骗、贿赂，哪一样不是犯罪呢？却又有各自的名称。比如，在广义上，新自由主义所导致的一切，既可以归结为资本扩张全球化，也可以归结为文明倒退全球化。这就使各种别名所反映的事实之间，经常互相包容、互相渗透、互相交织，以至于出现互相重叠的现象，很难断然割裂开来。

这给研究者的表述带来某些困难，却又似乎正是新自由主义全球化整体地造成全球灾难的不可避免的结果。

别名 1：

美国全球化或美国霸权主义全球化

1996 年美国一家周刊文章，曾经引了两段话，自己也发了一点议论。一段出自 1996 年担任美国对外关系委员会研究部主任的伊桑·卡普斯在《外交》杂志发出的警告："全球经济正招致千百万工人的不满，随之出现的是不平等、事业和地方性贫困。"另一段见于哈佛大学那位有点名气教授亨廷顿："西方人认为良性的全球化，如全球范围新闻媒体的报道，在非西方人看来，却是邪恶的西方帝国主义。"周刊说，在世界大部分地区，全球化被认为就是美国霸权、美国大众文化渗透、美国资本市场和企业强权的委婉语，因此，强烈反对全球化，就意味着日益反美：这两件事实际上是一回事。①

然后有俄罗斯报纸文章，称全球化是"在美国主持下对世界文明进行熨烫"。②

拉丁美洲舆论批评美国，说它在全球化中实行美国的单边主义，打个比方："美国自以为是太阳，其他国家只是它这个系统的组成部分。"③

输出美国模式，从政治模式、经济模式到文化思想、生活

---

① 《回归》，美国《新闻周刊》1996 年 12 月 30 日—1997 年 1 月 6 日。

② 《二十一世纪的全球力量分布将给俄罗斯带来什么》，俄罗斯《独立报》1997 年 4 月 15 日。

③ 《拉丁美洲批评美国的单边主义》，埃菲社 1997 年 4 月 28 日。

方式，是美国的永恒主题。这就像美国杂志自己宣称的："美国应该确保，如果世界向统一语言的方向发展，那么这种语言应该是英语；如果世界向统一的电信、安全和质量标准发展，那么这些标准应该是美国的标准；然后世界逐渐被电视、广播和音乐联系在一起，那么节目的编排应该是美国的；如果世界正在形成共同的价值观，那么这些价值观应该是符合美国人意愿的价值观。"①

美国国际战略的一位重量级人物亨利·基辛格就主张，"全球化只不过是同美国一致的另一个词语"。前国务卿奥尔布赖特也说："对我们国家最好的选择，不是去诅咒全球化，而是去驾御它，使它为美国服务。"②

全球美国化，有时也被称为全球华尔街化。美国学者看到："在最近几年，对美国式自由市场资本主义的大肆宣传达到了顶峰，这种资本主义作为万应灵药的药方已经司空见惯了"，"坦率地说，现在受到质疑的，是将全球化仅仅看作是使世界对华尔街来说是安全的进程的显著倾向。最值得注意的，是华盛顿、7 国集团和国际货币基金组织内的这种倾向。美国为自由资本主义设计的蓝图，在确保这种前所未有的经济扩张方面是成功的。但是这一点并不意味着，全球经济应该成为美国经济的扩大。要将全球化与国际体系的'华尔街化'相提并论的努力，已经引起反对全球化的强烈情绪。"③

一家香港报纸专门谈到所谓自由贸易问题，"在资讯时代，全球化不可避免。但是美国要主导这个趋势，为自己的利益服务，施压中国对它开放市场，同它的欧洲盟国和日本进行贸易

---

① 《赞扬文化扩张吗?》，美国《外交季刊》1997 年夏季号。

② 见美国《纽约时报》1997 年 9 月 19 日。

③ 《自满情绪的消失》，美国《外交季刊》1998—1999 年冬季号。

战”，美国国内的扩张主义势力正在抬头，正在竭力限制纺织品、钢铁等产品的进口，“毫无疑问，美国主导的全球化、自由贸易体系是为美国的利益服务的。它的战略目标，就是扩大自由市场制度的民主国家体系。”①

丹麦学者查尔斯·洛克把新自由主义全球化——帝国主义——美国化，看作是同一个东西。他写道，新自由主义全球化，实际上是帝国主义的变种或者另一个名称，使用新自由主义这种概念不过是一个“学术游戏”。“每一个人都知道这一学术游戏的不言而喻的沉默的规则。如果我们真的想寻找一个中心、一个代理人，那么我们就将轻而易举找到，它的名字不叫跨国公司，而叫美帝国主义。”②

全球化就是美国化，就是美国霸权主义的全球化，这对于美国垄断资产阶级当局来说，从来就是明白无误的。这是他们政策和行动的目标与准则，是他们生存的基点。他们统治当局内部不同派系的争论，轮流执政交替上台的两个政党的相互攻讦，上层政客、精英们的勾心斗角、争权夺利，天天挂在嘴边的“美国利益”，说穿了，轴心就是这个东西。

美国的建国历史颇为光彩。它由欧洲殖民地而发动独立战争并取得胜利，不啻为第三世界解放历史上的值得大书特书的一页。然而它一独立，就“面向世界”：侵夺邻国墨西哥的大片土地，在拉美推行“门罗主义”而把其他国家当作实质上的殖民地，在非洲和亚洲，到处和西欧早期资本帝国主义国家争抢地盘。在两次世界大战中躲掉灾祸而大捞便宜。于是自第二次世界大战结束，成为头号帝国主义国家。到解体苏联，又成为唯

① 《巴尔干战争所反映的当代各种矛盾》，香港《信报》1999年4月26日。

② 查尔斯·洛克《全球化是帝国主义的变种》，见《全球化与后殖民主义》，中央编译出版社1998年版。

一的超级大国。接着就大力推行它的全球化，企图建立它的全球范围的大一统帝国。

一个“五角大楼”的国防部，就成为它对全球五大洲进行军事控制的野心的标志。它有针对世界不同地区专设的几个大洲、几个大洋的司令部。它的军费开支，几乎占世界全部军费开支的一半。它是最大数量、最具破坏力的大规模杀伤性武器的生产国、拥有国、使用国和出售国，是在国外建立最多军事基地和派出最多军事人员的国家，是发动对外侵略战争最频繁、最野蛮和杀人最多的国家。

一个自由女神像，又成为它在全球以“自由”之名实现一己野心的标志。即便向伊拉克或是阿富汗平民的婚礼扔炸弹和向不相干的路人扫射冲锋枪的时候，即便强奸那里的少女的时候，即便敲击键盘把各国的美元调入华尔街的时候，更不消说从第三世界国家运出凝铸着劳工血汗的自然资源和产品的时候，——他们都会甜蜜蜜地念念有词“自由，自由，自由”。这个全球化，有的只是他们的全球绝对自由。

别名 2：

经济倒退全球化

德国学者罗伯特·库尔茨两卷本《资本主义黑皮书》，是一部系统清算资本主义导致人类社会倒退的著作。该书认为，即便在进入早期资本主义现代化阶段之前，虽然在生产条件更为落后的情况下也存在“穷人”和因自然灾害（粮食歉收）时而造成的危机，但是资本主义制造的，就广度和深度而言，就出现在人的基本需要层面上的“结构性”的大众贫困而言，却是史无前例的。他提出的一个使我们为之震撼的问题：“在科学认识不断提高的条件下，社会怎么会比大家众所周知的几百年的古希腊罗马以及中世纪的时期，出现如此明显的倒退呢？”①

解体苏联、演变东欧，新自由主义成为全球占据统治地位的思想政治旗帜的时候，西方首先是美国的政治人物和媒体，曾经唾沫飞溅、信誓旦旦地允诺一个没有战争的、民主的、富裕的世界。

从苏联解体的 1991 年到 2006 年我们写下这几行字的时候，这个时代已经过去将近 15 年，如果从上个世纪八十年代算起，已经过去 25 年。当对新自由主义全球化的 15 年乃至于 25 年进行全球性观察的时候，当不是局部地而是全面地提出问题的时候，人们看到了什么呢？

---

① 罗伯特·库尔茨《资本主义黑皮书》上册第 3—10 页。

美国一家杂志文章，可以说提供了一篇简明的新自由主义全球化史。①

文章说，1973年打开了新自由主义全球化的大门。这个理论告诉人们，“为了获得重生后的纯净和健康，你必须在经济上和社会上被置于死地”。它没有促进西方国家的发展，而当国际货币基金组织把这一套用于第三世界国家的时候，结果是“绝无一例成功”。美国和法国助长在巴尔干和非洲的大屠杀。拉美九十年代末的增长只及新自由主义改革前的一半多一点。几个国家仿佛在复苏，但是接着来到的就是更严重的经济崩溃。拉美不再相信新自由主义全球化。马来西亚因为拒绝新自由主义，反倒得到成功。新西兰被封为全球化的楷模，然而因为民族工业出售殆尽，经济在倒退，生活水准15年间停滞不前，年轻人以惊人的速度移民国外。到2001年，世界经济开始骤然跌入衰退。伊拉克战争为西方联盟划上句号。历史于是得出结论：“全球化进程崩溃”。

新自由主义全球化自我吹嘘的最大资本，或者说两块最大的遮羞布，是经济增长和以所谓“新经济”、“信息经济”为标志的技术进步。它的辩护士们总是说：也许有缺欠，但是经济增长和技术进步却是空前的、无可比拟的，这就是他们全球化的一切。这也成为所谓资本主义制度“无可选择”主要根据。姑且不说这是伴随着两极分化和不平等日益加剧的，以自然生态和后代子孙发展条件的毁灭性破坏为代价的，夹带着水分、鼓胀着泡沫、滚动着政治空话的增长和进步，仅仅和资本主义全球化此前发展各阶段进行比较的几组数字，就足以把这些辩护士逼到失语的尴尬状态。

片段透露出来的真实消息，成千上万人的直接感受，正直

① 《全球化进程的崩溃》，美国《哈泼斯杂志》2004年第3期。

的和有科学良心的学者们的研究，尽管涉及问题的角度、研究的方法、统计的数据不完全相同，总会多少把一定程度的真相告诉世界，总会显示出一种基本的趋向。仅仅这些，已经使我们看到，全球经济和它的所谓技术创新，与其说是新自由主义全球化的亮点，在某种程度上倒不如说是它的污点。

英国经济学家安格斯·麦迪森《世界经济千年史》中文版2003年出版。译者介绍说，安格斯·麦迪森是国际收入和生产率比较领域中生产法的创始人，在长期经济增长和国际比较研究方面享有极高的声望，被公认为当代最伟大的经济历史数据的考证和分析专家。这本著作是他近半个世纪学术生涯所达到的一个新的顶峰。该书中文版的出版，成为我们研究工作的幸事。

麦迪森的研究表明，世界经济在1950—1973年间的增长，比以往任何时候都要快。那是真正的无与伦比的黄金时代。“然而，在1973年以后，世界经济的增长放缓了，亚洲的进步已经被其他地区的停滞和倒退所抵消。”世界人均收入增长速度下降一半。大约占世界人口1/3的168个国家经济恶化。这里所说的，就是新自由主义全球化的时代。

世界国内生产总值增长率，1500—1820年为0.32%，1820—1870年为0.93%，1870—1913年为2.11%，1913—1950年为1.85%，1950—1973年为4.91%，1973—1998年倒退到3.01%。

两位中国学者研究的结果还要悲观些。世界经济年增长率十九世纪为1.0%，二十世纪为2.7%，在上述经济“黄金时代”即1950年到1973年达到5.3%，但是从1973年到1998年，全球产出的平均年增长率却下降接近40%。同1951年—1980年相比，新自由主义时期的人均国内生产总值下降一半。在有数据的115个国家中，1961年到1980年有13个国家人均国内生产总值为负增长；1980年到1998年，在118个有数据的国家中，32个国家是负增长。根据世界银行提供的数据计算，在有数据的168个国家中，53个国家2001年的人均收入水平低于1990年。①

世界银行和国际货币基金组织的头头2001年曾聚会马里首都巴马科，就帮助非洲脱贫问题秘密会晤。他们承认，过去的15年间，有100多个国家人均收入不是增加而是减少，60多个国家的人均消费以每年一个百分点的速度递减。联合国开发计划署2003年的《人类发展报告》也披露，全球有54个国家生活水平不如10年以前，进入了二十世纪末的"令人绝望的10年"。

现在我们看到联合国开发计划署《2005年人类发展报告》。这个报告对人类发展事业在九十年代到底是前进还倒退，也提出疑问。报告作为参数的，是联合国提出、本来打算到2005年实现的"千年目标"。报告承认，总人口9亿的50个国家至少在一个发展指标上退步了；在人口12亿的另外24个国家，直到2040年仍然有达不到千年发展目标中至少一个目标的风险；有18个国家，综合收入、预测寿命和教育等关键指标的人类发展指数，自九十年代以来出现倒退。——很清楚，这已经不是同人们常说的"黄金时代"的比较，不是同"东风压倒西风"时代的比较，而是新自由主义全球化自己的比较，是倒退中的倒退。因此它也就更加暴露出新自由主义的倒退性质。

新自由主义全球化使全球经济倒退的一个重要事实是，它非但没有减少全球的最贫困国家和最贫困人口，反而使最贫困者的绝对数量不断增加，穷国和穷人越来越多，也越来越穷。世界舆论看到，现在不仅继续存在第三世界国家，而且极端贫

① 李民骐、朱安东《新自由主义时期的世界经济》，《高校理论战线》2005年第7期。

困的国家甚至可以被称为第四世界或者第五世界，而且在西方国家内部也已经出现可以划属第三世界的部门和地区，一向被称为西方国家稳定器的所谓中产阶级，也处于分裂和沦落到下一个或下几个等级的局面。

取得显著增长的，不是有助于满足人民群众基本生活需要的经济部门，而是金融、股市、色情业、奢侈品、广告业、走私活动、毒品生产和血汗工厂。

和人民生活水平下降、贫富两极分化、有效需求不足同在的，是生产能力的严重过剩。教育和卫生费用大幅上涨而由国家支付的部分大幅削减，孩子们被迫离开课堂，成千上万人失业，家庭破裂，社会动荡，犯罪和暴力现象增多，但是生产能力的持续过剩却不断创出新记录。大量产品和多数人的需求越来越背道而驰，或者有害无利，或者消费不起。国际垄断资产阶级靠降低成本、压缩工资、制造大规模失业即减人增效和生产力闲置，以及无处不在的投机行为，造成新自由主义时代的一道奇特的风景线：一方面产品过剩，一方面贫困日积月累；一方面大量生产生产者消费不起自己的产品，一方面穷奢极欲的消费者的胃口饱和到极限。

资本主义经济的一个新特点，不是生产力的发展而是金融泡沫的膨胀。金融泡沫使世界经济日益成为一个大赌场。从一定意义上可以说，正像2004年10月两位法国学者为国际马克思大会提交的论文所着重分析的，新自由主义根本不是一个新的发展模式，而是第二次世界大战以后一度削弱的金融资本霸权力量的复辟。这导致垄断资本控制的金融公司利润大增，造成全球性的投资崩溃和失业浪潮。它对世界经济健康发展的打击，是毁灭性的。作者把1979年即撒切尔开始在英国大肆推行新自由主义的年份，作为新自由主义秩序确立的标志，“因为它具有一次政变的性质”。论文说，美国的资本收益在很大程度上依赖于从其他国家榨取的收入流量，“如果说统治阶级和金融机构从新自由主义的新秩序中获得了巨大利益，那么对于无论是在中心国家还是在外围国家的绝大部分人口来说，其代价却是高昂的”。①

世界人民没有一刻停止辛勤的劳动。即使在新自由主义全球泛滥的时代，也没有理由否认世界经济的增长。但是总的来说，这一时代经济的增长，主要不是靠生产力的深化和以科技为基础的生产率的提高，而是靠量的扩展，靠第三世界包括俄罗斯的资源消耗和廉价劳动力的付出，何况相当大部分产品，即80%产品，按照俄罗斯科学院院士德·阿列克塞耶夫2003年11月9日在中国社会科学院世界社会主义研究中心报告中的估算，实际上是“毫无意义的生产”。

英国《经济学家》的提法比较客气，说世界目前出现令人吃惊的经济和财政失衡，证明“世界经济交通信号灯坏了”、“资本市场阻碍而不是帮助全球经济调整”。②

美国非主流学者的判断就要严厉得多。

1994年普鲁多出版社和“粮食与发展(粮食第一)”研究所合作出版一本《黑暗的胜利：美国、结构调整与全球贫困》，作者为瓦尔登·贝罗等人。该书把新自由主义的胜利称为“黑暗的胜利”，把“南方的崩溃以及北方绝大多数人生活工作条件越来越严重的不安全感”，看作来自“北方国家政治和财团精英们所发起的全球经济大倒退的扫荡性政策”的结果，“北方和南方的人处于同样的状况，他们是同一个反革命过程的被害者”。它的两个小标题，就是“是自由的春天还是灾害时刻”和“全球性的大倒

① 热拉尔·杜梅尼尔、多米尼克·莱维《新自由主义的动态：一个新阶段?》。

② 《世界经济：交通信号灯坏了吗？——资本市场阻碍而不是帮助全球经济调整》，英国《经济学家》周刊2005年8月20日。

退”。

被美国主流媒体封杀的、在美国总统大选中屡败屡战的独立总统候选人林登·拉鲁什，2000 年 2 月与秘鲁国家高级财政官员和财政金融学者进行电视转播谈话。中国一家网站刊出了拉鲁什谈话的全文。他认为，“我们面临着全球性灾难”，“除经济灾难外，我们还面临着社会危机”。①

美国学者威廉·格雷德写道，“全球资本主义本身就是一个反动的系统，尽管它拥有信息时代光辉的技术成果，因为它使人类落后、退步，并使人们面对那些被认为早已得到解决的问题。”②

詹姆斯·佩特拉斯的说法是，在我们的时代，这种反动性尤其首先表现在经济方面。新自由主义私有化关注的是利润而不是生产，它仅仅导致国际垄断资产阶级在全球范围对现有财富和资产进行掠夺，“在任何地方都没有导致生产力的蓬勃发展”。③

巴西一家报纸，报道了1997 年 2 月拉美和欧洲一些国家的知识分子在荷兰举行会议后发表的宣言。宣言认为，“最近 20 年，伴随着经济全球化以及计算机和自动化系统替代手工劳动，工业化国家出现空前的社会和生态危机。这种发展带来的潜在利益被新自由资本主义抵消了。”“结构性失业情况严重、得不到保护的人不断增加和社会紧张形势不断加剧，是新自由主义造成的恶果。”另一方面，在第三世界，“剥削水平超过了十九世纪的英国”，“为全球的新自由主义付出的代价不仅是造成欧洲和

① 青争《主流媒体封杀的学者的对话》，“强国论坛”网站 2000 年 19 月 9 日。

② 威廉·格雷德《资本主义的疯狂逻辑》第 416 页，社会科学文献出版社 2003 年版。

③ 詹姆斯·佩特拉斯《全球化：一个批判性分析》，《批判的范式：帝国主义政治经济学》第 281—282 页，社会科学文献出版社 2001 年版。

美国劳动力的贫困化和大量失业，而且导致大部分第三世界国家的贫困化和经常侵犯人权。”①

科技进步本身是劳动的产物，应该具有减少人的劳动强度和提高劳动生产率的作用。问题在于，科技属于人民还是属于剥削阶级。在人民的手里，科技成为创造新的生产领域、就业领域、生活领域，创造人民得以享受的更多成果的工具。在剥削阶级手里，它却沦为加强盘剥、压榨、抢劫、屠杀的工具了。

在拉美学者中，《帝国主义与依附》的作者特奥托尼奥·多斯桑托斯2000年在中国举办的“全球化与当代资本主义”学术报告会上提出的看法，有一定的代表性。他说，“全球化是当今资本主义发展的结果，也是八十年代初里根和撒切尔推行新自由主义政策的结果。这种政策的反动性在于企图把今天的世界拉向后退，把世界经济拉回到垄断资本和金融寡头统治的时代。”

这里已经有一些对新自由主义全球化历史功过和时代特征进行概括的基本提法。这些引文和所涉及的著作的作者，来自不同的地区、国家、民族、阶级、阶层，来自持不同立场的个人或组织。关于时代，关于历史的进步或倒退的分析评价，是一个严肃的科学探讨的领域，不是叫卖的市场，完全没有必要为其中的某位作者、某篇作品或某个数据与提法，制造“真理在此”、“别无选择”一类广告式商标。但是对新自由主义全球化说“不”，从不同角度、在不同程度上否定这场人类历史的悲剧，却也已经成为一种全球化现象了。

——“亚洲的进步被其他地区的停滞和倒退所抵消”

——“168个国家从黄金时代以来经济恶化”

——“令人绝望的10年”

① 《知识分子批评“新自由主义造成的后果”》，巴西《圣保罗州报》1997年3月9日。

——“世界经济交通信号灯坏了”

——“资本市场阻碍而不是帮助全球经济调整”

——“黑暗的胜利”

——“反革命过程”

——“全球性的大倒退”

——“全球性灾难”

——“使人类落后退步”

——“在任何地方都没有导致生产力的蓬勃发展”

——“把今天的世界拉向后退”

还可以列举一些类似判断：

——“西方国家将冷战后的世界搞得一团糟”。①

——新自由主义全球化“使个人及民族的主体性陷入危机”，“全部价值都不是用人的尊严，而是用经济效率来衡量的”。②

——“经济全球化决不是‘世界大同’的到来”，“世界已经有些昏天黑地，陷入某种混乱”。③

——“金钱使世界倒转过来”。④

——“地球起火了”。⑤

——富翁增加了，但是世界经济在衰退，“随着衰退的到来，即将出现一个危险的时期。其原因是不平等导致产生愤怒情绪并引发政治和社会后果”，“这个制度很难在这样的社会状

---

① 《挥霍胜利——西方国家把冷战后的世界搞得一团糟》，美国《外交》1999年第1—2期。

② 《全球化和日本的作用》，日本《世界周报》1999年5月11日。

③ 《经济全球化要警惕新帝国主义势力》，香港《镜报月刊》2000年第4期。

④ 美国企鹅出版社2002年出版一本畅销书，书名为《金钱使世界倒转过来：一个投资者对她的钱在全球经济中流动过程的追踪》，作者巴尔巴拉·加森。

⑤ 《地球起火了》，美国《政企首要情报评论》周刊2000年5月26日。

况中正常运转”。[1]

——“当今世界就像殖民主义时代一样，处在一个进行征服的新时代”，“这种征服的特点是惊人的破坏”。[2]

——“人们每天的生活就像在地狱里一样”。[3]。

——中国青年学者旷新年在因特网发表文章指出，“随着二十世纪的结束，二十世纪意义上东方‘重新回归主流文明’，也就是说，不论是西方还是东方，重新回到殖民主义的逻辑和秩序。”[4]

——联合国秘书长安南说，“今天的世界比40年前更加不平等”。[5]

——“全球化已经演变成一种金字塔式的金融骗局”。[6]

这里所列，有些是见诸文章或著作中的警句式的断语，有些干脆就是大标题或小标题。挂一漏万而已。仅仅这样的警句和标题，就足可以排出十几页。

新自由主义全球化的主要标志，是财富和收入从绝大多数人向极少数人、从穷人向富人的转移。在西方发达国家和第三世界之间是西方得到利益，在西方国家是垄断资产阶级得到利益，在第三世界国家是依附于西方垄断资产阶级的买办资产阶级得到利益。受害者是工人阶级、被压迫人民、被压迫民族。

---

① 《虽然经济衰退，但富翁人数比以往任何时候都多》，墨西哥《日报》2001年12月13日。

② 法国《外交世界》主编伊格纳西奥·拉莫内《二十一世纪的战争》节交通信号灯坏了吗?》，西班牙《起义报》2002年10月26日。

③ 法国《外交世界》主编伊格纳西奥·拉莫内《二十一世纪的战争》节交通信号灯坏了吗?》，西班牙《起义报》2002年10月26日。

④ 旷新年《美帝国与二十一世纪的‘革命’》，“主人公论坛”网站2003年6月22日。

⑤ 埃菲社巴西圣保罗2004年6月12日电。

⑥ 《全球化游戏》，美国《波士顿环球报》2005年5月31日。

在财富和收入转移背后的，是全球的普遍衰退，如果暂时不来讨论我们这个世界到处存在和急剧扩大的两极分化问题以及其他的具体问题，而从总体上进行分析，那么结论只能是，无论西方国家还是第三世界国家，都在衰退。

西方在倒退。

一位美国学者把1973年作为新自由主义全球化时代开始的年份，把这以后的西方，直接称为“停滞时代”①

按照麦迪森的统计，西欧国家GDP增长率1950—1973年为4.81%，1973—1998年为2.11%，西方衍生国（指美国、加拿大、澳大利亚和新西兰）1950—1973年为4.03%，1973—1998年为2.98%。②

以麦迪森的著作作为来源之一，同时参照经合组织和美国经济分析局提供的资料，美国经济学家大卫·M·科茨，在《全球化与新自由主义》中，列出了六个主要资本主义大国1950—1973年和1973—1999年两个时间段实际GDP年增长率下降的数字：法国从5.0%下降到2.2%，德国从6.0%下降到2.1%，意大利从5.6%下降到2.3%，日本从9.2%下降到2.9%，英国从3.0%下降到2.0%，美国从4.0%下降到3.0%。③

由美、英带头，从上个世纪七十年代末到八十年代，新自由主义在主要西方国家取得主导地位。最初的宣传信条是，高利润率带来高投资率和高就业率，因此高利润率意味着劳资的两利和双赢。整个新自由主义的过程和结果都表明，20多年来资本在全球向劳动发起的进攻，伴随着持续的高失业率和低工

① 迈克尔·坦泽尔《经济全球化：国际货币基金组织和世界银行的影响》，美国《每月评论》1995年第4期。

② 安格斯·麦迪森《世界经济千年史》第260页，北京大学出版社2003年版。

③ 大卫·M·科茨《全球化与新自由主义》，美国《反思马克思主义》2002年春季号。

资，使资本家得到巨大利益，劳动者受到严重损害，而世界资本主义平均利润率一直没有从低水平中恢复过来。新自由主义没有缓解、更说不上解决资本主义的内在矛盾，反而使它更加深刻和激烈。

那个黄金时代对于西方富人来说并不令人满意。第二次世界大战以后，同战前相比，税收更多地蚕食了富人的收入。在七十年代，西方公司的收益率很低，最富有者的财产在减少、至少是相对地减少。但是到1979年底，美国和多数欧洲国家长期利率突然从六十年代的2%—3%飙升到将近20%，实际利率在八十年代和九十年代达到5%左右。秘密就在于新自由主义之占据主导地位。在某种意义上，这简直可以说是一次政变。其代价是对国内劳动者和第三世界的加紧压榨。在美国，来自国外的资本流量达到所谓"国内利润"的80%。美国被认为是新自由主义的最高范例。但是美国经济增长以其他国家财政恶化为前提，特别是它给第三世界国家带来的巨大灾难，使这种范例不可重复、不可分享。这种"增长"，不仅本身是灾难的结果，而且孕育着更大的灾难；对于第三世界国家来说是灾难，对于西方国家包括美国来说同样是灾难。

在截止七十年代那个"黄金时代"里，西方国家经济增长率最高的日本，自八十年代以来追随美国的新自由主义政策，小泉执政期间尤其变本加厉。新自由主义在日本以"改革"的名义出现。这一改革的思想支柱，就是撒切尔和里根的经济学。日本当局本来想要通过这种政策解决八十年代初以来形成的国家财政赤字问题，实际上到2005年的政府债券已经增加7倍之多。它使日本的九十年代成为"失去的10年"，年增长率跌至1%，有几年为负增长，经济急剧恶化。日本政府宣布自2002年起经济开始复苏。但是2005年的经济增长率只有1.6%。日本经济学家伊藤诚认为，由于日本陷入结构性困境，近期经济复苏是脆弱和不稳定的。①

和其他西方国家、和第三世界国家一样，最大的受害者仍然是人民大众。在关于“劳资双赢”的谎言铺天盖地的同时，国家财政负担不断地转移到工人阶级肩上。在英国，撒切尔夫人的最初的经济改革，就改革掉了8—12岁儿童免费喝牛奶的福利。她为此获得一个难听的绰号——“从孩子嘴里抢奶嘴的巫婆”。在日本，1989年开始征收3%的消费税，1997年上升到5%。1997年，医疗服务的个人承担比例，由10%提高到20%，2003年更达到30%。另一方面，公司税从42%下降到30%，边际所得税率从最高的75%下降到37%，遗产税也在大幅下降。

曾经是欧洲经济最强国的德国现在陷入了困境。德国经济1999年到2004年的年增长率只有1.2%，2003年为负增长。从1997年起，工资增幅下降到1958年以来的最低点。蓝领甚至白领都不得不打两份或者三份工以维持生计。国家的经济状况居然糟糕到这样的程度，使得总理施罗德在一个“2010年方案”中开始算计孩子们的储钱罐。这个方案规定，如果储钱罐里或是银行帐户里有750欧元以上的存款，那么有关部门将相应减少“孩子补贴”。孩子们愤怒了。他们说：“你们不能夺走我买书的钱”，“请政府离我的储钱罐远一点。”②

巴黎“爱心食堂”是一个慈善性质的组织，向穷苦的人们发放食品，在巴黎地区有7个活动场所。它的创始人的遗孀最近说，这个食堂1985年9月创办，“20年后的今天，前来领食苟且度日的穷人，数量高于当年的10倍多”，而且往往拖家带口、全家出动，有幼年儿童、绝望青年和年迈老人。③

---

① 伊藤诚《日本经济的结构性困境》，美国《每月评论》2005年第4期。

② 《德国总理施罗德得罪了贫困儿童》，《世界新闻报》2004年8月9日。

③ 法新社巴黎2005年12月5日电。

2005 年，法国在巴黎郊区连续 20 多天的骚乱中进入一个新的冬季。骚乱的主角是青少年。骚乱首先在巴黎，接着出现于法国几乎所有的大城市。骚乱一起，砸商店，烧汽车，袭击路人，种种非理性的行动，显示出的正是社会底层久已积郁的愤怒。郊区是贫困家庭尤其是移民的聚居地。法国当局和西方主流舆论，把问题引导到"移民问题"和所谓"郊区问题"。法国前总统密特朗说得不错，"一个年轻人，出生在一个没有灵魂的街区，生活在一栋丑陋的房子里，见到的都是丑陋的事情，看到的是灰色的墙壁，灰色的景致，过着灰色的生活，社会对他视而不见，只在他要发火的时候出来制止他。这样的年轻人能怀有什么希望?"

一篇文章的标题是，"今天的阿根廷就是明天的法国"。文章指出，"法国的形势很糟糕"，"糟糕到了极点"，自 2000 年以来，法国人均产值不断下降，跌到了年均 0.9%，国家债务是官方公布数字的一倍，"一面为将来投资，一面继续寅吃卯粮"。[①]

从骚乱的背后，还看不出有组织的政治力量。但是所谓"移民问题"、"郊区问题"，哪一个不是来自新自由主义问题？如果需要套用这里的用语，那么第三世界就是西方资本主义所谓"核心国家"的郊区，来自第三世界的打工者就是这些世界城市的移民或者说农民工。骚乱未平，在巴黎和马赛，又有工潮涌起，主要是公共交通部门和邮政部门的工人，用数十万人的罢工，再次表示对新自由主义和私有化的抗议。新自由主义导致的资本主义内在矛盾的激化，一方面把历史的车轮向后拉去，一方面也在制造和扩大着最终埋葬它的、全球性的社会力量。

美国经济起起落落，总的走向是无法遏制的衰退。

---

① 《今天的阿根廷就是明天的法国——专家解读法国的经济与社会危机》，法国《欧洲时报》2005 年 10 月 8 日—10 日。

解体苏联，演变东欧，私有化浪潮中大量国有资产、不法资本和优秀科学人才流入美国，通过控制市场、资源、廉价劳动力、资金和对第三世界国家的空前广泛的掠夺，多次发动的对外战争，成为美国经济一度得到复苏和回升的有利因素。但是新自由主义作为十九世纪资本主义经济的现代版本，同样使美国经济增长速度远低于此前的黄金时代。

主要不是生产力的增长和劳动生产率的提高，而是家庭借债消费，支撑着美国经济。从一定意义上看，美国在全球推行新自由主义，但是美国自己的新自由主义却是有折扣的。在农业领域，为着对付第三世界农产品的低成本销售，美国就一直维持政府的高补贴。美国有世界最强大的军事工业，这个领域很大程度上由政府控制。2003 年美国入侵伊拉克以后，政府声称进行公平招标，而实际上早已经内定，同和副总统切尼关系密切的哈里伯顿公司签订数额巨大的供货合同。该公司提供的武器、商品、服务的价格数倍于其他公司。这成为新自由主义的一段丑闻。

每一次被大肆宣扬的复苏、回升、增长，不仅转瞬即逝，而且好事总是属于少数人。美国 2003 年底一篇报纸文章，专论这种“美国式的复苏”：就业人数减少了，“不过情况毕竟还是好转了一些”，然而“慢得让人难以觉察”；“公司已经有了极好的复苏”，即将出现第七个利润增长的季度，最近的复苏中收入增长额平均达到 46%；作为对比，今年 7 月间，在办公室和工厂非管理性岗位上工作的 8500 万美国人，平均每小时薪水只多了 3 美分，2002 年 11 月以来只上升了 21%，“是 40 年来最低的工资涨幅”；“这是资本的复苏，而不是劳动力的复苏”，“是在损害劳动力的情况下的资本复苏”。①

---

① 《非美国式的经济复苏》，美国《华盛顿邮报》2003 年 12 月 24 日。

不论经济处于衰退或是有所复苏和增长，倒霉的都是劳动者。截止2002年，美国1.1亿工人的工资涨幅远远落后于经济增长速度。上升的是贫困率：美国贫困率1973年为11.1%，1981年为14%，1991年为14.2%，1994年为14.5%。

布什总统极大地提高军事开支，但是他的辉煌业绩，却使他的拉拉队难以放声歌唱。这里到处充满着阴郁灰暗：国民工资占国内生产总值的比例，从2001年的49.5%下降到2004年上半年的45.4%；公司利润从7.8%上升到10.1%；没有任何医疗保险的人数，从2000年的3980万上升到2003年的4500万；生活在贫困线下的人数，从2000年的3158万，增加到2003年3586万；实际最低工资，从2000年每小时5.15美元，减少到2004年每小时4.77美元。2003年，25岁至29岁男性黑人中的9.3%，关在监狱里，相应的男性白人的比例为1.1%。

斯蒂格利茨对布什出任总统四年的评价是四个字"大错特错"：普通家庭收入下降、利益受到挤压，没有享受健康保险的人数比2000年增加520万，享有健康保险的"幸运家庭"面对费用几乎倍增的现实，大家都陷入日益严重的失业威胁，只有"收入分配金字塔尖的人"得到利益。①

林登·拉鲁什在谈到新自由主义使人类陷于全球性灾难的时候，首先看到的是美国："美国不再是一个享有巨大繁荣的经济大国。事实上恰恰相反，今天80%美国家庭的实际收入比10年至30年前要低得多。除经济灾难外，我们还有社会危机。美国已经丧失了工业生产能力和农业。我们号称富有，但是我们与厄瓜多尔这样的穷国一样面临着种种危机。我们将不得不重新建设。"罗斯福时代的美国人面对现实，现在的美国人却"生活

① 斯蒂格利茨《布什总统大错特错的四年》，香港《信报》2004年10月7日。

在追求娱乐和虚幻之中”。①

威廉·格雷德《资本主义全球化的疯狂逻辑》一书谈到另外两位美国经济学家。一位是世界银行高级经济师戴利，另一位是他的合作者科布。这两位经济学家，因为“抨击了工业资本主义国家的核心问题——国民生产总值统计的权威演算”，被认为犯了“异端邪说罪”。所谓“异端邪说罪”，就在于看穿和说出“传统经济学所描述的增长实质上是减少。标准统计所显示出来的利润其实是损失”，“资本累计的数据掩盖了资产破坏的事实”。“标准 GNP 的统计数字说明，从二十世纪七十年代中期以来，美国的人均收入实际价值上升了大约 25%。戴利的指标表明，虽然实施了降低污染支出这项计划，但是从 1976 年开始，经济在可持续发展期间的结果是，美国的人均收入持续下降了约 10%，后退到二十世纪六十年代中期的水平。”②

西方多年鼓噪的扩大所谓中产阶级的理论，在新自由主义的实践中日落千丈。新近的消息是，由于来自资本的巨大压力，首先是就业压力，2005 年 10 月，美国最大汽车零部件制造商的德尔福公司要求 34000 多名工人“同意”减薪 2/3，通用汽车公司工人“同意自行承担”医疗费用。福特公司和戴姆勒—克莱斯勒公司，宣布破产重组的两大航空公司，雇员们都面临“类似要求”。在这之前，密歇根州一家拥有 71 个分店的连锁店工作人员“同意”减薪 10%，怀恩多特市警官“同意”薪水三年不变和自行承担更多的医疗保健费用。

一个职业相对稳定、有用以维持体面生活的收入的社会群体，曾经有助于西方国家缓解国内阶级矛盾和民族矛盾。但是

---

① 青争《主流媒体封杀的学者的对话》，“强国论坛”网站 2000 年 19 月 9 日。

② 威廉·格雷德《资本主义的疯狂逻辑》第 572—573 页。社会科学文献出版社 2003 年版。

新自由主义却不是在缓解而是在激化资本主义的社会矛盾，使这个被称为中产阶级的人群陷入困境。这些员工被要求“拿同样的钱，干更多的活”，甚至“拿更少的钱，干更多的活”。一方面收入减少，一方面生活费用和用于医疗保险的费用大幅度提高。据说是“同意”。然而不同意，又如何呢？那就是下岗失业，“一旦失去现有的工作，极难找到能维持中产阶级生活的新职”。

美国主要报刊和国外一些报刊纷纷发表言论，指出对大多数美国工人来说，目前“生活成本上升的速度超过了加薪的速度”，这是“数十年来实际收入最大的下降”。媒体已经发出“中产阶级美国的终结”的警告，认为美国中产阶级“分崩离析”、“日趋衰亡”以至“沦为下层阶级”和“面临生存危机”，美国社会的这一重要演变，已经“触及到美国的‘国本’”。①

麻省理工学院教授琼斯基2000年接受日本《美日新闻》采访时说，在西方国家中，美国是唯一没有完整的社会统计的国家。美国国内生产总值在增长，但是从长期社会的医疗、健康、福利等指标来看，七十年代以来，美国后退了。“国内生产总值是一个奇妙的指标，有非常浓厚的意识形态色彩。比如，我开车发生了事故，住进了医院，那么国内生产总值也就增长了。国内生产总值是一个不彻底的、粗糙的的测算法。站在总统的角度，他的朋友们大概都过着很不错的生活。但是去看看工人吧，无家可归者在增加。”②

美国一篇网上文章，对美国的经济和社会状况进行了生动描述，其中既有横向的比较，也有纵向的比较：

---

① 《全球化的力量导致工资和福利减少》，美国《洛杉矶时报》2005年10月18日；《美国蓝领中产阶级衰亡和美中关系》，新加坡《联合早报》2005年10月22日。

② 《美国社会在分裂》，日本《美日新闻》2000年2月28日。

有这样一个国家，4个孩子里就有1个出生在贫困家庭里。1970年以来，最富有的1%的家庭占有国家财富的比例翻了一番，同时生活在极端贫困中的儿童的比例也翻了一番。最富有的1%的家庭拥有的财富几乎等于95%的贫困家庭拥有的财富的总和。——这个国家不是墨西哥。

在这个国家里，实际GDP从1973年到1994年增长了33%，然而占劳动力队伍绝大多数的非管理工人的实际周工资却减少了19%。——这个国家不是智利。

在这个国家里，1996年，500强公司的利润实现了创记录的23%的增长，总裁的收入猛增了54%，而工人的工资和福利的涨幅却连跟通货膨胀持平都难以做到。1980年，大公司总裁的平均报酬相当于工厂的42个工人，1989年相当于122个，1996年相当于209个。——这个国家不是英国。

在这个国家里，年轻一代的生活水平下降了。从1979年到1995年，高中毕业生参加工作时的工资，男性下降27.3%，女性下降18.9%。从1989年到1995年，大学毕业生参加工作时的工资，男性下降9.5%，女性下降7.7%。挣低工资的年轻的全日制工人的比例翻了一番。——这个国家不是俄罗斯。

在这个国家里，对于越来越多的人来说，工作不是脱贫的支票，而是排队进入有工作穷人的开始。官方贫困线设得远比保证最低限度的住房、医疗保健、食品与其他必需品的实际成本要低。更多的工人的前途是回到血汗工厂和从事计日工作。各公司都在使用可以任意驱使的“临时工”代替正式工。——这个国家不是西班牙。

在这个国家里，在大规模裁员和破坏工会之后，只有不到15%的工人是工会会员。在1955年1/3的工人是工会会员。——这个国家不是加拿大。

在这个国家里，许多决策者不是根除歧视，而是忙于把妇女不成比例的贫困的责任推到妇女身上。挣可怜的最低工资的工人中有2/3是妇女。对妇女的歧视，在工资从低到高的各个层次，都是并行不悖的。——这个国家不是日本。

在这个国家里，针对妇女的暴行大行其道。单亲妈妈与她们的孩子已经成为不法经济的首要替罪羊。该国没有男女平等权利修正案。——这个国家不是阿尔及利亚。

在这个国家的杀手里，年龄在15—24岁之间的年轻人占第二位。通过战争和媒体“娱乐“，孩子们被教导：暴力是解决冲突的途径。屏幕上的暴力助长了屏幕外的暴力。——这个国家不是澳大利亚。

在这个国家里，教育体系被享有特权者操纵，种族和收入方面低等级的孩子们被送到最差劲、最死气沉沉的学校和班级。大学预科课程、美术、音乐、体育、郊游和外语，被认为是富人的必需品、穷人的奢侈品。——这个国家不是印度。

在这个国家里，在就业、信贷和住房方面存在一以贯之的种族歧视。今天，黑人的人均收入是白人的3/5。——这个国家不是南非。

这个国家人口不到世界5%，却消费世界资源的25%，公共交通只承担公众旅行的3%。1978年以来砍伐的树木比任何国家都要多。该国是酸雨和全球变暖的罪魁祸首。——这个国家不是巴西。

这个国家里，一半有投票资格的选民不参加投票，众议院不是代表国民的，参议院是代表百万富翁的。——这个国家不是前南斯拉夫。

这个国家就是分裂的美利坚合众国。[①]

美国有人在经济的一片暗淡无光中，抬出了英国模式，说也许美国有缺点，但是英国模式已经“取得巨大经济成就”，中国和东欧一些国家在许多方面“跟着英国脚印走”。[②] 英国方面的回答简直是一记耳光：1995 年第 1 期英国的《经济学家》说，二十一世纪的世界“将折回到一个类似十九世纪的列强制度”；1997 年上半年一期英国《伦敦观察家》也承认，在所谓“撒切尔福音”下，英国出现自三十年代以来的大规模贫困，社会状况倒退到一个世纪以前的水平，狄更斯时代的疾病再次出现，“英国陷入一种社会即将崩溃的恐慌”。

在英国，2002 年 7 月，发生 75 万人参加的全国性罢工，目标就是反对新自由主义特别是反对私有化，认为私有化损害了劳动者的利益。2001 年 1 月 28 日英国《观察家报》一篇文章，题目就是《筋疲力尽的员工已经处于崩溃边缘》。2004 年的调查显示，73% 的英国人抱怨工作时间太长、太劳累、太少睡眠时间。[③] 贫困儿童总人数超过 1979 年。从 1990 年到 2004 年，英国最富 10% 人口占有国家财富的比例从 47% 上升到 54%，前 100 家大公司老板的收入增加 6 倍，然而人均收入只增长 45%。[④] 这种“人均”背后隐藏的普通人们特别是底层劳动者生活水平的倒退达到一种怎样的程度，应该是一目了然了。2005 年 11 月英国官方公布一个数据：在过去的一年里，英国申请破产

---

① 《美国是这样一个国家》，美国 Z 杂志（http：//zena. secureforum. com）1997 年第 7—8 期。

② 《英国社会模式》，美国《新闻周刊》2005 年 9 月 5 日。

③ 法国《欧洲时报》2004 年 8 月 5 日。

④ 法国《欧洲时报》2004 年 8 月 4 日。

的人数增长近50%，创造了历史新记录。①

马克思曾经谈到资本主义的异化现象。资本主义时代的每一种事物好象都包含有自己的反面。机器的使用减少人类劳动和使劳动更有成效，却引起饥饿和过度疲劳。财富的新源泉，变为贫困的源泉。技术的胜利，以道德的败坏为代价。人类仿佛在控制自然，然而个人却愈益成为别人的奴隶或自身卑劣行为的奴隶。甚至科学的纯洁光辉，仿佛也只能在愚昧无知的黑暗背景上闪耀。一切进步和发展使物质力量成为有智慧的生命，而人的生命则化为愚钝的物质力量。异化作为一个无可逃遁的规律，在如何地惩罚今天的美国和其他西方国家，已经成为我们时代的一大景观。

美国一篇报纸文章，用“生活水平在提高，生命质量在下降”，来概括当代西方社会、主要是它的上层的景况。对于他们来说，食物低廉和丰富得不可思议，于是64%美国人体重大大超标，肥胖成为导致死亡的第二位原因，死亡的人数为传染病的5倍。普遍使用技术的结果是，“可能有一天，与工作机会的丧失相比，生产率提高所带来的利益会显得暗淡无光。”美国汽车的数量超过驾车者。但是因堵车浪费的时间，自1980年到2004年增加了4倍，何况还有不断攀升的车祸死亡率。到处都听到抱怨：或者因为闲得无聊，或者因为社会压力和生活压力太大。移动电话带来方便，却使你无处寻找安宁。电子邮件快捷得惊人，垃圾邮件增加的只是烦恼。因特网和有线电视改进了通信，接着光顾你的就是摆不脱的、泛滥成灾的最无价值的垃圾文化。文章说，“西方人的生活受发展所带来的影响越来越严重。物质方面不断改善，然而我们的生活质量却可能并未因此而提高——特别是就食物而言，足够已经变成了过度”，“进

---

① 《英国破产人数增加》，英国《卫报》2005年11月5日。

步本身就造成了过滥”，可以说，“这些进步都在渐渐戕害生命”。①

从美国和整个西方世界来说，这不是同苏联进行军备竞赛的冷战时代，这也不是发生世界大战的时代，而且仅仅由于解体苏联，西方每年即可节省的军事开支就达到5000亿美元。但是西方经济在总体上仍然没有发展，在徘徊蹒跚中，人们更多看到的不过是一次一次的挣扎和微弱复苏之后的倒退。和前述枯燥的经济百分比同在的，只是历史前方的迷茫和阴暗。

新自由主义在制造世界历史的倒退之前，就已经在制造资本主义的基地或者说它的核心国家的倒退了。“兔子不吃窝边草”的逻辑在这里完全不适用。

难怪世界经济论坛，即达沃斯论坛——世界富人们每年一次讨论怎样操纵全球经济以实现自己利益的论坛，从2002年的年会起，调子已经在明显改变：

> “世界上最有权力的的政策制定者和企业家过去一直利用世界经济论坛带来的种种机遇，用以发展技术和无边界贸易。但是今年，他们似乎更关注无穷无尽的‘弱点’。”“对于参加世界经济论坛的总理、首相、总经理、经济学家和媒体领袖们来说，主菜却是‘焦虑’。”“这里的企业管理者们已经陷入深深的沮丧。”
>
> “九十年代初，达沃斯会议也曾被乐观气氛所笼罩。在达沃斯会议上经常能听到全球化或大竞争这类的发言，当时这些作为能为世界经济带来新的活力和繁荣的一些词汇只含有积极意义。但是今天，那种能够一味乐观的时期已

① 《所有这些进步都在渐渐戕害生命》，美国《纽约时报》2004年3月14日。

经结束了。”①

难怪科茨在前引《全球化与新自由主义》中得出悲观的结论：“如果新自由主义作为主导意识形态和政策继续进行统治，人们可以推断：世界资本主义将面临一个停滞、不稳定甚至最终社会崩溃的未来。”

我们这里还只是谈到几个主要西方资本主义发达国家的情形。在世界资本主义体系中，这些国家是极少数。在这些国家中，1/3 的人生活贫困，富裕的人也是极少数。在资本主义体系内部，贫穷的、属于第三世界的国家占多数。在第三世界国家，极少数富人占人口总数的比例更低，绝大多数人处于贫困状态。应该看到，解体苏联之后，资本主义已经成为世界的主体和几乎涵盖全球的社会制度。但是资本主义不等于西方发达国家，尤其不等于西方发达国家占统治地位的资产阶级。当我们说新自由主义全球化导致人类历史倒退的时候，我们首先看到的，是人类的大多数——西方发达国家的大多数、资本主义体系内部的大多数、第三世界国家的大多数。

第三世界在倒退。

第三世界占人类的大多数，从资本主义全球化的第一页起，就成为它制造的一切灾难的最大承担者。这种全球化的过程，亦即盘剥、劫掠、奴役、征服第三世界的过程。在经历二十世纪的巨大变故——社会主义和第三世界民族解放运动对资本主义、帝国主义世界体系的历史性冲击——之后，在重新获得进行剥夺的权力的时候，它就怀着一种疯狂的、世纪末的复仇心理，集中自己的全部政治经验和可以调动的所有手段，收拾第

① 《经济论坛把焦点转向新威胁》，美国《纽约时报》2002 年 2 月 3 日；《混沌的世界和达沃斯会议》，日本《日本经济新闻》2002 年 2 月 4 日。

三世界了。

扫荡第三世界在二十世纪艰难奋斗中所取得的一切权利和利益，把它拉回到十九世纪殖民主义时代甚至更早那样一种悲惨的、任人宰割的地位，让这种地位固定化、永恒化成为“历史的终点”，新自由主义正是他们最得心应手的利器。

无论是强加、诱迫或是自愿地接受，无论是在拉美、非洲还是亚洲，新自由主义在整个第三世界国家的实施过程和它的结果，都只有两个字：罪孽。这种罪孽，可以大体概括为二十个方面。

第一，**削弱第三世界国家的国家主权、民族独立**。在我们的时代，国家主权、民族独立是一切发展的决定性前提。它成为第三世界国家在第二次世界大战以后取得的最大成果，当然也成为国际垄断资本彻底征服第三世界的最大阻力。一个经济比较落后的国家，希望尽快发展起来，特别是在面临强大外部势力威胁和进行争夺的情况下，主权和独立，具有带根本性的作用。新自由主义下手的地方，正是牵一发而动全身的命穴。所谓“小政府、大市场”的理论，就是强迫第三世界国家政府屈从于西方跨国公司和它的贸易规则，放弃维护自己国家和人民利益的职能。新自由主义全球化把“国家”、“独立”这样一些概念制造成为问题，而把垄断资本控制的市场变成比国家更广阔和更权威的空间，强制或诱迫第三世界国家政府放弃对经济与贸易活动的控制。这就使第三世界面对西方全球化的进攻，处于不设防的状态，几乎完全失去自我保护和反抗的能力了。

时任马来西亚总理的马哈蒂尔，在2000年举行的第六届“亚洲未来研讨会”上发言，借用了拉美流行的“香蕉国”一语。所谓香蕉国，特指只有单一经济、受控于人的拉美小国。在第三世界国家，除了死心塌地投靠国际垄断资产阶级的民族败类和白痴，谁都懂得马哈蒂尔在说什么：

“香蕉国”的大种植园主向本国投资，他们实际上拥有他们自己的国家，他们决定本国的政治。换句话说，当比本国政府富的外国向这个国家投资时，这个国家就成了该公司的一个封地，它的作用仅仅是使这个公司更富。

当大公司拥有大量财富并且比它们所进入的发展中国家更有影响的时候，他们就统治了这些国家的经济。他们不会控制这些国家的政治统治吗？我们是否可以认为，这些国家不再是独立的了？如果这些公司的国家有实力利用它们以别的名义对这些国家实行霸权主义和殖民主义，又如何呢？这些国家的人民和资源将会进入外国人手中。外国人以前能够这样做，他们为什么不会再做呢？

我们的独立、我们的自尊和尊严呢？

第二，**以“保守”、“专制”、“独裁”、“无赖”、“恐怖”、“流氓”等罪名，打击和毁灭第三世界的健康力量，改变、颠覆能够维护自己国家和人民利益的、对美国当局不那么驯服的政府**。通过有选择地对第三世界一些所谓精英与政界人物进行收买、洗脑和培训，高祭起“改革”、“创新”一类辉煌冠冕，培植顺应和代表西方垄断资本利益的政治势力，喂养和扶持对自己奴颜婢膝并能够有效地镇压人民反抗的政府。

第三，**剥夺第三世界国家的文化主权**。借助于全球媒体、教育业、娱乐业、广告业、旅游业和文化输出，派出五花八门的技术援助组织、专家研究机构、和平队、宗教团体、基金会等等，把西方文化中惟利是图、以邻为壑、享乐至上、伤天害理、追求物欲和感官刺激的，最野蛮、最肮脏、最颓废、最狂乱的文化渣滓运进第三世界，一方面瓦解和毁灭第三世界民族文化的根基，一方面用精神鸦片毒化第三世界国家的社会和人们的灵魂，以埋葬人类文化的多样性，取消第三世界人民的民族精神、自我意识和历史创造的主动性。

第四，**在第三世界推行“以西方为中心”的所谓观念更新运动，制造和深化对西方首先是美国的盲目崇拜**。在非洲的刚果、塞内加尔、多哥，殖民者曾经塞给孩子们“我们的先祖是高卢人”的法语教科书。现在，新自由主义者到处把资本主义美国的政治、经济和文化制度以及生活方式，鼓噪为世界历史的顶点和各国不得不仿效的样板。美国道路被塑造为第三世界发展的唯一道路。美国的一切被塑造为第三世界的至高无上的标准。美国学历成为晋升的最高凭证。能够到美国走一走，能够讲几句美式英语，甚至吃一顿麦当劳、穿一件美国牌子的牛仔裤、看一场美国大片、和某一个美国人说几句话，都成为炫耀和爬上社会高一级台阶的资本。第三世界城市建设到处复制美国大城市的风格，几乎每个城市都要努力建设几处让美国富人有“家”的感觉的微型西方社会或西方“飞地”。基础设施首先是交通运输和能源部门的建设，信息、通讯、金融及文化、教育、旅游、娱乐部门的建设，都在为垄断资本的利益服务和迎合西方的口味。

第五，**毁灭第三世界国家的民族经济，削弱经济主权，使第三世界关系国计民生的经济部门的控制权，落到西方跨国公司的手里**。

最早落入这种陷阱的是拉美。按照新自由主义要求进行的国有企业转制，导致国有企业消亡，大大加强国际垄断资本在重要经济领域特别是战略资源领域和高新技术领域的垄断地位。根据2000年到2002年的资料，跨国公司在拉美最大100家制造业企业的销售额中占55%，在最大500家企业的销售额中占42%，在最大100家银行的资产中占37%。

新自由主义首先在墨西哥造成1982年的债务危机。1988年上台的萨利纳斯政府的主要政绩，就是卖，在私有化旗帜下把国家资产大量卖给外资。国有企业由此前的1200家减少到200家左右。全国土地的22%落入美国资本手中。整个墨西哥，成为一个“待出售国家”。然后是和加入北美贸易协定同时来到的1994年的金融危机。美国总统克林顿为着“挽救新自由主义改革”而出手援助。援助的结果之一，是使墨西哥失去管理和控制外资的能力。在阿根廷，私有化同样是把国家出售一空。到1995年，最大10家银行中阿根廷自己还有6家，2002年只剩1家。这也是在劫难逃，经济危机必然袭来，只能导致遍地混乱，束手待毙。在巴西，这个二十世纪六十年代和七十年代曾经以“巴西奇迹”使世界为之瞩目的国家，新自由主义改革带给它的，只是一个接一个的危机和越陷越深的两极分化、贫困和经济倒退。

随着民族工业被西方吞噬，拉美成为西方商品的展览场和竞技场。1997年，巴西汽车工业热热闹闹地庆祝它的年产量突破200万辆大关，还准备在2000年达到250万辆，成为仅次于美国、日本、德国的世界第四大汽车生产国。那真是一片欢腾。《这就是》周刊为此发表庆祝文章，吹嘘“巴西汽车工业进入黄金时代”。但是文章列举活跃于巴西市场的所有汽车厂家和汽车品牌，没有一家属于巴西，也没有带“合资”模样的半家属于巴西，倒是美国福特公司的进入和大展鸿图，被可悲地看作是所谓“巴西汽车黄金时代的标志”。①

新自由主义成为全球强势的过程，就是第三世界廉价拍卖的过程。俄罗斯在拍卖。东欧在拍卖。拉美在拍卖。非洲在拍卖。特别是经过一场金融危机，亚洲也在拍卖。

有一个甜蜜蜜的经济交往变为血淋淋的战争的故事。这不

---

① 《新车热》，巴西《这就是》周刊1997年9月3日。

是以想象力著称的好莱坞影片，而是当事人的活生生的经历和自白。

一位美国人，公开身份是经济学家、国际金融顾问，普通而正派，实际上是美国安全部门的间谍，他为自己命名为“经济杀手”。他的名字叫约翰·帕金斯。他的著作叫《一个“经济杀手”的自白》。他的故事是：“用万亿美元到全球欺骗别国的高薪专业人员，把资金从世界银行、美国国际开发署以及其他经援机构，送往大公司的金库和少数富豪家族。使用手段包括制造假财政报告、操纵选举、贿赂、敲诈、色情和暗杀。”

“经济杀手”活动的目的在于“控制他国的经济命脉”。其经常性工作，是以提供贷款为交易的谈判。贷款要求把90%返还给承建的美国公司。美国公司帮助建设为有钱人服务的电力系统、港口或高速公路，使借贷国背上债务包袱，然后满足美方提出的“合乎法律的无理要求”，比如在联合国按照美国需要投票、在该国建立军事基地、取得稀缺资源，等等。本书主人公周游世界，亲自参加了比如沙特阿拉伯的洗钱事件、伊朗国王的下台、巴拿马总统之死和美军的进入，以及2003年的美国侵略伊拉克。

在“经济杀手”不能完成任务的时候，接着来到的是暗杀。再不行，就要发动侵略战争了。

“经济杀手”成功的例子是沙特阿拉伯。这个国家的统治精英特别亲美。他们把石油收入汇入美国并投资有价证券，美国则帮助建立起保障他们西方式生活需要的繁华城市。

“经济杀手”不成功的例子是伊拉克。这个国家民族主义情绪强烈，总统萨达姆身边有严密的警卫。无论什么诱惑，包括价值不菲的贿赂，都不起作用。最后是战争入侵。

作者在他的书的序言中写道，他把本书献给他所尊敬的两位总统——厄瓜多尔总统杰米·罗尔多斯·阿圭勒拉（1979—

1981年在任）和巴拿马总统奥马尔·图勒赫（1968—1981年在任）。这两位总统拒绝了美国“经济杀手”的贿赂和美国援助。于是他们死于神秘的飞机失事。“我知道那并不是意外事故。他们是被谋杀的。因为他们知道美国那一套，不愿意帮助美国成为全球性帝国。我们这些‘经济杀手’劝服不了他们。美国就派出‘豺狗’——中央情报局的职业杀手，干掉了他们。”

作者打算写一本书把所有这一切“自白”于世，20年里曾经数度罢手。“威胁和贿赂总让我被迫停止”。但是书终于写成和出版，一个星期登上亚马逊网站热卖榜首，连续一个月跻身《纽约时报》畅销书排行榜，初版以后5个星期就5次重印。①

这个故事不是发生在蛮荒的古代或者中世纪，而是发生在文明的当代。它的前期美国正在酝酿实行新自由主义，它的后期可就属于新自由主义了。不必把这个故事的帐全部记在新自由主义的头上，但是它同美国垄断资本当局、同新自由主义有不解之缘，倒是确实的。

像俄罗斯和拉美，国家土地辽阔、资源丰富，本来已经具有相当的经济实力、科学技术水平和教育的基础，完全可以主要依靠自己的资源和自己人民的力量，探索适合自己情况的发展道路，和其他国家建立一种平等相处、取长补短的关系，使得国家尽快强大起来。但是一旦接受西方强加的新自由主义药方，陷入依附状态，就只能收获衰退，而且即便有所觉悟，摆脱起来也相当困难。拉美的多数国家正在抛弃新自由主义。最彻底的是委内瑞拉，被美国视为眼中钉，必欲置之死地。在巴西，工人出身的卢拉高呼反对新自由主义的口号当选为总统，然而摆脱新自由主义的每一个行动，都阻力重重、步履艰难。

---

① 《美国战略手段揭秘：派“经济杀手”控制他国精英》，新加坡《联合早报》2005年3月1日。

第六，**剥夺第三世界国家占有、控制和使用自己自然资源的主权，使其成为为西方提供资源的场所**。随着国家主权、民族独立地位的削弱，随着民族工业、自主创新能力的衰落，初级产品价格在国际市场日渐下降，丰富的自然资源没有成为健康发展的基础反而成为贫困的原因。美国已经垄断了世界上的大部分资源，现在又死死盯住第三世界国家仅剩的最后的资源，即植物、动物、生物多样性，甚至当地居民的DNA标本。一旦资源被抢劫殆尽，第三世界人民的命运，就只有在废墟上悲泣和等待死亡。

1998年的一篇德国报纸文章，专门分析4个马格里布国家面临的经济形势。在利比亚，油价下跌减少了收入。在其他国家，对资源出口的依赖既是私有化的产物，又在继续加速私有化。阿尔及利亚公布116个实行私有化的企业。摩洛哥接受了国际货币基金组织的私有化计划。突尼斯也不得不加快私有化进程。文章的结论是，对石油天然气出口的严重依赖"产生了恶果"，依赖性大的国家"经济困难最大"。①

但是西方抢掠的对象，物质资源之外还有文化资源。一位秘鲁作者谈到她的祖国。秘鲁人民"没有因为他们拥有的原生资源和传统知识被利用而获得任何利益"。秘鲁是一个生物多样性的王国。在这里，西方的大公司放肆地开发资源和利用土著居民千百年来积累的有关知识，把这种利用称为他们的知识产权。在世界原生资源及其派生资源产品——包括药物制剂、加工农产品、草药、化妆品和植物保护产品——市场中，每年的贸易额大约6500亿美元。但是秘鲁人民得到的只是贫困。他们成为

① 《阿尔及尔、拉巴特和突尼斯试验私有化》，德国《商报》1998年5月14日。

“坐在金库上的乞丐”。①

所谓把第三世界变为资源提供地，包括能源、原材料这样的物质资源，也包括廉价劳动力这样的人力资源。在国际垄断资产阶级的经济地图上，几乎每一个第三世界国家，都被分配提供其中的一种或多种资源。中东提供石油。非洲、拉美、俄罗斯提供石油、天然气、有色金属、淡水、森林和热带、亚热带动植物。中国提供煤炭和某些稀有金属。特别是俄罗斯、中国、印度，还要提供廉价劳动力。

第七，**制造第三世界国家的农业困境，使许多第三世界国家从自给自足或粮食出口国变为粮食进口国，世界绝大多数人口的粮食安全状况日益恶化**。

素有世界“粮仓肉库”之称的阿根廷出现饥荒现象。巴西这样的农业大国也不得不高价进口美国粮食。墨西哥谷物产量从二十世纪八十年代到世纪末减少10%，粮食依赖程度却提高到43%。非洲大部分地区的粮食自给率，已经连续30年下降。不是第三世界人民因为懒惰和无能而不能自己养活自己，不是美国农业大亨善心惠及天下而把自己的粮食运送到第三世界各地去喂养饥饿的人群，第三世界人民也完全没有必要因为他们中一些人还吃到几口美国粮食半饥半饱地活着而对美国农业大亨感恩戴德。

新自由主义的推行，使第三世界国家的土地，要么改建为适应西方和本国富人需要的休闲娱乐场所、用于发展房地产和建设商场、港口、机场、高速公路，要么成为环境破坏的牺牲品，要么只种植西方需要的产品，结果是本国穷人所需粮食的种植面积大为减少。西方农业垄断公司在第三世界扩大对于土

① 埃莲娜·卡尔普·德托莱多《秘鲁土著居民的困惑：丰富的资源与极端贫困》，《拉丁美洲研究》2004年第3期。

地、种子、水、化肥、农药以及农产品加工与农产品市场的控制，西方国家给自己的农业提供高额补贴，特别是美国还把粮食作为外交政策的武器，从中谋取暴利，使第三世界农业越来越走向萎缩。农民大量破产，粮食生产者不得不高价购买粮食，第三世界人口或者因饥饿而死，或者长期营养不良。这是资本主义全球化的不可避免的结果，新自由主义则尤其成为一种加速剂。

世界的大多数人被新自由主义闹得连吃饭都成为问题。《共产党宣言》中有一段话，在西方大亨们听来，绝对不会那么舒服：

> 资产阶级不能统治下去了，因为它甚至不能保证自己的奴隶维持奴隶的生活，因为它不得不让自己的奴隶落到不能养活它反而要它来养活的地步。社会再不能在它统治下生存下去了，就是说，它的生存不再同社会相容了。①

第八，**破坏第三世界的自然生态系统，造成环境的急剧恶化**。这主要来自：西方国家把大量污染企业迁到第三世界，在第三世界建立许多就近利用资源和廉价劳动力的污染性工厂，由此赚取利润而把污染留给第三世界；对第三世界的资源进行掠夺性开发；把第三世界作为自己工业污染物的垃圾场；在这里不断地制造和挑起战争、试验和使用大规模杀伤性武器；强制和诱导第三世界国家实行其掠夺资源、破坏环境的不可持续的生产方式、生活方式。

第九，**把“自由贸易”锻造为勒紧第三世界国家脖颈的绳索**。

---

① 马克思、恩格斯《共产党宣言》，《马克思恩格斯选集》第1卷第284页，人民出版社1995年版。

在西方发达国家和第三世界国家之间进行的贸易，从来就是不平等贸易。新自由主义使这种不平等贸易大为扩展、深化并法律化了。

两位英国作者的《谁在仇恨美国》，戳穿了新自由主义“自由贸易”之说的真相。“美国认为，‘贸易自由化’就是对美国跨国公司的单方面开放”，

> 美国几乎将全世界所有关注的问题，都简化为“自由贸易”问题。这意味着美国可以为所欲为，不管是转基因有机体的危险和安全问题，还是气候变化和生物多样性问题；不管是本土文化资源的保护问题，还是改革诸如世贸组织和国际货币基金组织这样专制的全球机构，或是保障全球公正和公平交易问题。①

新自由主义的一个杰作，是北美自由贸易协议。被拖入这一协议的墨西哥，已经成为世界公认的反面范例。由于北美自由贸易协议的实行，墨西哥的本来有效的国内生产体系逐步瓦解，原来从事进口替代工业的中小企业大量破产，取而代之的是从事出口加工的客户工业，美国在墨西哥出口中所占比重上升到90%，外资直接投资中美国占到72%以上。作为北美自由协议的继续和扩大，美国正在强制推行美洲自由贸易区计划。这个计划包括北美洲、南美洲和中美洲及加勒比地区除古巴之外的34个独立国家，准备自2005年1月1日起实行。但是拉美人民已经看穿了美国当局的用心，使它的打算一次一次落空。

古巴一家杂志文章作出了有说服力的分析：

① 泽乌丁·萨达尔、梅尼尔·W·戴维斯《谁在仇恨美国》第74、85页，中国青年出版社2004年版。

美国政府倡议建立美洲自由贸易区的图谋，是使这一地区的新自由主义进程达到顶端，也就是完成统治这一地区的模式。很明显，美国通过签署美洲自由贸易区协议寻求扩大和加强对西半球地区各国人民的统治，同时巩固它在全世界的霸权。

美洲自由贸易区协议企图使新自由主义不可逆转。它的意图是隐蔽的。

其一，垄断拉美市场。

其二，控制拉美的石油资源和水资源。以此确保这个世界最大能源消费国的能源供应。拉美水力资源占世界1/3。美国的跨国公司正在贪婪地关注拉美水资源的开发。

其三，拉美地区已知动植物种类占世界40%。美国正打算在这一自由贸易协议下，通过私有化进程占有这些财富并无偿利用拉美居民和印第安人积累的传统知识。

其四，剥削拉美的劳动力。这可以使美国节省70%—80%的劳动力成本。

美洲自由贸易区协议是有意将一条鲨鱼和一群沙丁鱼联合在一起。这不仅意味着美国对这一地区的统治，而且影响到其他成员国的生存和国家主权。①

对于第三世界国家来说，新自由主义“自由贸易”提供的道路只有一条，那就是重新沦为殖民地。如果在墨西哥加入北美自由贸易协议已经叫苦不迭10年之后，如果一再目睹美洲人民对美洲自由贸易区协议的持久而坚决的拒绝之后，还要为这种

① 科罗纳·洛佩斯《美洲自由贸易区：美国使拉美重新沦为殖民地的计划》，古巴《国际古巴》2004年9月27日。

“自由贸易”奉献赞美歌，还要弯腰弓背、媚态十足，为挤进美国主导的自由贸易协议而不惜出卖国家民族权益，那真是不可救药了。

第十，**把第三世界抛入金融赌博机**。新自由主义全球化，实际上就是金融垄断资本主义的全球化。美国利用自己主导的国际货币基金组织、世界银行以及各国在美国诱导下建立起来的中央银行制度，成功地确立起全球金融霸权和推行金融自由化。新自由主义全球化毁灭社会主义制度出现以后形成的自力更生的基础，摧毁第三世界国家工业发展的力量，构建了这一金融霸权下的全球金融赌博场，而把第三世界抛入这个赌博机，进一步沦为被劫掠的对象。

西方在第三世界推行的新自由主义金融改革，主要目标是削弱后者的金融主权、取消政府对金融的管理和监督职能，实行金融殖民。大量外资的涌入，使国际垄断资本以极为低廉的价格甚至无偿地占有第三世界国家的资源和财富，制约后者的发展能力，从而保证自己的繁荣。美元成为世界外汇储备的最主要货币。世界官方外汇储备中73%为美元，其中将近70%来自亚洲。新自由主义的金融体制，不是把储蓄分配给穷国而是分配给富国。美国成为世界最大借债国，大体上每个月需要吸纳400亿美元，为不断下降的投资和储蓄与数十年贸易赤字背景下的消费潮，甚至为不断发动的对外侵略战争提供资金。难怪英国《金融时报》认为，“亚洲为美国的大炮和黄油付钱”。①

九十年代以来，新自由主义主导的世界金融危机连绵不断。1994—1995年的金融危机，把墨西哥深深地拖入新自由主义泥潭。接着是亚洲金融危机和俄罗斯、巴西、土耳其的金融危机。最大的受害者，都是第三世界国家。这些金融危机促进的，就

① 《亚洲为美国的大炮和黄油付钱》，英国《金融时报》2003年2月19日。

是私有化的深化和第三世界国有资产的更大量的、更廉价的拍卖，就是人民社会地位和生活水平的大幅度下降。

第十一，**用债务陷阱缔造垄断资产阶级和帝国主义的全球权力**。西方总是在诱迫第三世界国家成为债务国。拉美国家在第二次世界大战以后的最初年代里没有债务，但是特别是自七十年代后期开始，债务越欠越多，包袱越背越重，同时也越来越加深对于美国的依附。1985 年，卡斯特罗指出，外债是一种剥削机制。从那时到 2005 年，拉美外债增加 1 倍以上，达到 7800 亿美元，已经支付的利息达到 1.8 万亿美元。

墨西哥 1980 年爆发外债危机，当时外债 570 亿美元。1988 年被迫接受美国财政部和国际货币基金组织强加的布拉迪外债重组计划，其后 15 年偿还 1500 亿累积外债利息。这个数额相当于外债本金的 3 倍。但是截止 1996 年，官方统计的外债总额却增长到 1800 亿美元。到 2002 年，新自由主义的阿根廷政府已经把国家资产卖得几乎无物可卖，然而同时形成的，竟是两倍于此前的债务。在非洲一些国家，债务占国内生产总值的比重，达到 50% 甚至 80% 以上。2002 年，非洲 42 个重债务贫困国家的债务总额，高于年出口总额的 2.2 倍。第三世界所欠西方债务在 1999 年超过 3 万亿美元，其中拉美占 42%，亚洲占 33%。这些天文数字的债务，在当前世界秩序下，是第三世界完全不可能偿还的。

但是数百年来，西方以屠杀、抢劫、战争、自然生态破坏、贸易、政治经济文化的干预与渗透等各种方式积欠下的对第三世界的巨额债务，才真正是应该清偿和归还给第三世界的。资本主义的西方国家，是真正的债务国。

2005 年 6 月，西方八国集团峰会在英国举行，宣布取消 18 个最贫困国家的债务，总额 400 亿美元。当西方主流媒体为此欢呼大亨们的善心的时候，世人已经看清楚，这里的彻头彻尾的豪言大语，其实是彻头彻尾的谎言。谎言之一，美国每年在其非法占领的伊拉克的花费为500亿美元，这个400亿，算什么呢？谎言之二，这次的400亿中，包括着此前西方曾经允诺而没有兑现的部分。谎言之三，西方这种承诺已经多次，用南非一家周刊的话来说，这"只不过是循环地重复承诺"。[①]谎言之四，用于注销穷国债务的资金，将被算作援助。谎言之五，虽然布莱尔声称不带任何条件，实际上附加条件而且更加苛刻。穷国必须签字同意世界银行/国际货币基金组织的政策条件。所有这些条件，都集中于为西方资金提供新的、更多的机会。总之，应该废止的，正是新自由主义本身，而目前西方所谓取消债务的允诺，又恰恰成为继续新自由主义的前提。

今天的债务问题，不是经济问题而是政治问题。

第十二，**援助成为政治控制和经济掠夺的工具**。单纯从数量来说，西方援助已经就是一个笑话。联合国要求西方官方援助的比例为其国内生产总值的0.7%，实际上不断减少，1990年为0.35%，1999年只有0.2%，美国2001年只有0.11%，达到第二次世界大战以来的最低点。

2005年美国发生"拉特里娜"飓风灾害，中国提供的人道主义援助为500万美元。但是此前中国发生非典的时候，美国的援助只有50万美元。这个50万美元，大约只是美国在伊拉克杀人的一枚战斧式导弹的1/3，或者正好是美国女歌手化装时候使用的法国蜡烛的价钱。

对美国来说，援助就是政治。对外援助的大数目款项给予埃及和以色列。以色列本来是富国。埃及则因为1979年与美国盟国以色列达成和平协议而得此恩宠。八十年代非洲主要受援

① 《八国集团、托尼·布莱尔的非洲委员会与债务》，南非《苏醒新闻周刊》2005年7月7日。

国为索马里、苏丹、扎伊尔和刚果。理由是这些国家旗帜鲜明地支持美国与苏联争霸非洲。1998年巴基斯坦爆炸原子弹，美国中断援助；等到它成为美国反对所谓恐怖主义的盟友，援助又得以恢复。“9·11”事件以后，美国看中了土耳其，提出如果土耳其允许美军通过其领土进入伊拉克，就提供60亿美元的援助；如果土耳其军队不进入基尔库克油田，还可以提供更多援助。

在瓦文萨的团结工会造反推翻波兰共产党政权的日子里，来自西方的电脑、印刷机、广播器材和各种活动经费源源不断，那时团结工会委员的工资比政府部长的还要高。大功告成，共产党下台，社会混乱，经济凋敝，百业皆废，西方援助却骤然大减到可以忽略不记。于是团结工会领袖、新任总统瓦文萨大为后悔：“上了西方资本主义的当”，“当时我过分相信西方资本主义国家一定会帮助我们。现在明白了，西方只是需要我们作为反共的战友，而不是做生意的伙伴。”

援助当然又不仅是政治。布热津斯基曾经阻止日本援助墨西哥，“因为美国无法容忍边境周围出现一个新的日本”。但是1994年墨西哥金融危机，美国立即提供500亿美元的援助；全世界都看出，这不是在援助墨西哥，而是在拯救新自由主义，以避免正在俄罗斯、拉美、亚洲国家乘势推进的新自由主义的崩塌。英国《卫报》说，“穷国只有在签字同意世界银行/国际货币基金组织的经济条件后才能拿到钱”，“世界银行一半左右的援助项目，都有要求推行私有化的条件”。这种条件有增无减。该报谈到贝宁，过去需要满足的条件为58项，到2005年西方八国会议期间，条件就增加到130项了。①

① 《八国集团在援助问题上是如何欺骗世界的》，英国《卫报》2005年8月23日。

援助同时是一种经济窃夺。西方发达国家对外援助资金的80%，最终通过附加的购买其出口产品条件的形式，流回本国。当然还有其他形式。斯蒂格利茨曾经谈到他在世界银行任职期间同埃塞俄比亚总统的一次不愉快的会见。世界银行和国际货币基金组织命令埃塞俄比亚把援助资金存入在美国的储备帐户，利率4%，而与此同时又强制它以12%的高利息借美元为自己的人民购买美国粮食。这笔钱被直接抢夺进美国财政部的保险柜。马哈蒂尔说起西方魔术师般的两只手：一只手援助第三世界国家1美元，另一只手从这些国家掠走两美元。一篇香港文章有一种计算：西方对穷国每提供1美元的援助，就要从中拿走9美元；世界最穷国欠西方债务18000亿港元，每年还债13000亿港元，而保证这些国家人民享有医疗、教育、清洁食用水，其实只需要3000亿港元。①

瑞典经济学家、诺贝尔奖获得者冈纳·缪尔达尔，1970年出版他的影响很大的著作《世界贫困的挑战——世界反贫困大纲》②。该书多处论及西方对第三世界国家的所谓援助问题，要点可以概括为：(1)实质上不是富国援助穷国而是穷国援助富国和补贴富国；(2)西方援助是对穷国、穷人的欠债；(3)西方通过援助遏止共产主义；(4)这种援助增加不平等、增加第三世界的腐败。在西方推行新自由主义全球化的时代，所有这些问题都继续存在，但是空前地扩展了、深化了。

2004年7月间，美国传统基金会所属国际经济贸易研究中心研究员布雷特·谢弗和助理研究员安东尼·金的一份研究报告感慨，何以联合国投票，接受美国援助的国家中86%的国家

① 林致良《各地民众声讨全球化》，香港《全球化监察》1999年第9期。

② 冈纳·缪尔达尔《世界贫困的挑战——世界反贫困大纲》，北京经济学院出版社1991年版。

多数情况下投票反对美国，接受援助最多的23个国家中20个国家多数情况下投票反对美国。这份报告的另一组数据，已经回答了他们的疑问：从1980年到2001年，美国支付发展援助款项2590亿美元，77个援助资金超过2001年国内生产总值1%的受援国中，8个国家实际增长超过3%，很多国家比20年前更贫穷。还可以补充2006年11月间肯尼亚《旗帜报》一篇《第二次合作还是发展伙伴》的说法：非洲过去曾经接受欧洲和美国数十亿美元的援助，但是目前却比40年前更穷。这些援助的目的在于掠夺资源，并不关注创造就业机会或促进发展，46%的援助资金全都没有用于帮助减轻贫困。

这家基金会的主席小埃德温·福伊尔纳曾经撰文，说国际货币基金组织的援助政策不是帮助第三世界国家发展，而是导致这些国家“经济陷于停滞和衰退，并使这些国家更加依赖外来援助。30年来收集到的资料有力地说明，接受国际货币基金组织贷款的大多数欠发达国家，今天的人均财产额与它们接受国际货币基金组织贷款以前一样低或者更低，许多欠发达国家的情况实际上更加糟糕”。①

2001年，许多非洲国家在南非发起通过《尼亚纲宣言》，呼吁第三世界国家向西方追讨被窃夺的国有资产，包括西方以所谓援助名义窃夺的资产。这种正义的呼声，正在得到广大第三世界国家的响应。

第十三，**把有利于国际垄断资产阶级的知识私有化，用“知识产权”的名义在全球法律化，抑制和扼杀第三世界国家自主地进行知识创新的能力，制造和扩大第三世界国家同西方之间的科技差距，深化第三世界国家的依附状态。**

① 小埃德温·福伊尔钠《国际货币基金组织需要真正的改革而不非增加资金》，美国传统基金会网站1998年5月5日。

因特网的出现被吹嘘为所谓"信息社会"、"信息时代"的标志。但是它非但没有使世界的联系更紧密，却反而制造了西方发达国家和第三世界之间的越来越大的数字鸿沟。据说印度发展的最突出成就应该归结为信息技术。但是且不说印度总体上经济落后和两极分化的情况，仅就高科技而言，实际上只能解决0.25%人口的就业问题。

劳动力换技术吗？印度用自己的资源为西方培养和输送大量科技劳动力，自己却不能从西方国家得到高科技技术。"美国对印度的友情是有限的。美国不愿意向印度转让技术，也不为印度提供制造最新型武器系统的方案，旨在使印度永远依赖其供应武器和零部件。"①

资源换技术吗？苏联和俄罗斯，持有同样丰富的资源，然而具有自主科技能力的苏联是强大的，丧失自主科技能力的俄罗斯却在走下坡路。资源丰富的非洲正在成为第四世界。在巴西有着独特自然资源的亚马逊森林地带，西方正在发动被称为"哥伦布第二次登陆"的基因战。

市场换技术吗？中国科技部一位副部长根据中国汽车工业状况发表的演说，简直有切肤之痛：

> "以市场换技术"说法认为，只要市场开放了，技术也会随之而来，通过招商引资来引进大批技术，但事实证明这种路子根本是自欺欺人。
>
> 第一，市场是有限的，一旦让出去了，夺回来十分艰辛。第二，让了市场并不见得会得到技术。第三，让了市场则废掉了自己的技术。第四，让了市场又缺乏核心技术，

① 《印度作为美国的战略盟友而崛起》，美国《基督教科学箴言报》2004年1月26日。

有可能发展成为依附性国家，最后受制于人。

中国汽车工业表面繁荣。市场让出去了，原有技术也丢了，新的技术又不掌握，真正成了依附型的汽车工业。中国的汽车生产技术和能力，就是在这种壮士断臂之举下被废掉，直接导致中国汽车市场90%被跨国公司占领的局面。①

第十四，**第三世界血汗工厂化**。血汗工厂是资本主义的必然形式。新自由主义的一大贡献，是使它在第三世界国家广泛推行开来，使整个第三世界血汗工厂化，成为国际垄断资产阶级压榨盘剥的的一种基本形式。

第三世界的血汗工厂，是西方跨国公司的天堂。它带来就业而不带来进步。资本、技术、设计、管理权、产品销售权因此利润集中于西方，在第三世界，则到处留下荒山秃岭、残砖烂瓦、干涸湖泊和污浊空气，留下报酬被压缩到仅够维持生命的廉价劳动力。第三世界劳动者为满足人类生存源源不断地提供着大量产品，然而自己却在一种形同废墟的环境中陷入悲苦的深渊。

1993年5月10日的《华盛顿邮报》和稍后的两三家美国报纸，刊出一条简单得一般读者大多不过扫一眼的消息：曼谷郊区一家玩具厂发生火灾。除了某些劳工组织，各界反映冷淡，美国也没有出现对这家玩具厂的产品进行抵制的消息。

威廉·格雷德的《资本主义全球化的疯狂逻辑》，记载了这场火灾的情形。

发生火灾的玩具厂，属于与美国军工企业有关的全球最大玩具工业权威卡德控股有限公司。公司的下属企业分布在80多

① 香港《大公报》2005年11月26日报道。

个国家。泰国的卡德玩具厂雇用3000多工人，生产为美国儿童设计的毛料玩具和塑料娃娃。官方公布火灾死188人、伤469人，实际人数要高出许多。这里的生产车间里飞舞着棉布、纺织品、灰尘、动物毛发，工人们在噪音、高温、废气中穿梭不停，完全没有防护装置。也没有工会来维护工人的权益。官方规定最低日工资4美元，但是劳动力的竞争使得实际收入只有2—3美元。除100名“合法员工”，其他工人随时有被解雇的可能。车间楼房使用廉价材料，没有混凝土加固，极易燃烧和崩塌。太平梯的宽度只有4.5英尺，而经理们为防止偷盗又把大门紧锁、把窗户堵死。发生火灾是司空见惯的事情，从来没有引起关注和采取必要措施。这被认为是最严重的一次。四、五位孕妇从熊熊烈火的楼上跳下摔死。死者中年龄最小的只有13岁。成千上万被烟熏黑的洋娃娃，散乱在血肉模糊的尸体和断肢间。

泰国工业部长无奈而有理：“如果我们惩罚那些工厂主，还有谁愿来这里投资?”

对于资本家来说，这一切更加无所谓。事故现场被推土机推得平整干净，新的卡德玩具厂已经耸立起来并且投入生产。何况第三世界有取之不尽的穷人和越来越廉价的劳动力。“卡德公司在蛇口和东莞所办的两家新工厂里，员工多为年轻人，他们一天劳动14个小时，一个礼拜工作7天。为了完成圣诞节期间美国对米老鼠和其他玩偶的定单，公司在中国一个月只花20美元就可以雇用一个精壮劳力，是泰国劳力的1/5。那么，它还会去热心曼谷破旧工厂的洒水器和火灾逃生通道吗?”①

泰国的卡德玩具厂，成为第三世界血汗工厂的缩影。

---

① 威廉·格雷德《资本主义的疯狂逻辑》第430—431页，社会科学文献出版社2003年版。

1997 年美国《华盛顿邮报》披露，从 1993 年起，在邻近美国的墨西哥贾雷斯城，有 238 名打工妹被害，绝大多数先奸后杀。年龄最小的只有 12 岁。这个血案一直莫名其妙地久拖不破。也是墨西哥，为美国制作芭比娃娃的工厂里的女工，十几岁的孩子，有时候竟然每天工作 18 个小时。在洪都拉斯，沃尔玛生产服装的血汗工厂，年轻女工每周工作 70 小时，每小时报酬 31 美分，厂房像烤炉，洗手间始终关闭，被迫加班，还遭受威胁、虐待和性骚扰。小国萨尔瓦多有 280 家美国企业。首都大型纺织厂中的工人，被迫每天加工 800 件衬衣，每小时收入 56 美分，每天规定只能上两次厕所。节假日不许休息。怀孕或是参加工会者的下场是解雇。

按照当地法律规定，孟加拉缝纫工最低月工资 18.53 美元。这只是洛杉矶一家咖啡店半打热牛奶咖啡的价钱。

印度尼西亚一度成为为美国提供大量鞋子的国家。但是这里制鞋工厂的工人，需要三个月乃至四个月的工资，才能买得起一双自己制作的鞋子。

中国是世界最大的玩具出口国。这些玩具在国际市场价格不菲，留在中国的加工费却少得可怜。一家 7000 人的工厂，成品需要 500 道加工程序，平均加工费只有 2 美元。这些玩具 90% 以上外销，90% 以上的利润归于国外品牌商和经销商。① 沃尔玛也在中国扎下根来。在它的系统里，工人工作时间每天也达到 18 个小时，月薪有的 32 美元，远远低于当地规定的最低工资标准。②

号称高科技的产品，往往不是给自己而是给掌握技术产权的西方国家创造利润。中国出口 1 台 DVD，售价 32 美元，交外

---

① 《中国玩具徒劳生产，获利甚微》，法国《欧洲时报》2004 年 1 月 24 日。

② 《中国庞大出口的背后》，美国《华尔街日报》2004 年 11 月 30 日。

国专利费 18 美元，成本 13 美元，企业利润 1 美元。1 台 MP3，交外国专利费 45 美元，成本 32.5 美元，企业利润 1.5 美元。①中国科学院中国现代化研究课题组发布《中国现代化报告 2006》，说根据世界经济论坛的 2005—2006 年全球竞争力大排名报告，中国列名第 49，比 2004 年下降 3 位；根据瑞士洛桑国际管理研究院的 2005 年 IMD 全球竞争力排名，中国在全球 60 个经济体中的排名，从 2004 年的第 24 位下降到第 31 位。中国对外技术依存度 50%，设备投资 60% 以上靠进口，科技进步贡献率为 39%。由于不掌握核心技术，中国每部国产手机售价的 20%、计算机售价的 30%、数控机床售价的 20%—40%，需要交给外方作为专利费。②

在一些主流媒体不知出于何种动机热热闹闹地炒作“中国制造”和中国成为“世界工厂”的时候，《纽约时报》网站有文章说出了实情：

> 看上去中国好像从贸易中获得了更大的回报。但是，从整体上看，最大的赢家是美国和其他发达国家的消费者。玩具、服装、家用电器产品和其他产品从亚洲其他地方转移到中国生产，让这些发达国家的消费者获益匪浅。
>
> 美国的大型跨国公司和其他外国公司，其中包括零售商，是生产这些廉价产品的中国工厂背后看不见的手。这些公司从贸易中获得了大部分的利润。③

这家网站说，真正的输家，是第三世界国家和西方发达国

① 见晓晓《史无前例的挑战》，香港《香港传真》2005 年 11 月 29 日。

② 见《瞭望东方周刊》2006 年第 10 期。

③《需要组装：中国作为亚洲的工厂》，美国《纽约时报》网站 2006 年 2 月 9 日。

家的工人，包括中国的和美国的工人。中国统计说60%以上的出口产品都由外国公司控制，电脑部件和电子产品等领域中外国公司拥有更大的控制权。技术尤其至关重要。各种零部件，仅仅是运到中国组装。“更恰当的标签一定是‘中国组装’”。一个芭比娃娃售价20美元，中国只得到其中的35美分。中国只是提供廉价劳动力，工资大约每小时75美分。所以网站引述中国商务部人士的话说，人们误以为中国非常繁荣，“中国在过去几年中得到的只是一些漂亮的数字，而美国和外国公司得到了真正的利润”。

美国已经把墨西哥变成自己的血汗工厂。恰恰是一家墨西哥报纸，这样谈到中国的血汗工厂问题：近45万家外国企业雇用了1亿名来自最贫困地区的劳动者，他们每天工作15小时以上，每周工作7天，工厂空间狭小、卫生条件极差，工人薪水少得可怜。野心勃勃的外国企业肆无忌惮地疯狂剥削，中国劳动者的权利遭到践踏。这一切不是来自其他方面，而是来自“新自由主义奴役”。①

美国《纽约时报》曾经介绍的一本书，有个长长的书名：《一件T恤衫在全球经济中的旅行——一位经济学家考察世界贸易的市场、权力与政治》。② 作者在美国花5.99美元买了一件T恤衫。这种T恤衫由中国制造商从美国得克萨斯购进棉花制成，印有“佛罗里达”的字样和迈阿密一家公司的图案，最终运往东非港口转卖。作者同她的T恤衫一道旅行，转变了作为所谓自由贸易支持者的立场。这种旅行，使她在一个群众集会听到的控诉，不再是可以耸耸肩膀离去的传奇故事：

---

① 《中国共产党人?》，墨西哥《宇宙报》2005年12月9日。

② 《与我的印有“鹦鹉”图案的佛罗里达T恤衫一起旅行》，美国《纽约时报》2005年8月21日。

> 是谁制造了您的T恤衫？是越南的一名儿童？还是印度的一位每小时挣18美分的年轻姑娘？……您可知道，她住的是12个人一间的房间，她与别人睡一张床，只能喝上稀粥？

她从得克萨斯的家庭农场主、上海一条装配线上的年轻妇女、坦桑尼亚的衬衫转销商和华盛顿一位院外游说分子那里看出，美国的黑奴劳动，恩格斯笔下曼切斯特的血汗工厂，正在成为今天第三世界的现实。

整个第三世界，都在成为这样的血汗工厂。国际垄断资产阶级获得巨大利益，却“得了便宜又卖乖”，经由他们的主流媒体起哄。他们使出了两种招数。

首先送给第三世界国家“世界工厂”的高帽子。第三世界的精英和权贵们，也沾沾自喜于自己的改革使国家成为这样的“世界工厂”。但是香港一家报纸文章说得好：

> 尽管戴着舒服，但时间长了会头痛。如果没有足够的长期部署或充分的危机意识，好事可能变成坏事。
>
> 首先，对“世界工厂”的自我满足和模糊认识，导致了科技开发和建立自主知识产权的重要性的长期被忽视。
>
> 其次，大量原材料的消耗和自己资源的缺乏，很容易被外界利用。
>
> 第三，自己的优势是可变量。随着原材料价格及工人成本的上升，竞争力将不断下降。
>
> 为此需要制订全面的原材料与能源政策，增加科技投入，全力发展属于自己的知识产权。①

---

① 《世界工厂暗藏危机》，香港《信报》2004年10月25日。

其次是以所谓“国际劳工标准”加强对第三世界国家的干预，一方面他们自己就是始作俑者，就是吸血鬼，一方面却黄鼠狼给鸡拜年，似乎只有他们在关心他们血汗工厂里的血汗劳动者、在维护这些劳动者的权益。

全部问题在于劳动者的权利，在于劳动者自己解放自己，在于劳动者成为自己国家、社会、企业、命运的真正主人。在这样的问题上，西方舆论一言不发。他们倒是发出另一种声音：“血汗工厂生机勃勃的中国”正在成为“沃尔玛之国”，沃尔玛连锁店的数量两年内将翻一番，这“也许不能说是大幅度的跃进，但它是一进步”。按照他们的说法，倒是沃尔玛式的血汗工厂，成为中国“变革的一支主要力量”。①

这些对第三世界国家进行诱导和欺骗的谎言，掩盖的是这样的事实：今天设立在第三世界国家的血汗工厂，已经成为西方资产者在美洲压榨黑奴和资本主义早期残酷剥削工人的肮脏历史的现代版。

恩格斯的《工人阶级状况》和马克思的《资本论》，提供了当时有关西欧国家工人阶级工作、生活、社会地位的大量材料。仅就劳动时间而言，也存在每天 18 个小时的情况，普遍实行的是女工 12 小时到 16 小时，男工则 14、16、18 小时不等，工人阶级为不得超过 12 小时和 9 小时工作制而斗争。世界工人阶级为此艰难斗争数百年，直到十月革命之后，在苏联，8 小时工作制才第一次作为国家法律规定下来。尽管它已经在世界大多数国家成为一种美好回忆，然而它属于工人阶级斗争的历史性成就，却不会被历史遗忘。美国政府统计局，也不得不羞羞答答

① 《沃尔玛之国》，美国《时代》周刊2005 年6 月27 日。

地承认："有关今天血汗工厂的描述，与世纪初相差不远"。[①] 此言出于1994年，而且特指美国洛杉矶、纽约、达拉斯几个州的血汗工厂。在第三世界国家，血汗工厂尤其成为黑暗的、恶魔般的劳动集中营，劳动条件之恶劣、劳动强度之大、工作时间之长、工资之微薄尤其骇人听闻。今天第三世界国家的血汗工厂，同十多年前西方国家的血汗工厂相比，人家倒可能多少可以算得上天堂了。

第十五，**在第三世界不同国家之间，在第三世界国家内部，制造不和、挑拨离间、破坏团结，使其永远处于动乱和分裂状态**。殖民主义时代遗留下来的历史裂痕，边界的纷争，民族归属、宗教信仰的不同，都成为西方在制造麻烦的切入口。

在一些原来属于苏联的共和国和东欧国家，西方插手其内部事务，教唆、操纵一些人制造事端，发动所谓"颜色革命"。这个用语在两个方面毫不含糊，即绝对不允许出现象征无产阶级革命和社会主义的红色，绝对不允许出现对西方首先是美国表示丝毫不驯服的政府。但是这里的两个毫不含糊，被一些仿佛诗意般温馨的名称所掩盖。于是就有诸如"天鹅绒革命"、"玫瑰革命"、"郁金香革命"之类含糊不清的称谓。美国当局不管你什么颜色，症结在于，不允许存在统一的、强大的、和平建设的环境，不允许别国人民依靠自己的力量建设自己的国家，不允许第三世界团结起来，为此就在使出卑鄙手段的时候来一段柔情似水的田园诗，终究还是颠覆西方不喜欢的政府，另立代理人政府。

特别是在非洲，西方强制推行新自由主义，和为着争夺自然资源挑起动乱和战争，成为同一个过程。非洲成为鲜血和尸

---

① 威廉·格雷德《资本主义的疯狂逻辑》第424—425页。社会科学文献出版社2003年版。

骨的河流。往往非洲人之间杀得天昏地暗，而得到最大利益的却是隐身其后的西方大国。这是一种典型的“代理人战争”。在争夺钻石的战争中，西方人“一方面把钻石带到西方的国际市场，另一方面向非洲人提供他们急需的武器”①。石油资源成为经常引发战争的导火线。美国在苏丹指责政府为“恐怖主义”而支持反政府武装，既有直接的石油利益，也有阻止中国发展同非洲人民的友谊、利用石油资源的战略考虑。非洲国家出卖资源所得的1/3，都被用来购买武器。美国是最大的军火经销商。沙特阿拉伯一家报纸写道：“大国为控制和利用非洲丰富的自然资源而进行争斗，因而挑起了非洲许多国家的内战和争端，使成千上万的非洲人民陷于饥饿和水深火热之中”，“非洲的悲剧决不会在超级大国对非洲人民的财富和资源的抢夺中结束”。②

一家在法国出版的杂志认为，仅仅非洲大陆的内部冲突，就已经使非洲经济“至少倒退了20年”③。

在认为必要的时候和必要的地方，西方就赤裸裸地站到第一线，运送武器、进行军事培训直到派驻军队、建立军事基地。当津巴布韦独立战争时期的老战士强行索回白人农场主占去的土地的时候，西方公开出面进行干预甚至对津巴布韦进行制裁。在拉美，从反对“恐怖主义”到“缉毒”，都成为直接插手的理由。墨西哥盛行新自由主义的一个伴生物，就是在美国军校受训的墨西哥军官人数急剧增加，“同时，以缉毒为借口，用来镇压农村和城市骚乱的军事技术的转让也增加了。这样，墨西哥和哥斯达黎加等国一样，在冷战期间历史性地拒绝与美国国防部保持密切的关系，而现在，墨西哥成了拉美最主要的接受美

① 《都是钻石惹的祸》，英国《观察家报》2000年5月14日。

② 《华盛顿和巴黎之间的隐蔽战争使非洲大陆的战火越烧越旺》，沙特阿拉伯《中东报》1997年7月13日。

③ 《黑非洲向何处去》，法国《青年非洲经济》1999年2月28日。

国训练计划和官方转让用以控制人民的军事技术的国家，还接受了对付社会骚乱罢工的训练”。①

第十六，**悍然发动对第三世界国家的侵略战争**。解体苏联、提出所谓“华盛顿共识”、发动入侵伊拉克的海湾战争，几乎在同一个时间发生。这是一种历史的象征：从此第三世界不仅被淹没在新自由主义的灾难中，而且被蹂躏于帝国主义的战火中。自那以后，美国在第三世界的各大洲和在欧洲属于第三世界的国家里，已经一而再、再而三地从空中、海上、陆地多次发动侵略战争。除了来自人民的、带有自发倾向的反抗，基本上没有任何力量能够对它形成具有威胁意义的制约。帝国主义的美国，从来没有像今天这样肆无忌惮。整个第三世界，从来没有像今天这样如同羔羊一样被置于美国的屠刀之下。

第十七，**直接制造第三世界的经济灾难**。

作为资本扩张的产物，第三世界随着资本主义确立其统治地位而出现。第三世界的历史，自其出现，就是苦难的、同时也是探索和奋斗的历史。第三世界发展最好的时期，正是社会主义取得世界历史性胜利、民族解放运动蓬勃发展的时期，亦即二十世纪的五十年代到七十年代。那被称为“奇迹的15年”。

我们完全不是说，当时第三世界的发展经验已经绝对地完备又完备，或者用美国当局喜欢的语言，已经达到“历史的终点”，从此没有必要再进行探索和奋斗，注定一路鲜花满地、凯歌高奏。重要的是，几十亿刚刚挣脱殖民枷锁的人民，在自己学习做自己命运的主人，而过去的干涉者即西方殖民势力却在减弱和倒退。人民会犯错误，人民会上当，但是别人嚼过的馍不甜，没有任何东西比自己的经验、自己的教训、自己的创造、

① 《墨西哥会屈服于美国随心所欲的作法吗?》，墨西哥《至上报》2000年6月11日。

自己的探索和觉醒，更加宝贵。当美国为首的国际垄断资产阶级锻造新自由主义，把新自由主义强加给第三世界人民，用新自由主义绞杀和取消第三世界人民自己的创造力和历史主动精神的时候，悲剧的幕布，就决定性地拉开了。自这以后，人类进入新自由主义在全球站稳脚跟和居于统治地位的时代——新自由主义全球化时代，第三世界就只有“失去的10年”和“又一个失去的10年”了。

按照麦迪森的统计，第三世界国家国内生产总值即GDP的增长率，如果以1950—1973年和1973—1998年进行比较，亚洲（不含日本）略有增长，从5.18%增长到5.46%，拉丁美洲从5.33%下降到3.02%，非洲从4.45%下降到2.74%。

西方主流媒体总是甜蜜蜜地吟诵新自由主义给第三世界带来的数不完的好处，进行种种不着边际的预测和许诺。但是历史和事实总是一次一次使他们的谎言变为笑话。

美国企业界人士说，新自由主义改革使拉美“处于全球经济增长的前列”。联合国贸易和发展会议的报告说，“拉美经济增长率在1997年达到了25年来的最高水平”。德意志银行说，墨西哥成了“拉美的绿洲”，未来经济前景“相当光明”。[①]

事实上，联合国拉美经济委员会曾经公布这样两组数字：拉美人均国内生产总值1960—1980年年均增长率为3%，1981—2002年下降到0.5%，其中阿根廷、玻利维亚、厄瓜多尔、秘鲁、委内瑞拉5国为负增长；拉美经济在世界经济中所占的比例，1960年为8%，二十一世纪初只有4%。斯蒂格利茨论述西方全球化功过，也说到拉美：

---

① 埃菲社纽约1997年8月18日电；埃菲社联合国1998年9月16日电；见墨西哥《至上报》2000年1月18日。

今天，在大部分发展中国家，全球化都受到质疑。例如，在拉丁美洲，在二十世纪九十年代初经历短期的爆发性增长之后，停滞和衰退就一直存在着。实际上，二十世纪九十年代初的爆发性增长，只不过是一次“追赶”，它甚至不能弥补二十世纪八十年代失去的10年。①

拉美自实行新自由主义，已经有过5次比较大的危机。八十年代爆发1929年大萧条以来最严重的债务危机和金融危机。1994年底墨西哥爆发金融危机。1998—1999年，由于亚洲和俄罗斯金融危机的冲击，巴西出现金融危机。2001年底，经济发展百年不衰，居民教育程度很高，人均年收入曾经达到8000美元，又成为拉美新自由主义改革明星的阿根廷，由于连续数年负增长，经济衰退在本年达到创记录的负11%，接近崩溃边缘。2002年，又有巴西和乌拉圭的金融动荡。

美国宣传，非洲48个国家中有37个国家在进行新自由主义的经济改革。财政部副部长劳伦斯·萨默斯说：非洲经济增长的前景是“二三十年来最光明的”。美国对外关系委员会资深会员萨尔斯·布克说，“实际上非洲正在复兴”。美国前国会议员杰克·肯普说，正是由于政治和市场自由化，“非洲的潜力是巨大的”。②

从二十世纪六十年代到新自由主义来到的八十年代，非洲经济平均年增长率达到四个百分点。英国一篇报纸文章就承认，

① 斯蒂格利茨《对全球化的异议》，美国《美国展望》第13卷第1期（2002年1月1日）。

② 《非洲突然占据舞台的中心——在一个危险的大陆出现的复兴迹象》，美国《商业日报》1997年6月23日；《为什么非洲能像亚洲一样繁荣起来》，美国《纽约时报》1997年5月25日；《由于有自由和降低税收，非洲的潜力是巨大的》，美国《基督教科学箴言报》1997年8月4日。

“非洲经济发展的黄金时代是上世纪五六十年代，那是世界历史上持续时间最长、涉及地区最广的经济繁荣期。”①

有两篇题目相同的文章，叫做《被遗弃的非洲》。第一篇见于美国，说“发达国家早已把非洲遗忘，使它处于新的全球化时代以外”。② 果真由非洲人民自己来管理他们的家乡，无论有多少曲折，终究会走出一条真正的发展之路。然而这是谎言，哪里有如此便宜的事情呢？西方大亨不会忘掉非洲。他们不会忘记的，不是那里的苦难的人民，而是第二篇文章所开列的石油、黄金、钻石，未经开发的森林，可被利用的木材，除此之外的非洲，就的确是“一片广阔的废墟”，“再也不生产能够真正吸引北方国家的东西了”。③

新自由主义在这块苦难深重的大陆的功绩，就是围绕争夺资源而进行的“第三次殖民地化”：

> 过去西方对非洲国家实现的殖民地化，现在叫“干涉”，带着全球化的标记，建立在强大的机构支撑的基础之上，如国际货币基金组织、世界银行、多边投资协议、世界贸易组织等。这些机构以新的形式在非洲推行新自由主义，以保持一个将世界分为北方和南方两极的现状。在这个世界上，北方是福利和过度消费的同义语，南方是饥饿和贫穷的同义语。④

按照西方当局欣赏的、他们的全球化的标准，非洲不仅是最早全球化的地区，而且是当前最深地被纳入所谓世界体系的

---

① 《宗教缘何成为新的政治问题》，英国《金融时报》2005年1月18日。

② 《被遗弃的非洲》，美国《华盛顿邮报》2000年5月11日。

③ 《被遗弃的非洲》，法国《玛丽安娜》周刊2000年12月25日。

④ 《非洲面临第三次殖民地化》，西班牙《起义报》2005年5月28日。

地区。1990 年，跨地区贸易在非洲国内生产总值中所占比例达到 45.6%，而同一时期欧洲不过 12.8%，北美洲 13.2%，亚洲 14.2%，拉丁美洲 23.7%。但是非洲没有因此富裕和强大，反而被新自由主义推入第四世界，或者借用一篇英国报纸文章的题目：成为"濒临死亡的洲"。①

关于亚洲，直到 1997 年金融危机爆发前夕，国际货币基金组织和西方主流报刊，一直在没完没了地吹嘘这里是世界经济的引擎或发动机。一场危机，被树立为样板的"龙"、"虎"之类作为一种经济物种，已经被吹打得烟消云散，使它们的多数至今还在为摆脱灾难而苦苦挣扎，然而世界听到的，仍然是一次一次宣布复苏的空洞的赞美词。

亚洲的"龙腾虎跃"，首先是那里人民勤奋劳动的结果，然而也有一种政治背景，即美国为着对社会主义苏联、中国进行经济包围和军事包围。和在欧洲实行的马歇尔计划一样，美国在这里也曾经大量提供各种名目的援助。你要"龙腾虎跃"，美国就把一切功劳归于自己，制造一番"北朝鲜不如南朝鲜"、"大陆不如台湾"的舆论。待到苏联解体、这种包围已经不再需要，一场金融风暴，就把这里几十年的建设成就席卷而去。然后来指责仿佛和他们无关的"亚洲资本主义"、"裙带资本主义"之类。结论是加紧推行新自由主义。

但是正是美国扶植的苏哈托的新自由主义改革，使印度尼西亚国营经济大面积垮台和拍卖，使苏哈托家族骤然大富大贵。在泰国，新自由主义引发了国家是否将沦为殖民地的争论。截止 1998 年，泰国 35 家金融公司中有 9 家被外资接管。"此间一些金融界人士认为，如果由这种形势发展下去，泰国即使不完全沦为经济殖民地，也将同'半个殖民地'没有二样。因此，泰

---

① 《濒临死亡的洲》，英国《每日电讯报》1999 年 7 月 10 日。

国经济界有人对国际货币基金组织提供的治疗泰国经济危机的药方是'苦口良药'还是'毒药'提出疑问。"①

韩国1961—1996年国内生产总值年均增长率8%，实际工资年均增长率7%。当时主要靠政府干预为导向的增长模式。危机之后迫于美国压力进行大规模新自由主义改组。2003年的一家美国刊物写道，国外投资大量涌入，但是绝大部分不是用于生产而是用于廉价收购，"就像廉价购买火灾受损物品一样"。有价证券的总流入量，1999年和2000年为危机前的三倍到四倍。外资掌握了重要产业——半导体、汽车、电讯、金融业——的控制权：三星电子、现代汽车等大型上市公司中外资股权占50%以上，半数国家商业银行为外资控制。外资在股票市场所占份额，由1997年的12%增长到2001年的36%以上。文章评论新自由主义在韩国的实施，说"这是一付导致灾难的药方"："总之，金融改组并没有使韩国经济重新繁荣起来，反而带来了严重的长期的信贷不足和持续不断的公司亏损，导致了资本积累率大幅度的、也许是永久的下降。这一做法也最终造成了韩国对外资的依赖。"②

一个值得注意的历史现象是，在非洲和属于亚洲的中东，上个世纪中期，陆续取得独立的国家，纷纷热衷于社会主义。非洲50几个新独立国家，42个宣布自己的国家为社会主义。在中东，叙利亚、伊拉克、也门都一度自称社会主义。这里的社会主义，一方面和苏联的影响有关，一方面和自己的民族宗教传统有关。当时许多国家通过大规模国有化运动建立起独立的民族经济。今天被美国"民主"得成为战争废墟和人民地狱的伊

① 新华社曼谷1998年4月3日电。

② 《韩国的金融自由化与产业危机》，美国《激进政治经济学评论》2003年春季号。

拉克，1968—1977年公营部门在国民生产中的比重从31%上升到80%，1970—1980年人均GDP从330美元增加到3000美元，成为中等收入国家。

新自由主义送给阿拉伯世界的礼物，叫做破败凋敝。且不说美军入侵之后的残酷蹂躏，联合国1996年底公布的数据，已经足以令人心酸落泪：阿拉伯世界有7300万人即总人口的将近30%生活贫困，1000万人遭受饥饿，农村一半人饮用水不卫生，1/3的人没有基本医疗保证。至于为控制海湾国家的跨国公司打工的劳动者，就更加苦不堪言：

> 大部分人是出卖苦力的建筑工人、勤杂工、清洁工、售货员、护士和家庭佣人。他们绝大部分来自南亚各国，其社会地位低下，工资收入相对较少，住房条件也很差。其中建筑工人，均住在沙漠上的木板工棚里，卫生条件极差。而那些家庭佣人绝大多数是年轻的妇女。她们承担着繁重的家务劳动，低三下四地伺候男女主人，一不如意即遭受辱骂和毒打，甚至受到男主人的人身侮辱。
>
> 在这些国家里，最廉价的商品是香烟和非本国公民的尊严。①

在谈到经济问题的时候，我们经常遇到"国内生产总值"即"GDP"这个概念。全世界都在使用这个概念。然而这是一个被大简化地使用，其实可以说明许多事情又可以使许多事情陷入混乱的概念。盖一座楼，设计、原材料、施工计入GDP。装修，计入GDP 。这里掉墙皮、那里出裂缝，要修缮，计入GDP。着

① 见晓晓《"文明冲突"的背后——解读伊斯兰原教旨主义复兴》，香港《香港传真》2003年9月2日。

火了，救火计入GDP。发生盗窃，立案、追捕、审理计入GDP。因为什么原因拆掉，也计入GDP。清理地基再修点别的什么，又计入GDP。GDP能够说明什么呢？发生瘟疫，为防止疾病传播而杀牛宰鸡、喷洒消毒液、注射疫苗，封锁疫区，医院检查治疗，都计入GDP，它又能够说明什么呢？GDP的加减，无论作为国家强弱的标记还是作为国家进退的标记，都说不上准确。

前引麦迪森的资料显示，第三世界国家GDP的增长率，如果以1950—1973年和1973—1998年进行比较，亚洲（不含日本）略有增长，从5.18%增长到5.46%。这里有两个问题。

首先，这种增长集中于中国和印度。在上述两个时间段GDP增长率的比较中，该书提供的数据有：中国从5.02%增长到6.84%，印度从3.54%增长到5.07%，其他亚洲国家或地区从6.05%下降到4.67%。中国和印度，正是1997年亚洲金融危机没有能够伤害的国家。那场金融危机，是新自由主义的杰作。如美国传统基金会主席小埃德温·福伊尔纳所说，"亚洲金融危机是国际货币基金组织的建议造成的"，而美国财政部官员和国际货币基金组织官员其后又以危机为理由在那里强制推行新自由主义，从那里"大量转移财富"。①

如果说中国经济增长的一个特点是上亿农民从土地走向城市的话，那么印度经济增长的前提就是贫富两极分化。这个在全球人类发展指数方面仅居第127位的国家，亿万富翁的人数却居全球第8位。它的GDP的含量，很大程度上不是来自自己的生产力的提高，而是来自殖民时代英国人留下的能够讲英语的、大量转变为掌握信息技术的廉价人才。"对于被多年旱灾所吓倒的、几乎目不识丁的农村群众来说，很难搭上经济改革的

① 小埃德温·福伊尔纳《国际货币基金组织需要真正的改革而非增加资金》，美国传统基金会网站1998年5月5日。

便车。实际上，印度的农民和城市贫民生活贫困，整日为衣食发愁”，“有一项警告挂在每个人的嘴边——贫富差距悬殊”。①

其次，西方企图在第三世界国家制造科技殖民地，自己控制技术特别是核心技术，进行科技入侵，只许第三世界国家发展和鼓励发展劳动密集型、资源密集型、能耗密集型、污染密集型产业。结果是即便GDP上升，自主的技术创新能力却持续下降，穷人更多和更穷，国家作为整体日渐衰弱。做8亿条裤子和做1架飞机的GDP一样。做1亿瓶美容霜、洗面奶、洗发膏和做1枚导弹的GDP一样。但是裤子挡不住飞机，洗面奶炸不垮坦克，美容霜击不沉航空母舰。如果这成为一种机制而长此以往，前者只是弱国，后者才是强国。在这个意义上，单纯比较GDP是没有意义的。

近代以来的历史证明，军事工业总是处于技术进步的顶端，制造业则构成综合国力的骨干。西方国家的强大，集中表现于以军事工业为龙头的制造业的强大。这是符合生产力发展规律的。但是西方特别通过推行新自由主义所引导的，恰恰是第三世界的反发展。它可以发展，不许你发展。你发展什么呢？围绕国际垄断资产阶级利益的原材料、廉价劳动力、市场，然后是作为西方“飞地”和本国极少数富人挥霍享乐的行业。总之，要第三世界非工业化。

新自由主义开给第三世界国家的一个药方是发展第三产业，亦即包括主要非物质生产部门的服务业。西方乐观其成。就生产力发展的规律而言，第三产业需要第一产业和第二产业发展的雄厚基础。西方国家是在充分发展第一产业和第二产业的基础上，发展第三产业的。而第三世界国家，却一则被非工业化，

---

① 《穷人和富人眼中的印度经济咒语》，澳大利亚《悉尼先驱晨报》(网络版)2005年10月29日。

二则连粮食也要靠从西方国家进口。在这种情况下，发展第三产业要么变成空中楼阁，要么只是发展一些由西方控制、为西方或者自己的极少数富人服务的服务业，GDP 的增加就利在西方而弊在自己了。

香港学者晓晓分析了一些亚洲国家的状况。1980 年，沙特阿拉伯人均 GDP 一度超过美国，达到 15322 美元，到 2001 年只剩 8753 美元。很多国家有现代化的机场、港口、高速公路，有豪华奢侈程度绝不逊色于西方国家的五星级饭店、夜总会、桑那浴、高尔夫球场，城市化超前和廉价服务业大发展。那只使极少数人的生活水平赶上西方富豪，国家却两极分化严重，弱不堪击。“缺乏真正的产业发展，是无可推脱的根本”。这样一种现代化，即便 GDP 再高，也只是西方的附庸。他的调侃给读者的，是苦涩的阴郁和沉重：“曾经高居发达国家榜首的海湾国家，沐猴而冠花天酒地之后，早晚还得去放骆驼。”①

第十八，**使第三世界居民绝大多数的生活水平大幅度下降**。从五十年代年到七十年代，在第三世界国家，生活在绝对贫困状态的人口比例在下降。新自由主义导致的趋势，则完全相反。

二十世纪末叶，新自由主义的主流舆论喜欢进行横向比较而嘲笑社会主义者经常进行的纵向比较。这就是说，社会主义者总是宣传，因为实行社会主义，国家比以前富裕了，人民生活比以前提高了。而新自由主义主流舆论加劲鼓噪的，却是大陆不如台湾、北朝鲜不如南朝鲜、东德不如西德之类，结论是社会主义不如资本主义。

科学的态度是，两种比较都是必要的。问题在于事实，在于从绝大多数人的利益出发还是从极少数人的利益出发。历史

① 晓晓《“文明冲突”的背后——解读伊斯兰原教旨主义复兴》，香港《香港传真》2003 年 9 月 2 日。

就是我们的一切。人民创造历史、推动历史，正是为着历史的前进。一切事物，都历史地存在和发展。即使横向的比较，如果离开历史，还能够剩余什么呢？一堆毫无科学价值的意识形态偏见的宣传垃圾而已。

一些国际垄断资本控制和影响的机构的发展报告一类文件，总是开列密密麻麻的数字，告诉人们贫困人口所占比例已经从多少减少到多少。但是不仅他们宣示的比例本身是否可信就是一个问题——斯蒂格利茨就说，他们的很多数据是在五星饭店里边出来的，而且比如世界人口仅仅最近的30年中，就增加了20亿，30年前的比例和今天的同样比例所包括的人的数量可大不一样。

一篇评论斯蒂格利茨《全球化及其不满者》的文章，开宗明义就是一幅惨不忍睹的第三世界的图画：

这么多我们通常所称的“发展中经济”事实上没有发展。对工业化西方民主国家的大多数公民来说，了解在乌干达或者埃塞俄比亚或者马拉维，无论是男人还是女人都无望活到哪怕45岁，这是令人震惊的。或者在塞拉里昂，所有儿童的28%在到达第五个生日前已经死亡。或者在印度，所有儿童的一半以上营养不良。或者在孟加拉国，只有一半成年男子和不到1/4的成年妇女能够读书写字。

然而，更令人不安的是认识到，许多——即使不是大多数——世界最贫困的国家没有进步，至少在经济方面没有进步。在那儿，很低的收入和无能的政府，共同造成了这种骇人听闻的悲剧。在1990年人均收入最低的50个国家中，23个国家1999年的平均收入低于1990年的水平。而且，在27个得以至少实现某种积极增长的国家，年均增长率仅为2.7%。按照这个速度，它们将再需要79年，才能达到目前希腊所享有的收入水平。而希腊是欧盟最贫困的成员。①

一篇评论斯蒂格利茨另一部著作《咆哮的九十年代》的文章写道，美国在拉美推行新自由主义，制造了五个神话：减少财政赤字是重振经济的第一步；市场有无形的手；政府干预经济越少越好；对金融市场有好处的东西对整个经济就有好处；全球化给每个国家都带来了发展和经济增长。道理只有一条，就是美国式资本主义。所有这些神话，都已经破产，“实际上，美国式经济政策给大多数发展中国家带来的是负面效应：经济发展速度减缓、失业率明显增长、收入日益集中，脱贫遥遥无期。”②

世界贫困人口的80%集中于亚洲。最突出的是印度。仅就GDP来说，九十年代印度经济年增长率达到6%，印度人已经拥有更多的汽车、电视机和洗衣机。在这个意义上，它算得上新自由主义改革的先锋。印度的王牌是信息技术。但是信息技术产业几乎完全无助于贫困人口脱贫，多数人也不相信经济的快速增长将使穷人受益。

在拉美，从1960年到1970年，按照拉美经济委员会的定义，位于贫困线以下的家庭比例，从51%减少到40%，极端贫困家庭从26%下降到19%。八十年代以来的新自由主义改革，贫困人口的比例并没有多大变化，但是绝对量在增加、生活质量在下降。英国一家周刊说，“对大多数拉丁美洲人来说，自1990年实施的由国际货币基金组织支持的经济计划并未带来多

① 《斯蒂格利茨眼中的全球化——评〈全球化及其不满者〉》，美国《纽约书评》2002年8月15日。

② 《新自由主义的神话》，墨西哥《宇宙报》2004年2月28日。

少实际利益。事实上，与1990年或1980年相比，拉丁美洲现在的人均生活水平并没有什么提高。大多数社会指标显示，该地区实际上出现了倒退。”①

实行新自由主义的九十年代，拉美人均收入下降到了七十年代初的水平。进入新世纪，联合国拉美经济委员会秘书长奥坎波承认，拉美贫困人口已经从1990年的2亿增加到了2.2亿。2004年又增加到2.7亿。阿根廷、巴西、墨西哥、秘鲁都有过辉煌的过去。然而现在，秘鲁人均国民收入回到了六十年代；墨西哥成为世界最贫困的12个国家之一，工资收入大幅度跌落到15年前的30%；巴西人不得不收集易拉罐勉强度日；而一度以“世界粮仓肉库”、富裕和教养称誉拉美的阿根廷，发生了在首都大街抢马肉的悲剧。阿根廷人含着眼泪自我解嘲：“我们有世界最好的足球，还有世界最糟的经济。”

巴西有一种最低工资制，成为保障城乡劳动者社会权利的制度。如果以1950年的最低工资为100，无论有多少关于“改革”的美好许诺，后面的数字都只是在起一种戳穿谎言的作用了：1985年61.7，1988年53.2，1989年38.2，1990年34.5。难怪巴西工会组织的报告说：当前巴西最低工资的购买力，比1940年确定的最低工资的购买力下降了82.5%。②

新自由主义全球化在非洲的主要成就，就是制造连续20多年的经济困境，使它成为真正意义上的“人类贫民窟”。法国一家报纸说，七十年代非洲人均收入为西方发达国家人均收入的14%，九十年代末只有7%；五十年代非洲占世界贸易的3%，现在则只有1.5%了。③ 整个非洲的人均收入，九十年代不过相

① 《拉丁美洲悲惨的未来》，英国《简氏外事报道》2005年6月2日。

② 《巴西的最低工资制》，《拉丁美洲研究》1997年第5期。

③ 《非洲经济有起色》，法国《快报》1998年1月4日。

当于六十年代。其中撒哈拉以南非洲国家绝大多数居民的生活水平，还比1960年低25%。

第十九，**使第三世界的国际地位下降，在国际社会中日益边缘化和发言权减弱，不再能够作为一个整体在国际社会有效地维护自己的权益。**

第二次世界大战以后，社会主义的成就和第三世界民族解放运动的蓬勃发展，曾经使广大第三世界国家认识到自己的最大的敌人在哪里、自己的最大的利益在哪里，形成一种空前团结、共同斗争的局面。苏联解体，新自由主义泛滥，进一步深化第三世界国家的依附地位。西方首先是美国，采取所谓"区别对待"的政策，按照他们的需要，给予这个国家或者其中的某种政治势力贷款、援助、扶持，给予那个国家或者其中的某种政治势力制裁、封锁、敲敲打打，不断地制造和扩大裂痕，以收渔人之利。七十年代，第三世界国家齐心协力，在联合国大会投票恢复中国的合法地位。今天就很难设想再出现那样一种局面了。

第二十，**强加一种政治制度，用新自由主义改革把第三世界冷冻起来，使国际垄断资产阶级对于第三世界的统治、使第三世界的殖民地地位凝固化和永久化。**

无论有多少关于民主、自由、人权的夸夸其谈或遮羞布，西方当局也不会允许出现即便一个和他们一样强大富庶的国家。第三世界的天真的人们认为，西方会帮助他们过西方富人那样的生活，或者说，只要照抄照搬西方的政治制度，自己的国家就会成为西方一样的国家。历史终究会引导他们从新自由主义实践的进程和自己的切身经历中，明白一个已经千百次重复、今天还在以更加恶劣的形式重复的资产阶级生存公式：资产阶级全球扩张，不是用自己的面貌改造世界，而是用自己的需要改造世界，如马克思、恩格斯的名言，"为自己"创造一个世界，使全球服从于它们发财致富的条件。

这是一种建立在刺刀、金钱、谎言、收买选票的基础上的政治制度。它有一整套对人民进行控制的机构和法律工具。在阿富汗，该走的民主程序都走过了。于是美国兵扎下营盘，随意杀人取乐。于是一个本来可以自给的国家，不得不靠吃美国粮食混日子，自己的土地则成为名扬世界的毒品产地。在伊拉克，美国先是军事入侵，占领石油产地，然后是送来宪法，接着飞机在老百姓的婚礼上空乱扔炸弹，导弹、冲锋枪指挥选举，口中则每时每刻高唱他们民主的胜利。拉出和美国当局闹别扭、被美国兵逮捕的伊拉克总统，法庭开庭，煞有介事，像模像样。话不投机，就杀害想要说出事实的辩护律师。这一场世纪闹剧，活脱脱地告诉世界，新自由主义强加给第三世界国家的政治制度，到底是什么劳什子。

二十大罪，不过举其大端罢了。

欧洲流行一本由《经济学家》杂志创办人爱德华·戈德史密斯和国际全球化论坛主席杰里·曼德尔编辑出版的《全球化黑皮书》，收集一些英美作者的文章。该书把新自由主义全球化归结为“施行殖民权力的过程”，并开列出当年殖民列强和今天西方大国对第三世界政策的若干共同内容：向穷国发放贷款，使其依附自己；把当地精英培养为自己的代表，策划各种政变和颠覆活动；最终摧毁当地经济；支持腐败政权；解除金融控制，使穷国成为证券投机的玩物；通过国际贸易协定削弱民族国家的权力；强调增长而不顾及可持续发展和生态后果；扩大两极分化；控制媒体，以掩盖对自己不利的东西；等等。

一位英国学者写道：“原来支持共产党和左翼民族主义的发展中国家，向外资开放了本国经济，拥抱了新自由主义的华盛顿共识”，然而新自由主义发动的战争带给他们什么呢？——

"灭绝人性"。①

新自由主义全球化已经使联合国确定的全球最不发达国家的数目翻一番，从二十世纪七十年代的25个，增加到二十一世纪的49个。**对于第三世界来说，新自由主义是一个重新殖民地化的过程，是一个付出更惨重代价重演过去悲剧的过程。殖民主义者已经用第三世界人民鲜血和生命铸就自己统治的大厦，现在，他们又通过推行新自由主义，用第三世界人民的鲜血和生命，来缔造国际垄断资产阶级统治的永恒天堂。新自由主义的罪恶，与其说是写在不如说是刻在历史的耻辱柱上。勉强借用李密讨隋炀帝檄文中的话来说就是："罄南山之竹，书罪无穷；决东海之波，流恶难尽。"**

在新自由主义全球化中，苏联是一个极为重要的角色。它的各加盟共和国，实行社会主义制度以前，无一例外都属于第三世界。关于当时相对而言居于先进地位的俄罗斯，美国历史学家斯塔夫里亚诺斯，在两卷本《全球分裂——第三世界的历史进程》中，提供了这样的数据：外国支配经济不容置疑，1914年外国投资者拥有40%的铁路线、40%的机械工厂、42%的银行股份、50%的化学工业、50%的煤和石油产品、60%的铜矿和铁矿石、80%的焦碳产量，掌握88.11亿卢布俄国公债的50%，使俄国成为欧洲最大的债务国。② 与此同在的，是广大农村的极端落后贫困，和城市的16小时工作制、低工资、童工、恶劣的工作条件和生活环境。

1917年的十月革命，社会主义苏维埃国家的建立，根本改变了俄罗斯和其他各加盟共和国的景况。根据苏联官方机构提

① 克里斯·哈曼《解析帝国主义》，英国《国际社会主义》2003年冬季号。

② 斯塔夫里亚诺斯《全球分裂——第三世界的历史进程》上册第350页，商务印书馆1993年版。

供的统计资料，1985 年国民收入为革命前最高年份 1913 年的 89 倍、1940 年的 16.8 倍、1950 年的 10.5 倍、1960 年的 3.8 倍、1970 年的 1.9 倍。1985 年工业产值为 1913 年 192 倍、1940 年的 25 倍、1950 年 14.7 倍、1960 年的 4.8 倍、1970 年的 2.1 倍。1985 年农业总产值为 1913 年的 3.8 倍、1940 年 2.7 倍、1960 年 1.7 倍、1970 年的 1.2 倍。如果以 1940 年人均实际收入为 100，那么 1970 年为 398、1980 年为 582、1985 年为 646。福利补贴高于实际收入，1985 年比 1940 年增加 21 倍多、比 1960 年增加 3 倍多、比 1970 年增加 1 倍多。革命前的俄国基本上是文盲国家。苏联实行普遍义务教育制，每个公民从幼年起就得到国家提供的各项教育补贴。八十年代，苏联高等教育普及率比 1939 年提高近 10 倍，中等教育普及率从 1939 年的 10% 提高到 60% 以上，公民识字率达到高于西方所有国家的 99.8%。1987 年，苏联人均拥有的影剧院座位数和全年观众的人次，在全世界是最高的。1985 年全国医生数量比 1940 年增长 6.5 倍，病床数量增长 3.5 倍。①

考虑到歪曲苏联历史、抹杀苏联成就的严重情况，俄罗斯总统普京已经指令教育部行文重印斯大林主持和亲自撰写的《联共(布)党史简明教程》，把该书作为国家法定高等院校必读的历史教科书。该书总结截止 1933 年苏联实行第一个五年计划的成就：

> (一)苏联已从农业国变成了工业国，因为工业产品在国民经济全部生产中的比重已增加到 70%。
>
> (二)社会主义经济体系已把工业方面的资本主义成分消灭，而成了工业中的唯一经济体系。

---

① 李炜《1985 年以前苏联社会经济发展》，《当代思潮》1997 年第 6 期。

（三）社会主义经济体系已把农业方面的富农阶级消灭，而成了农业中的统治力量。

（四）集体农庄制度已把农村中的贫穷困乏现象消灭，——千百万贫农已升到生活有保障的地位。

（五）社会主义体系在工业中消灭了失业现象，在几个生产部门里保存了8小时工作制，在绝大多数企业中实行7小时工作制，在有害于健康的企业中规定了6小时工作制。

（六）社会主义在国民经济所有一切部门的胜利，消灭了人剥削人现象。①

在这些枯燥数字和理论判断背后的，是一个第三世界最大国家、也是世界最大国家的活生生的、天翻地覆的变化。

苏联是什么？——这就是苏联人民的探索、奋斗、付出、牺牲和使世界为之惊叹倾倒的巨大业绩，这就是他们的稳定的就业和基本社会保障，这就是他们的免费教育和免费医疗，这就是他们的低物价、“傻大黑粗”却经久实用，这就是他们的社会平等和良好道德风尚，这就是他们的祖辈和父辈、青春和爱情、紧张的劳动和愉快的休假，这就是他们的梦幻和理想、孩子们鲜红的领巾和夏令营的篝火，这就是他们的为世界传唱的《神圣的战争》、《喀秋莎》、《莫斯科郊外的夜晚》和最为精彩的芭蕾舞。

然而所有这些，都在粗野的咒骂和践踏中，在新自由主义关于“改革”、“转型”的喧嚣中，突然烟消云散。

农村留下倒塌的农舍、荒芜的土地和憔悴褴褛如同沙皇时代农奴的老人。曾经作为国家强大经济力象征的钢铁、机械、

① 《联共（布）党史简明教程》第391—392页，苏联外国文书籍出版局1953年版。

石化、飞机、轮船、汽车、坦克、拖拉机等等居于世界前列的大企业，或者被分解出售，或者残砖断瓦、杂草丛生。大宗出口的已经不是高科技含量的工业品。能源、原材料、顶尖的优秀科学家和流落西方城市街头巷尾的卖淫女郎，成为俄罗斯的品牌。工人俱乐部、少年宫变为赌场，或者被麦当劳、夜总会、美国大片挤占。工人疗养院和劳动者的小别墅里，如今金碧辉煌，成为脑满肠肥的“新俄罗斯人”纸醉金迷、狂嫖滥赌、金屋藏娇的地方。在普希金、托尔斯泰的雕像下，横七竖八地躺着无家可归的流浪汉和失业者。

莫斯科是一座有着古老文化传统和遍布现代化建筑的世界名城，又是一座使拿破仑和德国法西斯寸步不能进入的英雄的城市。现在随时可以见到酗酒的醉汉和行乞的儿童，沿街卖唱的国家级功勋艺术家，摆个地摊混日子的教授和靠修理小电器为生的工程师。地铁濒临破产。曾经作为苏联人骄傲的人造卫星，已经有60%面临报废。① 昨天的世界第一流核大国，尽管93%以上的居民持反对态度，为了赚取几个美元，议会还是在2000年12月作出决定，进口核废料，沦为西方国家的垃圾场。财政部长2002年8月18日宣布，已经打算卖掉国库中一些最珍贵的珠宝来偿还国债。

现在既没有马雅柯夫斯基和萧洛霍夫，也没有《乡村女教师》和《茹尔宾一家》。但是终于有了一部畅销的长篇小说，一经出版就引起轰动、多次再版。它的名字叫《无望的逃离》。那是克里姆林宫红旗落地以后的故事。宇航研究所副研究员倒腾香烟，妻子委身成为经理的情妇。红军上校到酒店停车场看车，弯腰缩肩请付小费。将军的全部储蓄变为废纸。功勋卓著的老者，穷得要卖掉苏联时代免费分得的住房。终于可以出租住房

① 俄通社—塔斯社圣彼得堡2000年6月15日电。

的时候，来者却是一些妓女、地痞、流氓。有人收购苏联时代的军大衣、将军服、一级光荣勋章。小贩们高喊着：“您要是不卖，将来连硝酸甘油都买不起。”诗人以叫卖曾经在苏联时代受到迫害而抬高身价。政客竞选议员，开列的签名支持者居然大部分是死人。公司靠出卖国家科技机密发财致富。国家科研经费日渐缩减，研究工作无法展开，头头却开着崭新的雷诺汽车，妻子开着本田，还新买了5居室的住房和兴建了别墅。金融机构集中了有钱有势的人。在这个意大利西服、法国香水、美女和威士忌的世界，人们议论着是去希腊还是去西班牙渡假。正直者在祖国进行着无望的选择，于是带着列宁的塑像逃离。

苏联人在“无望的逃离”中，找到了自己、自己的生活和自己的世界。

经济学家谢·格拉济耶夫写道，正是犯罪行为，成为“俄罗斯改革的伟大成就”：

> 我们得到的是罪犯的统治而不是具有竞争力的市场环境，是寡头集团以及对其俯首帖耳的腐败官僚机构而不是法制国家，是彻底的虚伪宣传而不是言论自由，是居民的道德沦丧而不是创造活动的繁荣，是殖民化而不是经济增长。①

俄罗斯是这样一个民族。它不止一次历经大起大落大开大合和创造奇迹，无论向前或是向后，总是能够以自己的行动影响世界历史进程。二十世纪的苏联，是从贫穷落后的第三世界国家崛起，开创非资本主义社会道路而成第一个、至今也还是

① 谢·格拉济耶夫《俄罗斯改革的悲剧和出路——俄罗斯与新世界秩序》第11页，经济管理出版社2003年版。

唯一一个走出第三世界并跃居世界第一流强国的国家，是一个在人类摆脱两次仅有的世界大战的灾难方面，在推进第三世界的解放和发展方面，发挥了关键性的、独特作用的国家。现在，新自由主义的猖獗，使它在不过十几年的时间里，成为世界衰落特别是第三世界重入苦海的标志。

这种历史性倒退的悲剧，是一个说不完的话题。

——一个独立的国家被剥夺主权，正在被殖民化，重新回到第三世界。

正如季诺维也夫所说："西方把西方的社会制度强加给苏联，首先是强加给俄罗斯，同时俄罗斯就成了西方的殖民地。在俄罗斯，建立了殖民主义制度，政治制度变成了殖民行政制度。"①

新自由主义改革的一个基本目标，是摧毁那些决定国家主权的机构。戈尔巴乔夫主持修改苏联宪法第六条，然后是紧锣密鼓、接踵而来的一个重大步骤：废除苏联作为一个主权国家的别洛韦日协定；解散苏联共产党和禁止苏联共产党活动；关于俄罗斯与其他独联体国家决定共同承担清偿苏联时代债务责任的谅解备忘录；俄罗斯放弃对因从民主德国和其他华沙条约国家撤军而遗留财产进行索赔的要求；承诺遵守在利用国家能源资源时须放弃国家主权的"能源宪章"；向国际货币基金组织保证，国家不再保护国内市场，放弃独立自主的金融政策，不再为工业、科学和技术的发展提供奖励资金；适应西方跨国资本需要调整国家法律和经济政策，实行非工业化，让科学密集的技术部门倒闭、专门从事原材料生产；加入巴黎俱乐部，以免除债务的形式使俄罗斯从苏联继承的上百亿美元金融资产化

① 亚历山大·季诺维也夫接受记者采访的谈话，俄罗斯《真理报》1995年1月12日。

为乌有；等等。

分配给俄罗斯的角色，就是成为提供原料的殖民地。

——一个统一的国家被肢解得七零八落。

社会组织程度遭到严重破坏，“无论普通公民还是政府机构，都是一盘散沙，不可能进行一场集体行动”。[①] 肢解的第一步，是变为各自独立的国家，第二步是让这些国家之间矛盾重重并继续零散化；第一步已经成功，第二步尚在进行中。

直到2005年，西方主流媒体仍然在鼓噪“俄罗斯解体论”。这年4月间，美国中央情报局发表的报告宣传，10年以后，俄罗斯将分裂为6个到8个国家，并沦为美国、欧盟和日本的经济势力范围。直接针对俄罗斯的所谓“颜色革命”日益逼近。美国卡耐基基金会与和平基金会联合发布调查报告，也把俄罗斯列入可能解体的国家。俄罗斯网民在因特网上发布的看法有相当的普遍性：“美国人永远是将最好的前景留给自己，把最恶毒的预言送给别人，目的就是破坏俄罗斯的国际形象。”[②]

2006年，俄罗斯国家杜马在内部散发的一份秘密报告《2006—2008年美国可能对俄罗斯采取的行动方案》透露，美国可能采取如下举措：在国际上鼓励俄罗斯最高领导层、强力部门领导人及工商界关键人物；不承认俄罗斯国内选举；充分利用俄社会的不满情绪；在左翼阵营中物色代理人；促使俄大财团向反对派提供资金；借助媒体和利用舆论；支持俄内部的“反一体化进程”。此外还将破坏俄罗斯的能源主权，竭力瓦解独联体。[③]

---

① 《俄罗斯社会分裂及其社会地缘政治后果》，美国《世界与我》2005年第10期。

② 《欲将其分而治之：西方热炒俄罗斯解体论》，法国《欧洲时报》2005年12月9日。

③ 《孤立与革命》，俄罗斯《独立报》2006年9月21日。

——一个强大的国家，被践踏和撕裂得破败凋敝、穷困潦倒，成为乞丐国家。

“转型”、“转制”演化为国家的崩溃。用美国报纸文章的话来说，俄罗斯已经不堪一击，虚弱得“自己退进死胡同”和“无需遏制”。①

一位美国教授访问过去的列宁格勒、今天的彼得堡。他的感觉是回到了内战时期的1918年。这个曾经由于成为十月革命的发祥地和战胜德国法西斯长期围困而建立卓著功勋的城市，现在却呈现为俄罗斯破败凋敝、穷困潦倒的缩影：

> 临时市场上出售的主要商品，是参差杂乱的蔬菜和各种廉价的小摆设。街头充斥着衣衫破旧的人，他们是“新贫”阶层的组成部分。这个阶层中不仅有人们所熟知的自剧变以来一直靠救济为生的俄罗斯老人。现在的乞丐还包括正当壮年的年轻男子和一群群少儿。他们剃光的脑袋和脸上的表情，让人毫不迟疑地联想起意大利犯罪学家拉姆罗索的观点。他认为从外表就能轻易辨别出那些天生的罪犯。人们懂得在穿过人群时应小心谨慎，双手要紧紧插在口袋里，以防钱夹被那些在大街上捞生意的扒手卷走。②

——一个把人民将近一个世纪辛勤劳动积累起来的巨大资产廉价拍卖的国家。

苏联经济主体是社会主义的国有经济。新自由主义的私有化强加给它一场世纪大拍卖的风暴。

---

① 《为什么要遏制俄罗斯》，美国《华盛顿邮报》2004年12月17日。

② 《俄罗斯社会分裂及其社会地缘政治后果》，美国《世界与我》2005年第10期。

关于俄罗斯私有化过程中国有经济的廉价拍卖，俄罗斯学者的《第三次世界大战——信息心理战》一书，提供了下述情况：

> 在俄罗斯500家最大的企业中，约有80 %的企业以低于800万美元的单价拍卖。在500家企业中，有324家工厂的平均售出价格还不到400万美元。有3.4万名工人的乌拉尔机器制造厂仅卖了373万美元；有3.5万名工人的车里亚宾斯克冶金联合企业卖了373万美元；为全军、内务部和安全部门制造枪械的科弗罗夫机械制造厂（有5.4万名工人），被卖了220万美元。我们可以做一下比较：欧洲的一家中型面包厂就价值200万美元；瑞士设备的香肠厂价值350万美元。也就是说，丘拜斯一伙用车里亚宾斯克拖拉机制造厂换了一家生产面包的工厂。
>
> ……
>
> 如果按最低市场价格计算，类似的企业在美国和西欧实际要超过1万亿美元。而这些休克疗法制造者遵奉他们在大洋彼岸主子的旨意，一共只卖了72亿美元，至少贱卖了150倍。①

——一个国有资产大量流失的国家。

私有化，这既是国有资产大量流失的原因，也是它的结果和整个过程。1993—1996年4年私有化的收入，仅仅占俄罗斯全国国内生产总值的0.02%—0.04%。有一种估算，在整个私有化运动中，俄罗斯的损失达到1.7万亿美元。其中经济损失1

① 利西奇金、谢列平《第三次世界大战——信息心理战》第322—323页，社会科学出版社2003年版。

万亿，社会损失0.7万亿。这相当于俄罗斯1996年国内生产总值的4.2倍，相当于第二次世界大战损失的2.5倍。①

私有化中俄罗斯资金外流的数额是一个黑洞。按照2002年俄罗斯工商会代表大会的计算，是12年中流失1000亿美元到5000亿美元。按照曾任苏联最高苏维埃主席的卢基扬诺夫的说法，仅仅叶利钦当政的时期，就达4000亿美元。

——一个经济主权正在被外国资本所控制的国家。

经济政策的制订和实施，很大程度上决定于美国财政部和国际货币基金组织。俄罗斯银行体系的控制权以及由此实现的对整个经济的控制权，转让给了外国资本。有色冶金企业股份的90%落入西方公司。黄金市场、金刚石市场、生产战略物资的工厂均被外国资本控制。日用商品对西方依赖加强。

——一个社会生产力遭到巨大破坏的国家。

苏联作为经济大国，各经济地域、部门、企业有着内在的联系，组成统一的机体，有统一的能源供应系统、统一的运输网络。现在，国民经济和国家一样被肆无忌惮地肢解。各种数十年建立起来的联系发生断裂，许多关系国民生计的经济产业或者大为削弱，或者已经消失。机械产业开工率仅有10%；微生物工业和高科技的化学产业等有发展前途的产业基本上已经不再存在；有着丰富原料基础的产业，开发程度仅有2%到3%；拥有世界最大的林业资源，加工能力却在芬兰之下；石油行业的劳动生产率只有解体前的一半。

按照前引《第三次世界大战——信息心理战》一书提供的数据，1996年同1985年相比，俄罗斯工业产量下降82%。其中轻工业和纺织工业生产下降80%，石油下降41%、加工工业亏损企业数量增加3.6倍，天然气下降7%、加工工业亏损企业增加

① 《俄罗斯私有化教训多》，《环球时报》2004年8月25日。

1.3倍，煤下降3.3%，发电量下降23%。1995年生产水平相当于1990年的百分比为：黑色金属轧材—71%，机器制造自动化生产线—9%，锻压机—11%，金属切割机床—24%，数控机床—3%，气轮机—50%，拖拉机—10%，谷物联合收割机—18%，马铃薯联合收割机—2%，挖掘机—29%，卡车—13%，水泥—48%，建筑用砖—59%，活动房—28%，化肥—59%，纸张—59%，化学纤维—40%。

1996年同1985年相比，农业产值下降71%，食品生产下降82%。1995年同1990年相比，农产品下降54%，谷物相当于1990年的50%，肉类67%，奶71%，蛋71%。截止1994年，所有类型农业生产单位的播种面积缩减10%，亏损农业企业增加22倍，农业活动总体赢利水平下降97.5%。西方发达国家公认一种保证国家食品安全的标准，即食品进口依赖度不能超过25%到30%。俄罗斯1995年进口食品在国内市场占到了40%，已经丧失这种任何一个国家都不可或缺的起码安全。

——一个国防遭到毁灭的国家。

苏联是和美国势均力敌的军事强国。新自由主义改革期间，强大的、曾经打退14个帝国主义国家的武装进犯、决定性地歼灭德国法西斯侵略军、使一切侵略者闻之丧胆的苏联红军，风云流散，支离破碎，溃不成军，弥漫着混乱、消沉和绝望，成为战斗力丧失殆尽的乌合之众。上层腐败丛生。军官发不出工资。士兵在逃亡。一支小小的车臣叛军，在叶利钦时代，延续多年，死亡上万官兵，而终无结果。现代化的飞机、军舰、导弹和核潜艇，被切割为金属废料。

美联社1999年的一则报道，描绘了俄罗斯军队衰落的惨淡景象：10年来从500万人削减到12万人；空军自1992年以来没有获得过新飞机，缺少燃油使飞行员年平均只能飞行25小时，而西方国家飞行员年平均飞行至少200小时；许多船只因为锈蚀而沉没，70%的海军舰船需要大修；陆军多年没有获得新武器，作好战斗准备的部队不足1万人。“随着常规部队的崩溃，俄罗斯正在依赖其依然强大的核部队。但是不断老化的核导弹武器库正在迅速地接近淘汰。”①

另一方面是具有战略意义的、决定国家防卫能力的原材料和工业制造部门，被故意压价向有西方背景的私人企业出售。《第三次世界大战——信息心理战》揭露，“‘改革家们’把最丰富的战略物质交给美国支配”。有色冶金企业的92%被私有化，“黑社会组织伙同外国公司三文不值两文地(几乎是白送)就把这个部门弄到了手”。一个与美国中央情报局有联系的美国人，购买了为生产军用火箭提供原料的石墨科研所的实验工厂和莫斯科电极厂30%的股份。有16万职工的诺里尔斯克制镍联合企业，卖价不到50万美元。廉价出售的企业名单上还有：萨颜铝厂卖2000万美元，布拉茨克铝厂卖1800万美元，博戈斯洛夫铝厂卖1080万美元，诺沃库兹涅茨克和克拉斯诺亚尔斯克两家铝厂各卖900万美元，伊尔库茨克铝厂卖360万美元，伏尔加格勒铝厂卖260万美元，乌拉尔电解铜厂卖890万美元，中乌拉尔炼铜厂卖670万美元，麦德诺戈尔斯克联合企业卖180万美元，卡拉巴林斯克炼铜联合企业卖170万美元。②

1996年《真理报》的一篇文章揭露，一窝蜂的“军转民”，实际上是大量军工企业遭到淘汰。它被苦涩地、嘲讽性地称为“市场化斯达汉诺夫运动”。70%的军工企业被取消国家定货。与1991年相比，国防工业综合体生产缩减70%，民用生产也下降65%。电子工业被整体摧毁。无线电工业、通讯工业、造船工

① 美联社莫斯科1999年7月2日电。

② 利西奇金、谢列平《第三次世界大战——信息心理战》第337—338页，社会科学出版社2003年版。

业、航空工业和航天部门，都已经奄奄一息。加里宁格勒本来生产一种超级电子计算机，许多主要性能都超过国外同类产品，现在遭到停产的厄运。①

——一个科学罹难的国家。

苏联曾经是一个科学大国，上个世纪七十年代总体科研潜力占世界1/4，基础科学潜力占1/3，许多重要领域超过西方，拥有世界人数最多的科学家队伍。当美国科研经费不断增加，达到国内生产总值的6%到7%的时候，新自由主义改革却使俄罗斯科学部门拨款从预算的6%缩减到只有0.3%，而且经常不到位。最有成就的研究人员月工资70到100美元，许多高水平专家不得不扫院子、打更以补贴生活。有的研究所成为荒草凄迷的空城，或者靠向银行、餐馆、歌舞厅出租房子给工作人员发一点生活费。与军事有关的研究机构尤其惨不忍睹。普京出任总统，就为科学家减少一半大为感慨。世界第一流的科学人才大量外流，相当一些成为西方国家的打工仔。

关于新自由主义改革派毁灭俄罗斯科学的行径，俄罗斯人自己的评论相当尖锐："许多人认为，民主派改革者消灭科学的做法是世界历史上从无先例的野蛮行为。另有一些人认为，民主派改革者是由一些人格上有病态特征的人组成的。他们从消灭世界知名学者中获得病态的满足，以摆脱自己的缺陷感。"②

——一个教育体系崩溃的国家。

苏联教育体系曾经是世界上最好的教育体系之一。毁灭俄罗斯教育的最本质的方面，是听任甚至鼓励大量输入西方国家的世界观、价值观和庸俗文化，抹杀、歪曲苏联和俄罗斯的历

① 《国已失防》，俄罗斯《真理报》1996年12月17日。

② 利西奇金、谢列平《第三次世界大战——信息心理战》第342页，社会科学出版社2003年版。

史，埋葬爱国主义、集体主义、社会公正的思想和对于自己人民的尊敬。2000年国家教育开支仅为1991年的48%，教师日益贫困化，没有钱为学校图书馆买书，更不用说购置家具和实验室设备。私有化、商业化更加导致教育质量明显降低。过去免费教育，而现在读大学却不是靠学业而是靠塞黑钱。神圣的教育领域成为金钱的乐园。2004年的调查显示，40%的俄罗斯家庭可以供孩子读完中学，只有18%的家庭有能力供孩子读大学。在回答“校园腐败”这个苏联人完全不能想象的问题的时候，80%—90%的人表示，现在在俄罗斯，孩子的中学时代，需要经常向学校提供“经济援助”和送礼，为了读大学要准备1200美元的“礼金”，在大学要花钱买学分。①

教育的衰败，使俄罗斯的民族素质和思维能力下降。这不仅为俄罗斯人所忧虑，而且引起西方正直的、有远见的科学家的关注。几位美国教授，发出如此阴郁的声音：

> “我害怕的是，你们的基础科学的削弱会自动导致我们研究水平下降。世界上的一切，特别是现代科学内容，都是相互关联的。”
>
> “我对你们高等教育系统的衰落十分担心。我认为俄罗斯的教育体系是世界上最好的教育体系之一。但如果教授们都要去寻找较高工资的工作，而大学生们毕业后又找不到前程，那么教育系统就将崩溃。”
>
> “俄罗斯科学的基础结构是经过几百年才建成的，现在只有10年就被摧毁了。这是毫无远见的政策。没有强大的科学就不可能有强大的国家。”

① 《俄罗斯：要想上大学，就得塞“黑钱”》，法国《欧洲时报》2004年5月1日。

“我的印象是你们的科学正在遭受无序的破坏。我很难估计这个过程的深度和广度。但它对全世界科学的结构具有破坏性质，却是毫无疑问的。”①

——一个医疗卫生体系遭到破坏的国家。

苏联的医疗卫生体系，同样曾经是世界最好的医疗卫生体系之一。新自由主义改革的功业，是已经消灭的疾病比如肺结核、梅毒、白喉、伤寒、脊髓灰质炎的重新出现，是艾滋病，是成千上万人从免费医疗到看不起病，是强大药品生产体系的消失和对西方国家的依赖，是人民健康状况的急剧恶化。

——一个人民生活水平在两极分化的加剧中普遍下降的国家。

苏联人民生活水平、收入水平下降的幅度，各种研究资料提供的比例不完全相同，大体都在50%上下。一个全体人民有着就业和基本生活条件的可靠保证的国家，短短几年之间而半数人陷入贫困，正是新自由主义改革的世界历史性杰作。一方面是极少数人通过侵吞国库和抢劫人民财产的暴富，富到一掷千金，拥有在世界各地的别墅、私人飞机、私人游艇和私人卫队，另一方面是绝大多数人的失业、饥饿、疾病、乞讨和流离失所。1992年的休克疗法，使居民失去4600亿卢布的储蓄，物价上涨51倍。1999年官方承认的失业率高达15.2%，占人口10%的最富有者占有全体居民总收入的一半，58%的人口生活在贫困线以下，最富有者与最贫困者的收入差距为48倍。人民生活水平的急剧下降和两极分化，呈正比例地比翼双飞。

俄罗斯1995年的人均收入，与纳米比亚、秘鲁、斐济处于同一个水平。1996年10月10日出版的《财政通报》，公布了居

① 《美国人眼中的俄罗斯变换》，俄罗斯《今日报》1994年8月3日。

民食品购买力1994年相当于1990年的比例：面包为31%，肉为55%，牛奶为43%，蛋为66%，鱼为32%，糖为56%，植物油为52%，人造奶油为38%，蔬菜为55%，水果与浆果为77%。1995年继续下降。1996年人均实际收入又下降1%。——这里所说，是贫富差距48倍情况下的平均数。因此，居民中生活在贫困线以下的50%的人口，特别是那些最贫困的人，就只有在半饥半饱中挣扎苟延的待遇了。

失去工资的军官用军大衣换一块面包。卫国战争的英雄，不得不卖掉浸透他们鲜血的勋章补贴生活。一对白发苍苍的老人，可能是某个大学的教授、几部高质量学术著作的作者，在寒风瑟瑟中卖一点自己庭院里种植的土豆和卷心菜，目的是为上学的孙子交学费。失业的工人，可能是有着现代化技术本领的能工巧匠，现在却摆个地摊倒腾过去的红军船型帽、奖章、套娃、披肩、袜子或者别的随便什么东西混日子了。年轻的姑娘，为了一顿饱饭，可以出卖肉体。——在莫斯科和列宁格勒的街头，更不要说别的城市，这是随时随地可以见到的令人心酸的场面。

贫困化像瘟疫一样蔓延。但是比之第三世界其他地区和国家，俄罗斯人的贫困，有着另一种意味：

> 大部分穷人变得更穷。这已经是另一种意味的贫穷。苏联时期衣食无着的人也不少，但他们还享有一定社会保障：退休金、免费医疗、供电和供暖。即便是这样的生活标准，现在很多俄罗斯人都达不到。①

① 《为所发生的一切付出沉重代价》，俄罗斯《劳动报》2004年12月21日。

——一个社会混乱、犯罪丛生、腐败蔓延、道德沦丧的国家。

冈纳·缪尔达尔《世界贫困的挑战——世界反贫困大纲》，正是重要依据苏联的出现和发展指出，“一个共产主义政权的上台通常接着就是有力地清除腐败”，它“第一次给了人民一个不腐败的政权”。联合国儿童基金会一份关于“国家转变时期”青年问题的报告也承认，“社会主义的社会和人道标准甚至比最发达国家的标准要高得多”。他们说出的，是过去的事实。

中央情报局第一任局长杜勒斯针对苏联的战略安排和政治预言，诸如“灌输崇尚色情、暴力、残忍、背叛”，“促使官员肆意妄为、受贿和丧失原则”，“使诚实和正派受到嘲笑”，“培植蛮横无理和厚颜无耻、说谎和欺骗”之类，曾经使当时的人们瞠目结舌，绝难相信它出自一个号称民主巅峰的国家的领导人。然而那就是来自美国最高情报当局的明确无误的作战指令。新自由主义改革给予摧毁性打击的，不仅是苏维埃的文化与道德传统，而且是具有千年历史根基的俄罗斯文化与道德传统。杜勒斯的下流野蛮的胡言乱语，已经成为俄罗斯的现实。

同1990年相比，俄罗斯2001年谋杀案件上升1倍，成为世界高犯罪率的国家之一。根据2005年的统计，每年死于凶杀案件的人数为20万，平均每5分钟发生一桩命案。国家总理卡西亚诺夫的家也在劫难逃。新自由主义的“小政府”，纵容和包容罪犯向俄罗斯人民发起大规模内战。每4个男子中有1个有前科。平均每10万中有1000人犯罪。警匪一家，成为一种国家特色和社会风格。2003年莫斯科大学发生火灾。不幸的学生们的贵重物品，相当一些被以救火为命赶来的消防队员和警察洗劫一空。有组织犯罪，也成为国家特色和社会风格。2002年6月29日《俄罗斯报》有报道援引内务部材料称，犯罪组织不同程度地控制着40%的私人企业、60%的国营企业、50%—80%的商业银行。

腐败几乎成为“民族行为”。一方面，普通人为了生存不得不行贿。一家“INDEM 基金会”的调查显示，40% 接受采访的普通人承认曾经行贿，最大的行贿市场是大学系统。俄罗斯市民大约每年平均行贿一次。另一方面，“小政府”成为贪污腐败的大机构。2001 年，商人向政府官员行贿总额超过 330 亿美元，而本年俄罗斯财政预算不过 400 亿美元。[1] 腐败浸透军队。改革十多年，以“腐败”罪名失去官职的将军达到数百名。其中包括国防部副部长、陆军总司令、陆军和海军的副总司令。相比之下，卖点军产、侵占营房、滥用兵士为自己修别墅，倒成为小偷小摸了。

在十九世纪的俄罗斯文学中，人们看到一代一代痛苦地思索和艰难地探寻祖国解放道路的形象。二十世纪的苏联文学，更为人类提供了熔铸着英雄主义和献身精神的先进人物的群星灿烂的长廊。现在，和腐败一样，贪婪、私欲、欺诈、说谎、阿谀、偷窃、淫荡、懒惰、狭隘、猜忌，成为新的道德风尚，构成新的“当代英雄”的群丑图。俄罗斯一家报纸文章写道：

> 导致我们国家崩溃、千百万人贫困的反革命，开始于八十年代的家庭瓦解。自由派破坏民族道德传统，而道德传统曾教育女孩子要保持贞洁，教育男孩子要珍惜对女孩子的真诚关系。自由派则极力公开玷污在家庭(和国家)面前负有责任的思想。
>
> 所谓性欲革命的腐朽思想，放纵了两性之间关系上的无耻行为，培植了腐化堕落、道德败坏，人的道德变得

① 美国《兰德评论》2002 年夏季号。

畸型。①

妇女解放从来就是社会发展的根本标志之一。一个歧视、玩弄、压迫和剥削自己的母亲、姐妹和女儿的民族，是落后的、愚昧的、没有前途的民族。恰恰在妇女解放的问题上，苏联走在世界的最前列，妇女取得社会平等地位，就业率达到100%。但是新自由主义却使历史在这里可耻地倒退到中世纪甚至奴隶制的时代。美国一家杂志文章承认，“共产主义制度曾经开创了妇女参与劳动就业的传统”，1991年到1997年，妇女失业率攀升到15%以上，特别是俄罗斯，女性失业者占到失业者总数的80%。②

新自由主义在俄罗斯，经济凋敝而有“美女经济”，文化萎缩而有“美女文化”。当女性“身体广告”风靡俄罗斯自己的和西方的街头闹市、电视电影、报刊杂志，“手臂和肩部适宜做美容广告，腿部和臀部尤其受到体育用品商的青睐，额头最好用来宣传高技术产品，最引人注目的部位是女子的美丽胸部”的时候③，当革命的红色旗帜跌落尘埃，祖国一片破败而惟有靠“美女征服世界”、“攻城掠地所向披靡”，为脑满肠肥的畜生们扭捏作态、骚首弄姿、宽衣解带，“风月佳人出卖色相读学位”，伟大俄罗斯成为“盛产美女的工厂”，每年向欧美国家乃至以色列、日本、韩国、台湾出口妓女的时候④，当十月革命的故乡列宁格

① 《谁出卖了苏联》，俄罗斯《苏维埃俄罗斯报》2001年1月6日。

② 《进一步，退两步：后共产主义国家中的妇女》，美国《共产主义与后共产主义研究》2001年第34期。

③ 《用身体做广告》，俄罗斯《新消息报》2005年7月19日。

④ 《风月佳人出卖色相读学位》，英国《星期日泰晤士报》2004年5月11日；《每年3000妇女被卖到以色列》，法国《欧洲时报》2004年8月19日；《俄罗斯美女征服世界》，《中国新闻报》2005年8月5日—8日。

勒有了“性都”的新称号，遍地“夜蝴蝶”使英雄的城市莫斯科性产业空前繁荣的时候[①]，——普希金和屠格涅夫、马雅柯夫斯基和法捷耶夫、击败拿破仑和希特勒的几代战士的英灵，能够安息吗？

——一个人口正在被灭绝的国家。

和沙皇时代相比，苏联国民收入增加100倍，工业生产增加200倍，劳动生产率提高67倍，工人生活水平提高12倍，农民生活水平提高18倍，居民寿命从43岁延长到69岁。第二次世界大战期间，残酷的杀戮、英勇的抵抗、巨大的社会破坏，使苏联人口锐减。战后和平建设、社会安定，苏联人口增加1亿。从戈尔巴乔夫上台的第二年即1986年起，俄罗斯人口开始出现下降趋势。1991年以前仍然保持自然增长，总量仍在增长。

苏联解体以后，自1992年起，俄罗斯人口由自然增长变为自然减少，就是死亡人口超过出生人口。自1992年起，自然减少数量集聚上升，连续多年居高不下。1993年到1999年，人口自然减少数量分别为：75.03万、89.32万、84万、77.76万、75.59万、70.54万、92.26万。各个领域在复苏。只有人口继续减少。2005年自然减少84.3万，高于1993年到1999年的平均数。

根据世界银行1996年公布的数据，俄罗斯男性平均寿命已经从解体初期的64岁下降到58岁，女性平均寿命已经从74岁下降到71岁。

仇恨共产党和社会主义的内外势力，每天在夸大地渲染斯大林镇压反革命时期的所谓滥杀无辜，数字上涨到3000万、4000万甚至更多。但是在事实面前，新自由主义改革时代，正

① 《眼前飘过“夜蝴蝶”——莫斯科地下性产业密访手记》，《世界知识》2001年第24期。

在成为本来意义上的滥杀无辜的时代，仅仅杀人和被杀的数字，也已经超出他们为斯大林制造罪状时候的数字。

贫困、失业、社会灾难和犯罪猖獗，人与人之间的残酷的生存竞争，苦闷、无望，酗酒、吸毒和抑郁症，家庭破裂、劳动条件与环境恶化和传染病，吞噬着一个英雄的民族。破旧的农舍和城市的贫民住宅区里，经常有被人遗忘的死者。生病而无力就医的人越来越多。医院停尸房排列着无人认领的尸体。自杀——无论作为强者的抗议，或者作为弱者的无奈的解脱，都成为相当一些俄罗斯人的选择。截止2001年，每10万俄罗斯人中，自杀者将近40人，其中男子高于女子6倍，而且多在45岁到54岁之间的壮盛之年。俄罗斯人的自杀率，高于世界平均水平的3倍。① 最领人辛酸的是儿童的状况。戈尔巴乔夫改革伊始，曾经闹腾过一个蛊惑人心的、甜蜜蜜的运动，叫做“不让一个孩子流泪”。结果是婴儿死亡率大幅度上升，数百万儿童无家可归、无学可上，成为饥寒交迫，乞食街头的流浪儿，甚至黑社会的奴隶和做手术的“备用零件”。对于任何一个民族，这都是可怕的信号。

2006年5月10日，普京发表就任总统以来的第七次国情咨文，把人口问题作为“现代俄罗斯面临的最尖锐的问题”。国情咨文61分钟，其中关于人口问题的讲话15分钟，被14次掌声打断。普京承认俄罗斯人口每年平均下降70万。在法国出版的《欧洲时报》说，俄罗斯有“欧洲的出生率和非洲的死亡率”，“免费医疗制度的废除，加剧了这种趋势”。②

《第三次世界大战——信息心理战》一书提供了这样的材料：

① 俄罗斯《莫斯科时报》2003年7月9日。

② 《拥有欧洲出生率和非洲死亡率》，法国《欧洲时报》2006年5月18日。

居民的死亡是西方和“改革家们”对俄罗斯各民族采取赤裸裸的种族主义政策的结果。现在正在进行的，是清除劣等民族代表，为西方“打扫”生存空间的过程。这实际上是希特勒罪行的直接继续。……

世界银行总裁沃尔芬森提出一项任务：“到2005年把地球人口控制在80亿之内。”俄罗斯能分到多少配额呢？罗马俱乐部的专家给出的回答是5000万人。

世界建设与发展银行建议改革俄罗斯整个卫生保健体系。该体系的主要任务是监控出生率。世界银行拿出6600万美元用于在卡卢加州和特维尔州进行实验。这两个俄罗斯州，已经成为实验场！根据测算，病床将减少20%，要关闭一些小型产院，包括设在某些村子里的小产院。性病直接在妇幼保健站医治。计划安装所谓的绝育腹腔镜。所有使用银行借款的单位，必须向世界银行提交有关键数据的年度报告。因为检测死亡率的机构喜欢准确。[①]

到现在为止，我们主要地谈到俄罗斯。苏联其他加盟共和国和东欧原社会主义国家的状况，多数比俄罗斯还要糟糕。他们的命运和遭遇相差无几。波兰经济学家卡其米耶日·Z·波兹南斯基《全球化的负面影响——东欧国家的民族资本被剥夺》[②]关于东欧国家新自由主义改革的总体判断，带有很大普遍性：“东欧向市场资本主义的过渡以迅雷不及掩耳的速度发生，但同样也以迅雷不及掩耳的速度引发了灾难。灾难一开始就以真正毁灭性经济衰退形式表现出来，其破坏程度之强为当代历史所仅

① 利西奇金、谢列平《第三次世界大战——信息心理战》第356—357页，社会科学出版社2003年版。

② 卡其米耶日·Z·波兹南斯基《全球化的负面影响——东欧国家的民族资本被剥夺》，经济管理出版社2004年版。

见。之后，这场灾难又表现为自毁自灭，几乎分文不取地将自己的大部分国有固定财产出让给外国人。”该书把在这场灾难中具有关键作用的私有化运动称之为“波兰道路”：“按照仅相当于实际价值一个零头的价格将大部分国有资产出售给外国人”。

这里“向市场资本主义的过渡”一句，不妨修改为“向民族毁灭的泥坑过渡”。除了仅有的几个国家，我们这个世界已经变为“市场资本主义”的一统天下，其中包括从美国这样的第一流强国到海地、苏丹、孟加拉这样的最穷困国家。对于曾经走到社会主义历史阶段的国家来说，所谓“向市场资本主义的过渡”，事实证明就等于“向民族毁灭的泥坑过渡”。直接的表述，显然比不知所云的表述更清晰。

所谓苏东事件，就是这样一个事件：人民自己解放自己、用自己的劳动建立起来的国家，遭到颠覆、肢解、窃夺、瓜分和被从地图上抹去，国家主权、民族独立被毁灭，经济、国防、文化、教育、医疗卫生体系被毁灭，人民除了贫困的自由之外一切权利都被剥夺，以至于生命也在被毁灭。没有失业者的、人人享有基本生活保障的社会变为乞丐的社会。人民平等相处的社会变为人吃人的社会。劳动者的社会变为劳动者的地狱。蓬勃向上的社会变为完全失去自救能力的社会。

这是二十世纪最大的世界历史性灾难。除了用私欲涵盖历史是非的侏儒，除了对人类进步和文明本能地怀有刻骨仇恨的丑类，会庆幸这场灾难的发生，会认为这是一场快乐，没有谁会否认这是灾难，尽管对灾难的范围、程度、原因会有不同的解释。我们这个时代在任何问题上都歧义纷呈，惟独在这里找到了仅见的最大共识。

人们用不同的语言表述这场灾难。

美国一家报纸 1996 年写道，经济学家正在讨论“这场衰退已经达到多么可怕的程度”，它是“本世纪和平年代最严重的经济灾难，甚至比三十年代美国的经济大萧条还要严重”，“俄罗斯的形势已经如此之糟，而且还可能继续恶化”。①

布热津斯基2000年一篇文章开列的是俄罗斯过去10年的一连串数据：生产部门总资本投资额跌至1990年水平的17%，7000万人居住在污染水平高于美国最高标准5倍或5倍以上的地区，75%用于消费的水受到污染，登记的肺结核病人为10万例，新生儿中只有40%完全健康，20%的一年级学生患智力缺陷，保健状况在苏丹之后、世界排名第130位。②

苏联时代的著名“持不同政见者”、哲学家亚历山大·季诺维也夫认为，他的祖国发生一场“反共产主义政变”，“苏维埃共产主义联盟和苏联自身轰然解体。俄罗斯失去了世界超级大国的地位，并且走向了全面的衰落。实际上它已经成了西方的殖民地。”③

苏联时代另一位著名“持不同政见者”、诗人索尔仁尼琴1998年的新著，叫做《倒塌的俄罗斯》。他写道：声称制造一个“中产阶级”的改革，已经彻底消灭俄罗斯的中产阶级；国民生产下降2倍，第二次世界大战时期只下降了25%；一个女教师的月工资仅相当于美国一个普通工人一个小时的工资；失去的人口已经超过第二次世界大战期间牺牲的人数。

在我们已经多次引述的《第三次世界大战——信息心理战》中，出现最多的词是“崩溃”、“消灭”、“毁灭”和“灭绝”：“苏联的崩溃”、“消灭俄罗斯”、“毁灭工业”、“毁灭农业”、“毁灭国防潜力”、“毁灭科学”和“灭绝俄罗斯人口”。

---

① 《俄罗斯出现本世纪最严重的经济衰退》，美国《商业日报》1996年11月4日。

② 布热津斯基《美国与俄罗斯》，美国《国家利益》2000年秋季号。

③ 亚历山大·季诺维也夫《俄罗斯共产主义的悲剧》中文版序言，新华出版社2004年版。

在另一本我们多次引述的《俄罗斯改革的悲剧与出路——俄罗斯与新世界秩序》中，出现最多的词是“种族灭绝”和“殖民”：“种族灭绝的政策”，“国家沦为殖民地”，“俄罗斯的殖民化”，俄罗斯成为“原料殖民地”。

这个灾难的过程，被称为休克疗法、华盛顿共识、新自由主义、私有化或者改革。实际上是一回事。

这个灾难的过程所以发生，有人强调苏联的自身原因，有人强调外部原因，即美国为首的西方国际垄断资产阶级和平演变的战略。实际上，这是一个不可分割的完整的过程。不是全球化么？——苏联的产生是国际垄断资本世界统治在其最薄弱环节的断裂，苏联的解体则是这种统治在断裂七十几年之后的复辟；无论断裂或是复辟，都有着苏联自身政治、经济、文化与历史传统的深刻依据。在这里，割裂历史运动的任何一个方面，都将把认识引入迷雾。

全部问题的核心，集中于一方面的苏联社会主义制度和共产党，另一方面的美国对苏战略特别是新自由主义战略。

苏联社会主义制度和苏联共产党的执政地位——这就是苏联存在的标志。它是苏联工人阶级和苏联人民的光荣，同时凝结着世界工人阶级、被压迫人民、被压迫民族摆脱资本国际统治的奋斗、探索和创造的共同成果。它成为苏联国家统一的支柱，成为苏联人民获得国家主人公权利的基础。正如苏联原“持不同政见者”季诺维也夫所说，他赞同“反共产主义的斗争掩盖着要除掉俄罗斯的意图”这样的见解，认为“共产主义的崩溃变成了俄罗斯的崩溃”，“共产主义的结束也标志着民主制度的结束”。①

① 《季诺维也夫说，西方国家变成了极权制国家》，法国《费加罗杂志》1999年7月24日。

党日益脱离自己的阶级和广大人民群众，从社会公仆变为社会主人，不仅有大量政治投机分子、逢迎拍马分子、腐败分子甚至亲西方分子的混入，而且各级权力落入到他们的手里，渐次失去作为工人阶级先锋队的性质。季诺维也夫痛斥了那些背叛共产主义原则的共产党员："'共产党'这个词是负有重大责任的。这不是一个可以随意使用的词"，"如果你不能遵循历史地形成并在人类历史上起了伟大作用的共产主义原则，那就不要用共产党来称呼你的政党"。问题恰恰在于，不是苏联人民，而是苏联共产党的领导集团，出卖了党、出卖了国家。这个领导集团在改革的名义下，革掉了自己党和国家的命。随后，也是来自这个集团的人物，成为推行以私有化为核心的新自由主义改革药方的主力军。季诺维也夫说，"在今天的条件下，任何私有化必然是掠夺性的。私有化问题，是检验任何共产党的纲领的试金石"。他把这种"来自上层的革命"，直接称为"反革命"。①

苏联的后期，经济发展速度减缓，各种矛盾积累起来。但是只要苏联共产党和苏联社会主义制度存在，问题是可以在它的范围内求得解决的。季诺维也夫把戈尔巴乔夫上台到苏联解体的1985年至1991年，称为"已经全面准备好了这场反革命的时期"。这时的苏联经济还在增长：1985年为0.9%，1986年4.1%，1987年1.3%，1988年2.1%，1989年1.5%，只是到1990年才出现负增长，1991年就出现大幅度下降。解体苏联，是真正结构性、摧毁性破坏的开始。

苏联共产党和苏联社会主义制度的性质的蜕变，是一种无法同国际垄断资本战略割裂开来的过程，特别成为近30年来美国推行新自由主义的产物。苏联社会主义制度和苏联共产党执

---

① 季诺维也夫接受记者采访的谈话，俄罗斯《真理报》1995年1月12日。

政地位的丧失，意味着苏联人民国家主人公权利的终结。

新自由主义竭力要求削弱和取消别人的国家与政府的权力，鼓吹市场的所谓“无形的手”。但是摧毁俄罗斯经济，甚至灭绝俄罗斯人口，完全不是什么按照市场经济的原则，而是按照国际垄断资产阶级的政治计划进行的。斯蒂格利茨写道，俄罗斯的倒退是一种巨大的灾难，正是国际货币基金组织和美国财政部官员，有一种“值得注意的坦白”：“他们的政策，就是要在仅仅几年的时间里，摧毁俄罗斯一半的生产能力。这种破坏水平甚至连纳粹分子都达不到。”[①]2000 年一家美国报纸文章也承认，“使俄罗斯转而实行市场经济的试验主要是由美国人设计的，并得到美国政府的支持。这场试验在过去 10 年里影响了数亿人。大多数人认为，他们的生活变得更糟了，他们被剥夺了私有和公有财产，而少数人却暴富起来。”[②]这里没有“自由市场”，倒是暴露了灭绝俄罗斯的血淋淋的“计划经济”和“计划政治”。

苏联的解体、俄罗斯和苏联其他各加盟共和国以及东欧原社会主义国家的倒退，来自新自由主义，这已经成为抹不掉的历史。

美国众议员伯纳德·桑德斯说，俄罗斯的休克疗法，是在许多第三世界国家实行的破坏性极大的“结构调整”政策的俄罗斯版，“就像在墨西哥、印尼、韩国和泰国一样，国际货币基金组织给俄罗斯开出的药方是：为了外国投资者和少数富裕的俄罗斯人的利益，以牺牲俄罗斯人民的利益为代价，来管理它的经济。”[③]

美国经济学家大卫·科茨认为，俄罗斯不是向资本主义倒

---

① 斯蒂格利茨《俄罗斯：历史的教训》，法国《回声报》2003 年 4 月 17 日。

② 《美国的傲慢使全球付出代价》，美国《波士顿环球报》2000 年 1 月 7 日。

③ 伯纳德·桑德斯《国际货币基金组织“拯救”俄罗斯?》，美国《基督教科学箴言报》1998 年 6 月 25 日。

退而是向一种掠夺/榨取制度倒退，新有产阶级的财产主要来源不是现在的工人劳动，而是苏联社会主义制度下的工人劳动，还要加上自然资源。这种掠夺/榨取制度“依赖于新自由主义战略”。①

《俄罗斯改革的悲剧与出路——俄罗斯与新世界秩序》一书指出：“在外国债权人的压力下，俄罗斯的领导集团接受了‘华盛顿共识’的最野蛮形式——‘休克疗法’的战略。国际货币基金组织被赋予了在制定国家经济政策过程中充当向导的作用。从1993年末最高苏维埃遭炮轰和发生政变事件，一直到1998年秋，俄罗斯实际上处于一种由外人来管理国家经济政策的状态，基本参数由国际货币基金组织的专家草拟，之后由傀儡政府和傀儡中央银行以相关经济政策宣言的方式走一下批准形式。”②

从培植第五纵队、派进间谍到扶持新自由主义分子控制苏联共产党和国家的各级重要部门，从提供“药方”、草拟“参数”、门生弟子在前台折腾到制造傀儡政府和傀儡中央银行，必要的时候索性亲自出面。叶里钦的总统选举，就有美国顾问操纵其间。贯穿这整个过程的，是瞒和骗的专业水平的舆论：“转轨”、“转型”马上成功、幸福自天而降；我们不是大灰狼而是小白兔般温柔的亲密的朋友，只要和我们的牙齿、我们的刀剑合作，就一定“双赢”；出问题吗？将来会很好，现在免不了“阵痛”和“付出代价”，因此需要提高“承受能力”；总会有一些不幸的事情发生，然而“无可选择”、“无可逆转”，改革中发生的问题只能在改革中解决，只好继续深化改革下去；如此等等。从白宫不断发出的指令，就是要俄罗斯“走正路”：“如果俄罗斯

---

① 大卫·科茨《俄罗斯是否正在变成资本主义?》，美国《科学与社会》2001年夏季号。

② 谢·格拉济耶夫《俄罗斯改革的悲剧和出路——俄罗斯与新世界秩序》第83页，经济管理出版社2003年版。

在美国的鼓励下走上正路，那么布什政策的基本推动力就可能使普京进行能带来极大成果的改革。”①

主要运用新自由主义导演和制造苏东事件，酿成二十世纪人类历史的最大悲剧，已经作为国际垄断资产阶级向工人阶级、被压迫人民、被压迫民族反攻倒算的罪证，作为践踏人类文明、破坏人类进步事业的罪证，刻在历史上。这个事件的发生、过程及其具有世界历史意义的严重后果，人们已经议论了几十年，看来还会继续议论几十年和几百年。

① 《布什在俄罗斯身上押宝》，美国《华盛顿邮报》2001年8月1日。

别名 3：

私有全球化或全球私有化

私有化是新自由主义的支柱。

全球私有化，使世界的一切地方、一切事业、一切部门全部私有化，始终伴随着向公有制特别是社会主义公有制倾泼污水。一种流行的提法，是说公有制效率低、培植官僚主义、滋生腐败、无人负责和养懒汉。在新自由主义猖獗的最初几年之后，就连它的最热心的鼓吹者，也已经不大好意思重弹这些滥调了。

效率低吗？美国私有企业每年因为效率低而垮台的数目，都在万家甚至上万家。培植官僚主义吗？西方发达国家的官僚主义，失去社会主义之后的俄罗斯的官僚主义，一点不比公有制基础上的社会少。滋生腐败吗？世界最大的腐败案当属安然公司，那可是属于美国的。何况今日新自由主义全球化制造的全球腐败，无论广度和深度，都远远超过历史上的任何时代。无人负责和养懒汉吗？去问一问苏联那些卫国战争参加者、人造卫星和核潜艇制造者的后代，让他们和先辈们比一比敬业精神、献身精神和组织程度，请回答是他们懒还是他们的祖父祖母、父亲母亲懒吧！

有两种私有制。一种是小生产者的、以个人劳动为基础的分散的私有制，另一种是资本主义私有制。资本主义原始积累的任务，就是消灭前一种小私有制，特别是剥夺农民，制造农民和土地的分离。然后才有后一种私有制，即以雇佣劳动为基础的资本主义私有制。马克思在《资本论》中，如此描述把一种私有制形式变成另一种私有制形式的过程：

> 对直接生产者的剥夺，是用最残酷无情的野蛮手段，在最下流、最龌龊、最卑鄙和最可恶的贪欲的驱使下完成的。靠自己劳动挣得的私有制，即以各个独立劳动者与其劳动条件相结合为基础的私有制，被资本主义私有制，即以剥削别人的但形式上是自由的劳动为基础的私有制所排挤。

正是在描述这一过程的时候，马克思写下那段几乎世界每个识字的人都倒背如流的明言："资本来到世间，从头到脚，每个毛孔都滴着血和肮脏的东西。"①

新自由主义全球私有化面对的情况，比之他们的原始积累事业的祖先，已经有很大不同。从广大第三世界国家来说，他们要把以个人劳动为基础的分散的私有制，同时要把这些国家在民族解放运动胜利之后建立起来的、成为民族经济主体的公有制，转化为资本主义私有制。在社会主义国家，已经确立起来的社会主义公有制，比之以个人劳动为基础的私有制和资本主义私有制，是巨大的历史进步。今天，新自由主义却要毁灭这种进步，使它或者直接地回到资本主义私有制，或者设一个骗局、先转化为以个人劳动为基础的私有制，然后再回到资本主义私有制。

私有化在苏东地区的最初推行，就暴露出它的本来面目。

1993 年到 1996 年为俄罗斯私有化的高潮时期。其间私有化

---

① 《资本论》第 1 卷，《马克思恩格斯选集》第 2 卷第 268、266 页，人民出版社 1995 年版。

的收入，只占国内生产总值的0.02%到0.04%，占预算收入的0.13%到0.16%。大量国有资产流失。俄罗斯企业及其商品丧失了自己的市场：机械产品生产1994年下降45%，日用消费品市场下降一半以上，80%的食品要依靠进口。至于外资直接或通过俄方公司购买军工企业的股票，有些则采取合资形式，控制企业，窃取尖端技术和国防机密，则已经走到危及国家安全的地步了。

这种私有化无论具有怎样的欺骗性，它到底是在干什么，人们从一开始就发生怀疑。1991年9月17日的苏联《文学报》刊载《可怕的事情结束了吗？可怕的事情仍在继续》，说私有化无非是“卖”，“把财产卖给外国人”，是国家成为西方原料附庸。

1999年11月，俄罗斯的一次社会舆论调查已经显示，65%的人要求重新审查私有化的结果。

在经济社会普遍倒退的苏联各加盟共和国中，白俄罗斯是一个特例。1994年卢卡申科当选总统，拒绝“休克疗法”，被西方主流媒体嘲笑为“社会主义复辟”。1996年至2004年，它的国内生产总值平均年增长6.6%，2005年为9.2%，在不存在两极分化的情况下，人均收入位居独联体各国的前列。2005年同1990年苏联解体前夕相比，俄罗斯的生产力接近当时的82%，乌克兰不及60%，白俄罗斯却增长到120%。美国策动的“颜色革命”在几个国家连连得手，惟独在白俄罗斯遭遇滑铁卢，没有颠覆卢卡申科政权，他反而高票当选，出任第三任总统。

1990年4月14日的英国《金融时报》，有两篇仅仅就标题而言就相互呼应和联系的文章：《东欧的私有化》和《东欧出售》。波兰报纸说，在经济方面，“私有制根本不比公有制优越”。该国1998年的前八个月，国营工业赢利8.4%，私营1.4%，外资

6.3%；国营外贸公司赢利7%，私营亏损，为负1.4%。[①]至于此后的继续私有化，也不过是这样一种线路的延长而已。

经济如此。保加利亚报纸专门谈到该国的文化领域，所说实际上也是东欧其他国家的共同情况。这就是“所有与文化相关的东西都在走向死亡”：

> 保加利亚书籍正在死亡，寻求赞助人。
> 保加利亚电影正在死亡，寻求赞助人。
> 保加利亚音乐正在死亡，寻求赞助人。
> 保加利亚戏剧正在死亡，寻求赞助人。
> 保加利亚博物馆正在死亡，寻求赞助人。
> 保加利亚图书馆正在死亡，寻求赞助人。[②]

不论在第三世界国家还是在社会主义国家，新自由主义私有化的全球化这种所有制的倒退，即所谓“产权改革”，都有两个新的时代特点。

第一，由于是在夺回曾经失去的天堂，这都是马克思所说的是用最残酷无情的野蛮手段，在最下流、最龌龊、最卑鄙和最可恶的贪欲的驱使下完成的过程，都是从头到脚、每个毛孔都滴着血和肮脏东西的过程，而且带有复仇的、复辟的更加疯狂的性质。

第二，这是国际垄断资本和美国霸权主义控制下的私有化。这种私有化不会也没有在个人劳动基础上的私有制停止下来，不会也没有在民族资本主义私有制停止下来。它的最终目标，

① 见波兰《论坛报》1991年10月18日。

② 《一篇献给部长、议员及其他此类人物的读物》，保加利亚《言论报》1991年6月21日。

是继续排挤上述两种私有制，而把全部权益和利润，通统归之于国际垄断资本。于是一种买办资本，就作为国际垄断资本的延伸或者代理者出现了。它在西方国家，通过削弱公共福利和瓦解工人运动，大幅度增加资本家的权益和利润；在社会主义国家，摧毁社会主义政权的经济基础，剥夺工人阶级和其他劳动者的一切权益。在所有的第三世界国家，则削弱国家主权和民族独立，彻底毁灭足以阻挡国际垄断资本进行大规模掠夺资源和压榨廉价劳动力的最后一道防线。

私有化遍于全球，受害最深的地方，总是成为声讨和反抗最烈的地方。然而连西方主流社会的内部，也已经发出不同的声音了。德国学者魏伯乐等三位学者的一本新著，就叫做《私有化的局限》①。这是一份提交给罗马俱乐部的报告。该书写道，私有化可以提高效率、促进发展、增加财富、消除落后和贫困这套理论，由于西方主流意识形态的连年推崇，已经成为“家喻户晓的共识”。作者不是反对私有化，而是认为“私有化是件好事，但有局限”，因此不能赞同西方主流意识形态对这种局限的忽视。然而一进入把这种“局限”具体化的领域，问题就涉及全局了。

它开列出四个方面的所谓局限：

> 首先，在经济层面上，效率可能提高了，但相应的社会成本也增加了，有时会大大超过企业效率提高所带来的收益。比如就业歧视和失业的增加，对资源和环境的过度开发，所提供的公共产品、公共服务的质量和数量下降，而价格却上升等等。
>
> 其次，在社会层面上，私有化会加剧社会的贫富分化，

① 魏伯乐等《私有化的局限》，上海人民出版社2006年版。

导致社会的不安与动荡。

再次，在政治层面上，私有化会削弱政府及其维持社会公平的能力，由此也会侵蚀民主参与的重要地位。

最后，在文化层面上，私有化可能侵蚀普遍的文化价值观念，使其屈从于商业利益的需要。

该书认为“可能”的事情，无论在西方发达国家还是在第三世界国家，都已经不是善意的预测和担忧，不是大学课堂的书生之论，而是俯拾皆是的血泪斑驳的事实了。

我们所以赞赏这本书，不仅是因为上述“私有化局限”其实是全局性灾祸的揭露，而且是因为它提供的解决办法的悖论。它写道，克服上述“局限“，要依靠“所有利益相关者的充分广泛的民主参与”。这真是一个好题目。

新自由主义在全球到处高喊民主，又到处发疯一样推行私有化。“所有利益相关者”，最大多数就是普通的人民大众，因此一个简单的逻辑结论是，民主应该也只能属于最大多数。然而要私有化，即把一切权力和利益集中于资产阶级，把“广泛的民主参与”变为资产阶级独享的、狭窄的、偏执的东西。

这一悖论的打破，就是私有化的末日。

别名4：

贫富两极分化全球化

新自由主义全球化，或者说资本主义全球化的新自由主义阶段，既是资本主义所固有的一方面积累富有、一方面积累贫穷的全球化的继续，又是这种两极分化全球化的登峰造极的阶段。

全球财富增加了。全球贫困也增加了。富有者从全球掠取财富而富有。贫困者被本国、被远在万里之外的异国他乡富有者压迫和剥削而贫困。全球富有和贫困的两极分化，两极之间差距的急剧扩大，成为新自由主义全球化的最大业绩。

首先我们看到的是**西方发达世界和第三世界之间，也就是我们这个世界最富有的少数人和最贫穷的多数人之间的，富有和贫困的两极化**。

富有和贫穷的全球两极化，为全人类所共同关注。与这个问题有关的数据，经常出现于世界各国的媒体和研究性著作。由于来源不一、计算方法不一，也不排除使用者某种偏见的作用，有时候会发现数据本身存在差异。但是有些数据，尽管人们从不同的角度使用，数据本身却是多数引用者共同认可的。在媒体文章和研究性著作中，数据难免显得零碎，难以形成清晰的印象。为着读起来醒目，我们想集中这些数据，为读者提供一些图表。然后我们将对这些图表作若干必要的说明和补充。

表1：世界各地区人均GDP及差距
（1990年国际元）

	1000	1500	1820	1870	1913	1950	1973	1998
西欧	400	774	1232	1974	3473	4594	11534	17921
西方衍生国	400	400	1201	2431	5257	9288	16172	26246
亚洲(除日本)	450	572	575	543	640	635	1231	2936
拉丁美洲	400	416	665	698	1511	2554	4531	5795
东欧和苏联	400	483	667	917	1501	2601	5729	4354
非洲	416	400	418	444	585	853	1365	1368
世界	435	565	667	867	1510	2114	4104	5709
最大地区差距	1:1.1	2:1	3:1	5:1	9:1	15:1	13:1	19:1

资料来源：麦迪森《世界经济千年史》①

在麦迪森著作中，“西方衍生国”包括美国、加拿大、澳大利亚和新西兰。他所谓最大地区差距，指最富有地区和最贫困地区的差距，比如1998年，存在于西方衍生国和非洲之间，为19:1。“国际元”，他解释为多边购买力平价比较中将不同国家货币转换而成的统一货币。

作为对麦迪森研究的佐证，还可以注意两位美国学者的研究。一位是斯塔夫里亚诺斯《全球分裂——第三世界的历史进程》，指出第一世界和第三世界人均收入差距，1500年为3:1，1850年为5:1，1900年为6:1，1960年为10:1，1970年为14:1。另一位是贡德·弗兰克的《白银资本》，说按1960年的美元计算，1750年世界国内生产总值1550亿美元，其中77%即1200亿美元出自亚洲（除日本）。1800年，美国人均收入213美元，西欧260美元，印度160—200美元，中国228美元，整个第三世界200美元左右。这是世界各国之间收入差距最小的时期。

① 安格斯·麦迪森《世界经济千年史》，北京大学出版社第117页，2003年版。

他们的研究方法和数据不完全一致，但是作为正直的、尊重历史的和治学严谨的学者，关于资本主义怎样必然导致两极分化和不平等，新自由主义怎样把这种人类社会的最丑陋篇章推向世界历史的极端，结论居然惊人地接近。

表2：世界最富与最穷20%人口收入分配

	占世界总收入		人均收入差距
	最富20%	最穷20%	最富20%　最穷20%
1960	69.5%	2.3%	30:1
1970	70.0%	2.2%	
1980	75.4%	1.7%	
1990	83.4%	1.4%	60:1
1996			61:1
1997			74:1
1998	86%	1.1%	
2000			75:1
2002			82:1

资料来源：联合国机构、世界银行

表3：世界最富国家与最穷国家人均收入差距与基尼系数

	收入差距	基尼系数
1820	3:1	
1913	11:1	
1950	35:1	
1960		0.44
1973	44:1	
1989		0.55
1992	72:1	
1994		0.584
1995		0.587
1996		0.591
1997		0.596
1998		0.602
2000	727:1	

资料来源：联合国机构、世界银行

《亚洲的戏剧》和《世界贫困的挑战——世界反贫困大纲》的作者、诺贝尔经济学奖获得者、瑞典经济学家冈纳·缪尔达尔，已经一再表示一种忧愤和无奈：他们这一代和前后几代经济学家，包括第三世界国家的经济学家，都接受西方大学的教育而这种教育并不能向他们提供多少科学的思想和方法，都使用西方提供的概念和数据而这些概念和数据往往是不可靠的。他的著作，就不断揭露这类概念的虚伪性和数据的经不起推敲。但是有什么办法呢？目前的研究工作，还不能完全摆脱这些概念和数据。

我们经常会遇到的"人均收入"这个概念。它可以在一定程度上反映一种趋势，但是掩盖着更多的事实。把脑袋塞进冰柜、双脚塞进烤箱，然后计算一个人的平均体温，这到底有多少科学性呢？一个总裁或是经理年收入 100 万美元，和他的薪水不低、年收入 1 万美元的侍者计算人均收入；一个大都会，富翁年收入 10 亿，贫民年收入 1000 几百元，由此计算这个城市的人均收入；2003 年卢森堡人均年收入 45740 美元而埃塞俄比亚 90 美元，两国国内差距姑且不论，就这个最高和最低计算世界人均年收入，——这样的"人均"，在很大程度上具有欺骗性。

计算方法隐藏着政治偏见。用汇率计算显示出的不平等，比之用购买力计算，就更接近事实些。因为资料容易收集，我们使用了最富 20% 人口和最穷 20% 人口进行对比的数字。相比之下，世界银行有时候提供最富 10% 人口和最穷 10% 人口进行对比的数据，倒是相对而言比较接近真相。最糟糕的是经合组织的方法，用 30% 最高收入人口和 30% 最低收入收入人口进行对比，收入差距扩大的事实就在很大程度上被掩盖起来了。

我们使用的联合国和世界银行的数据，实际上已经打了很大折扣。比如按照绝不会被归为左派媒体的美国《美国新闻与世界报道》，1992 年 9 月 4 日刊登一篇绝不会被归为左派文章的

《世界经济越来越多地掌握在富人手里》，就举出这样的数据：世界最富 20% 人口同世界最穷 20% 人口的收入差距，为140:1。这已经远远超过我们所谈到的差距了。这还是 1988 年的数据。“越来越”——可惜，我们没有看到这家媒体提供的不同于世界主流调门的更多数据。

表 4：世界最富 20% 人口消耗世界财富

	货物和服务	能源	金属	木材	粮食	纸张	电话	汽车	肉和鱼
1992		70%	75%	85%	60%				
1998	86%	58%				84%	74%	87%	45%

资料来源：联合国机构

表 5：高收入与低收入国家其他差距

		1998	1990	2000	2002
大学生粗入学率(人口%)	高收入		46.8%		65.8%
	低收入		5.2%		9.8%
专利申请文件数量	高收入	730544		839072	853607
	低收入	3796		1503	1469
医疗支出占 GDP	高收入	9.9%		10.1%	11.1%
	低收入	5.0%		5.5%	5.5%
人均医疗支出(美元)	高收入	2552		2730	3039
	低收入	21		26	29

资料来源：联合国机构

表6：高收入与低收入国家数字鸿沟

单位：倍

	1994	1995	1996	1997	1998
人均收入基尼系数	0.584	0.587	0.591	0.596	0.602
因特网普及基尼系数	0.894	0.892	0.877	0.884	0.876
因特网普及率差距	14281.15	5862.66	1682.51	1485.71	2750.14

资料来源：世界银行

按照世界银行1998/1999年《世界发展报告》的标准，人均国内生产总值785美元以下为低收入国家，人均国内生产总值9656美元以上为高收入国家。

所谓“数字鸿沟”，一般指在分配和有效使用信息及通信资源方面的鸿沟。数字鸿沟是当代世界两极分化的一个极为重要的方面。

解体苏联以后，为着掩盖对于第三世界的统治和剥削，为着淡化霸权主义美国和第三世界关系的政治性质，西方主流媒体曾经鼓噪过一阵第三世界“消失”的理论。严酷的两极分化，包括数字鸿沟的出现和扩大，使他们再一次集体失语。

表6中1994年至1998年因特网普及率的差距数字有缩小。这不能抹杀数字鸿沟的事实。因特网在第三世界国家很晚才从零起步，比之零，有了一，也已经无限大。在西方国家，因特网岂但普及，实际上已经在走向饱和了。问题的严重性不仅在于因特网普及的基尼系数即使有微不足道的缩小，仍然高得惊人，而且在于所有这些都是在人均收入基尼系数不可遏制地扩大的情况下发生的。

数字鸿沟远不止于拥有因特网主机的数量方面的差距。这种差距，如果略微具体一些，情况简直骇人听闻。比如，芬兰一个国家的主机数量超过拉美和加勒比地区的总和，40万人口的卢森堡享有的国际互联网宽带，超过拥有7.6亿人口的非洲大陆，世界3000个数据库中70%设在美国。拥有因特网主机也并非孤立现象。何况“信息”也需要分析：真实的还是虚假的，全面的还是片面的，客观的还是渗透着偏见的，有利于资本的还是有利于人民的，等等。在国际垄断资本控制信息和信息工具的今天，人民要想得到真实的、全面的、客观的、有利于自己的信息，即便拥有电脑，仍然困难重重。关于新自由主义全球化如何不可逆转、美国伟大崇高和乱七八糟如何妙不可言、人民除了当牛做马之外别无选择一类西方洗脑式宣传，在因特网如水银泻地、无孔不入，要想了解一点比如美国人民反对资本统治斗争、尼泊尔人民解放战争的情形，就简直大海捞针，难于上青天了。真理的声音、人民的声音，或者尚未发出就被压抑和扼杀，或者只微弱地偶而出现于西方媒体铺天盖地喧闹的缝隙。

也曾经有靠发展科技赶上西方的美好理想。然而如果不是把发展、利用科技的基点放在相信和依靠自己人民——其中包括根据自己的情况学习西方先进技术——的方面，而是把发展科技归结为大量买进西方技术和设备，充其量不过成为西方计算机或者计算机零部件的市场而已。科技因其为人民掌握、为人民谋取利益而伟大。忘记或者忽视自己人民的力量，仅仅满足于成为西方技术的推销商，听任西方国家掌握核心技术，亦步亦趋于西方的老路而参与压抑自己人民的创造力，结果是永远跟在西方的后面，差距越来越大。

已经出现美国靠核心信息技术控制其他国家的情况。微软存在“后门”，奔腾Ⅲ设计有意留下漏洞，加上美国对信息库的掌控，只要使用美国核心信息技术，随便哪个国家的机密都敞开在美国当局面前。这不能不构成危及国家安全的严重隐患。对于美国之外的其他西方国家来说是如此，对于第三世界国家来说尤其如此。“信息殖民主义”、“信息殖民地”这类新术语应运而生并非偶然。

数字鸿沟既是两极分化的结果，又成为加剧两极分化的原因。日本一家媒体看得清楚：它引发的产业革命，“无法阻止的收入差距”，正在导致新的阶级对立；其所“希望”，只是出现“平和、均衡的革命”也就是“不流血的革命”。①

表7：世界资产百万美元以上富豪

		1997	2000	2003	2004
世界	人数	600万	720万	770万	830万
	资产	16万亿	27万亿	28.8万亿	30.8万亿
北美	人数		250万	227万	270万
	资产		8.37万亿	8.5万亿	9.3万亿
欧洲	人数		230万	260万	
	资产		7.2万亿	8.7万亿	

资料来源：《世界财富报告》

这里的《世界财富报告》，系美国林奇投资公司证券和安永咨询公司按年度发表。还有资产3000万、1亿、10亿美元以上巨大富豪的统计数字。我们使用了资产百万美元以上的资料。百万以上，指可投资的资产，不包括不动产。报告把这些富豪称为“纯价值高者”。不论世界经济出现怎样的起伏和风浪，目前的世界经济体制保证着他们资产的不断增加。自1986年以来，他们资产的增长率达到375%。1999年，亚洲国家还在刚刚结束的金融危机中挣扎，这些富豪的资产比上年增加18%，

① 《要使IT革命成为不流血的革命》，日本《东京新闻》2000年12月17日。

即4万亿美元。仅仅这个4万亿，就是拥有12亿人口的中国的国民生产总值的4倍。2000年增长6%，1.58万亿美元。这个看起来不显眼的数字，是印度同年国民生产总值的3.5倍。

一个基本趋势，就是财富越来越向少数人手中的集中。

表8：世界贫困人口状况

	贫困人口	占世界人口	绝对贫困人口
1990	10亿		
1997	13.14亿		
1998	17亿		
1999	24.17亿	40.5%	
2002	28亿		13亿
2004	34亿	67%	10亿

资料来源：世界银行

世界贫困人口不断增加，同样是一个基本趋势。

现代生产力的空前发展，使全球越来越成为一个整体。但是富有全球化和贫困全球化，正是新自由主义全球化的两个柱石。一方面富有的积累，一方面贫困的积累，都笼罩着新自由主义的堂皇言辞，在全球的规模上扩展和深化。全球贫困的汪洋大海，供养着、包围着几个富有的孤岛，仿佛一个巨大而枯瘦如柴的肌体，用自己的血肉和几乎全部营养，供养着肌体上的癌组织。孤岛富人炫耀和自鸣得意于自己的富有。汪洋大海中贫困的人们自叹自艾于自己的悲苦。

贫困与阶级压迫、民族压迫之间有着牢固的、密切的关系。贫困全球化的最大受害者是无产阶级，其中包括西方国家的无产阶级和第三世界国家的无产阶级。长期贫困、极度贫困的人中间，绝大多数来自这个阶级的家庭。

美国一家杂志发表前劳工部长罗伯特·赖克的文章，说到美国的两极分化："美国正在分化成两个社会——全球社会和国家社会。前者指那些近几年来从新全球化经济中直接受益甚至过度受益的人；后者指为他们的霸权政策付出代价、就业受威胁、工资被压低的人，他们是绝大多数普通人。"①姑且不论"全球社会"、"国家社会"这种概念有多大的准确性，新自由主义使国际垄断资产阶级得以在全球范围进行剥削、导致全球被压迫者的贫困，这种判断是正确的。

问题的症结，恰恰在于富有和贫困这两者的必然的、内在的、千丝万缕的联系，在于富有来自贫困、贫困来自富有，在于彼此不可分割又互为条件和因果的联系，在于这种联系的日益密切和循环往复愈加把双方推向极端的对立、愈加使全球社会在两极化中被撕裂和走向崩溃。

曼谷的打工妹为了两个美元的日工资，在狭窄、昏暗、嘈杂和污浊的空气中缝制体恤衫，每天工作16个小时或者更多。这些体恤衫不仅使普通的美国人廉价地享受舒适和潇洒，还抑制着最富有国家的通货膨胀，造就着家资千万的总裁和家资百万的经销商。她的祖国成为一个乱七八糟的组装车间。当她在细腰肥臀的美式广告牌下奢侈一回麦当劳的时候，点点滴滴的消费就又转而吹涨国外富人的腰包了。

非洲山地的一个普通农民家庭，由于进口种子、化肥、农药的诱惑而放弃传统的耕作方式。他的产品遇到西方国家的贸易保护主义而一钱不值，土地日益板结贫瘠，种子、化肥、农药却价格飞涨。他的每一个生活和劳作的步履，每一滴汗水，都转化为西方老板囊中的美元。如果因为艾滋病而不得不购买西方的高价药品，就更加是在用生命进行必输无疑的赌博了。

① 美国《外交政策》季刊1999年夏季号。

日本一家周刊文章①，讲到美国、日本、中国三国之间的经济联系。已经有舆论预言美国房地产泡沫破裂。文章说，如果美国经济以住宅市场的大幅度调整为导火索而发展减速，必将对亚洲经济造成沉重打击。

日本全部出口中向美国出口的部分2001年占30.1%，2002年开始下降，2005年为22.5%。这种变化的原因，是日本制造的产品由向美国直接出口，转变为一种迂回的方式：向中国出口零部件和原材料，在中国组装成产品，然后出口美国。中国出口，可以按照在国内生产总值占34.0%、对美国出口在整个出口中占21.4%计算计算。

如果美国实际国内生产总值下降1%，将导致日本国内生产总值下降0.39%，导致中国出口下降6.5%；如果美国国内生产总值下降3%，将导致日本国内生产总值下降2.52%，导致中国国内生产总值增长率下降1.4%。“如果考虑到对中国国内产生的波及效果，以及通过其他亚洲国家经济带来的负面影响，其实增长率很可能还要低”，“如果增长率下降，经济吸收就业的能力有可能减弱，有可能进一步导致社会和政治不稳”。

无论如何，下面这些有关著作和媒体文章中经常提到的事实，都是在全球范围发生的：

> 全球大约一半人即30亿人营养不良，长期缺乏热蛋白质、维生素、矿物质。其中26亿人缺乏良好的卫生条件，13亿人每天依靠不足1美元生活，10亿人住在贫民窟里，11亿人得不到安全的饮用水，20亿人没有使用电，10亿儿童的衣、食、住和卫生条件极度缺乏保障，每年3.5万儿

①《如果美国住宅泡沫破裂，日本和中国的“出口”及“GDP”增速将大减》，日本《经济学人》周刊2006年3月7日。

童因饥饿和可以治疗的疾病死亡。

全球最富20%人口吃肉的次数是最穷20%人口的11倍。

全球最富的3个亿万富翁的财产，超出拥有6亿人口的48个最穷第三世界国家的国民生产总值。首富比尔·盖茨的财产净值相当于5000万人口的乌克兰的国民生产总值。

全球200名最富有的人如果每年拿出其财产的1%，就可以满足全球一年初级教育的费用。

解决全球教育问题需要60亿美元。美国和欧洲每年用于购买化妆品的支出为80亿美元。

解决全球医疗问题需要130亿美元。美国和欧洲每年用于给宠物购买食品支出170亿美元。

2003年肯尼亚国内生产总值1亿美元。这是美国一年用于治疗狗咬伤人的费用。又是1名英国5岁富儿2005年生日宴会的费用。

如果全球平均计算，当代人均国内生产总值大体可以达到500美元左右，不应该再有贫困。然而在人类宣布“生而平等”之后几百年，一个美国自称“领导世界”、又有那么多人认可这种领导的时代，居然是一个富有和贫困都达到极端的时代。这就是我们看到的新自由主义造就的世界体制。

全球两极到富有全球化和贫困全球化，不仅出现于西方高收入国家和第三世界低收入国家之间，同时出现于西方国家之间、西方国家内部、第三世界国家之间和第三世界国家内部。

在西方世界，**美国和欧洲国家之间的差距在扩大**。西方全球化是资本家不断增加利润和工人不断丧失生存基础的过程。就国家与国家的关系而言，在新自由主义秩序中，西方国家剥削第三世界国家，西方世界内部也是富国剥削次富的国家。当美国软件席卷欧洲的时候，美国公司雇佣意大利的专家，其工资收入虽然远高于来自俄罗斯、印度、东欧国家的专家，却只是美国同行的零头。根据联合国经济委员会 1998 年的数据，欧盟 15 国的生活水平，比美国落后 33%。这个委员会的一位专家说，二十世纪五十年代以来，世界各国在人均收入方面差距的缩小曾经成为一种长期趋势，但是 1973 年以后这种趋势在减缓，八十年代以来有所加大。[①] 这正是新自由主义登上主流地位一个必然结果。

欧洲内部的差距在扩大。世纪之交，西欧除不动产外家资百万以上的富翁达到 220 万，但是贫困人口 1997 年 5700 万，2000 年增加到 6500 万，欧盟国家贫困儿童达到 1700 万。1997 年，欧盟国家人均收入 1.83 万美元，最富有的汉堡和布鲁塞尔为 15 国平均数的两倍，卢森堡人均 3.349 万美元，葡萄牙仅 7945 美元。

按照《世界财富报告》提供的数据，欧洲不动产之外家资 100 万美元以上的富翁，以至于 3000 万以上、1 亿以上、10 亿以上的超级富翁，其财富都在大幅度增长。但是法国全国统计及经济经济研究所在欧元区 10 国的一项调查显示，居民生活水平的差距在无情地拉大。调查分三个大项、17 个小项，提出若干标准。荷兰达标比例最高，为 60%，葡萄牙最低，为 14%；贫困户占欧元区居民的 11.8%，涉及 1300 万个家庭；西班牙住房过于破旧和拥挤不堪者分别占到 10.6% 和 20.5%。[②]

新自由主义改革，使**澳大利亚**破产和失业问题，以及白人与土著之间、白人之间、地区之间的贫富差距，日益凸现。就

---

① 法新社日内瓦 2000 年 5 月 3 日电。

② 《欧元区人穷的穷富的富》，《环球时报》2002 年 3 月 18 日。

中等家庭收入而言，农村比城市低40%。农村失业率比城市高出26%。它的全国社会和经济模式中心2002年调查表明，20%最富有的人平均财富77.2万澳元，20%最贫穷的人平均财富1.8万澳元；20%最富有家庭拥有澳大利亚财富的50%，收入最低的40%家庭所占不到8%。这个国家人们认为最大财富是房屋，占平均财富的55%，其次是公积金，占平均财富的20%。但是对于最贫穷的20%的人来说，公积金几乎是他们财产的全部，而对于最富有的20%的人来说，公积金只是他们财产的12%。[①]

1998年一篇讨论**加拿大**经济问题的文章，标题就是《尽管经济繁荣，一些加拿大人见不到什么好处》[②]。文章说，这个被世界称道和羡慕、除了正常移民还有腰缠万贯的第三世界国家经济犯罪分子争往逃匿和取得长期居留权，几乎要被美国完全同化的国家，在“收益能力越来越集中”的同时，却成为普通人的“失去的10年”。人均收入在下降。1998年，生活在政府规定“低收入限额”的家庭的儿童达到140万，占全国儿童总数的21%。官方确定的贫困标准是，四口之家年收入不足31753加元(21592美元)，单身不足16874加元(11474美元)。按照这个标准，加拿大社会发展委员会2000年4月17日公布的一项调查显示，1990年到1995年5年间，全国生活在贫困线下的人口550万，占总人口18.2%；城市贫困家庭增加34%，贫困人口增加33.8%；乡村贫困人口增加18.2%；蒙特利尔的贫困率达到41.2%；原住民贫困率为56%，新移民52%，单身母亲59%。政府宣传自己的国家“在七国集团中跑在最前面”，经济

① 法国《欧洲时报》2002年9月21日—24日。

② 《尽管经济繁荣，一些加拿大人见不到什么好处》，美国《华盛顿邮报》1998年6月11日。

学家却尖锐提出“经济的高层和底层两极化”的现实。

意大利有一种贫困度指数，最高为100。2003年地区差距扩大到100比8，贫困人口678.6万。这个国家有一种叫做食品库的机构，负责向贫穷者每天提供一顿热餐。一位食品库的经理说，他得到的捐助越来越少，但是“新穷人越来越多”。①

上万名乞丐成为**西班牙**首都马德里的一个不光彩的标志。他们可能是大学生、离家出走的青年、受虐待的妇女，也可能是外来移民和被指为犯罪分子的人。每一个来到这个城市的人，无论白天或是夜晚，都可以听到回响在它的上空、可以作为新自由主义成就的讽刺的乞丐们的歌声：

眼下人们已经进入了爱的梦乡，
我们这些孤苦伶仃的孩子，
眼前一条无尽的道路，
不得不走下去，
不得不诅咒这种生活。②

第二次世界大战以后，**日本**一向以自己有一个平等的社会甚至宣传说“没有阶级差别”而骄傲于世。九十年代初经济泡沫破裂以前，街头基本上看不到无家可归的人，即便处境艰难，一般情况下也不愿伸手求助。然而新自由主义改革使日本社会平等的传统逐渐消失，平等的神话完全破灭。好面子的日本人尽管仍然不像许多国家的人那样经常谈及社会不平等现象，不过越来越多的人开始对此感到担忧。越来越多的人用枯涩阴郁的声调述说他们的处境：“只能维持生存，感觉不出是在生活”，

---

① 法新社2004年罗马11月17日电。

② 《西班牙的乞丐们》，西班牙《时代》周刊2002年12月26日。

"连一日三餐都无法保证"。2006 年 6 月香港《南华早报》披露，"《读卖新闻》3 月所做的一项调查表明，81% 的日本人认为，收入差距正在拉大，许多人将这一问题归咎于日本首相小泉纯一郎推行的改革。"①

一方面是摩天大楼和豪华公寓拔地而起，有人在高档购物场所一掷千金，一方面是不断增加的穷人、失业者和栖身于公园简易棚的无家可归者。过去受到法律保护的劳动者，收入降低而且可能被突然解雇。税收政策减少富人的负担而增加穷人的压力。中产阶级趋于减少，"新贵族层"集财富与成功于一身。这个号称"拥有 1 亿中产阶级人口"的国家，明确地将人分为"赢家"和"输家"，成为一个"贫富差距不断扩大的国家"。二三十岁年轻人之间的差距最为严重。2003 年关于储蓄的调查表明刷新了两项记录：拥有储蓄家庭的平均储蓄额刷新了记录，完全没有储蓄的家庭占到 22% 也刷新了记录。调查还表明，半数家庭的储蓄额，大多因为收入降低而减少。这就是说，日本金融资产的绝大多数，只被人口百分之几的富人所独占。"优胜组的富人阶层仅占全部人口的不到 1%。1% 统治剩下的 99% 的日子，很快就要到来。"②

在西方国家中，**德国**西部每小时平均工资 49.23 马克(22.65 美元)，高于日本的 39.23 马克和美国的 35.27 马克，是平均工资最高的国家。但是 1976 年国民生产总值(毛值)的 54% 流向工资，其余归为利息、利润和社会服务，而 16 年以后，也就是 1992 年，流向工资的就只有 45% 了。国民收入的 1/3 强流

① 《日本越富，穷人越多》，香港《南华早报》2006 年 6 月 3 日。

② 《在新日本，平等的传统逐渐消失》，美国《纽约时报》2001 年 1 月 4 日；《"新贵族层"崛起的日本社会》，日本《文艺春秋》2000 年 5 月号；《日本成为阶级社会》，日本《现代周刊》2003 年 11 月 8 日；《日本经济复苏扩大了贫富差距》，美国《纽约时报》网站 2006 年 4 月 16 日。

向非劳动的股东和食利者。

其中的秘密之一，正是所谓“减人增效”。新西兰一位学者在1998年的一篇文章中列举出一连串事实：1996年德国600万劳动者没有永久性工作，失业450万，为1945年以来最高数字。从1991年到1996年，机器制造工业50万个、化学工业18万个、自动化工业30万个工作岗位消失。1993年到1994年，钢铁部门人员减少14%。1991年到1995年，汽车丧失30万个工作岗位。大众汽车公司每年减少7000到8000个工作岗位，四年以后股票红利增长5倍。奔驰公司三年内裁减5.6万员工，股票骤然升值20%。

所谓减人，是减掉高收入的本国员工，而大量使用其他国家主要是第三世界国家的廉价员工。新西兰人文章说得不错：节省了什么呢？“节省的更多的，是以前被裁减的职员的工资”；利润何以增加呢？是因为“工人在丧失其生存基础”。①

失业人口在2004年超过400万，2005年超过500万。在德国历史上，这都是创记录的数字。

“减人”导致“增效”，德国经济有了明显增长，两极分化则急剧扩大。2003年，20%的富有家庭占有全球部财富的2/3，最富的10%家庭占有47%，而低收入的50%却只占有4%。百万富翁的人数，从六十年代的1.4万，增加到1973年的21.7万和1998年的100万以上，贫困率从1998年的12.1%上升到2003年的13.5%，贫困人口达到700万。

从1982年起，法国用一种由不平等警示网建立的“BIP40”指数，来显示国家的不平等情况。2002年的调查表明，其中包括的六个方面都不容乐观；就业不足加剧了；贫困工薪者（收入

① 《全球化对劳动市场的冲击——一个德国的前景》，《欧洲事务评论》1998年第1期。

低于月薪的2/3）占全部工薪者的数量，从1980年的11%增加到1995年的18.4%；健康状况，中高层管理人员和工人之间平均寿命的差距从1980年的4.8年，扩大到1996年的6.5年，30岁到46岁之间的工人和职员的死亡危险，比中高级人员高90%；中高级管理人员子女人数只占人口的7%，在名校预科班中却占到学生的一半；房价不断提高，低租金住房1984年占出租房的38%，47%的贫困家庭可以入住，1996年占9%，也只有9%的贫困家庭可以入住了。①

可以从这里涉及的一些方面进行若干补充。

关于就业。2000年仅博士生无业可就的人数，就达到2000人。

关于收入。一个叫做“了解就业、收入和价格研究所”的机构2005年的调查结果是，最近20年来工薪族生活水平暴跌，今天的水平相当于上个世纪的五十年代。其中九十年代下跌速度最快。贫困人口的80%为妇女。贫困人口还包括多达10万的大学毕业生。1991年到1997年间，法国人的财产增加12%，其中65%被10%的富人掌握。从1997年到2003年，新富翁增加12万人，增幅达到67.5%。

关于健康。2004年的调查证明，1/3的穷人，“因为缺钱而放弃看病”。

关于住房。2005年有一个调查说，最近6年里，新公寓房价格上涨54.6%，建筑用地上涨57.5%，旧房价格上涨97.9%，全国享受住房补贴金的600万个家庭大部分不能入住。有将近100万人，只能住在别人的家里。②

---

① 法新社巴黎2002年4月11日电。

② 法国《费加罗报》1999年10月6日；法新社巴黎2002年4月11日电；2005年4月28日电；法国《欧洲时报》2004年3月15日、2005年2月2日。

法国80%的人认为，社会的不公平加剧了。不满已经在全社会弥漫。一篇报纸文章的标题就是《不平等的法国》，认为法国贫富悬殊现象扩大特别是年轻人中贫困人口增加，表明国家所推行的政策已经遭到惨败。

> 这种政策不仅没有增强社会的团结，反而不断地削弱这种团结。这一诊断对于过去来说是很严酷的，对于将来来说也是很令人忧虑的。试问，在一个不公正现象不断增加而且新的一代成为这种不公正的第一个牺牲品的时候，又怎能让一个失去理想的社会恢复信心呢？①

关于**英国**。1979年撒切尔夫人出任首相，标志英国人民新自由主义噩梦的开始。贫富两极分化加剧，居然成为撒切尔夫人"感到自豪"的依据。② 从1979年到九十年代中期，英国贫困人口从占人口9%即500万，增加到占人口23%即1370万；全国人均收入增加39%，其中最富10%人口增加65%，而最穷10%人口却减少13%。③ 世纪之交，贫困人口增加到1450万以上，为20年前的3倍。2004年，英国《独立报》发表公共研究协会的调查说，自1990年以来，英国人均收入增长45%，但是总人口中10%最富有者在全社会财富中占有的份额，却从47%上升到54%，前100家大公司的老板的收入则增加6倍。2000年的一项调查从另一方面证实贫困率的急剧上升：1983年，14%的家庭缺少三件或者三件以上必需品，原因是他们负担不起。到1990年和1999年，这一比例分别上升到21%和24%。被定

---

① 《不平等的法国》，法国《世界报》1996年9月26日。

② 《英国是西方贫富最悬殊的国家》，英国《星期日独立报》1996年7月21日。

③ 英国《金融时报》1997年4月16日。

义为必需品的项目，是指50%以上的人口所认为的、所有成员都应该有能力买得起，而且不应该缺少的东西。①

许多西方国家都严重存在青年和儿童贫困的问题。此点以英国为甚。

英国《卫报》2006年3月28日公布金融管理局和布里斯托尔大学联合调查的数据，说过去5年中20岁到39岁的英国人中，25%遇到各种经济困难，70%一直欠债，81%认为他们退休以后国家发放的退休金难以保障温饱，因此今天英国的青年，已经沦为贫穷的一代。

英国贫困儿童在总人口中所占的比例，1968年为10%，1999年达到12%即400万人。布莱尔政府宣布一项目计划，20年内消灭儿童贫困现象。但是历史再一次让他出丑了：截止2004年的统计，英国贫困儿童上升到占总人口的23%。②

2005年2月20日英国《世界新闻报》，评出一位"全英最贪婪老板"。这就是斯科特·法雷尔，一家专门介绍来自东欧国家临时工的中介公司的老板。

比如在拉脱维亚首都里加，报纸上赫然印着招人广告：平均工资每周230英镑，提供住宿和班车。报名者需要交纳100英镑注册费，然后是100英镑用于购买飞机票的费用。在英国，这些工人被法雷尔转包出去，从事包装鲜花、筛选土豆一类工作。工人凌晨3时起床，一周工作7天。一位女工说，她的工资单上写着，基本工资每小时5英镑，一周工作58小时为290英镑。但是法雷尔以房租、交通费、管理费等名目扣除一番，每个小时只得到52便士。

---

① 菲利普·布朗、休·劳德《资本主义与社会进步·序言》第2页，中国社会科学出版社2006年版。

② 法新社伦敦1999年9月21日电；法国《欧洲时报》2004年8月4日。

他们的住处拥挤、肮脏。记者目睹一处住房，两间卧室，住 13 个人，其中 7 人睡地板，一位上年纪的妇女睡在橱柜上。另一处 10 个女工的住地，没有卧室、没有被褥、没有炊具，也没有卫生间。一位来自拉托维亚的工人说："这个地狱根本就没有出口"。

"英国又回到维多利亚时期著名作家狄更斯所描写的那种严重贫富分化的时代了。"①

新自由主义全球化造就了"最贪婪老板"，也造就了这样一个阶级，这样一个社会。这既是两极分化的结果，也是两极分化的原因。

美国除了是世界经济实力、军事实力最强大和国防预算最高的国家之外，还有许多第一。比如，它在全球建立的军事基地和国外驻军世界第一，它的犯罪率、在押犯数量、处决少年犯数量世界第一，它的肥胖病人和宠物消费世界第一，它的文化无耻世界第一②，它在西方国家中还是最不平等和贫富两极分化最为严重的国家。无论在美国国内还是在全球，这都已经成为人们共同关注和议论迭起的问题。

表 9：最富 5% 与最穷 20% 家庭平均所得之比

1979	10：1
1989	16：1
1999	19：1

资料来源③

① 法国《欧洲时报》，2004 年 12 月 2 日。

② 中央社纽约 2002 年 6 月 27 日报道，意大利电信公司前董事长罗西说，美国文化无耻："这是一种道德之癌"。

③ 《富者更富》，美国《美国新闻与世界报道》周刊 2000 年 2 月 21 日。

表10：2001年家庭净资产分配

上部的1%	33.4%
上部的5%	59.2%
上部的10%	71.5%
上部的20%	84.4%
底部的80%	15.5%
底部的40%	0.3%

资料来源①

所谓“净资产”，所指为减去债务以后的资产，包括银行帐户金额、股票、证券、人寿保险储蓄、汽车、住房、耐用消费品。大约20%的美国家庭，没有净资产或者只有负净资产。事实上，如果减去住房，底部的80%的家庭，大部分就处于负债状态了。

表11：大公司总裁与普通员工年均收入之比

1965	20:1
1980	42:1
1989	56:1
1990	85:1
1997	419:1
1998	475:1

资料来源②

① 《朝向社会主义前进》，美国《每月评论》2005年第7—8期合刊。

② 见王如君《美国大公司总裁大富大贵》，《环球时报》1999年8月6日；詹武《用造福全人类的经济全球化替代美国化的经济全球化》，《当代思潮》2000年第2期。

表 12：贫困率和贫困人口

	贫困率	贫困人口
1974	11%	
1981	14%	3180 万
1991	14.2%	3570 万
1993	15.1%	3930 万
2003	12.5%	3590 万
2004	12.7%	3700 万

资料来源：美国人口普查局

按照2006 年的数据，在全球16 个富国中，美国贫困线下的人口比例最大，17%的美国人是穷人。①

以2003 年为例，居民人均收入的中位数 23278 美元，比2002 年的 23316 美元下降 0.2%；户均收入中位数 43318 美元，比2002 年的 43381 美元下降 0.1%。这就是说，这是平均收入下降中的两极分化。与此相关的，是美国两极分化加剧的一个绝好证明：基尼系数逐步上升的趋势。

表 13：基尼系数

1970	0.394
1975	0.397
1980	0.403
1990	0.428
2000	0.462
2003	0.464

资料来源：美国人口普查局

① 《有关数据表明美国是个二流国家》，美国《基督教科学箴言报》2006 年8 月28 日。

这里大公司总裁，有时候也叫做总经理、首席执行官，简称 CEO。我们进行比较的还只是一种范围比较大的平均数。范围缩小一点，比如限于前 100 位大企业的总裁，2003 年 10 月台湾《天下》杂志就报道，平均年薪比员工高出 1000 倍。至于拿收入最高的 CEO，比如 2005 年的前三名——资本金融公司首席执行官理查德·费尔班克薪酬为 2.4942 亿美元，雅虎首席执行官特里·塞梅尔为 2.3055 亿美元，山登公司首席执行官亨利·西尔弗德为 1.3996 亿美元——和一般员工特别是和处于最下层的员工比较，那种差别就更是天文数字了。

在被美国自己和世界许多国家吹嘘为财富和成功的象征的硅谷，据说每天产生 63 个百万富翁，家庭平均年收入 8.2 万，为美国最高。这里的官方贫困线是四口之家 53100 美元，单身 37200 美元。但是 30% 的人买不起住房，2/5 的人租不起住房，教师、警察、消防队员年收入也在 5 万美元以上，有些人只得住收容所。

这里涉及到来自美国官方的资料的可信度和怎样确定贫困线的问题。比如表 12 中 1993 年的数字，美国官方把贫困线定为四口之家年收入不足 14703 美元，由此给出占美国人口 15.1% 的比例和 3930 万的人数。但是根据联合国的调查，如果以年收入 8122 美元为贫困线，则美国贫困人口达到 5000 万，占总人口的 19%。美国《政企首要情报评论》周刊认为，比较准确的贫困线应该是美国人口普查局规定的 1.5 倍。由此计算，美国贫困人口为 6000 万以上，占总人口的 22.5%。

在美国贫困人口中，妇女、青年、儿童占很大的比重。妇女不能实现同工同酬，单身母亲贫困率最高。一向以成年即脱离家庭自立而自傲于世的美国，现在青年的失业率居高不下。他们被称为“破产的一代”，为了偿还跟教育有关的债务，他们不得不推迟结婚、生子甚至治病，不得不卖掉个人物品，直到重新搬回家里，继续靠父母生活。2006届的大学毕业生，总共背负着400亿美元的助学贷款。[1] 至于美国儿童贫困率25%，比法国还要高。

有一个富人的美国，有一个穷人的美国。

美国是世界种族分裂最严重的国家之一。许多论者也一再指出，美国由黑白界限分明的两个世界所组成。2004年，非西班牙裔白人中贫困人口从上年的8.2%增加到8.6%，黑人家庭平均收入最低。根据中国国务院新闻办公室《2005年美国的人权记录》提供的数字，同为美国人，非裔家庭收入仅为白人家庭的1/10，黑人享受的福利仅为白人的3/4，黑人的贫困率达到24.7%，拉美裔的贫困率也占到21.9%。

美国媒体经常对其国内贫富两极分化的状况进行历史的比较。比如说，这种差距比第二次世界大战以来的任何时候都大，这是人口普查局1947年开始跟踪这个问题以来最大的差距，这种差距是1929年以来任何时候都没有过的。1996年美国社会学家年会透露一个新的情况：白人财富得到政府资助，一项重要政策是对白人家庭实行减免赋税制，允许积攒巨额资产，黑人则被拒绝在住房市场之外，因此"政府的政策是造成财富分配不均的主要原因"。设在纽约的拉塞尔·塞奇基金会的迈克尔·霍特，在会上说，美国财富分配比过去75年中任何时候更不平等。[2] 这个75年，已经回到1921年了。

不是普通黑人劳动者，不是黑人街头流浪者，而是美国全国黑人警察协会领导人隆·汉普顿，说出了这样的话：

在资本主义制度下，美国的穷人和黑人没有提高自身

① 《爸，妈，我回来了》，美国《商业周刊》2006年6月5日。
② 合众社纽约1996年8月19日电。

社会地位的任何可能。对他们来说，资本主义不可能带来社会进步，他们不可能参与利润的分割和收入的再分配。更为悲惨的是，经济增长意味着监狱增多，而不是入学率和就业率的提高。

警察的任务正是保护有产者免受一无所有者的侵犯。与其说这是美国的民主，不如说是民主的神话。因为这种民主只对美国的资本家有利，而对穷人却毫无帮助。后者缺衣少食，谈论民主岂不等于天方夜谭。①

英国一家报纸谈论美国两极分化问题的文章，用了一个有点刺激性的标题：《醒醒吧，美国梦已经结束》。所谓“美国梦”，是指“老老实实地辛勤工作就足以得到回报，甚至使最穷的人进入中产阶级，甚至可能发财致富”。这本来不过是一种“说法”而已，而现在则愈加成为“陈旧的说法”和本来意义上的梦。文章提醒人们，在美国看到世界上最大的贫富差距不要大惊小怪。这不是偶然发生的现象，而是一种政府行为。正是由于政府的政策，产生了“向少数最富的美国人大大倾斜的经济”，富人的赋税负担已经在下降，政府还在忙着为富人减税，穷人则只能陷入更深的劳苦贫困的黑洞，“跨越贫富差距的能力越来越小”。

第三世界在两极化。

西方主流舆论热心于论证新自由主义全球化在第三世界大地上播下的光明。现代化企业拔地而起，高楼大厦、高速公路、高档别墅、高尔夫球场魔术般地消灭了森林、田地和茅草屋。一些第三世界国家也有过耀眼的繁荣。然而这种繁荣短暂得让

---

① 见美国弗吉尼亚州联邦大学教授彼得·基克派特克《资本主义是不可超越的前景吗?》，法国《思想》季刊1996年秋季号。

人来不及领略就被危机、混乱、破产、荒芜所取代。真正盈利丰厚的企业总是掌控在西方跨国公司的手里。豪华和奢侈，不是经济发展的产物，而本身既成为一种病态的、扭曲的经济现象和社会现象，又成为两种人物的专利——一种是来自西方的新主人，一种是依附于西方、从贱价拍卖国家财富和同胞苦难中分一杯羹的权贵富豪。

在没有经受资本主义文明洗礼却又抛弃或一味拒绝新生社会主义文明的第三世界国家，新自由主义制造和导演了这样一种奇特的联姻：一方是资本主义的野蛮和残酷，一方是前资本主义的野蛮和残酷。于是地区差距扩大、民族差距扩大、部门差距扩大、职业差距扩大、性别差距扩大、城乡差距扩大，教育差距扩大、医疗差距扩大，无处不两极分化达到极至，而且带有抹着现代涂料的奴隶制和封建制的残余油彩，因此特别地丑陋和卑污。

这使我们想到中国学者王小强的生动描述：

> 美国的穷人在发达国家也算是穷的。即便在美国，哪里看得见那许多发廊浴室，桑那按摩洗头揉脚，从上到下忙活？一般宾馆饭店，哪里有那许多服务人员齐声吆喝，端茶送水，颠前跑后，上个厕所都有人低三下四、嘘寒问暖？服务员着不同服色，分三六九等，从招呼停车开始，门口鞠躬的不管领位，领位的不管开票，开票的不管端盘子，等而下之的连点头哈腰的资格都不够，只能一趟一趟地打扫卫生？能有几家大款雇得起私人保镖看家护院？一般写字楼、机关、小区，哪里看得见各色保安成群结队？又有几家中产阶级雇得起专职小阿姨买菜作饭，家庭教师帮孩子补习功课，接长不短来一趟足疗按摩？廉价劳动力带来各种廉价服务业繁荣娼盛，在发展中国家发展出某种

磁悬浮式的超级现代化。[①]

西方全球化、尤其是它的新自由主义阶段，把富饶美丽的**非洲**造就为世界的贫民窟。2002年8月26日到9月4日，联合国在非洲最南端召开可持续发展世界首脑大会。按照这次大会提供的数据，非洲40%的人口每日生活费不足1美元，14个国家常年缺水，每年消失500万公顷森林，2亿人遭受饥荒的折磨。

非洲自身成为一块两极分化严重的大陆。

但是这里的顶尖富人，主要不是本国人而是西方人，或者在新自由主义的旋风中依附于西方资本、为西方资本进入引路搭桥的跟班随从。1997年西方7国首脑的丹佛会议透露出其中的秘密。会议有一个在非洲包括撒哈拉以南发展贸易和进行投资的计划。原因是非洲48个国家中的37个，在进行符合西方口味的改革，改革之风“吹遍了整个大陆”。美国财政部副部长萨默斯也说，非洲经济增长的前景，是“二三十年来最光明的”。——发生了什么故事呢？美国商务部说了老实话：境外投资的美国公司的平均收益率，在亚洲为14%，在拉美为12%，在非洲却达到33%，“可能赚到巨额利润”。[②]

就国家之间而言，非洲经济委员会《1999年度非洲经济报告》披露，1998年人均收入最高的印度洋岛国塞舌尔为5972美元，最低的索马里为70美元；7个国家人均收入超过2000美元，又有7个国家人均收入不足200美元。1999年世界银行有关统计数字显示，非洲53个国家中，国民生产总值超过100亿

① 王小强《“文明冲突”的背后——解读伊斯兰原教旨主义复兴》第73—74页，大风出版社2004年版。

② 《非洲突然占据舞台中心——在一个危险的大陆出现的复兴迹象》，美国《商业日报》1997年6月23日。

美元的8个，不足10亿美元的5个，年人均国民收入超过1000美元的14个，不足300美元的9个。

各国内部贫富悬殊。

埃及每年人均收入大抵700美元。但是在它的道路上拥挤着的，既有豪华的奔驰轿车，也有摇摇欲坠的毛驴车和蓬头垢面的步行者。1996年美国《新闻周刊》描绘这种情形，说"埃及目前6000万的总人口，在下世纪将增长三分之一。人们希望，届时埃及贫富分化会有所改变"。——人口增长就势必会改变贫富分化，这是在说什么梦话呢？

在坦桑尼亚首都德累斯萨拉姆，一位当地官员说：你可以看到穷人有多穷，却不知道富人有多富。饥饿的失业者到处流浪。有一个埋在垃圾堆里的铁皮屋，月收入2万先令（合人民币200元），已经算是小康了。但是铁皮屋包围着的，却是9层的希尔顿饭店和价值上百万美元的别墅；在那里来往和定居的，要么是外国人，要么是本国的权贵富商。

法国一家报纸写到塞内加尔。那里一方面耸立起有白色围墙、一座比一座花哨的别墅，街道上拿着手机的花花公子无所事事地来回游荡，另一方面是拥挤着的乞丐人群。"富人越来越富，穷人越来越穷。多数塞内加尔人并没有感到生活条件有什么改善。"①

世界银行称赞莫桑比克"经济改革上了轨道"。人们看到的是这样的轨道：私人汽车和保镖在增加，抢劫、走私、乞丐、卖淫也在增加。

博茨瓦纳的主要经济收入来自旅游业。但是所有旅游服务设施都属于外国人。大商店老板、旅馆饭店经理、大小厂家和公司经理，直到高级技术人员，基本上都是白人。20%的人拥

① 《塞内加尔在失望中走出危机》，法国《回声报》1998年1月5日。

有全国80%的财富，5%的人拥有全国75%的牛羊，80%的穷人却一无所有。部长月薪1万普拉以上，工人最高800普拉，牧童则为25普拉，折合20公斤玉米面。

肯尼亚实行新自由主义改革以后，经常有一些经济连续增长的数字。但是穷人增长的速度更快。截止2004年，贫困率已经达到56%，3200万人口中占1800万，人均生活费每天不足1美元。这里有世界最密集、生活条件最糟糕的贫民窟，在首都内罗毕，贫民窟成为犯罪、疾病、死亡的摇篮。人们无从知道经济增长的成果哪里去了，知道的是时而传出的腐败丑闻。

南非种族隔离制度的最大特征，是巨大的贫富差距。1994年结束这种隔离制度，然而那里不仅白人和黑人之间的差距，而且黑人之间的差距，都在继续扩大差距。据2000年的数字，白人占总人口20%，其收入高于占人口76%的黑人。在黑人的全部收入中，20%最富裕者拥有58.9%，20%的贫困者只占2.6%。得到好处的是黑人资本家，黑人贫民则更为贫困。从1991年到1996年，最贫困的40%黑人家庭的收入，减少了20%。①

关于**亚洲**是世界经济发动机、火车头之类的说法，包括1997年金融危机时期，在西方主流媒体从来没有消失过。对这种繁荣和经济增长的代价，一位泰国前总理是清醒的：耗尽了自然资源，环境污染和扩大了贫富差距。② 这里既有地区之间、国家之间的差距包括数字差距，又有地区内部、国家内部的差距。

《福布斯》和《世界财富报告》提供的世界富人名单，无论百

---

① 《南非：贫富差距仍然很大》，法国《热带与地中海市场》周刊2000年8月4日；路透社约翰内斯堡2000年2月8日电。

② 在亚太经济社会委员会成员国1996年年度会议上的开幕词。美联社曼谷1996年4月22日电。

万富翁还是亿万富翁，几乎每年都会增加亚洲人的名字。2005年的《世界财富报告》就写着，亚洲地区2004年百万富翁180万人，比2001年增加10万人，他们的资产总额达到5.7美元。然而亚洲是世界贫困人口最多的地区。全球70%的贫困人口在亚洲。他们每日的生活费用不足1美元。更多的人则仅仅2美元。大约19亿人的生活费用与世界贫困线齐平或者低于这个贫困线。这个数量，已经超过第二次世界大战以前亚洲人口的总数。1997年金融危机使一些国家社会动荡、经济凋敝，出现严重衰退，受害者首先是下层人民。然而危机尚未过去、国家尚未走出困境，1998年，亚洲拥有100万美元以上资产的富人们的资产，又增加了10%，达到4.4万亿。①

韩国1994年在13—24岁青少年中进行过一个调查，83.7%的人认为"贫富差距很大"，85.9%的人认为"富人应该交纳更多的税"，88.4%的人认为"贫富差距问题比南北统一问题更为重要"。②

世界银行培植和支持泰国的这样一种发展战略："故意把农民的生存支柱抽空"。这是英国"圈地运动"的二十世纪泰国版。城市的两极分化已经十分严重，农村人口则把儿子送去打工，把女儿送去当妓女。于是在经济的快速增长中两极分化愈演愈烈，人口中20%的富有者控制国民收入的56%，底层的40%只占17%到12%。③

新加坡一直是一个被国际社会认为经济繁荣、社会稳定的"中产阶级国家"。但是它的总理吴作栋，却在纪念五一节的一

① 《新亚洲的两个阶级：富人和穷人》，香港《亚洲新闻》周刊1999年8月27日。

② 《消除贫富差距比统一更重要》，韩国《经济人》周刊1994年12月7日。

③ 威廉·格雷德《资本主义全球化的逻辑》第440、443页，社会科学文献出版社2003年版。

次面向全国的讲话中承认，5%到10%的人可能远远超过中产阶级水平，“收入差距的日益扩大将给我们社会的凝聚力造成重大困难”。①

苏哈托下台以后因骇人听闻的腐败和巨额聚敛财富受到惩罚。这位在美国支持下屠杀成千上万共产党人和左翼人士出任印度尼西亚总统的人物，特别是推行新自由主义的八十年代和九十年代，一直被西方封为亚洲的改革明星。在他的治下，1995年人均收入达到1023美元。但是87.7%的人，人均收入在380美元(城市)或者190美元以下，仅仅因为贫困辍学的儿童，就达到600万。1997金融危机以后，它的贫困人口又陡然增加2000万。

亚洲开发银行2005年在菲律宾有一个遍及7省和17个城镇的调查：50%的农村人口没有土地，30%只有少量土地。他们的生活来源，主要靠到海外和城市打工。然而这种来源不仅需要付出人格的代价，而且极不稳定。②

1996年香港人均生产总值列名世界第四。其高收入家庭与低收入家庭平均月收入的差距，1996年为13倍，1999年为23倍。2000年，它的贫富悬殊，被排在世界最严重的10名之内。香港《成报》载文，说“朱门酒肉臭，路有冻死骨”正是“香港的写照”。③ 这种情况没有改变。2005年，贫富悬殊进一步扩大到26倍，低收入家庭112万人，位居世界第三。

台湾最高10%与最低10%人口个人所得金额的差距，九十年代初为19倍，2002年达到39倍，最富有的20%家庭拥有全地区财富的41%，最低收入的20%只拥有6%。2006年，台湾

① 合众国际社新加坡1996年4月30日电。

② 新华社马尼拉2005年5月21日电。

③ 《关注本港贫富悬殊加剧》，香港《成报》2000年2月1日。

“行政院主计处”有一份“最新家庭收支调查”说，过去5年，台湾23个县市中，13个县市的家庭越来越穷。陈水扁的家乡台南县，一位老太太因为欠债，亲手杀死两个孙子然后自杀。难怪国民党首脑连战如此讥讽陈水扁，说正是他，使台湾“贫富差距拉至最大”。①

印度1976年人均150美元，排名世界第13。新自由主义入侵的印度，以信息产业著名于世，主要是西方媒体好话连篇，真要算起帐来，经济增长速度不能说不快，自己的人民却并未受益。印度百万富翁、亿万富翁不断登上《福布斯》和《世界财富报告》。2004年世界第三富翁拉克希米·米塔尔即印度人，家产250亿美元。他的一处豪宅1.2亿美元，女儿婚礼耗费6000万美元。然而印度贫困人口不仅在亚洲，而且在全球都首屈一指。3亿印度人每日生活费不足1美元。孟买郊区有世界最大的贫民窟，生活着全国70%的贫民。1/3农村人口得不到清净的水，50%儿童营养不良。印度经济学家、诺贝尔经济学奖获得者阿马蒂亚·森说得不错：“即使有100个班加罗尔和海得拉巴，仅靠它们的力量也不可能解决印度顽固的贫困问题和深层次的不平等问题。”②

印度一家报纸2006年载文，摆着一种骄傲的姿态，说中国经济比印度发展迅猛，而印度却创造出了比中国更多的亿万富翁。它作为根据的，是《福布斯》财富排行榜：印度亿万富翁36名，为中国的两倍；印度最富有的40人的净财富总和1700亿美元，远远超过中国的380亿美元；印度最富有的人中钱最少的7.9亿美元，中国只有5.14亿美元。③

① 《国际先驱论坛报》2004年2月13—19日。

② 《当全球化将民众抛下》，美国《国际先驱论坛报》2006年2月12日。

③ 《印度的亿万富翁比中国的亿万富翁多》，印度《印度时报》2006年11月17日。

为什么不比一比，印度的穷人比中国所占比例更大、更多和更穷呢?

阿拉伯世界中一些国家在非洲，另一些国家在亚洲。

在这里，巨大的石油储量没有成为自己人民幸福富裕的源泉，反而因为西方首先是美国的干涉和控制而长期陷入分裂与动荡。

阿拉伯国家人口是以色列的50倍，土地面积是以色列的600倍，国民收入只是以色列的5倍。美国一家报纸说到1990年伊拉克对科威特的战争，认为此举得到阿拉伯穷国的支持，“从约旦到毛里塔尼亚各国的人们纷纷走上街头声援萨达姆”。背后的原因就是两极分化。阿拉伯世界内部穷国与富国之间的差距，进入九十年代以后更为明显。同时债务直线上升，1990年债务总额2200亿美元，经济总价值也不过2000亿美元，而富国积累的剩余资金中只有5%被投入到中东地区。① 话说到这里。再坦率一点，就该说到生产石油的大部分赢利，或者流入西方国家，或者被阿拉伯富翁的奢侈消费所吞噬。

沙特阿拉伯《生活报》写道，“八十年代以来，由于国家放弃了一些国营企业，实行私有化和市场经济，贫富差距越来越大”，“阿拉伯社会的阶级结构像是一座金字塔结构，底座很大”。② 富翁们欢天喜地。据2005年的《世界财富报告》，一个400万居民的阿联酋，就有5.28万人净产值在百万美元以上。但是阿拉伯世界有1亿贫困人口。处于最底层的，是来自南亚各国的建筑工人、勤杂工、清洁工、售货员、护士、家庭佣人。有一种说法：在他们中间，最廉价的商品是香烟和尊严。

---

① 《阿拉伯世界的经济目标遇到了障碍》，美国《基督教科学箴言报》1992年4月1日。

② 《阿拉伯世界贫富差距大》，沙特阿拉伯《生活报》2000年11月13日。

即便以色列，从2000年到2005年，全国人口增加8%，穷人增加45%，新增贫困家庭10万个、50万人，贫困者总数从108.81万增加到160万。①

沙特阿拉伯2003年公布过一个《国家反贫困战略》，说阿拉伯世界28%亦即7300万人生活在贫困线以下，1000万人处于饥饿状态。

正是在新自由主义全球化中，**拉丁美洲**虽然不是全球最贫困的洲，却成为全球贫富两极分化的冠军。

按照联合国拉美经济委员会报告提供的数据，1960年到1980年拉美和加勒比地区经济增长率为5%，人均收入增长75%，但是新自由主义时代的八十年代到九十年代，经济增长率却只有3%略多，人均收入增长7%。贫富两极分化，恰恰在这种整体倒退的情况下发生和恶化起来。

国家之间的差距在扩大。2000年8月南美12国有一个在巴西利亚举行的首脑会议。会议期间公布的一组数据证明，这12国的人口，占到拉美33个国家的70%，各国人均国内生产总值从1000美元到6000美元不等，有些接近发达国家，有些和贫穷的非洲国家类似。而国家收入的50%，掌握在15%的富人手里。

在拉美，一方面是贫困者增加：1980年1.36亿，1994年2.09亿，2000年2.2亿，由于一些国家左翼政权寻找逐步摆脱新自由主义的道路，2003年以来贫困人口减少2300万，仍然有2.13亿。另一方面是暴富者增加：1994年的美国《福布斯》杂志公布，拉美亿万富翁1987年6人，1994年42人，7年增加6倍。

和美国签署北美自由贸易协定两年之后，拉美社1995年12月11日发出的年终专稿这样评论墨西哥：《从第一世界的梦想

---

① 《每4名以色列人中就有一个穷人》，以色列《国土报》2006年1月23日。

走向64年来的最大危机》。执行新自由主义政策，导致执政70多年的革命制度党遭到人民抛弃。美国一篇报纸文章说，全球化使全球变成一个既有贫民窟又有富人区的村庄，而墨西哥成为“全球化的一个小例子”。[①] 新自由主义改革的主要措施是，一手出卖国家财富、一手加重国内盘剥。于是有《福布斯》公布的数字：世界最富有者中的墨西哥人，1990年2人，1993年13人，1994年24人。同时是贫困人口的大幅度增加：1982年2500万，1994年6000万。

阿根廷曾经是世界粮仓肉库。新自由主义把它闹得国家经济全面崩溃和两极分化空前加剧。它的富人和穷人之间的收入差距，1975年为8：1，1991年为16：1，1997年为25：1，2000年扩大到50：1。1998年，10%最富有人口占有国民总收入的37.3%，10%最贫困人口只占有1.6%。2000年，百万富翁比上年增加12%，达到28万人，但是仅在布宜诺斯艾利斯州，就有270万中产阶级人士落入穷人行列。

还在墨西哥和阿根廷之前，智利就被美国树为拉美最早的新自由主义样板。缘起于美国支持皮诺切特发动军事政变，杀害民选总统阿连德，以军政府的权柄强制推行新自由主义。于是，“智利的国民经济全部纳入国际资本主义体系”，“七十年代和八十年代的大部分时间，实际工资、社会保障经费、人均社会公共支出，以及劳动大众的就业率等，都通通低于1970年之前的水平”。[②] 工人在阿连德时代的国民收入中可以得到50%，到1989年只能得到19%。根据世界银行的数据，1995年，智利20%高收入者占有国内生产的60.4%，而20%低收入者仅占有

① 《墨西哥，全球化的一个小例子》，美国《世界新闻报》1998年5月21日。

② 《智利的经济与社会：历史进程中的失望和变革》，《国际社会科学》(中文版)1993年11月。

3.3%。至于联合国儿童基金会公布，皮诺切特的智利存在50万童工和将近5000名童妓，其中20%年龄在6岁到12岁之间，就更加为这位美国青睐的拉美新自由主义老明星，增光添彩了。

这种情形，成为拉美国家实行新自由主义政策必然产生的普遍现象。"国际货币基金组织的好学生"哥伦比亚，2001年贫困人口占到总人口的60%。国际货币基金组织和世界银行赞扬玻利维亚，说这个国家奉行新自由主义，就如同"完成自己的家庭作业"。它大规模引进外资和实现国有企业私有化，同时第一个成立持续发展部，以制订中长期协调发展规划，把人的素质、环境质量、保持和恢复自然资源，以及经济和社会利益等方面的问题结合起来。如此这般，截止1996年，贫困人口占到总人口的70%，农村贫困人口达到94%。① 危地马拉贫困人口达到85%。新自由主义者滕森1990年出任秘鲁总统的时候允诺，10年内贫困人口减少50%，结果执政5年而贫困人口增加一倍，达到1200万，人口中最富10%的收入比最穷10%高80倍。

世界银行也认为，巴西是世界分配最不公平的国家。1968年到1974年，这个国家经济增长很快，被称为"巴西奇迹"。但是就在那时，它的分配不公，就已经和奇迹一道引起世界关注。其基尼系数一直超过0.4这个警戒线，徘徊于0.5到0.6上下，远高于一个一个争先恐后想拿两极分化金牌的阿根廷、玻利维亚、智利、哥伦比亚、哥斯达黎加、墨西哥和巴拿马。1989年，巴西基尼系数高达0.635，1995年有所下降，也还在0.601，1999年占总人口50%的贫困人口拥有全国总收入的13.5%，占总人口1%的富人却拥有总收入的13.8%。这就是说，富人收入是超过穷人收入的50倍。

① 埃菲社拉巴斯1996年5月19日电；《一个国家在做家庭作业》，德国《世界报》1996年4月19日。

苏联东欧两极化

冈纳·缪尔达尔在其《世界贫困的挑战——世界反贫困大纲》中谈到社会主义，认为这种新政权的确立通常意味着有力地清除腐败，它在最初受到欢迎，部分原因正是因为第一次给了人民一个不腐败的政权。与此相关，英国著名记者保罗·哈里森《第三世界——苦难、曲折、希望》一书更加注意的，是社会主义国家的公平问题。

这位美国记者根据二十世纪六七十年代的资料，围绕平等问题进行了比较研究。大多数第三世界国家，不平等的程度比西方国家明显。其中少数几个国家分配比较公平：在斯里兰卡、泰国、巴基斯坦，人口中最穷的40%的收入占总收入的17%或者还要多些。社会主义国家达到的平等程度最高。在那些国家，收入最低的40%人口，占有总收入的25%左右。对比人口中最富20%和最穷40%的收入，社会主义国家仍然是最平等的。在捷克斯洛伐克，前者平均收入为后者的2.25倍。在匈牙利为2.79倍。一些西方发达国家达到近似水平：日本3.86倍，美国3.96倍，英国4.14倍，瑞典6.28倍，德国6.86倍，法国11.3倍。①

对于今天生活在苏联和东欧的人们来说，这已经是遥远的、陌生的往事。但是我们还是可以看到，人类在为实现平等而进行的探索中，曾经取得怎样的成就，而新自由主义又怎样地毁灭了这些成就。

在“休克疗法”肆虐下发生的苏东地区的两极分化，和世界其他地方相比，带有更加残酷的、野蛮的性质。

——这是国家被分裂、主权丧失与日益殖民地化过程中的

① 保罗·哈里森《第三世界——苦难、曲折、希望》第480页，新华出版社1984年版。

两极分化。美国霸权建立在第三世界的废墟上。这种世界新秩序分配给原属苏联的各加盟共和国的角色，是原料殖民地。这以俄罗斯最为典型。这也同样适用于其他独联体国家：美国对乌克兰的殖民化与德国和法国共同进行；对阿塞拜疆及乌兹别克斯坦的殖民化，有土耳其参与；对西伯利亚及远东地区的殖民化，与日本共同进行；在爱沙尼亚经济中，外国资本比重接近80%。

——这是伴随着国家廉价拍卖、资源和财富大量向国外流失情况下的两极分化。后来在美国出任大学教授的波兰经济学家卡其米耶日·Z·波兹南斯基的《全球化的负面影响——东欧国家的民族资本被剥夺》写道：波兰为新自由主义改革鸣锣开道，2003年工业固定资本中外资拥有的份额超过60%—70%，2001年外资控制的银行资产占总量的75%、在保险行业所占份额为45%，国内零售业已经被逐步赶出本地市场；匈牙利工业部门1999年外资所占比重已经为75%左右；捷克工业部门中外资1999年占35%，银行业中2001年占65%；罗马尼亚银行业2000年外资比重占到44%；阿尔巴尼亚变成"被保护国"和"供外国人购买国有资产的天堂"，一切都被肢解，"学校的校舍和医务室的房子被一砖一瓦地拆走了。尽管每个农民都得到了一块砖头，但他们作为一个集体所得到的却是一片废墟，再也没有学校和医务室了。"①

——这是买办寡头集团和国际垄断资本、腐败官僚机构与暴富巨商、精英分子和黑社会内外勾结、互为表里、上下其手，主导和加剧的两极分化。谢·格拉济耶夫《俄罗斯改革的悲剧与出路》写道，摧毁俄罗斯的政策是一种无耻的政治交易，它为世

---

① 卡其米耶日·Z·波兹南斯基《全球化的负面影响——东欧国家的民族资本被剥夺》第26页，经济管理出版社2004年版。

界寡头集团即国际垄断资产阶级带来巨大的超额利润，使俄罗斯成为他们掠取无尽财富的金矿。俄罗斯蒙受的损失至少在几千亿美元以上。他谈到几个方面：外逃资本1000亿美元，国民收入减少一半，经济损失每年至少1000亿美元，以低估价格向外国公司廉价拍卖国有资产控制权过程中损失不少于800亿美元，国债方面损失300亿美元，向外移民、人才流失损失数百亿美元。

——这是社会陷入动荡与混乱，民族素质与道德水平和社会组织程度下降、犯罪率上升中的两极分化。

——这是工人阶级和人民群众社会地位大起之后，在大落中的两极分化。

——这是经济大幅度倒退、生产基本停滞状况下的两极分化。进入恢复时期的2000年同1991年相比，整个独联体国家国内生产总值平均下降34%，工业下降40%，农业下降28%，投资减少67%。2000年国内生产总值相当于1991年的比重，俄罗斯为68%，乌兹别克斯坦为97%，白俄罗斯为90%，哈萨克斯坦为78%，吉尔吉斯斯坦为72%，乌克兰为47%，摩尔多瓦为0%，阿塞拜疆为60%。这就是说，在新自由主义占据统治地位的时期，新增加的社会财富微乎其微。因此，新自由主义改革旋风中内外强盗与吸血鬼进行抢劫、瓜分、剥夺的对象，主要只能是人民已经创造出来的巨额财富——不论这些财富此前是属于国家所有还是属于居民个人所有。

——这是人民生活水平普遍降低、贫困化加剧、失业率攀升中的两极分化。这只消举出《俄罗斯改革的悲剧与出路》一书中关于居民一环套一环的贫困化周期的表述就足够了。这就是周期1：1992年，价格放开，市民的收入和储蓄贬值；周期2：1992—1993年，绝大多数居民丧失了自己对先前创造的国家财产的权利，这些财产已经被极少数人实行私有化；周期3：

1993—1994 年，人民的储蓄蒙受贬值，财产被金融“金字塔”所吞噬；周期 4：1995 年，宏观经济政策导致了人民实际收入的急剧下降和对社会生产力的破坏；周期 5：1995—1998 年，政府预算、居民储蓄以及生产领域的货币资金都被吸进了国债“金字塔”，导致国家金融体系破产。

在这种两极分化中，就一国而言，比如俄罗斯，同一企业内部收入扩大了，管理层和普通职工的工资差距 1994 年已经达到 19 倍；部门和地区之间工资差距达到 9 倍至 11 倍；不同所有制企业工资收入差距扩大了；大量失业之后有所谓再就业，再就业意味着收入的减少；工资、养老金的扣发、拖欠成为普遍现象。

在这种两极分化中，原来各具特色和优势、发展水平大抵相近的东欧各国，差距扩大了，原来实行同一政策的苏联各加盟共和国之间，差距更为触目惊心。根据 2005 年第三季度的统计，月薪最高和最低差距为 200 倍：最高的爱沙尼亚 593 美元，最低的塔吉克斯坦 28 美元。就国家竞争力排名而言，最高的爱沙尼亚和最低的吉尔吉斯斯坦相差 90 位。绝大多数人民的生活水平在急速下降。他们的抱怨是：“不如苏联”。①

苏联时期保证人民基本生活需求的政策，没有造就全民一夜之间齐步走、共同大富，也没有造成贫富两极分化。新自由主义改革造成的却是，一方面大面积的贫困，一方面少数人的暴富。即使在比较好的年份，也有不少于 1/4 的居民，收入不足以保证劳动力的再生产。人口大幅度减少，成为这一现象的最悲惨的表现。

俄罗斯《论据与事实》周刊一篇《俄罗斯的 10 个富人和 10 个穷人》举出几个例子：富人为石油、冶金、银行、计算机、通

① 《老苏联国家收入相差 200 倍》，《环球时报》2006 年 2 月 17 日。

信、酿酒、娱乐业巨头和政界、文学、体育界人士，资产从152亿美元到89万美元不等；穷人中既有社会名流也有一般劳动者，包括世界艺术体操全能冠军、部长会议副主席、航天飞机项目工程师、功勋演员和邮递员、锅炉工、矿工、图书管理员、助产士、大学生，收入从4700卢布到不名一文。1美元折合28卢布。图书管理员索罗金娜担任列宁图书馆一个阅览室的主任22年退休金和工资总和4700卢布，其中一半用于买药治疗心脏病和腿病。功勋演员科罗利科夫退休金3000卢布。他靠土豆和方便面充饥。

这些举例有代表性却还看不出宏观的情形。

按照格拉济耶夫的计算，苏联解体初期的贫困人口为7000万。1992年官方公布的贫困人口为4970万，占总人口33.5%；2000年达到5990万；2003年减少到3720万。但是俄罗斯《经济学家》杂志认为，“俄罗斯科学院人口社会经济问题研究所的统计数字，要比上述官方数字多得多。例如，1995年官方统计数字为24.7%，科学院学者估计为40%。二者统计误差的主要原因在于，科学院的数字包括老人和孩子。”①

也是这篇文章指出，俄罗斯的两极分化在加剧。在全国货币收入总额中，20%穷人所占比重从1991年11.9%下降到2001年的5.9%，同期20%富人所占比重则从30.7%上升到47%。

俄罗斯人口中最富10%同最穷10%的年收入之比，1991年为4.5倍，1992年为8倍，1999年为13倍，2003年为14倍。俄罗斯科学院院士、莫斯科大学第一副校长弗·伊·多博列尼科夫2003年10月27日在中国社会科学院报告举出的数字是：1999年，俄罗斯最富10%人口比最穷10%人口的收入之比，已经达到80倍。这就出现俄罗斯经济部2003年公布的数字：5%

① 《国内市场上的消费需求与供给》，俄罗斯《经济学家》2002年第5期。

的富人掌握全国75%的银行存款，71%的人口掌握3%的存款，40%的家庭几乎没有存款。直到2005年，另一位院士利沃夫指出，西方国家收入低于平均收入的人在总人口中的比重大约20%，俄罗斯为80%，人数达到1.15亿。按照可比价格计算，目前俄罗斯人的平均工资还没有恢复到苏联时期的水平。①

俄罗斯人民用自己的贫穷和生命，用一种被欺骗的和被强制的、自我灭绝式的付出，制造了自己民族的丧天害理、脑满肠肥的富翁。这些人只占民族的极少数，却控制着国家的绝大部分财富。国家和人民在贫困下去，富翁却一茬一茬生长出来。2004年《福布斯》杂志公布俄罗斯亿万富翁27名；2005年增加到33名；2006年又增加到44名。2006年，他们的资产总额高达2480亿美元，相当于俄罗斯国内生产总值的1/4强。

如果说西方发达国家的富翁以剥削起家，有些却也多少有过自己的奋斗，有些不管是良心发现还是虚情假意，或许还知道该做点积德行善的事情，那么，俄罗斯在国家解体、新自由主义横行、私有化成为国家主导政策，因此绝大多数人日益贫困的年代，靠偷窃、掠夺、瓜分国家和人民财产暴富起来的分子——普京曾经说，这是一些"国家任命的富翁"，就连一点起码的道德良心，也荡然无存了。在贫困者冻死街头的时候，他们热衷于研制长寿药品和进行奢侈性、炫耀性的消费比赛。俄罗斯人民不为富豪榜上俄罗斯人的增加而丝毫感到高兴。他们说得好，"正因为这样，我们才没有住房。应该把大亨们卖资源的钱，给老百姓建房、发工资。"他们索性把"富豪榜"叫做"窃贼榜"。②

---

① 《俄罗斯社会贫富分化日益严重》，法国《欧洲时报》2005年4月16—18日。

② 《俄国44名亿万富翁的总资产超其国内生产总值1/4》，《环球时报》2006年4月25日。

被称为“挥霍冠军”的罗曼·阿布拉莫维奇，2006 年资产 183 亿美元，还出任楚科奇自治州州长。在 2003 到 2004 的两年中，他挥霍掉 7 亿美元，每天平均 97 万美元。他用 2.9 亿美元购买“英超切尔西俱乐部”，用 2.2 亿美元购买两艘游艇，用 5.6 亿英镑购置波音 767—300，把它改造为豪华程度不亚于美国总统座机“空军 1 号”的“空中办公室”。他在莫斯科和英国、法国、德国，有多处不动产。俄罗斯富翁喜欢伦敦，很多人把这里作为“第二个莫斯科”安家置业。伦敦珠宝业把自己销售的增长，归功于俄罗斯富人。重量 70.39 克的世界最大玫瑰钻石，被不愿披露姓名的俄罗斯富人买走。石油巨头、上院议员瓦维洛夫，购买 1.07 亿美元的钻石，送给妻子作为生日礼品。伦敦街道的热闹地段，为接待俄罗斯顾客不惜专门设立俄语销售人员。房地产则在萧条的年代里，因为俄罗斯富翁的光顾而成为购销两旺的产业。住宅市场百万英镑以上的交易中，俄罗斯顾客占 1/3；销售价格超过 1000 万英镑的豪宅，一半以上买主为俄罗斯人。这使法国《欧洲时报》一篇文章的作者感慨万千：“俄罗斯富人已经买下英国的半壁江山。”①

苏联曾经在全球资本主义、帝国主义的封锁中，自力更生，不是靠别人的施舍式援助，而是靠自己的资源，靠自己人民的勤劳、智慧和节衣缩食的积累，建成了世界一流强国。一场新自由主义的“休克疗法”，使国家解体并休克。一方面，民族遭受着历史性的灾难的煎熬，人民在日甚一日地贫困化。另一方面，却冒出一批连西方媒体也称之为强盗的百万富翁、亿万富翁，陶醉于消费的疯狂比赛。民族灾难和人民贫困，成为他们暴富的原因，也成为他们疯狂消费的背景。他们知道，他们的

---

① 《俄罗斯富豪一掷千金买走了伦敦半壁江山》，法国《欧洲时报》2005 年 10 月 22—24 日。

出现和生活方式，已经在人民中引起愤恨。难怪在莫斯科这座曾经属于人民的英雄的城市，他们要不惜以一个小时25美元的重金，高价雇佣保镖了。

消费促进生产吗？看来这个被西方经济学奉为经典的公式，在俄罗斯遭遇到了滑铁卢。俄罗斯富翁的富，是前所未有的；这种富对国家经济的破坏和造成的经济衰退，也是前所未有的。他们那种炫耀式的消费比赛，对国家的发展、民族的进步来说，绝对有百害而无一利。

论者往往会遇到一个问题。俄罗斯和原来属于苏联的那些加盟共和国，经历过“休克疗法”、国家解体和私有化的浩劫，贪污腐败遍于国中，无以数计的资源和财富被劫掠到西方国家，或者成为强盗式富翁的私有财产，人民几近一贫如洗，十多年来经济陷入停滞、其实不生产什么，怎么还能够作为国家继续存在和运转呢？西方媒体总是不知疲倦、喋喋不休地宣传，社会主义只同贫困相联系。现在看来，症结恰恰在于，尽管出了那么多败家子，尽管这些败家子和外部的强盗勾结成奸，疯子一样地共同侵吞糟蹋，然而社会主义苏联创造的财富是那样地巨大厚实，以至于扫一扫地缝墙角，就够他们折腾若干年。这真是一个饶有趣味的问题。

别名5：

分裂全球化

天下大势，合久必分，分久必合。这种“大势”，这种“分”与“合”，中国人所谓三十年河东、三十年河西的历史感，马克思主义所谓历史走着“之”字形曲折道路的发展，在不同历史条件下，总是有着不同的具体内容。在这里，既可以看到不依任何人的主观意志为转移的社会运动客观规律，又需要研究不同阶级在不同情况下采取的不同的阶级政策。

问题不在于抽象地议论“分”与“合”或者判定两者的优劣是非，而在于探究具体的历史环境和研究对谁有利的问题。

人民历史创造活动的“大势”要求团结与合作，要求分散的力量凝聚起来。然而如果没有斗争和某种意义上的分裂，就没有团结与合作。人民的团结与合作，本身意味着同敌对势力的分裂；当着人民内部出现以人民名义危害人民利益的势力的时候，分裂即驱逐或根本改造这种势力，使人民的力量更加纯洁，就成为必要；最后，人民的团结与合作，既表现为根本利益一致基础上不同见解的相互渗透、争论、磋商、磨合、取长补短，又表现为人民克服自己的狭隘和落后。这就涉及到先进阶级和政党在社会斗争中的战略与政策问题。

如果没有列宁为首的布尔什维克党，就没有后来成为苏联革命与建设事业领导核心的苏联共产党。苏联共产党、苏联工人阶级、苏联人民的团结，是十月革命和苏联国家强大的保证。

然而取得执政地位以后，苏共党内钻进大量非工人阶级分子，直到出现特权集团和适应国际敌对势力的第五纵队，成为党的腐烂溃疡的部分并导致党的工人阶级性质的削弱和蜕变，使党由于脱离人民群众而日益失去活力、从国家发展与进步的动力变为阻力。一个工人阶级政党的生命，正在因为党同人民群众的分离而终结。没有任何危险比这个危险更可怕。唯一的出路，就是主动而策略得当地采取一种内部分裂的政策，即坚决从党内切除这个腐烂溃疡的部分，使党重新回到人民中间，与前者分而与后者合。后期的苏联共产党，已经软弱到不再具有这样的智慧和力量，只好听任那个腐烂溃疡的部分蔓延和毒性发作，听任他们毁灭党、出卖国家、出卖人民，活蹦乱跳地“合”到西方、甘为国际垄断资本的附庸了。

就近代以来世界历史运动的大势而言，从资本主义成为世界性制度以来的全球化，至今还是资本主义居于主导地位、决定这一历史进程性质的全球化，即资本主义全球化。这种全球化，以社会主义制度的确立为分界，已经经过两个阶段：首先是资本主义一统天下的阶段，然后这样的天下分裂，出现社会主义苏联为代表的、向资本主义全球化发起挑战的力量的阶段。这两个阶段已经结束。自苏联解体，资本主义再次在全球一统天下，走向他们的“合”。

它的第一次一统天下，从西欧出发，主要的目标是向东欧、南欧、美洲、非洲、亚洲扩张，使这些地方殖民地化，“合”到成为它的附庸。那是资本主义向世界进军的最具活力和所向披靡的时代。那次资本主扩张的结果是，一方面美国在扩张中起而取代西欧成为资本主义的新的中心，另一方面资本主义的根本性弊端逐步暴露，世界工人阶级、被压迫人民、被压迫民族在反抗资本主义的斗争中，开始在资本主义范围之外，进行新的社会形态的探索和创造。这一时期有两次对于资本主义全球化的具有全球意义的冲击，即巴黎公社革命和俄国十月革命，接着产生社会主义苏联。然后有一系列社会主义国家的出现和民族解放运动的高涨，以及随后世界殖民体系的瓦解。资本主义仍然在全球化进程中居于主导地位，但是一种具有在全球替代它的、显示出巨大活力和人类未来走向的新的社会制度出现了。资本主义全球化的全球锁链，从此被历史性地打破。

这是资本主义全球体系的第一次分裂。作为这种分裂的对立物的，是世界工人阶级、被压迫人民、被压迫民族的团结和觉醒。

解体苏联，成为资本主义全球化修补残垣断壁、重建全球绝对统治地位的开始。尽管有新自由主义全球化、全球美国化作为招摇世界的旗帜，它却具有历史倒退的、复辟的性质，而且完全没有如国际垄断资本的愿望，成为他们梦寐以求的所谓“历史的终结”。应该说，由于社会主义制度的出现和在长达一个世纪的时间里确立下来并为整个世界所认可，倒是国际垄断资本的上述愿望之变为现实的可能性，从此终结了。

新自由主义全球化提供给人类的，既是以美国为代表的国际垄断资产阶级企图确立全球永久霸权、空前地垄断全球一切权力和利益的过程，又是全球空前地分裂的过程。国际资本的全球垄断以全球分裂为前提。国际垄断资本的战略基点，就是绝不允许出现和存在能够对它构成威胁的任何社会力量。人民的团结，任何时候都是统治阶级的灾难。而人民越分裂、内部的矛盾和对立越尖锐，对统治阶级就越有利。在共产党内部，在工人运动和左翼社会运动内部，在社会主义国家内部，在社会主义国家和第三世界之间，在第三世界国家之间，在第三世界国家内部，在对它的控制和霸权表示些许不驯服的每一个地方，制造和扩大分裂，在全球高度分散化、片断化、零碎化的基础上确立国际垄断资产阶级的全球霸权即全球高度集中和垄

断，成为新自由主义的全球化的既定方针。

全球分裂，首先是把绝大多数人从利益和权利中分裂出去——美国历史学家斯塔夫里亚诺斯研究第三世界历史进程问题的名著，就题为《全球分裂》。

最大的分裂发生在占世界人口极少数的富人和占世界人口绝大多数的穷人之间。在全球如此，在一个地区、一个国家的内部也如此。有富人的世界，有穷人的世界，每一个国家甚至每一个地方、每一个城市、每一个社区，都由于贫富对立和民族、宗教的不同而出现社会的断裂和分割。

分裂当然不仅仅发生于第三世界国家。包括来自美国、加拿大、德国、意大利、葡萄牙的西方10国的22名专家组成的里斯本小组，共同撰写了《竞争的极限》。[①] 作者们认为：在南方贫困国家不断分裂的同时，富裕的北方国家内部贫困与落后现象也与日俱增，北方国家也在形成自己的"南方"；南方贫困国家出现了自己的"北方"即少数富有的人，他们与本国人民隔绝而乐于同北方国家富有者交往；而多数东欧、东南欧国家和原来属于苏联的各国则加入了贫困的发展中国家集团。

新自由主义全球化促进全球两极化，一个重要表现是中等发达国家的减少和中产阶级的分化。2001年英国《经济学家》曾经载文分析世界范围分配两极化的状况，说无论就全球或是就国家内部而言，人均年收入正在向少于1500美元和高于11500美元聚集。中等发达国家和中产阶级，前者在世界，后者在一国，都是资本主义秩序得以稳定的平衡器和繁荣—衰退循环周期的矫正器。中等发达国家减少，意味着在二十世纪形成的第一世界国家之间、第一世界国家和第二世界国家之间、第三世界国家之间、第一世界和第三世界国家之间，差距都在扩大，

① 里斯本小组《竞争的极限》，中央编译出版社2000年版。

世界财富越来越向富国、富人集中。按照世界银行的计算，中等发达国家的人口，目前只占到世界人口的8%。

美国一家杂志，把今天的全球中产阶级，称为“痛苦挣扎的全球中产阶级”。[①] 文章援引了布兰科·米拉诺维奇在其2005年出版的《在分离的世界》一书中的分析。这位世界银行经济学家认为，正是在里根主义和撒切尔主义流行的时代，“生活舒适的国家的数量从1960年的41个降到如今的31个了，富有的非西方国家数量从19个降到9个。与此同时，六十年代时比最贫困国家的收入多16倍的最富有国家的收入，到1999年扩大到35倍。”他把二十世纪六十年代那些看来有望在一代人的时间里跻身富有行列的22个国家，称为“奋斗者国家群”。其中90%以上已经更深地陷入贫困者行列。他列举的国家中，有拉美国家、原来属于苏联的国家、原来东欧的社会主义国家。实际上，一些因为富有石油而成为霸权主义加强控制的目标的中东国家和在金融危机中遭受重大损失的亚洲国家，也应该包括在内。

英国《金融时报》一篇文章的标题，叫做《救救全球化的输家》[②]，说全球大量的中产阶级没有分享到经济增长的益处。例如美国，家庭收入中值远远落后于生产率增长。例如墨西哥，《北美自由贸易协定》通过的13年里，平均家庭收入几乎没有增长。文章写道：

> 在全球的许多角落，理想破灭的情况日益增多。从多哈回合贸易谈判的失败，到沃尔玛的广受谴责，从俄罗斯的大规模国有化，到拉美和东欧民粹主义政界人物的成功，我们都可以看到，对市场体系的担忧，达到了自柏林墙倒

① 《痛苦挣扎的全球中产阶级》，美国《新闻周刊》2005年11月21日。

② 《救救全球化的输家》，英国《金融时报》2006年10月31日。

塌以来(甚至可能在此之前很久)从未有过的程度。

为什么会有这种理想破灭的情况呢？某些反全球化情绪，可被视为抵制美国的表现，而这源自布什政府外交政策的灾难。但还有一个更令人不安的缘由：人们越来越认识到，全球大量的中产阶级，没有分享到当前经济增长期的益处——它们分得的“馅饼”甚至可能在不断缩小。

中产阶级崛起，属于新自由主义全球化的一个神话。美国一家报纸就宣传，正是新自由主义全球化，使从巴西利亚、布达佩斯到孟买，一个充满生机的中产阶级迅速脱颖而出”①。特别是在一些第三世界国家，这种神话曾经使一代人或许还不止一代人，陷入新自由主义迷惘症，被误导得如醉如狂，失去起码的理智和判断力。没有几年，结果就昭然天下，对于绝大多数人来说，进入中产阶级终于成为苦涩凄惨的梦幻，两极分化的严酷现实把他们拖入深深的灾难。然而首先是美国人自己，就不相信这个神话，就在依据他们自己的事实，不断披露真相戳穿这个神话了。

日本曾经有90%的人自称属于中产阶级。我们姑且承认就是如此吧。但是一部描写这种“中产阶级”命运的小说《OUT》成为畅销书。作者依据的，是自己曾经长期采访的生活素材。他的主人公，是丈夫在公司上班的家庭妇女。她们已经没有资本做“全职夫人”，为生活所迫，不得不到夜间饭盒工厂工作。她们的工作场所冷如冰库，男女共用更衣间，工作服和鞋子自备，工作时间是深夜12点到凌晨5点半。一旦进入流水线就不得退出，包括不许上卫生间。小时收入只有在日本来说可怜的700

① 《能挣能花》，美国《商业周刊》1994年12月19日。

到800日元。小说作者说得不错:，“日本的中产阶级已经崩溃”。①

英国《卫报》2004年刊出一份调查报告，说英国滑落到社会底层的中产阶级的人数达到380万，大约占全国中产阶级人数的14%。这些人曾经有体面的工作，包括教师、护士、经理、社会工作者、律师、音乐家，但是现在，不仅无法维持原来的生活水平，生计都成为问题。他们的收入，一般都已经落到最低贫困线以下。

在美国，一般把四口之家年收入在1．7万美元到5万美元的家庭划属中产阶级。恰恰在由于解体苏联和取得霸权地位而国家经济有所增长的二十世纪九十年代，高收入家庭实际收入平均增长15%，穷人和中等阶层家庭的收入却毫无增长甚至下降了。中产阶级家庭并非为着提高而仅仅为着保持原有的生活水平，就需要更多的付出，比如延长工作时间，谋取两份收入或者三份收入。一对有一两个孩子的夫妇，1979年平均工作时间为3236小时，1997年就得3860小时。美国劳工局承认，1999年美国普通劳动者每年工作1966小时，不仅超过素有“工作狂”之称的日本人的1889小时，更加远远超过英国的1731小时、法国的1656小时、德国的1560小时、挪威的1399小时。

美国的福利人口，从1994年的1440万人，减少到1997年3月的1120万人，下降22%。许多家庭成为举债大户。这意味其中一个数量已经和即将沦落到社会的下层。一个年收入5万美元左右的白人中产阶级家庭，收入的1/3交税，扣除生活必须支出的部分，大约两年的存款可以勉强支付一个孩子的大学学费。解雇、减薪、降职的概率增加一倍以上。对于一般两三

① 《在深夜的饭盒工厂从事奴隶式劳动的妇女们》，日本《经济学人》周刊2003年2月18日。

个孩子的家庭来说，供养孩子读大学已经成为遥远的梦想。何况还有医疗费用的上涨，更使这些家庭时时捏着一把冷汗了。

难怪民意测验显示，“几代人以来，美国家庭第一次认为，他们的孩子将来的经济情况会不如父母。”而且问题显然已经牵涉到政治领域：“在许多方面，劳动的中等阶层已被排除在政治生活之外。”作为上述资料出处的那些美国媒体论述中产阶级问题文章的标题，也可以算作一道阴郁的、灰色的美国景观：《自由派忽视中等阶层是在自冒风险》、《美国中产阶级的日子并不好过》、《中等收入的劳动者落后于人》、《美国的极度忧虑》。①

国际垄断资本绝对不允许第三世界形成反映其共同要求的观念和广泛的团结。于是随着新自由主义确立其主流地位，竭力进行一种淡化“第三世界”这个术语政治含义的宣传，以至于从国际政治中取消这个术语，另一方面如智利一家周刊所揭露的，就是直接间接地破坏第三世界社会运动：

> 美国五角大楼和间谍机构每天花在破坏和干涉第三世界国家上的资金大约是7．5亿美元。中国、俄罗斯、中东地区出产石油的国家、中亚和拉美，都是这些活动的牺牲品。
>
> 华盛顿仅仅十多家间谍机构每年的预算，大约就是300多亿美元。也就是说，美洲这个最大的民主国家，每年花在破坏机构和杀人方面的钱，比大多数拉美国家国内生产总值中用于人民生活的资金还多。例如电子间谍系统，美国与英国、加拿大、澳大利亚、新西兰一道，每天要截取

① 《自由派忽视中等阶层是在自冒风险》，美国《华尔街日报》1994年12月14日；《美国中产阶级的日子并不好过》，美国《纽约时报》1999年8月1日；《中等收入的劳动者落后于人》，美国《芝加哥论坛报》1999年9月6日；《美国的极度忧虑》，美国《美国新闻与世界报道》2004年3月15日。

大量的电话、传真和电子邮件等，并分析其中的关键词汇。如果国家安全局的卫星和电脑获得了这些词汇，就交给专家分析。据欧洲议会说，这套系统也给美国的跨国企业带来了经济优势。如果说，这种间谍网在对付欧盟时主要作用是窃取经济情报，那么在拉美，它的作用就更令人担忧。它被用于向国家恐怖主义网络提供信息和传递战略战术计划，以便它们组织干涉和破坏各种社会运动。

华盛顿与拉美国家恐怖主义之间的这种军事—破坏网的联盟，在南美洲的北部，即哥伦比亚、委内瑞拉、厄瓜多尔和中美洲国家表现得越来越明显。美国正在按越南和中美洲的方式，把这一地区变成新的杀人区。①

一个用心极为险恶的步骤是，美国的一切政策都归结为使自己成为世界的霸主、使美国政府成为世界政府，同时人为地使其他大国分裂为小国，即鼓噪所谓国家最小化。新自由主义一方面削弱与剥夺民族国家的主权和独立，鼓吹所谓“小政府”，同时到处制造和支持政治分离主义。在我们这个世界，凡是在国家层面上出现麻烦、争执、纠纷、动乱的地方，总会或多或少、或隐或显地看到美国当局的影子。与此相适应，还有全球化“有利于小国”的露骨宣传。美国一家报纸文章，就把以新自由主义为标志的资本主义全球化时代，称为“小国的黄金时代”、“小老鼠吼叫的时代”。②

统一的、强大的国家苏联，已经被解体为十几个小国家。这些小国家，无论就经济力量还是就国防力量而言，多数几乎不具备自卫的能力。对于俄罗斯来说，一件哭笑不得的事情是，

① 《来自华盛顿的世界性破坏》，智利《世纪》周刊2000年3月3日。

② 《小老鼠吼叫的时代》，美国《华尔街日报》1999年2月25日。

使它成为独立、强盛和得到世界尊敬的大国的领导人斯大林，现在变成外国人了。解体苏联，成为西方“瓜分它的资源的一种手段”。[①] 强加给俄罗斯的新自由主义改革，包括使它非布什维克化、私有化和非军事化，包括从它的西部、南部到东部建立军事包围圈。

但是事情没有完。俄罗斯还在被继续解体之中。这里既有正在俄罗斯周边国家直到俄罗斯本土热热闹闹地推行的所谓“颜色革命”，还有不许俄罗斯继续成为横跨欧亚两洲的大国的长远规划。按照布热津斯基的设计，是把俄罗斯肢解为欧洲、西伯利亚和远东三个部分。俄罗斯现任总统普京的任何促进国家团结与统一、强化民族凝聚力和中央政府权力的措施，都被西方主流媒体指责为“独裁”、“集权”和“倒退”。

民主德国即东德被联邦德国即西德吞并，成为一个统一的国家，然而德国东部和西部居民心中的柏林墙——这实质上是经济地位、社会权利的柏林墙的反映——依然存在。捷克斯洛伐克被分裂为两个国家。南斯拉夫先是分裂尔后干脆被从地图上抹去。在美国和墨西哥之间、以色列和巴勒斯坦之间、印度和巴基斯坦之间，新的物质的墙，采用钢筋水泥或者铁丝网，也已经和正在耸立起来。民族、宗教甚至仅仅是生活习俗，都随时随地把人们分为对立的群体。

关于中国，解体为若干小国并使之附庸化，比如东北划属日本、广东并到香港、福建归入台湾、内蒙扔给蒙古、新疆和西藏各自独立而背后有英美甚至印度介入其事，只留下中原几个省的计划，每每透露于国外特别是美国和日本的某些媒体。切割中国海域的行动，则已经在操作中。

在企业规模方面一个被新自由主义吹得天花乱坠的口号，

① 《经济一体化与民族国家的未来》，美国《比较政策研究》1993年4月号。

叫做“放权让利”。一般地说，企业的大或小、集中或分散，作为一种管理形式，按照生产发展的需要进行调整，是正常的事情，而且生产力的现代化客观地要求必要的规模和集中。但是在新自由主义那里，“放权让利”却是一个削弱社会主义国家和第三世界国家公有制经济、取消国家经济计划和经济控制，在“让利”名义下分解经济实力的口号，一个和私有化同在的口号。一个经济实力和控制力分散的国家，一个企业规模小的企业，不仅在其内部必然纷争不已，而且必然缺少同西方大企业竞争的能力。至于“让利”，最终得到好处的，不过是国际垄断资本。

苏联曾经拥有一批具有国际规模的现代化大企业。在社会主义制度下，这些企业以其工人阶级的有组织力量，以其强大的科技能力和先进设备，支撑着国家的经济。但是新自由主义的私有化和“休克疗法”，却把它肢解得鸡零狗碎，丧失竞争力，有组织的工人阶级力量遭到决定性破坏，再逐一被西方公司贱价收购，成为俎上之肉、任人宰割了。近年一些第三世界国家开始注意到这个问题，出现一些实力比较大的并且进行某些国外并购的、具有跨国色彩的公司。然而举步维艰、处处遇到西方设置的强大阻力。

引导和强制社会主义国家、第三世界国家企业缩小化、分散化，成为国际垄断资本加强自己全球经济垄断实力的一个重大步骤。西方首先是美国，企业规模越来越大。并购风潮遍于全球。一方面是第三世界国家和所谓“转轨国家”企业的缩小化、分散化，和一波一波的贱价拍卖，一方面是西方首先是美国跨国公司的全球并购。截止2005年，世界大型跨国公司前三位的销售额达到2000亿美元以上。其中规模最大的沃尔玛公司为2800多亿美元，十几年间提高1000多亿美元。世界前500家跨国公司，西方发达国家占479家，其中美国和日本两国271家，占一半以上。

从根本上阻碍世界历史运动进程的方针，是分裂工人阶级。

工人阶级组织程度的提高，工人阶级在其国内、在全球层面上的团结，工会的活跃，是它在世界历史积云的中扮演重要角色的基本条件。社会主义苏联的存在，曾经有力地促进西方国家工人运动的发展，保证工人获得相对稳定的工作和充分就业、享有某种程度的政治自由。第二次世界大战以后，无论在西方发达国家还是在第三世界国家，工会都成为一支生气勃勃的政治力量，在维护国家主权、民族独立和争取工人阶级与广大劳动者权益的斗争中，发挥着重大作用。

在资本主义秩序中，工会是工人改善生活质量、免遭资本主义不稳定因素打击的一种组织保证。根据美国《每月评论》杂志的介绍，在相对来说工人运动总是遭受严重挫折的美国，对于工人来说，加入工会也意味着许多实际的利益：(1)工资提高大约20%，包括工资和津贴在内的补偿提高28%；(2)中低收入工人工资的提高幅度高于高工资工人，减少工资不平等；(3)不与工会订立合同的雇主，也必须遵守工会确定的工资标准；(4)最普遍的好处是有附带津贴，可以获得更慷慨的健康津贴和享受更好的养老金计划；(5)工会成为保证实现法定范围内劳动保护和安全健康权利、加班、家庭/疾病休假的一种枢纽。

苏联解体和新自由主义全球化的新格局，把西方工人阶级抛入异常艰难的境地。垄断资产阶级利用自己的优势，在全球向工人阶级发起新的进攻。劳动贬值的意识形态风靡全球。私有化、贸易自由和金融自由以及发源于美国的“临时工制度”、“灵活劳动制度”、“弹性工作制度”，无论在西方国家和第三世界国家的工人阶级之间、在不同西方国家的工人阶级之间、在西方国家内部的工人阶级之间，还是在不同行业和同一行业内部的工人阶级之间，到处埋下不和与争斗的种子，再生产着工人阶级内部的你死我活的竞争关系。工人阶级作为阶级整体存在和进行斗争的意识正在销蚀和弱化，工人变为彼此之间争斗不已、“内战内行”，同时逆来顺受、听命于资本盘剥宰割的孤立的个体。

新自由主义分裂工人阶级的一个首要目标就是，或者收买而使工会成为垄断资产阶级的工具，或者削弱和解体工会。

在利用和打击工会方面，美国统治者本来具有最丰富的经验。克林顿作为美国总统，第一次出席1997年在日内瓦召开的第87届国际劳工大会并发表演讲，要求劳工组织同世界贸易组织合作，在美国解决国际问题中发挥作用。美国的劳联—产联曾经成为美国发动冷战、演变苏联和东欧国家的先锋队，现在，由于不再能够找到反共目标而日益衰落。欧洲国家的工会，在上个世纪中叶社会主义取得全球性胜利的时代，在本国工人阶级广泛斗争的基础上，靠同资方订立“社会契约”存活与发展。今天的情况已经和那时大不相同。但是绝大多数工会却接受新自由主义的渗透和洗脑，不认为所谓的全球化是阶级力量对比和阶级关系发生变化以及资本有意识地实行的战略的结果，反而热衷于对新自由主义随声附和。前引美国《每月评论》的文章说得不错：“这同撒切尔夫人的立场惊人地相似”，“在力量对比不利于劳方的今天，还要坚持实行新的社会契约和新的阶级妥协，只能是幻想。”①

这样的工会，既说不上有效地对抗资本的的压制，也无法继续保有在工人中间的崇高威信。

英国《金融时报》描绘欧洲国家工会状况使用最多的词，是“摇摇欲坠”、“忧虑重重”、“走向死亡”和“面临致命危机”：很多劳动场所找不到工会；工会制度“普遍步履艰难”，“存在的根本合理性”已经发生问题，可能“为文明社会所淹没”；德国工会

① 《欧洲劳工：社会契约的意识形态遗产》，美国《每月评论》2004年1月号。

“收效甚微”，荷兰工会可信度“急剧下降”，等等。①

2001年11月至12月，“全球化与人类解放——构建公民世界”国际大会在巴黎召开。在资本主义全球化的当前进程中，新自由主义分裂工人阶级队伍及其后果，成为大会的议题之一。大会提供了1985年到1995年大部分发达国家非农业雇佣劳动者工会组织率下降的比例：瑞典3%，德国3．5%，意大利7%，荷兰7%，比利时9%，美国15%，瑞士21%，英国27%，澳大利亚29%，法国47%，葡萄牙54%，西班牙56%。

曾经成为资本主义国家工人阶级争取自己权益主要手段的罢工，次数在减少，规模在缩小。按照美国劳工统计局公布的1000人以上参加罢工的记录，美国工人罢工已经处于历史的最低点：1952年470起，1980年187起，2002年19起；1952年的罢工涉及274．6万工人，1980年涉及79．5万工人，2002年只涉及45900名工人。

新自由主义给予资本的，是任意解雇和盘剥工人的自由，给予工人的却是随时失业、被抛到大街的自由。工人仅仅为了就业，就不得不屈辱地退缩和接受资方的各种苛刻条件。在取消福利和减少收入的情况下，经常需要同时做几份工作以维持已经下降的生活水平。即便就业，也已经在很大程度上失去主动性和创造性。一篇法国杂志文章写道，岗位上的工人沦为一种只靠紧张地动手动脚的“操作员”。他们不得组建工会，不要期望晋升，自己的地位也不稳定。这是“狗做的工作”。“人们已回到十九世纪的年代”和“陷入螺旋式的进一步贫困化的危机”。②

---

①《摇摇欲坠的工会进入忧虑重重的时代》，英国《金融时报》2001年3月9日。

②《从工人到操作员》，法国《法国经济问题》2001年第3期。

第三世界国家工人运动遭到更加严重的破坏。私有化浪潮扫荡民族工业，为西方跨国公司长驱直入敞开大门。国有企业大部分已经被出卖或者分割为小企业，过去吸引和团结工人阶级的依托烟消云散。西方跨国公司直接控制的企业，几乎完全不允许组建工会。而残存的官方工会则由于国家主权、民族独立的削弱和国家本身的附庸化，或者成为一种毫无意义的摆设，或者日甚一日地和资本合流，直到沦落为充当与工人为敌的打手。

1998年，在印度的新德里召开过一个研讨会，时任世界经济论坛主席的克劳德·斯马亚到会发表演讲，承认“对美国人来说，全球化是不惜一切代价获取最大的利益”，“全球化过程中大输家是劳工”，“大赢家是美国”。

中国古代的《周易》认为，所谓“泰”就是“天地交而万物通、上下交而其志同”，所谓“否”就是“天地不交而万物不通、上下不交而天下无邦”。所谓“交”，指的是来往通达舒畅。这套理论在当时的社会意义，是主张维护尊与卑、上与下、治人与治于人之间的秩序，以保持剥削制度的长治久安。然而这里有朴素的辩证法，就是主张人与人应当交往而不应当隔离，即使是统治者与被统治者之间，如果“上下不交”，也会“天下无邦”。

在我们看来，世界人民的普遍交往，是历史运动的客观要求，然而无论是国家之间、民族之间、人与人之间，这种交往都应当平等和相互尊重。以新自由主义全球化的名义制造人类的不和、离散、对立、分裂，破坏世界人民走向平等交往的趋势，在这样的基础上构筑绝对地凌驾于全球的美国霸权主义大厦，正是一种十足的反历史的行径。

真正难以救治的祸患，是新自由主义向人类精神世界倾泼的污浊和病毒。《共产党宣言》说，资产阶级把人的尊严变成了交换价值，把人们的关系变成了纯粹的金钱关系，“用公开的、无耻的、直接的、露骨的剥削代替了由宗教幻想和政治幻想掩盖着的剥削”。新自由主义则沿着这样的道路，**制造社会的断裂，制造人与社会的隔离，制造人与人的仇恨，把人和人类社会兽性化。**

用相互游离又游离于社会的个体和绝对化的个人自由，取消人民基于共同利益的团结，掩盖垄断资本的集中和垄断，成为新自由主义意识形态的灵魂。新自由主义崇尚私欲、动物性和原始性，制造自恋式的极端个人主义，使一切人成为一切人的仇敌，发动了一切人对一切人的战争。垄断资产阶级的阶级性，恰恰通过抹杀阶级性甚至取消社会性来实现。取代正义、诚实、同情、善良的，是虎狼一样的凶残和蛇蝎一样的阴毒，是撕裂和吞噬身边的每一个人。人与人之间的友谊、帮助与合作荡然无存，变成战胜同事、驱赶同事以免自己成为下一轮“富余人员”的生死之战。每一个人都生活在随时可能被剥夺生活权利的不安全、遭受痛苦的环境里。每一个人都被迫依附于权势和金钱。广泛的交往、文质彬彬的舞步、亲亲热热的酒宴，背后总是置对方于死地的阴森杀气。

这种全球洗脑运动，到处导致人性泯灭和人的灵魂的扭曲。一切都在出卖：出卖国家和民族成为改革家的美德与政绩，出卖政治信仰、正义和诚实成为晋升的阶梯，出卖良心和贞洁成为致富手段。一切都在分裂：老一代和年轻一代有“代沟”，此外还有由种族、地域、肤色、信仰、学历、职业、年龄、性别、语言、衣着、生活习惯等等划分的无数的“沟”，关于爱的甜言蜜语背后隐藏着的可能是某种官衔、银行卡、财产继承权，私人侦探和私人杀手被列入走红的行当，为了一点蝇头小利可以父子仇杀、兄弟反目，家庭解体、离婚率大幅度增长也成为先锋派的标志了。

伴随资本主义全球凯旋的，是全球社会分裂与政治不稳定的可怕增长。

丹麦一家杂志写道，社会分裂并不是新事物，然而现在社会分裂“力量之强、速度之快、对我们的社会造成的影响之大，则前所未见”。①

德国前总理施密特的外交顾问特奥·佐默尔说，“四分五裂和一体化同时可见”：一方面是大的区域联合的形成，一方面是许多地方回归到小单位——区域、少数民族、部落直到大街上的歹徒；一方面是全球化打开缺口、新的通讯技术跨过边界，世界成为单一的市场，一方面是各种边界栅栏的加高和加固；一方面是国家之间战争的减少，一方面是种族或宗教集团处处大动干戈，小战争的数量急剧上升。“今天在地图上重新出现了灰蒙蒙的、模糊不清的地方和空白点”。②

有一个总部设在华盛顿的全球发展中心。它属下的一个委员会在英国《金融时报》曾经发表一篇被认为“精彩绝伦”的报告。报告承认“世界比以往任何时候都更加彼此相联、也更加四分五裂”，四分五裂是一种挑战，“然而，所有这些挑战都有一个共同点。它们发源于、扩散到并不成比例地影响着那些其政府缺乏应对能力、有时也缺乏应对决心的发展中国家”。文章列举50个属于第三世界的国家，把这些国家称为“快要垮掉的国家”，认为办法就是对它们进行“帮助”③。它避开一个关键性问题：正是美国和其他西方国家的干涉和新自由主义的入侵，成为这些国家所以“快要垮掉”的根源。对不起，先生们，这样的“帮助”还是少一点吧，还是让那里的人民自己去决定自己的命运吧。

---

① 《需要全球化新战略》，美国《未来学家》2004年2004年第1—2期。

② 特奥·佐默尔《前途茫茫无轮廓》，德国《时代》周报1994年12月30日。

③ 《快要垮掉的国家是我们忽视不起的危险》，英国《金融时报》2004年6月9日。

因为导致苏联共产党失去执政地位和解体苏联建立卓著功勋而在西方当局大受青睐的戈尔巴乔夫，也发出“世界处在危机中”的感慨：

> 世界的形势发生了变化。世界没有分裂为两个敌对的阵营，但是也没有变成一个统一体，不如说现实恰恰相反。多样化以及各民族地位的确立，使各地区出现分散化现象。
>
> 冷战后民族意识的提高，使各国发生了分裂和崩溃。苏联崩溃了。南斯拉夫和捷克斯洛伐克分裂了。有人预测说，到二十一世纪，世界上将出现300多个国家。还有人说，会出现800个国家。①

戈尔巴乔夫说出了世界分散化的事实，关于所以如此的原因的解释却不高明。世界分散化，就其所举苏联解体和南斯拉夫、捷克斯洛伐克分裂而言，并不是什么“民族意识的提高”的结果，而是民族意识受到西方意识形态病毒侵蚀的结果。他所希望的那个“统一体”，不过是美国为首的国际垄断资产阶级的世界大同。在新自由主义猖獗30几年以后，这个统一体仍然如水月镜花。这就是他所以悲哀和担忧的原因。此一时也彼一时也。美国在分裂别人的时候是为着自己的集中和垄断。当初是乱别人，现在却乱到自己头上了。不利于美国霸权和抗击美国霸权的分裂，正在扩展和加深。从全球分裂的这个立场来说，倒真是体现着“民族意识的提高”了。

由国际垄断资产阶级制造和加剧的全球分裂，目标是打击国际政治天平的左翼。首当其冲和遭受最严重破坏的，是社会主义、工人运动和第三世界的民族解放运动。资产阶级政治范

① 戈尔巴乔夫《世界处在危机中》，日本《每日新闻》1995年2月17日。

围内被划属左翼的社会民主党，也在很大程度上遭到削弱。于是国际政治风向标大幅度向右倾斜，极右翼势力卷土重来和再度崛起。

英国《卫报》的一篇文章颇有见地：

> 自二十世纪三十年代以来，西方走向荒谬的野蛮主义的威胁，从来没有像今天这么大。现代世界极权主义、种族冲突、无教养的行为与发展中的世界共存这一事实，已经成为西方生活中一种常理。
>
> 欧洲不仅是文明的发祥地，而且还是野蛮主义的发祥地；它不仅是文艺复兴和民主的发祥地，同样也是种族主义和种族清洗的发祥地。种族主义和法西斯主义是欧洲历史的一部分，也一直是当代史的早期部分。种族主义的极右政党参加了奥地利、丹麦和意大利的执政联盟。极右翼势力还在法国、荷兰、瑞典、挪威和比利时抬头。但是，正是他们的抬头才引起人们的极度不安：这一切表明，我们现在即将进入一个新的黑暗时代。①

极右翼即法西斯主义复活和卷土重来，已经作为一种世界性政治现象引起广泛的关注，在一些问题上形成接近的看法。

第一，除《卫报》谈到的几个国家，还应该注意瑞士、澳大利亚、德国和俄罗斯。德国新纳粹分子的活动日益暴力化，其势力正在向学校延伸和扩大。在第二次世界大战中，苏联是击败德国法西斯强大军队的决定性力量。而现在，“光头党”好汉脱颖而出，居然带着法西斯的标记，三五成群，勾肩搭背，耀武扬威地穿过红场，向长眠在那里的红军将帅和无名烈士示

① 《今日马克思主义》，英国《卫报》2002年5月9日。

威了。

第二，法西斯主义不仅在欧洲复活，而且整个极右翼势力的上升和世界政治右倾化，也已经成为一种全球性现象。在主要资本主义国家，到处看到“其严重程度酷似三十年代——希特勒在民主条件下出现时的德国——和二十年代初墨索里尼上台时的意大利的失业和通货膨胀”①。当年德国、意大利、日本三国法西斯主义居于主导地位的一个基本特征已经显现，这就是垄断资本和军队的结合及其对军队的渗透与直接控制。

第三，全球极右翼势力上升的支持力量，来自美国和英国统治当局。法国《玛丽安娜》周刊写道，现在的法西斯分子有各种名称——比如“绿色希特勒分子”、“鹰派”，可以套上各种民族服装，唱起各国的国歌或赞美歌。他们正是由于反对共产主义“而普遍得到了西方的支持”，“在穆斯林社会，伊斯兰教的法西斯分子得到了美国和英国的大力支持，英美从中看到了一支能够阻止马克思主义潮流的力量”。②

第四，美国、英国和日本极右翼势力张狂的政治动向，成为新自由主义全球化中的独特风景线和危险信号。

“美国的立场比其他任何发达国家都更加右倾”③。“3K 党”重新活跃，针对黑人的野蛮行动频繁发生，军国主义与全球霸主、联盟领袖的角色集于一身，逐渐渗透到资本积累的各个方面，而且已经出现“右翼宗教组织左右白宫”④的情形。“由于美

① 《秩序先生遇见混乱先生》，美国《外交政策》2001 年 5—6 月号。

② 《他们是法西斯分子》，法国《玛丽安娜》周刊 2002 年 12 月 1 日。

③ 《美欧分歧比在伊拉克问题上的分歧更深》，美国《洛杉矶时报》2004 年 6 月 4 日。

④ 《右翼宗教组织左右白宫》，《世界新闻报》2005 年 11 月 4 日。

国极右势力当权，世界各地右翼和极右翼在选举上力量不断壮大”。① 下述评论非但不是空穴来风，而且显示出一种历史的敏感：

“美国政府准备在全世界发动一波自二十世纪三十年代和四十年代以来从未有过的军事暴力。历史上与布什政府外交政策最接近的，是二战时期德国、日本帝国主义和军国主义政策。”②

国家法学家卡尔·施密特（支持纳粹的德国学者——引者注）的观点“是拉姆斯菲尔德的顾问们的重大的思想支柱”。③

“美国和英国对伊拉克发动的侵略战争，类似于德国二战期间在欧洲的所作所为。”“布什总统和布莱尔首相下令入侵伊拉克的行为极像纳粹战犯。”④

“难道我们非要让这两个人（指布什和布莱尔——引者注），这两个我们这个时代的罪人，这两个与曾经建立邪恶联盟的希特勒和墨索里尼没有什么两样的人，建立一个联盟，来攻击我们这些无辜的国家吗？”“这是我们希望看到的世界吗？我们想要的，就是这样一个强国和国际恐怖分子肆意横行恐吓我们的世界吗？在这样的世界上，我们成了矮子。”⑤

---

① 詹姆斯·彼得拉斯《左右的极端化：票箱和大街》，美国《当代亚洲》2003年第2期。

② 《美伊战争的前夜：2003年的政治挑战》，http：//www.wsws.org 网站 2003年1月6日。

③ 《没有权利的权力》，德国《时代》周刊2003年7月10日。

④ 法新社伦敦2005年10月7日电。

⑤ 津巴布韦总统穆加贝在罗马举行的联合国粮农组织成立60周年纪念会议上的讲话，英国《独立报》2005年10月18日。

(英国一位72岁的老人把自己的名字埃里克·布什，改为埃里克·比松。他说)“人们说，这一切都将过去，但是我并不这么认为。因为‘布什’这个名字将作为暴君的名字永载史册。”①

这里第一段话出自一家在全球有些影响的英文网站，第二段话出自英国历史学家霍布斯鲍姆，第三段话出自曾在1991年至1998年担任联合国驻伊拉克首席武器核查官的斯科特·里特尔，第四段话出自一位第三世界国家的领导人，第五段话出自一位发达国家的普通居民。应该说，这些看法是有代表性的。

在亚洲，日本小泉政权的政治动向，明显地透露出继承东条英机们事业的苗头，值得严重关注。

1932年5月，日本首相犬养毅，被反对他承认中国对东北主权的右翼激进分子所暗杀。同一性质的事件在重演。几年前，表示小泉应该停止参拜的富士施乐复印机公司董事会主席小林旧太郎，险些被一枚燃烧弹袭击，并不断受到死亡威胁。2003年，日本副首相田中均，因为在朝鲜问题上持温和态度，住宅发现被安放定时炸弹。2005年2月，退休教授岩男寿美子因为发表文章支持女性皇位继承人，遭到恐吓。

2006年，日本国际问题研究所主办的网上刊物，曾发表一篇批评反华和力主正式参拜靖国神社的“鹰派民族主义”的文章，作者为刊物编辑玉元胜。8月12日，极端保守的《产经新闻》驻华盛顿社论撰写人古森义久，即发起攻击，指该文作者“极左”，要求这家研究所所长进行公开道歉。这位所长言听计从，在24小时内撤消他们网上刊物的所有评论以及以往所有有关内容的文字，并致信《产经新闻》编辑委员会，请求原谅，承诺彻底反

① 美联社蒙比利埃2003年3月28日电。

省对该刊物编辑的管理。

不是其他媒体，而是美国《华盛顿邮报》，就此发表文章，为日本那家研究所所长的投降行为感到震惊。文章看出，日本“一群渴望回到二十世纪三十年代军国主义时期的右翼极端活动分子正在向主流圈子靠近，并开始攻击持不同意见的人”。右翼势力的威胁已经取得成效。“更糟糕的是，无论是日本现任首相还是很有可能在下个月的选举中接替小泉的安倍晋三，都没有发表言论来谴责那些试图遏制日本主要温和派别言论自由的人。”①

安倍晋三出任首相后，日本《选择》月刊文章特别分析了他同自己的“五人帮”智囊团以及“日本会议”的关系。

他的“五人帮”智囊团政治色彩高度一致，通过“日本会议”连在一起。“日本会议”在全国9个地区47个道府有下属机构，是日本最大最强的右派组织。文章说，“支撑着美国布什政府和与布什的重要政策相关的新保守主义政治家的，是被称为基督教原教旨主义的宗教右派。如果把‘日本会议’看成是美国的宗教右派，就可以更快、更准确地理解‘日本会议’这个组织”。和它联系在一起的，还有许多秘密宗教组织。“这些秘密的宗教组织，形成了日本最大的右派组织，今天又作为安倍政权的智囊，在迅速靠近权力。被称为日本的新保守主义者的多数国会议员背后，都有这种宗教右派的支持。日本的未来存在不安，其理由之一，就是这样的势力在抬头。”②

安倍晋三出任日本首相后的一个重大举措，是2006年11月16日，在4个在野党集体缺席的情况下，它的执政党在众议院

① 《日本思想警察的崛起》，美国《华盛顿邮报》网站2006年8月27日。

② 《“日本会议”——安倍背后不为人知的支持基础》，日本《选择》2006年10月号。

强行通过教育法修正案。日本的教育法颁布于1947年，在反省和清算军国主义教育的基础上，强调培养学生的个性、尊重自由，成为构建战后民主社会的基石。安倍修正案强调的是所谓“爱国心”和“传统”。日本许多团体和人士已经指出，这种做法使人想起导致日本走向军国主义的战前教育。它有助于右翼政治势力进行战前那种发动侵略的“美德”的宣传和教育。事实上，歪曲侵略战争的历史教科书已经出笼。

第五，西班牙《起义报》一篇文章，更加具有概括的、全局的意义。

文章提出，三个方面的原因，即伊拉克的抵抗运动、伊朗和朝鲜对抗美国的方针，俄罗斯、中国、印度和可能的拉美联盟之不再简单地听从于美国而发出属于自己的声音，无论美国或其他西方国家都没有能力提供一种合理的经济制度以协调资本主义制度的矛盾、缓和群众运动、阻止原材料和世界剩余商品的战争。面对这种体制危机，国际垄断资产阶级正在使西方帝国主义的中央集权化和法西斯化，把资产阶级国家转变为法西斯侵略国家，加速复活德国和日本军国主义。“华盛顿重新启用冷战时代的两个同伙——德国基督教民主联盟和日本的自由民主党。它们是美国在1945年以后为创立美国世纪而安插在德国和日本的两大力量。如果说冷战期间它们破坏了反殖民主义和反资本主义以及社会主义的运动，今天它们又试图故伎重施破坏二十一世纪社会主义”。三大资产阶级国家——美国、德国、日本，占有世界55%的国民生产总值和5.1亿人口，可以出动4000万以上士兵，正在将其经济、人口、国土和军事力量集中于国际垄断资产阶级手中。“帝国主义集团已经宣战要改变世界体制。它们是异常强大而残酷的敌人，是人类的主要敌人”。法西斯主义已经导致两次世界大战，现在，“有可能在新法西斯思想的包装下导致第三次世界大战”。①

第六，这种极右翼政治势力，一方面为国际垄断资产阶级所豢养、所默许、所纵容，成为推行新自由主义的必然产物，一方面其实又是新自由主义的一种怪异的存在形式，正所谓二而一也。正如美国一家杂志所说，“市场主义教条，是现代法西斯主义产生的根源”，“西方福利国家、苏联模式和第三世界民族国家发展主义所构成的‘战后反法西斯时期’，使资本限制在相对有利于人民的结构中运行。而二十世纪八十年代以来的新自由主义重归市场主义教条，世界资本主义可能又产生新的法西斯主义。”②看来问题还不是“可能产生”，而是已经在祸患人类并且预示着更大的祸患了。

但是世界历史运动又一次证明，它不会亦步亦趋地落实布什口袋里的什么路线图。世界不属于美国。美国也成不了世界。或者用美元和经济封锁、经济制裁，或者用政治干涉和第五纵队，或者用航空母舰和巡航导弹，或者用因特网和《纽约时报》，或者用可口可乐和好莱坞，在全球到处打上自己的烙印，世界却仍然并不按照它的心愿一体化。

美国控制世界？这已经不是一个确定的判断，而是一个连西方主流媒体自己也每天都在提出质疑的问题了。世界没有因为美国的霸权、因为美国陈兵各地、因为美国到处以反对所谓“恐怖主义”而发动的战争，就些许安全，倒是更不安全了。不仅如此，也更加仿佛难以捉摸了。进入2006年的最初的日子里，巴勒斯坦忽然有被美国宣布为“恐怖主义”的哈马斯，赢得议会选举胜利。几个小时以后，联合国为讨论伊朗的核问题眉

---

① 《华盛顿推出德国和日本军国主义对付第三世界》，西班牙《起义报》2006年6月5日。

② 见《国外理论动态》2003年第8期第48页。

头紧皱。然而一夜之间，会谈又不得不转向阿富汗的军阀和塔利班。接着传来的，是第100名英国士兵在伊拉克丧生的消息。英国《金融时报》感慨万千，承认这个混乱的世界简直像万花筒，"万花筒越转越快"，而且世界的各种危险是"充满不确定性"的危险。①

正是国际垄断资产阶级自己，用新自由主义为自己制造了一个自己无法把握、无法知晓、无法控制、不按照它的愿望变化发展的世界。它的世界历史运动的主动权正在动摇。

存在着两种不同方向的分裂。

新自由主义试图通过肢解和分裂对手、使之最小化而强化国际垄断资产阶级自己的全球霸权。然而它越是如此作为，历史也越是同它开玩笑，走向它的愿望的反面。

英国报纸描绘的是一种深深忧虑和感慨万千的阴郁景观。"小人物"、"小势力"正在挑战"巨无霸"。美国的政治伙伴很容易被小人物摧毁。美国受到伊斯兰恐怖分子的制约。伊拉克民兵用简单的爆炸装置抵抗世界最强大的军队。美国中央银行支配世界货币的权力被数以千计的对冲基金所瓜分。越来越多国家的领土、关键的政府部门、盈利商业活动的控制权，掌握在犯罪组织手中。大媒体公司四面楚歌，受到4000万博客每天发出的帖子的影响，而博客人数每5个月翻一番。《不列颠百科全书》是世界最受尊敬的知识来源。现在有一种《维基百科》，只有5年历史，规模已经是300年历史的《不列颠百科全书》的12倍。总之，"小人物定调子"、"新的小角色"势力扩大随处可见，"这正是我们所处的这个时代非常重要但未被充分认识的特点之

① 《以往确定性的减弱产生了一个混乱的世界》，英国《金融时报》2006年2月3日。

一”。①

一场针对第三世界的入侵主权国家伊拉克的战争，引发美国和它的几个欧洲盟国的争吵，欧洲也分为“老欧洲”和“新欧洲”，“老欧洲”中又有英国和大陆欧洲的龃龉。共同的敌人苏联不再存在，曾经成为美国反对苏联的伙伴的一些国家，现在东张西望，打着各自的算盘。德法两国一面保持同美国的关系，一面利用俄罗斯制约这种关系。叶利钦的俄罗斯是言听计从的，普京的俄罗斯却另有自己的方略。在中国周围，日本当局跟着美国走而国内人民反美情绪高涨；过去的忠诚朋友韩国，借清算日本侵略时期罪行而燃烧起来的民族自主意识，终究有害美国；小小的菲律宾，竟然从伊拉克擅自撤军，至少是对美国在那里的侵略战争的大不敬。肢解南斯拉夫而有科索沃，加上重兵驻扎的阿富汗和伊拉克，该是新收编的殖民地了。然而连推上来的头头脑脑，也好象首鼠两端。

美国霸主地位受到撼动，使它最感觉不安的是第三世界或者叫做“非西方阵营”。第三世界国家只要不乖乖地听话，就列为“威胁”：古巴、委内瑞拉是身边的小国，经济实力比不上美国的一个洲；伊拉克、南斯拉夫、伊朗、白俄罗斯远在万里之外，也属于小国；中国、俄罗斯国虽然大，却并非美国经济和军事的对手——都一概指为对美国构成威胁。在“中国威胁论”之后，一方面总统出访、提供合作和援助，利用印度一些人对中国经济增长的空穴来风的恐惧心理，挑拨中印两国关系，一厢情愿地向印度暗送秋波以遏制中国，一方面决不愿印度经济增长和国家发展，心怀叵测地制造鼓噪“印度威胁论”。看来美国所问，的确不仅在于姓社会主义还是姓资本主义；资本主义

① 《从梵蒂冈到巴格达，现在由小人物定调子》，英国《金融时报》2006 年 6 月 16 日。

也不行，还要死心塌地、全心全意地做奴才。

然而世界再一次嘲笑美国了。一位澳大利亚学者著文，就说“非西方阵营”的崛起，正在“改变国际格局”。文章说，未来10年到20年，世界将出现6大列强：美国、欧盟、中国、印度、俄罗斯、日本；也可能出现7个具有相当实力的强国，包括印度尼西亚、巴基斯坦、巴西、墨西哥、尼日利亚、伊朗、土耳其。这里只有美国和欧盟是“公认的西方”。[①] 本来的打算是美国一霸天下，号令全人类，现在走到自己愿望的反面，闹出这么个纷乱的、真正具有威胁性的局势，不知道布什和他的亲密战友们作何感想。

最尴尬的是美国自己：贫富两极对立加剧，“中产阶级”分化，当局热衷于战争而人民企望着和平，号称世界第一大国其公民却在世界各地得不到起码的安宁，美国国籍本身成为世界疏远、恐惧、怨愤、仇恨的目标，“9·11”挨炸，经济界、新闻界和政坛丑闻迭出，两党吵得天昏地暗，选举投票率只有大体50%，参加和布什竞选总统的克里几乎拉走一半选票谋求单独建立另一个美国，又有“数以万计的南方白人，正参加寻求脱离美国其他地区并实现独立的组织，声称联邦政府已不再代表南方的价值观”[②]。

美国一篇报纸文章题为《美国分裂状态加剧》[③]，列举了这样的事实：布什大谈其爱国主义，但是“美国人自己无法就‘爱国主义’的含义达成共识”，黑人尤其持怀疑态度。本来在分裂工人运动和削弱工会，但是2005年底爆发纽约地铁大罢工，2006年开春，既有因为侵略伊拉克战争而爆发的反战示威游行，又

① 《非西方阵营的崛起》，香港《香港亚洲时报在线》2006年3月22日。

② 《新南部邦联团体想脱离美国》，英国《卫报》2000年9月18日。

③ 《美国分裂状态加剧》，美国《波士顿环球报》2003年11月12日。

有反对官方移民法的示威游行，两个题目的示威游行都是全国性的、参加者都在百万以上。

这篇文章还说到共和党人和民主党人“几乎在所有问题上都无法达成一致意见，在许多问题上分歧越来越深”的情形。

有趣的是一位世界知名人物的转向。这个人就是弗朗西斯·福山。此人所以知名，是因为1989年的一篇文章提出，世界因为苏联解体、美国成为唯一霸权国家而“历史终结”了。此论一出，美国新自由主义、新保守主义两派一同欢欣鼓舞，立即动用主流宣传机器，把他捧为世界名人。他的文章后来变成一本书，大约在三五年间，成为美国全球化的热门宣传品和教科书，风靡于世界各国。有一件事尚不知其详：他当初抛出这篇文章的时候，和后来因为布什出任总统而身价陡增、大红大紫的副总统切尼、国防部长拉姆斯菲尔德、国防部副部长沃尔福威茨诸人，同属在新保守主义宣言“美国新世纪计划”签名的人物，但是他却没有和同伙们一道出任要职。原因之一，也许是他的政见和当初相比出现变化。

2006年春天，我们看到同福山有关的四篇文章。其中一篇为他的新作《处在十字路口的美国》的书评①，其他三篇是记者对他的采访②。共同点是明确指陈美国入侵伊拉克是一种错误和巨大的倒退，它使美国变为世界各国的敌人。如果说这种承认世界历史运动事实的见解，已经使他那个历史终结论不攻自破，那么下面的说法，就可以认为是政治上的重新选择了：“新自由主义无论是作为一种象征还是作为一个思想体系，已经发展成为某种我不能再支持的东西”，“我是一个叛徒”，“我是一个马

① 《新保守主义——一个三幕的悲剧》，英国《金融时报》2006年3月2日。

② 《“让伊斯兰教徒变成熟”》，德国《世界报》2006年2月27日；《“如果德国这样做了……”》，德国《明星》周刊2006年3月16日；《我曾是一个新保守主义者，我错了》，英国《星期日泰晤士报》2006年3月19日。

克思主义者”。福山由新保守主义、新自由主义的吹鼓手变化为它的“叛徒”，美国统治集团内部这样一种分裂的深度，同样属于历史。

所有的人都在重新认识世界和选择自己的定位。尤其是人民，在重新认识世界、重新认识新自由主义的同时，也重新认识自己、重新在探索中集结起来。

每年的春天，都要在同一时间召开两个国际性会议：世界经济论坛即达沃斯论坛，世界社会论坛或者叫反达沃斯论坛。前一个是世界富人的会议，花费大量金钱，在警卫森严的深山老林或者遍身铁甲的军舰上举行，冠冕堂皇地商量怎样维持今天他们的世界秩序和继续在全球抢劫与瓜分利益。后一个是世界穷人的会议，敞开大门欢迎到会，参加者往往露宿野营或者住在帐篷里，经常有数万人到十数万人，商量怎样建设不同于国际垄断资本控制的、属于人民的“另一个世界”。两个会议的到会者中，都有诺贝尔奖获得者，相当地位和影响的政治活动家、经济学家、思想家文化活动家，知名度不相上下。然而一个代表世界的现在、一个代表世界的未来，一个代表世界的灾难、一个代表世界的希望，一个代表世界的极少数、一个代表世界的绝大多数。前者的消息由资产阶级操纵的全球媒体大吹大擂地进行鼓噪和宣传，后者在主流媒体无影无踪而大半由各国人民口耳相传。

在历来被美国作为自己后院的拉丁美洲，出现了摆脱美国控制和新自由主义影响的明显趋势。对抗美国干涉和反对新自由主义，成为获取多数选民的最重要的政治纲领。一位在牧场长大成人的印第安农民，居然以“我是美国的噩梦”作为政治誓词，被选举为国家的总统。

合久必分，分久必合，新自由主义在使世界分裂化、零碎化的的基础上，把美国霸权和垄断强加给全球，世界人民却在抗击这种霸权和垄断的斗争中走向新的团结。历史的成功和失败教训沉淀下来，在新的基地上仍然到处是不同事物、不同意向的矛盾和这些矛盾的斗争、渗透与转化。然而历史不会停滞于某种愿望的终点，总是呈现为永不停息的运动过程。我们可以断言的是，或合或分，历史终究不是吸血鬼的朋友，人民终究会经历曲折和艰难，创造出自己的新世界。

别名 6：

饥饿全球化

有一个笑话。某次世界儿童代表大会主席“请各国代表就粮食问题发表个人意见”。非洲代表说：不知道什么叫“粮食”。美国代表说，不知道什么叫“各国”。拉美代表说，不知道什么叫“请”。亚洲代表说，不知道什么叫“个人意见”。

非洲的大面积饥饿，“美国即世界”的霸权主义神态，拉美由于长期受到压迫而为一个“请”字诚惶诚恐，一些亚洲国家的封建专制，真是跃然纸上。但是从粮食谈起，就把我们这个新自由主义全球化时代的症结，集中到决定人类基本生存条件的最简单的问题上来了。

世界社会生产力已经发展到这样的水平，即由于食品产量的极大增加和日趋丰富，按照人均 2500 卡路里计算，地球可以养活 100 亿至 150 亿人口，更不要说满足目前全世界人口基本营养的要求了。年人均谷物(包括小麦、稻谷、玉米、大豆)超过 300 公斤。此外还有肉、奶、鱼、禽、薯类、糖类、坚果、杂豆、油料、蔬菜等等。全球基本食品的产量，在世界需求的 110% 以上。有一个国际反饥饿行动组织。它的负责人就说：“养活全世界人口不是一个问题”。①

全球粮食和食品产量在增加，饥饿状况在日益加剧。二十

① 《养活全球人口不成问题》，法国《解放报》1995 年 10 月 16 日。

世纪七十年代初期，第三世界 4.5 亿人的食物摄入量不足以维持健康。其中 3 亿人在亚洲。全球饥饿人数，这种给现代文明抹黑的数字，随着美国确立其全球唯一霸主的地位而与日俱增。

九十年代超过 8 亿。其中非洲 2.1 亿，亚洲 5.12 亿，拉美 6300 万，美国 1990 年为 3000 万，比 1985 年增加 50%。

1996 年的世界粮食首脑会议，誓言在 2015 年前将世界饥饿人口减少到 4 亿。

1998 年的统计显示，年平均 1800 万人死于饥饿，印度 5 岁以下儿童超过 60% 的比例因营养问题而体重不足、发育不良，其邻国孟加拉的比例是 65%，为世界最高。

2000 年，全球饥饿人口 8.4 亿，年平均饿死 3000 万人。在罗马召开的第二届粮食首脑会议承认，反饥饿斗争已经失败。联合国秘书长安南说："全球生产的粮食已经足以养活全世界人口，但是每天仍有 2.4 万饿死。这是一个耻辱。"

2002 年，全球饥饿人口 11 亿，每 4 秒钟由于营养不良死亡 1 人。

2005 年 10 月 16 日，正当世界粮食日。世界粮食计划署网站，报道了它的总干事詹姆斯·莫里斯的讲话。他说，截止这一天，根据他们的统计，全球本年已经饿死 6，241，512 人。"很少有人意识到全世界每年死于饥饿和饥饿引起的疾病的人数超过死于艾滋病、疟疾和肺炎的总和。更糟糕的是近几十年的进步之后，长期处于饥饿状态之中的人口总数又在攀升了。我们又在后退了。"

2006 年的数字还要更加令人沮丧。联合国粮农组织 10 月 9 日发布的一项报告让世界为之胆战心惊：全球面临 30 年来最为严重的粮食危机，40 个国家存在不同程度的粮食短缺，其中 26 个在非洲。10 月 27 日美联社报道，联合国食物权专家让·齐格勒教授说，截止 2005 年底，全球约 8.52 亿人"严重并长期营养不良”，这个数字比一年以前增加1100万。美国媒体还报道，目前全球粮食储备，只能勉强维持50多天的需求，已经跌破粮食储备70天的安全线。①

2001年美国发生“9·11”事件，死亡3000多人，全世界为之愤怒和哀痛，个把非美国人还愤怒和哀痛到宁愿忘记自己的祖国，吟颂“今夜，我是美国人”这样动情的诗句。每天饿死2.4万人，每年饿死3000万人，这种发生在穷人中间的持续的、无声的死亡，难道不应该有更多的愤怒和哀痛，不应该有更多的诗句？

和全球饥饿人口增加同在的，是全球少数人食品占有和消费过多的情况。这里既有西方世界和第三世界的巨大反差，也有各国内部的巨大反差。

第三世界以自己的饥饿为代价，向西方世界源源不断地供应着高质量的、蛋白质丰富的食品，保证那里富人的过多消费。非洲和拉美的鱼类饲料喂养了美国和欧洲的小鸡和牲畜。原生状态的、无污染的肉类和蔬菜，总是成为西方富人餐桌上的美味佳肴。西方发达国家从二十世纪八十年代开始人均年消费粮食637公斤左右，第三世界国家不及它的一半，只有235公斤。根据世界粮食首脑会议2002年提供的资料，西方发达国家粮食生产接近全球总产量的一半，谷物的20%用作口粮，70%用作饲料，人均年消费粮食700公斤。第三世界国家人均年消费不足300公斤。西方把大部分谷物转为畜用饲料，所提供的饲料远多于需要。用餐也总是在制造大量浪费。有一组美国农业部1997年公布的统计数字：美国食品浪费约占产量的1/4；每年扔进垃圾箱的食品约960亿磅(1磅=0.454公斤)；如果收回浪费食品的5%，就足够400万人食用一年。2003年，八国峰会三

① 见《全球40国粮食不够吃》，《环球时报》2006年10月13日。

天耗资6.4亿美元，等于埃塞俄比亚6年全国人口口粮的消费数。

当非洲3亿多人口被饥饿折磨，50%以上儿童活不到5岁就会夭折的时候，当海地引进美国民主而贫困者穷到买不起选票、全国2/3人口一天只能吃一顿饭的是，美国正在为肥胖病患者超过总人口60%而苦恼。

粮食成为第三世界国家内部两极分化的最尖锐问题。印度像缩小的全球，也年年绘制着粮食过剩和饥饿同在的古怪图画。尽管粮食增产，大体上总不少于3500万以上的人口每天要饿着肚子上床。英国报纸说，“如果把小麦垒起来，甚至可以有月亮那么高”，“印度成千上万的人挨饿不是因为缺少粮食，而是因为大量存在的腐败现象、官僚主义和冷漠无情。”美国报纸说，如果把小麦一包包排起来，可以从地球到月亮两个来回。政府为小麦过剩苦无良策，却经常有饿死人的报道。“批评者说中央政府迎合政治盟友和农场主的游说，在几个大邦以高价收购了很多很多粮食。然而同时中央政府又遵从国际债主的要求，限制给消费者提供食物补贴。这样，饥荒与粮食过剩就同时出现了。”①

西方当局及其御用媒体会对饥饿的人民表示同情。但是到底是哪里出了问题，又如何解决这些问题呢？

一说靠教育。教育当然是重要的，而且带有根本的性质。但是对于饥饿者而言，第一位的是生存，总不能让他们饥饿难耐、饿得奄奄一息，却向他们讲授微积分。何况照搬西方特别是美国的教育模式，就越被培养出对美国的一片崇敬，闹得越有高学历就越远离自己的祖国和人民。这与解决饥饿问题何

① 《余粮满仓，但仍有大批人饿死》，英国《卫报》2002年11月19日；《印度：饥荒与粮食过剩为何同时存在》，美国《纽约时报》2002年12月2日。

干呢？

二说靠技术。第三世界人民数千年来根据自己条件积累的、行之有效的丰富的农耕经验，正在遭受践踏。只有西方传来的技术才叫技术。应该说，种子改良、节约而有效地用水、“绿色革命”和转基因技术的采用，都有助于提供产量。但是“绿色革命”已经促进着两极分化，转基因产品对健康有益有害还是一个疑问。在这种技术的高调中得到利益的，并不是第三世界农民，而是西方的农业公司。

三说靠西方援助。美国的粮食援助，本身就是一种外交武器。它有时就被直接称为“饥饿战略”。何况援助正在减少。美国可以为控制中东石油和阿拉伯世界，向 500 万人口的以色列提供 30 亿美元的援助，然而向 8 亿人口非洲提供的援助，至多不会超过 8 亿。德国一篇文章说，且不说 8 亿饥饿人口，其实只要欧美国家拿出每年用于香水消费的 16 亿美元，就可以解决全球 30 亿日消费不足 2 美元的贫困人口的贫困问题。[①] 但是在新自由主义的全球秩序中，这可能吗？

四说靠“结构调整措施”。这就是说，靠新自由主义。这简直是在与虎谋皮，向制造灾难的罪魁祸首求救了。一篇题为《人权——饥饿全球化》、尖锐揭露新自由主义罪恶的乌拉圭文章这样写道：

> 像世界其他地区一样，亚洲的结构调整措施也损害了人们获得健康和营养食品的权利。例如，在印度尼西亚，由于 1997 年的经济危机，问题并不是粮食短缺，而是大部分人失业，生活贫困，没有能力购买粮食。[②]

---

① 《饥饿的政治》，德国《现代外交》1998 年第 11 期。

② 《人权——饥饿全球化》，乌拉圭《南方杂志》1999 年第 7—8 期。

别名7：

农业全球私有化

这可以划属私有全球化，却也有自己的特殊含义。它主要是指西方跨国公司在农业和相关领域的全球占有和垄断。英国《卫报》2001年文章指出，种子、肥料、杀虫剂、加工和运输的10家公司，控制着超过60%的国际食品生产环节：嘉吉公司一家控制着85%的世界粮食供应；4家公司控制着87%的美国牛肉生产；5家公司控制65%的全球杀虫剂市场；另有4家公司控制着玉米、小麦、烟草、茶叶、水道、菠菜、黄麻、木材以及其他商品的供应。①

香港一家杂志集中分析农业和其他相关领域的所谓知识产权问题。印度农民种植水稻几千年，现在却不得不从西方种子公司购买进行了绝育化处理的种子，否则就要以侵占知识产权的罪名遭到起诉和付出赔偿。一个美国人在墨西哥买了一小包黄豆，带回美国种植。两年之后，他把墨西哥农民已经种植数百年的黄豆宣布为自己的“发明”，为他的“独特而稳定的黄豆种子”申请专利权。1999年，他为这种豆子取名“爱罗娜豆”，涵盖所有“种子呈特定黄色的豆”，专利编号为#5，849，079。他们通过向大自然、向农业劳动者进行的生命盗窃，开始推行自己的生物殖民主义。

---

① 《全球贸易迫使大批人离开土地》，英国《卫报》2001年2月28日。

> 孟山都(Monsanto)、诺华蒂斯(Novartis)跨国规企业喜欢自称为“生命工业”。因为它们的业务，已经遍及种子研究和贸易、生物技术、农业化工、农产品加工、石油化工、合成纤维、医药、矿物开采，以至水。一切生物资源，包括动植物的遗传基因，皆被收编纳入，成为他们“生命工业”的生财工具。他们尝试插手人类生活的每个环节，食物、营养、保健、医药，以至万物赖以为生的水，并希望有朝一日人类的生命都要依靠他们。①

在新自由主义全球化中，西方跨国公司不仅使全球中等规模的农场、农业公司破产，更使小农破产。这是一次新的圈地运动、新的原始积累。跨国公司垄断一方面使几亿、十几亿、几十亿农民陷入破产、失业、贫困，一方面大幅度减少农业工人的收入，使全球饥饿加剧。由于在全球规模上剥夺农民和造成农业生产者和生产资料分离，由于全球垄断和企图实施对人类生命的控制，它具有空前的野蛮性、残酷性。

---

① 《生命盗窃：跨国企业与生物殖民主义》，香港《全球化监察》2001 年 4 月 16 日。

别名 8：

失业全球化

自二十世纪九十年代起，推行新自由主义所产生的失业问题越来越引起严重关注。美国学者杰里米·里夫金 1995 年出版一本反应强烈的著作《工作的终结——后市场时代的来临》，宣传“在人类历史上，正在第一次系统地将人类劳动从生产过程中完全消除掉”，“以软件代替工人”，“辞退书正在发给工人阶级”，世界将成为“没有工人的世界”。①

诸如此类耸动听闻的见解，故作惊人而实际上经不起推敲，至多只在某些局部问题上有点依据。不劳他费心，只要有资本就会有工人，只要有剩余价值就会有雇佣劳动；何况新自由主义全球化不仅不会造就一个“没有工人的世界”，实际上工人阶级的队伍在全球的规模上扩大着。但是他本能地意识到失业正在成为一种席卷全球的浪潮，仍然显示出历史的敏感。美国《外交政策》季刊 1995 年秋季号的一篇文章，题为《全球就业危机》，认为全球正经历三十年代以来最严重的就业危机，承认世界 28 亿可工作人口中大约 1/3，也就是 10 亿，处于完全失业或者就业不足的状态。委内瑞拉 2001 年 8 月 25 日发表《失业——全球的头痛问题》，证明问题非但没有解决，而且正在日益深化。它

---

① 杰里米·里夫金《工作的终结——后市场时代的来临》第 7、10、12、16 页，上海译文出版社 1998 年版。

不仅存在于西方国家，同时广泛地存在于所谓“转轨国家”和第三世界国家。文章写道，在海地和津巴布韦，失业率已经达到50%以上。用国际劳工组织的话来说，新自由主义全球化，“主要失误在于未能创造足够的就业机会”。①

全球失业人口2002年超过1.8亿，比2000年增加2000万。2003年底1.859亿，失业率6.2%，被认为是创记录的高峰。2004年略减，为1.852亿。在28亿劳动人口中，大体上一半即使就业也不能保证每日平均2美元以上的生活水平，将近5.5亿日平均1美元以下，处于极度贫困。

青年是失业全球化的最大受害者。在全球失业率达到6.2%的时候，15—24岁青年的失业率远高与这个比例，占这一年龄段的劳动者的14.4%。比之10年以前，青年失业率上升25%。总量8800万。在全球5.5亿极度贫困的有工作的穷人中，青年占1.3亿。

在苏联、东欧那些抛弃社会主义制度的地方，如果说中老年人尚多少有“老本”以勉强维持存活的条件的话，青年则既没有来得及接受良好的教育，也没有储蓄，很大部分陷入所谓“吃老”、“啃老”的地步。

经合组织国家青年失业率达到13.4%。

国际劳工组织2006年10月29日公布的最新数据是：1995年到2005年，全球青年人口增加13.2%，就业人数只增加3.8%；全球11亿15岁到24岁的青年中，失业者由1995年的7400万增加到2005年的8500万，即增长14.86%，换句话说，这个年龄段的青年中，1/3要么没有工作，要么每天不足2美元；青年失业率出现增长：东南亚85%，非洲34%，拉丁美洲

① 埃菲社日内瓦2002年6月10日电。

23%，南亚16%。[①]

德国一篇文章题为《谁说少年不言愁》，说社会的失业浪潮已经冲击到尚在中学就读的孩子们，使他们稍一懂事就学会忧心忡忡。“青少年是多梦的季节。但到了十七八岁，日趋严重的就业形势，就将他们抛回到冰冷的现实中来。”[②]

日本2000年版《劳动白皮书》承认，24岁以下劳动者的失业率10年来提高2倍。

“美国之音”这样报道2003年美国120万大学毕业生的就业困境：到处在减少用人，“我们身处山洞最底端”，读研究生成为就业避风港，申请者上升10%—20%。前景如何呢？“谁也无法保证就业会在这段时间里真的好起来”。[③]

在法国，每年大约1万多人获得博士资格，但是其中20%的人毕业即失业，有些则为了谋生不得不改行，无法做到学以致用。[④]

在西方世界，就统计数字而言，西欧国家失业率一般高于美国。美国失业率低的宣传，成为美国当局自我吹嘘的政绩，又成为全球研究者经常敲敲打打的对象。这里首先遇到官方数据的可靠性问题。按照美国《政治经济述评》杂志1998年的统计，实际失业人数为官方数字的2.5倍到4倍。按照美国《每月评论》的分析，官方统计数据(1)掩盖了种族和族群在失业率方面的差别；(2)掩盖了以减少工资降低失业率、再就业即低收入的情况；(3)掩盖了劳动后备军的规模；(4)打零工、一年内找过工作而其实没有找到的人，不计入失业；(5)美国拥有世界最

---

① 法新社日内瓦2006年10月29日电。

② 《谁说少年不言愁——德国中学生为就业备感忧虑》，“德国之声”电台网站2004年8月13日。

③ “美国之音”2003年5月18日。

④ 法国《欧洲时报》2000年2月2日。

高数量的监狱在押犯人，被强迫劳动而不计入失业。

杰里米·里夫金谈到的是另一方面的事实：

> 美国人是靠他们的信用卡过活。这是美国失业率如此之低的唯一解释。他们拼命地消费。于是，就业机会就被创造了出来。因为需要有人来为他们提供他们所需要的物品。他们没有储蓄。美国中等家庭19%的收入被用来偿还消费债务。这个所谓的美国奇迹，是建筑在沙滩上的。①

资本主义制造失业、以庞大的产业后备军维持雇佣劳动制度，正是它存在的条件。新自由主义空前地加剧了失业问题的严重性。西方主流经济学界散布了三个带有极大欺骗性的、产生广泛影响论点。

首先是劳动力市场灵活性或者“灵活用工制度”。主要内容是裁减、变正式工为临时工、变全日制为所谓“弹性工作制”。这也算美国的一大发明。这到底是一种什么东西，德国一家报纸文章提供的实例，颇具说服力。一位36岁的工人，从晚上23点到凌晨7点半在一个大学打扫卫生，从17点到22点给一家公司当清洁工。另一位54岁的医院职员，医院的工作之外，周末给一座大楼看门。② 没有工作不算失业。漫长地找工作却劳而无功和直到放弃，也不会被计入“失业”。由于工资降低和福利缩减，美国工人不得不接受这样一种“灵活”。但是这不过意味着劳动强度的加大和劳动时间的延长。按照国际劳工组织的统计，在西方国家中，美国的劳动时间最长。

法国学者皮埃尔·布尔迪厄，谈到一种新自由主义的就业

① 见《“法国还应当走得更快”》，法国《解放报》1998年1月29日。

② 《灵活的劳工市场》，德国《商报》2002年4月20日。

骗局——假工作："没有工资的雇员，没有企业的企业家，长期学习而无望取得毕业证或合格证的学生"。如果要补充，我们还想到全球宣传的"人人有一台电脑就可以成为资本家"，既没有资本的资本家。布尔迪厄说，"所有这些社会工作的做法都助长了一种集体的自我欺骗"。①

其次是，只要经济增长、失业就会减少。但是在新自由主义统治的任何地方，经济在总体上处于停滞和倒退的状态，至多只有"不创造就业的增长"，而失业却是注定的。增长的只是资本家的利润。利润的相当一个部分，不是来自生产的发展和劳动生产率的提高，而是来自失业率、来自裁减工人和缩减工资。这就是"减人增效"的秘密。

所谓"减人增效"，是一个垄断资本赤裸裸地强化剥削的口号。甚至美国的一家主流报纸1996年也载文承认，美国大量裁员，但是生产率提高却很慢。和经济学家为掩盖真相而故作高深不同，它算了一笔帐。这是普通人一看就明白的帐。

> 克莱斯勒汽车公司去年在美国创造了172万辆汽车，同1988年相同，但是工人减少9000名。这些工人的离开，意味着剩下的93700名工人比1988年每小时生产更多的汽车。问题在于那些离开的工人情况如何。许多人显然转到创造经济价值较小的工作岗位，也许是饭馆，或者办公室，或者做分包商那样工作的小公司。
>
> 这些创造经济价值较小的新工作，总体上把国家的生产率拉下来。这些工人领取的工资越来越少，使他们购买克莱斯勒汽车公司的新汽车的可能性减少。由于这个原因，

---

① 《布尔迪厄论新自由主义及其新的统治形式》，《国外理论动态》2002年第4期。

克莱斯勒汽车公司增加产量的可能性将减少。……

这种情况将使雇用这种工人的饭馆承受压力。这些饭馆不愿支付更多的钱雇用职工，而可能去实现自动化，以便也能靠更少的职工营业。一种现代形式是，顾客投入硬币，小玻璃门就打开，让顾客提取豆加咸肉、糖浆、番茄酱制成的热烧豆、馅饼或一盘肉。……

确实无疑的一点是，生产率的提高将近25年来是非常小的。这是自1870年以来时间最长的。出现许许多多解释，大规模解雇正成为主要原因。解释是，大规模解雇使工人不再忠心耿耿，破坏了就业的稳定和连续性。这些是生产率的要素。①

威廉·格雷德提供了这样一组数字："过去的25—30年中，世界500家最大跨国公司的销售量增加6倍，然而这些全球公司世界就业状况自二十世纪七十年代以来却几乎一直保持徘徊状态，大约2600万人左右。"②美国每下岗1名工人，可以为企业第二年的赢利增加6万美元。从1980年到1999年，美国企业总赢利从2090亿美元增加到8140亿美元，美国工业500强雇用工人，1980年为1590万，1993年就只有1150万了。美国《财富》杂志举出了这样的例子：美国航空航天工业1995年仅仅由于雇工人数减少1%，利润就上涨22%。③

再一个是美国经济学家弗里德曼的"自然失业率"和他的其他同道们的"不加速通货膨胀的失业率"。按照他们的理论，低

① 《不使我们更精简、更高效但却一点也走不快》，美国《纽约时报》1996年5月12日。

② 威廉·格雷德《资本主义全球化的疯狂逻辑》第17页，社会科学文献出版社2003年版。

③ 《利润滚滚而来》。美国《财富》1996年4月29日。

失业率会使通货膨胀上升。这成为里根、撒切尔新自由主义政策的主要依据。通货膨胀，产品价格普遍上涨，正是对由于工人工资增加、购买力提高而转嫁成本的一种手段。这是企业所有者而在任何意义上都不是工人的权力。以工人的贫困和饥饿压低通货膨胀率，这说不上什么高深的理论，倒正暴露出其为国际垄断资产阶级张目的本来面目。

在资本主义秩序内，就业和体面的工资，从一个方面反映出工人阶级的社会地位和社会权力，而失业不仅意味着贫困、饥饿、社会动荡和犯罪率的增加，而且意味着工人阶级社会地位的下降和权力的削减。充分就业并不能从根本上改善工人阶级的社会地位，更不等于工人阶级的社会解放。在希特勒的法西斯德国，工人可以有工作，却失去了民主和政治权力。新自由主义是另一种面目的法西斯：失业者的价值不如机器，没有任何权利甚至没有生存权利。

别名 9：

政治倒退全球化或政治私有化

民主和自由，既是社会进步与反动的分水岭，又成为社会进步的根本标准。人类进入资本主义时代以来，在政治领域，民主和自由，成为最具号召力的旗帜。资本主义以民主和自由相标榜。资本主义的、帝国主义的、霸权主义的美国，尤其自封，同时也被金钱收买的嘴和大炮吓哑的嘴，共同鼓噪为民主和自由的渊薮、样板、顶峰。

相对于封建主义，资本主义的民主和自由是一种进步。但是它原本存在的虚伪性、欺骗性、反动性，随着资本主义之成为世界统治制度，特别是随着社会主义的出现，而日甚一日地暴露出阻碍社会进步的性质。美国"金融大鳄"索罗斯 2000 年曾在意大利《共和国报》撰文，说资本主义胜利并不意味着民主胜利，它不能自动带来民主，也并不天然地同民主相联系。另一方面，对于资本主义来说，经济力量不过是剥削劳动者的政治自由的途径。国际垄断资产阶级的美国到处干涉别国事务，到处支持腐败独裁政权，"这些就是资本家直接剥夺大多数人的自由和人民生命的相当有力的例证"。①

资本主义政治，不是人民的政治，而是资产阶级的政治、资产阶级上层不同集团围绕权利财产分配进行协商、勾结、争

① 《对资本主义自由的反思》，美国《自由探索》1989 年秋季号。

夺的政治。政治沦为金钱的婢女。总统选举、议员选举直到官员任用，都成为买卖行当和商业行为，都成为卑劣、无耻、肮脏、污浊尽情演出的舞台。美国竞选经费年年创造新记录。占人口4%的富人，占捐出的竞选款项的差不多100%。以民主名义轮番表演的各种竞选活动，经管热热闹闹、花样百出，然而从来就是金钱加政客阴谋的、好莱坞式的滑稽木偶戏。

2006年的美国中期选举，成为西方政治的最下流的篇章。截止10月25日公布的数字，耗资26亿美元。竞选活动不择手段，充满有关道德沦丧和性变态的指责，竭力把对方宣传为坏透了的恶棍，"人们越来越走极端，广告越做越邪乎"。一家美国报纸，列举了这次选举中的若干"负面广告"：

某候选人的助手拨打刑事司法部门电话，号码和某个色情电话相似。于是广告指责为"用纳税人的钱打色情电话"。

某候选人曾经作为律师为杀人犯辩护和为强奸犯提供法律帮助，于是广告指责为"跟连环杀人犯和强奸儿童犯有关系"。

某议员出席《花花公子》宴会，广告就刊出一名女明星挤眉弄眼、回忆"美好时光"的图片，暗示这位议员卷入性丑闻。

某议员广告中的头像被打上一种标记，使人们误认为他"舍得在性事上花钱"。

美国上流社会本就是道德沦丧的一所奥吉亚斯牛圈。在选举中相互揭丑，让人们看一看这些满口仁意道德的君子们西装革履掩盖着的内囊，知道统治这个国家的上层人物到底是一些什么东西，知道西方的那种"民主"的两党制，不过是过几年就在两帮骗子中选一帮骑在自己头上，未必不是好事。美国报纸把这次的中期选举概括为"龌龊下流"，它没有看出，有权利参战的整个美国，都生存于龌龊的泥潭之中。①

---

① 《更加下流的龌龊的选举年》，美国《华盛顿邮报》2006年10月27日。

西方选举，经常成为揭露丑闻的展览。主题不外经济问题和性。眼前的新闻，就足以编一本书。英国67岁的副首相约翰·普雷斯特科，坦称与女秘书已经有两年婚外恋。英国前国防大臣迈克尔·鲍迪洛，暗中和一位亿万富翁的妻子私通多年。以色列总理总统卡察夫对多名前女下属进行性骚扰，骚扰不成就打击报复。新西兰一向被新自由主义全球化的积极鼓吹者，推荐为"最全球化的国家"和"政治清纯的国家"。2006年的新西兰大选，却成为一场性丑闻大战。两党领袖相互指责，漫天飞舞的，都是"性炸弹"。①

西方政治是一种富人专利，是富人内部的财产权力的游戏和再分配。美国短暂的历史也许没有一个独立的封建主义的阶段，然而这并不能成为美国不具有封建主义特征的依据。政治权利在一种极小圈子、也就是几个掌握国家经济命脉的家族内部分配、循环和世袭。比如布什家族成为"总统专业户"，子承父业、弟承兄业。还可以豢养一批鞍前马后、惟命是听的官吏、师爷、跟班、保镖、御用表演家和文化人。这既显示出传统封建制的特点，又具有和垄断资本控制、金钱联姻到合而为一、融为一体的新面貌。在这样一种社会制度的范围内，他们就是法律。至于是不是需要专门制订、不时增删几百种、几千种甚至更多的条文，是不是需要煞有介事地设立级别不等的司法机构和演出沐猴而冠的司法程序，是不是需要养一支浩浩荡荡的、巧舌如簧的律师队伍，反正不过是摆设，除了增加欺骗性，无助于改变事情的本质。

人民扮演着被利用和被压迫的双重角色。取代封建阶级成为社会统治阶级的时候需要利用人民。一个宗派取代另一个宗派的时候也需要利用人民。利用要付出报酬。美国一家报纸披

① 法国《欧洲时报》2006年9月30—10月2日。

露，1998年佛罗里达州市长选举，一批流浪汉被组织充当雇佣军，凡按照指定对象进行投票者，报酬10美元。① 压迫和欺骗对象——这就是人民的不容改变的既定位置。特别是美国和英国，垄断资产阶级的统治地位愈巩固，国家就愈不平等，人民的一点可怜的民主权利就愈被剥夺殆尽。民主和自由的调门越唱越响，富人越来越为所欲为，贫困人口和因贫困而被关进监狱的"犯人"越来越多，人民也就越来越看穿了这种民主自由和自己的关系：那是富人的民主和自由，有钱就有民主和自由，没有钱就没有民主和自由，有多少钱就有多少民主和自由。

穷人投富人的票，过几年以选票形式找一个屠夫或骗子骑在自己头上拉屎拉尿，人民对这种民主索然无味，美国参选率大体50%上下，还要包括很大比例10美元1张买来的选票。一位美国妇女说："我不知道是否要去投票。对我们来说无所谓。大家都在说谎，谁上台我们都照样受穷。"②

新自由主义全球化包含着它的政治全球化或者全球政治私有化。很多人至今还有一种误解，认为经济的私有化意味着个人财富的增加，意味着私人企业、民族企业发展的充分空间。关于政治全球化也有类似的误解，即认为这会强化个人享有的民主和自由的权利。所以产生这类误解，是因为对资本主义历史和新自由主义现实的茫然，使动听的许诺和欺骗能够在一段时间把丑陋卑劣的真实动机掩盖起来。

经济私有化的事实是，瓜分和抢劫国家的、集体的、人民大众的财产和资源，第一步把它私有化到个人，第二步在两极分化中把它集中于由贪官污吏、腐败分子、暴富分子形成的新的剥削阶级。在一般情况下，这是一个程度不同地带有买办性

---

① 美国《迈阿密先驱报》1998年1月11日。

② 《"谁上台我们都照样受穷"》，西班牙《起义报》2004年10月24日。

质的剥削阶级。最终则成为国际垄断资产阶级的囊中之物。政治私有化也大体是这样一种过程。无论经济、政治、文化，个人的权力借助于虚幻的满足而丢失，民族的权力也被国际垄断资本的巨齿所吞噬。最终的归属都是垄断资本。俄罗斯的新自由主义改革，已经成为这一过程的活生生的历史标本。

资本主义反民主、反自由的本性，由于新自由主义而格外地疯狂和达到及至。特别是第三世界民族解放斗争的政治成果和社会主义的政治成果，遭到极为严重的破坏，在某些地方甚至化为乌有。整个世界的民主和自由的程度，为此而耸立起一座耻辱的里程碑。

新自由主义导致的政治倒退全球化，主要表现在六个方面。

第一，在全球制造一种新的偶像崇拜。这个唯一的、绝对的、永远至高无上的偶像，就是垄断资产阶级的、霸权主义的美国。

第二，垄断资产阶级的大企业直接控制政府，政府及其官员剥落“社会仲裁者”的外衣，同自己所代表的这个阶级不仅在实质上而且在外貌上合为一体，成为它的赤裸裸的、毫无掩饰的办事机构。小布什的政府就像一个大公司。大公司的声音，成为政府的唯一的声音。在第三世界国家，这个垄断资产阶级的附属品和代言者，为买办资产阶级。

第三，人民的社会权利被削弱和剥夺。社会主义制度被颠覆，工人运动、进步社会运动遭到肢解，人民反抗阶级压迫和民族压迫的斗争、人民社会解放和创造的新的探索陷入重大挫折。第三世界国家的国家主权、民族独立明显退化。

第四，个人政治自由、个人政治创造性被资本利益所淹没和腐蚀。

第五，垄断资本对人民的控制空前加强。美国抛弃社会福利而转向刑事处罚，监狱人满为患，宁愿平均花费 25000 美元把一个人关进监狱而不向就业、教育方面投资。从1979年到1990年，美国个洲在监狱操作方面的支出增长325%，在监狱建筑方面的支出增长612%。至少70%的大雇主监视自己员工的电子邮件和使用因特网情况。“9·11”事件之后的第一年，美国司法部秘密监视的次数达到过去23年总合的两倍多。美国在囚禁自己的人民方面，已经当之无愧地排名世界第一。按照美国国防部2003年的《监视国民计划》，美国正在招募1亿线人。《今日美国报》2006年5月11日，有报道了美国国家安全局秘密创建数据库、收集数千万人电话记录的消息。所谓民主自由，完全沦为欺人之谈，成为一个货真价实的警察国家、告密国家的外在装饰品。英国报纸如此评论美国压制人民的行径：“在纽约只能讲悄悄话”。①

美国为其首，整个西方世界的国家机器都在愈加暴露出以人民为敌、以监视人民为本能的品格。法国监视器市场每年平均增长15%。巴黎市警察局正式声明的摄象机为20563部。英国拥有已经安装就绪的监视设备300万台，占世界10%。在欧洲，英国占40%，德国占19%，法国占10%。无论在美国还是这些欧洲国家，人们的工作、出行、旅游、购物、食宿、交往、友谊、恋爱、婚姻、上卫生间和试衣间，一切都在被监视中。但是没有人对监视者进行监视。公民的社会活动姑且不论，现在是连任何隐私，都在监视器下被取消得一干二净了。②

对美国来说，监视的对象也已经全球化了。它有一种立体化、全方位的目标监控系统。海洋监控主要由总部设在圣地亚哥的美国海军侦察署执行，负责监控中国、俄罗斯等国军用舰

① 《纽约开始感觉像勃烈日涅夫时代的莫斯科》，英国《卫报》2002年5月26日。

② 《谁在拍摄我们》，法国《趣味》2005年第10期。

只，常年从事商贸运输的12万艘商船，和马六甲海峡、苏伊士运河、巴拿马运河、英吉利海峡、台湾海峡、阿拉伯湾及好望角世界七大海上通道。在空中，监控每天飞行在美国上空的国内国际航班。陆地监控主要靠高空侦察机和太空中的120多颗侦察卫星，目标集中于中国、俄罗斯卫星发射中心、火箭基地、导弹部队，和它所谓的“基地”组织，还有伊朗、朝鲜、巴基斯坦、印度等国的核设施与机动导弹发射车。此外则广泛监控全球互联网信息。①

古往今来，思维正常的人，谁能够理解和相信，这竟然叫做民主和自由呢？如此这般，大刀砍头，刀起头落，就应该称做恋人的甜蜜接吻了。

第六，美国推行政治全球化，剥夺别人的民主和自由，把自己的所谓民主和自由直接变为实现统治世界野心的霸权主义的武器。正如2004年10月两位法国学者为马克思大会提交的论文《新自由主义的动态：一个新阶段？》所说，“毫无疑问，新自由主义正是通过强加在劳动与管理之上的纪律，以及对剥削外围国家的刺激，即依赖其施加的达到历史记录的获利水平的压力，实现资本所有者收益和财富的恢复的。”②

意大利记者朱利叶托·基耶萨《别了，俄罗斯》一书，对美国在俄罗斯操纵选举、制造亲美总统的内幕，有详尽披露。该书第一章题为“美国的胜利”，开宗明义就触及到事情的本质：

> “事情的结局一般都不是事先就决定的。叶利钦的支持率在上一个冬季一直保持在一位数水平上。有许多原因可

---

① 《美国监视全球百万目标》，《环球时报》2006年6月7日。

② 热拉尔·杜梅尼尔、多米尼克·莱维《新自由主义的动态：一个新阶段？》，《国外理论动态》2005年第10期。

以说明命运的变化，但是其中有一个决定性原因却一直是一个秘密。”这个并不掩饰作者高兴心情和用词有些过于推敲的表白，发表于1996年7月15日的《时代》周刊上。所用的标题——《拯救叶利钦》，副标题《揭开秘密的历史事实：四个美国顾问如何利用民意调查的材料、分析小组的报告、广告宣传的错误和美国选举运动的一些技术手段，帮助鲍里斯·叶利钦取得了胜利》——应当是在表明美国人取得了胜利。

在特定的和确实很重要的意义上，《时代》周刊是正确的。在其他国家举行的选举中，还没有哪一次选举的胜利像这次选举那样，成了“美国的”胜利。①

从那以后，美国不断强行干预俄罗斯的内外政策，隔三差五地教导其领导人如何端正“方向”、不要“走错路”。

美国已经用自己的民主和自由改造东欧。美国杂志文章引述了一位波兰教士的评价：我们曾经那么迷恋美国的民主和自由，但是现在知道了，这种民主给祖国带来的，是毒品、性自由、艾滋病、犯罪等等，“我们以前所听到的自由，到头来不过是自我毁灭的自由而已”。②

在第三世界国家，美国民主自由要么支持独裁腐败政权，要么策划政变、扶植傀儡，要么在成堆的美丽空话中攫取利益，要么转瞬之间化为飞机炮舰的轰炸扫射。在拉美，所有这些套路，都一一循环往复地表演过了。在非洲，美国民主自由的教师爷激起和导演了政客的无休止争斗，不是解决而是加剧了殖民化、腐败、混乱和贫困。一位埃及法学专家，1997年8月在

① 朱利叶托·基耶萨《别了，俄罗斯》，新华出版社2000年版。

② 《好莱坞助长了国外反美主义》，美国《国家利益》2002年夏季号。

日内瓦召开的联合国人权委员会防止歧视和保护少数民族委员会第49次会议上指出，“西方利益集团强加给一些非洲国家的‘民主’，是导致这些国家政局动荡的根源。它们以各种形式进行的干预，致使成千上万的平民死于战乱，数百万人流离失所”，“它们的军火工业，流淌着贫穷的非洲国家大批平民百姓的鲜血”。①

武装入侵主权国家阿富汗、伊拉克、南斯拉夫，从地图上抹掉作为统一国家的南斯拉夫，把阿富汗和伊拉克变成人间地狱，使人民不仅失去任何社会权利，而且失去起码的生存条件。美国把这叫做用他们的民主和自由进行的“解放”。人民把这叫做侵略。作为花边的，既有美国操纵的选举，又有美国操纵的所谓“国际法庭”对敢于对抗侵略的第三世界国家领导人进行的审判。“伊拉克民选政府即将开始担任公职。尽管美国将推翻萨达姆称作是民主的胜利，但是为什么没有出现阿拉伯人欢欣鼓舞地庆祝民主制度的迹象呢？令人悲哀的回答是，大部分阿拉伯知识分子把伊拉克政府选举看成是对民主的败坏和民主事业的倒退。”②至于那样一类审判，法官袍褂加身，法警伫立两旁，像模像样，然而双簧作戏，闹剧迭起，则已经成为美国表演诬陷栽赃伎俩的舞台，和揭露与控诉美国侵略罪行的殿堂了。

第七，制造和支持陈腐、野蛮、落后的社会制度。这里最丑陋、最反动的，是复辟已经被进步人类彻底埋葬的奴隶制度。我们以后还来得及专门分析这个问题。

在解体以后的苏联各加盟共和国，在演变以后的东欧各社会主义国家，被人民革命剥夺生产资料和政治权利的王公贵族、地主、资本家，以“还乡团”的姿态，怀着阶级复仇的政治情绪

① 新华社日内瓦1997年8月11日电。

② 《民主的倒退》，美国《耶鲁全球化》在线杂志2006年5月4日。

卷土重来，疯狂地夺回失去的天堂。被消灭的剥削制度重新爬出坟墓。曾经建立起社会主义制度和确立人民权利的保加利亚，竟然再度响起“国王万岁”的口号。

美国把自己的民主和自由及其向全球的强行输出，作为实现霸权的永恒战略。这一资本主义、帝国主义的永恒战略，以新自由主义的推行，特别明显地暴露出自己反民主、反自由的性质。它的唯一衡量标准，就是“对美国单极地位是接受还是抗衡”。[①] 被译为多种文字在全球传播的德国作者的畅销书《全球化陷阱》，副标题就是“对民主和福利的进攻”。一位美国作者使用了类似的提法，但认为这种“打着民主幌子进行的非民主的过程”，不仅是对民主发动的进攻，不仅事实上在削弱全球民主，而且是一种“反民主的反革命的过程”。[②] 用《基督教科学箴言报》的话来说，尽管美国加紧推行新自由主义，然而“完全自由的国家”几乎一直没有增加，民主的质量正在下降，倒是“假民主国家”增多了。[③]

① 《跨国自由主义和美国的首要地位》，美国《国家安全》2001—2002 年冬季号。

② 《全球化的威胁》，美国《新政治学》1999 年冬季号第 2 期。

③ 《世界各地的注意力从枪弹转向投票站》，美国《基督教科学箴言报》1997 年 6 月 17 日。

别名 10：

中央情报局全球化

美国中央情报局(CIA)从来就没有过好名声，从来就意味着秘密侦缉、监视、暗杀、绑架、制造假象、训练特务、干涉内政、策动政变之类勾当。在苏美对峙的时代，它的中心任务是培植和支持"冷战中的反共堡垒"。其后的任务则更加广泛。

在拉美的一个例子是，上个世纪八十年代，支持危地马拉政府屠杀印第安人，致使 14 万人丧生或失踪，100 万人离乡背井。危地马拉许多军方和政界领导人都向中央情报局领取津贴。关于萨尔瓦多和尼加拉瓜，"中央情报局在那里卷入的程度还要深"。①

中央情报局局长戈斯的宣言是："越来越全球化"。② 在东非、北非、高加索，他们漫天撒网。它的专用飞机在私人航空公司名下登记，有时还租用飞机，伪装为普通航班随停随起，行踪诡秘。在欧洲，已经揭露出来的任务，包括设立秘密监狱和转运所谓"嫌疑犯"。根据 2005 年两篇报道的说法，故事发生在"从斯堪的纳维亚半岛到热带的加纳利群岛"的欧洲领土和领空；飞机起落地点包括法兰克福、布拉格、雅典、布鲁塞尔、格拉斯哥等城市和西班牙的马略卡岛；迫于国内抗议而对这种

---

① 《中央情报局的代价》，美国《纽约时报》1997 年 4 月 25 日。

② 法新社华盛顿 2005 年 9 月 25 日电。

可疑飞行活动展开调查和提出指责的，有意大利、德国、瑞典、挪威、荷兰、丹麦、冰岛；欧盟委员会还要求罗马尼亚调查中央情报局在其境内设立非法囚禁机构的问题。①

2000年3月组建中央情报局大学，分设十一个学院，专门对付他们所说的“流氓国家”。它在国外物色对象，让他们从中情局的招募处到领事馆办理赴美签证。也是这一年，它的反恐怖主义中心的人员增加50%。这个反恐中心亦即CTC，大约算是中央情报局最忙碌的部门。它的1100多名谍报人员，每天要分析2500封从各国发来的电报和大量其他情报，每个月提供500份恐怖活动情报报告。还得向好莱坞派几个小组，“窃取虚构天方夜谭似的惊人恐怖举动的编剧们的脑力劳动成果”。

2006年6月23日，美国几家大报《纽约时报》、《洛杉矶时报》、《华尔街日报》同时曝光称，“9·11”事件以后的5年来，美国中央情报局一直操作对全球200多个国家和地区8000家金融机构的监控活动。几乎全球每个人、每个机构的银行交易活动，都在中央情报局的偷窥和监控之下。

中央情报局的残忍屠夫、绑架高手、暗杀专家，偏偏特别地喜欢谈论民主和自由，而且越是新自由主义，还越是喜欢摆弄“民主选举的国际规定”。然后就充分演示专业才干，造谣滋事，煽动起哄，提供援助，以便搞掉谁、选上谁。如果选举结果不理想，则大吵大叫“舞弊“和”不透明”。这就成为“纯好莱坞风格的举措”，“发动一切力量导演一场广泛的革命”，例如“天鹅绒革命”、“玫瑰革命”、“橙色革命”或其他什么革命。西班牙报纸这样说到他们的活动：

可以为改革者（这里可以理解为非政府组织或者类似政

① 俄塔社柏林2005年11月26日电；美国《洛杉矶时报》2005年11月26日。

党)提供帮助，让他们明确重要的输家和赢家、发展联盟、制定行动战略、进行公共关系运动。这种帮助是对有可能在政变中掌握实权的改革者的投资。……

2004年国际电视台转播了在基辅的独立广场安营扎寨的示威者们为他们支持的总统候选人维克托·尤先科助威的情景。当时示威者的帐篷有数千顶，还有很多毛毯。14年前相似的情景曾发生在索非亚，只是那时是由60顶帐篷搭成的“自由之城”的示威者要求罢免他们眼中的“共产主义官员”。奇怪的是，无论基辅还是索非亚的示威者，他们的饮食和资金供应都没有出现问题。

例子不胜枚举。得到中央情报局支持的活动，包括绝食罢工、全国总罢工、占领政府大楼、造成社会混乱甚至死亡的游行等等。例如1989年北京天安门事件和同年罗马尼亚的蒂米什瓦拉事件，1994年8月5日发生在古巴哈瓦那的事件，2002年4月11日查韦斯的反对派在加拉加斯的游行，以及2005年5月乌兹别克斯坦安集延冲突等。

现在这篇文章列举的，仅仅是美国情报机关和西方强权国家所使用的和平手段(如果可以称之为和平的话)。实际上，美国的和平手册上记载的“和平”策略，可以根据各国的具体情况，展现得更为详细和五花八门。①

看来，中央情报局全球化的故事不止于此。它总会在它认为必要的时间和必要的地点，创新出别的什么花样。但是大略的原则和路数，也就这些了。

① 《CIA的推动民主手册》，西班牙《起义报》2006年4月3日。

别名11：

恐怖全球化

新自由主义全球化和美国霸权主义全球化的统一，已经导致全球恐怖：空前加剧的贫富两极分化，人民权益在国际垄断资本绝对独裁面前的消解，世界绝大多数人的生存危机和地球生态危机，第三世界国家主权和民族独立的削弱以及经济、政治、文化安全面临的巨大威胁，如此等等，都来源于笼罩全球的新自由主义和美国霸权主义。这本身就是最大的、涵盖全球的恐怖主义。

但是西方主流媒体教导人们，全球因为新自由主义和美国霸权主义而更加安全了。在这种教导中，从来没有遭受过袭击的美国本土，发生了“9·11”事件。于是美国当局借口这一事件，发动反对他们所谓恐怖主义的全球战争，进兵侵略主权国家，在全球各地建立他们的军事基地和情报系统，加强对国内外所有的人的监控。被他们指为“恐怖主义”的力量，或者原本就由他们适应“剿灭共产主义”方针而扶植和豢养，只是现在不需要了，不大听话了，碍手碍脚了；或者属于对新自由主义全球化进行抗争的力量，这尤其理所当然地在被剿灭之列。“反恐”制造恐怖主义，并成为新自由主义全球化的一个新步骤。然后他们又来教导世界：现在更安全了。

西方大国、达官显贵、富人大亨们更安全了吗？富国首脑的聚会，已经闹到“7 个人开会，7 千人保卫，7 万人示威”的地步。在失业全球化和贫困全球化的浪潮中，美国士兵、私人侦探和保镖，成为容易就业和收入偏高的新兴行业。2006 年 6 月间，足球的世界杯比赛在德国举行。美国是获得参赛资格的 32 个国家之一。但是只有美国的足球队，吓得不敢和其他国家足球队一样入住饭店，而是躲进美国在德国的一处空军基地。美国队出战的时候，德国还要特别派出 2500 名军警来预防骚乱。这真是"安全"得可以了。

西方主流媒体没有一天不嘲笑美苏冷战时期在柏林修建的隔离墙，不把它的存在和拆除作为社会主义的罪恶和西方全球化的功勋在对比中大做文章。滑稽的是，在一个资本主义欢呼全球胜利的、大一统的时代，印度修建与孟加拉之间的隔离墙，以色列修建与巴勒斯坦之间的隔离墙，沙特修建与也门之间的隔离墙，还计划修建与伊拉克交界的长 900 公里的隔离墙，再就是美国修建同墨西哥之间的隔离墙。与隔离墙异曲同工的是，官衙豪宅形同城堡，深宅大院警卫森严，门窗上钢梁铁条横七竖八，出入保镖环绕左右。这种隔离墙全球化的现象，在任何意义上，都不能成为全球更安全的证明。

美国流行一段应该算是黑色幽默式的对话：

> 警察发现一个独自在大街上徘徊的小女孩。她说不出自己叫什么名字，也弄不清家住在什么地方。
>
> 警察无奈，只好翻她的衣兜，希望能找到一点线索。
>
> 小姑娘没有反抗，却稚声稚气地说："别害怕，我没带枪。"

第三世界国家的孩子是另一种景象。创记录的儿童死亡率，成为新自由主义全球化的一项新成就。儿童中的相当一个数量，要么沦为童工、性奴、流浪儿、童子军，要么在饥饿和疾病中苦苦挣扎。美国宣布“解放”了阿富汗和伊拉克，也已经用自己的刺刀批准其为“民主国家”。然而那里尤其没有一寸安全的土地，成为世界最恐怖的地方。阿富汗是儿童器官贩卖者的天堂。按照联合国2006年10月间公布的数字，美军入侵伊拉克5年，160万人逃出祖国，150万人在境内流离失所。留在国内的伊拉克人，甚至要带着机枪送孩子们去上学。这是一种连儿童也不放过，把儿童视为虐待盘剥对象和对自己构成威胁的全球化。

使霸权当局及其盟友头痛的，是不需要飞机大炮、不需要整军整师军队，随时随地可能发生的“自杀式爆炸”。新自由主义全球化制造出这样一种反抗形式：把自己的生命作为向它挑战的武器。老实说，这种全球化是注定不得安宁的。

2006年9月，适逢“9·11”事件5周年。布什夫妇往世贸中心遗址献花圈，布什在白宫总统办公室发表电视讲话，一方面宣传世界更安全，一方面称他的反对所谓恐怖主义的战争是“一代人的使命”。作为对他的回答，先有8月25日，美国一天七惊，即七起航班遭遇安全威胁而改变航线，后有南亚一连串爆炸事件和9月12日美国驻叙利亚大使馆遭受的炸弹袭击，接着是9月13日伊拉克的两件事：巴格达一枚炸弹爆炸，死11人，伤58人；首席检察官要求萨达姆一案主审法官辞职。美国导演审判萨达姆，辩护律师死得不明不白，证人不敢到庭，主审法官被被告诘问得张口结舌、前言不搭后语，然后是糊里糊涂地判处绞刑。判词一出，国内乱上加乱，死亡的美国士兵越来越多。

美国号称为打击所谓恐怖主义而发动的入侵伊拉克的战争，先就加剧了美国的恐怖。战事一起，美国没有一天安宁日子。战争进行中每个美国人每秒为战争支出6300美元。战死的美国军人每天都在增加。战争使美国从一个令人畏惧的国家变成一个令人厌恶、仇恨、藐视的国家。在国内，涌动着越来越强烈的反战浪潮。这种不安宁，一直闹到媒体天天嘲讽、挖苦、甚至骂布什，闹到布什的国防部长拉姆斯菲尔德下台，闹到布什的党失去议会的主导权。美国当局，已经在热热闹闹的反对“恐怖主义”的喧嚣中，陷入货真价实的恐怖。

2006年9月5日，白宫发表一份最新反恐报告《打击恐怖主义国家战略》：“美国比以前安全了，但还不敢说我们安全了”；“挫败了很多起袭击事件，但我们还是无法完全阻止他们”；“尽管我们的陆海空以及边境安全得到了大大提升，但我们的祖国仍无法免遭袭击”。——这种“但”书文章写得曲折又曲折，然而充满着欺人之谈和无可奈何。使用同一句式，换几个字，就是：尽管我们在说谎，但我们不得不说谎。

9月24日，美国各大报纸发表了美国中央情报局的《全球恐怖主义趋势对美国的影响》，承认他们的反恐战争“没有成功”，反而“导致了新一轮极端主义浪潮的兴起，使恐怖威胁更加严重”，着着实实打了布什和他的政府一记耳光。

9月上半月，各国媒体关于“9·11”5周年的文章遍于全球，排着队揭开美国当局的疮疤：

> 4日。法新社华盛顿电：《“9·11”事件过去5年后，不再有“我们都是美国人”的口号》。
>
> 6日。美国《华盛顿观察》周刊(网络版)发表《5周年：美国输了反恐战争？》。德国《法兰克福评论报》发表《本·拉登在哪儿？——为什么抓不到全世界通缉的恐怖分子的五个原因》。
>
> 7日。德国《时代》周报发表《什么有助于反恐——“9·11”发生5年后，到了总结西方得失的时候》：“美国陷入所谓的全球反恐战争的时间比它卷入第二次世界大战的时间还久。与当时不同的是，人们现在还看不到胜利的希望”，

“美国若不彻底改变目前的反恐方针，就会造就更多的恐怖分子”。同期还有《布什的反恐战争使极端主义者的力量得到加强并使世界变得更加不安全》：“伊拉克战争不仅是一个错误，而且违反国际法。”

8日。美国《华盛顿邮报》发表《消失的双塔，消失的领导地位》：“5年后，看到令人作呕的美国政治现状，目睹我们在世界的地位不断下降和我们的国家领导人的种种行为，你就会想为你的国家哭泣。”法国《世界报》发表《布什没赢，本·贝拉也没赢》：“全球反恐战争出现了双重失败，即美国和恐怖主义的失败”。日本《日本时报》网站发表《从失败政策中重新起步》：美英反恐政策具“致命缺陷”。

9日。英国广播公司发表《反恐战争迷失了方向》。

10日。美国《洛杉矶时报》发表《美国打赢这场战争了吗?》。英国《独立报》发表《“9·11”，血腥的遗产》。

11日。美国《国际先驱论坛报》发表《“9·11”使美国经济根基脆弱》。英国《独立报》网站发表《“9·11”的苦涩遗产》：在美国因与“9·11”事件有关被指控有罪的仅1人；世界由于反恐战争死亡的平民72万人；在阿富汗和伊拉克丧生的美国军人2932人；反对布什的纪录片《华氏“9·11”》票房收入1. 19亿美元；2006年美国为搜捕本·贝拉和其他恐怖分子将花费80亿美元。

12日。美国《纽约时报》发表《伊拉克西部政治安全形势严峻，除非向该地区运送大量援助并派遣一个师增援那里的美国部队，否则形势会继续融化》。

13日。香港《成报》发表《美国驻外使馆戒备如监狱》。

14日。墨西哥《每日报》发表《“9·11”事件5年后布什在拉美江河日下》。

世界不因美国的所谓反恐战争更安全，恰恰相反，恐怖无处不在。不仅这场战争，而且美国及其霸权主义，新自由主义及其全球化，本身就成为恐怖的同义语。法国一家报纸说得不错：最近10年来，全球恐惧症的种类几乎增长了3倍以上，从1996年的300种增加到2006年的1030种，世界不安率也由10%提高到15%。世界1/4的人患有恐惧症。现在30岁以下的年轻人大量患恐惧症，高智商的人也大量患恐惧症。①

作恶者生活在恐怖中。然而当局又把这种恐怖感推广开来。于是普遍的恐怖感成为独裁专制的利器和得以存在的根据。美国充满恐怖：先是红色苏联恐怖，接着是萨达姆和本·拉登恐怖，然后是一大串令它恐怖的名单——“中国制造”、“非法移民”、朝鲜、委内瑞拉、伊朗、玻利维亚，如此等等。这里既有美国当局自己制造的、自作自受的恐怖，又有原本并不存在而它着意渲染炒作起来以加强其霸权统治的所谓恐怖。它自己就是恐怖的根源，就是把恐怖作为政治资本的最大的恐怖主义者。

① 《全世界四分之一的人患恐惧症》，法国《欧洲时报》2006年10月7—9日。

别名12：

北约全球化

北约是一个美国直接控制并纠集几个其他西方发达国家参加的军事政治组织。美苏对峙期间，它的活动范围仅限于在欧洲抵制苏联的影响。随着解体苏联，它在美国控制东欧和巴尔干地区的战略中，发挥了重要作用。但是还在向东扩张，特别是“9·11”事件以后，一直扩张到企图控制全部中东和中亚，接近俄罗斯和中国的边界。2003 年 8 月，北约正式接管阿富汗所谓“国际安全援助部队”。

1999 年以来，北约在华盛顿首脑会议上确定了二十一世纪的战略新概念，这就是把在原防区外干预地区冲突、防止大规模杀伤性武器扩散、打击恐怖主义和跨国犯罪作为新的使命，从理论上解决北约继续存在的“必要性”问题。然后是实践：军事干预波黑危机、发动科索沃战争、参加波黑和阿富汗的维和、帮助伊拉克培训军队。

2001 年 11 月，北约在布拉格召开首脑会议，决定吸收东欧 7 国加入北约，并声称将对“世界上任何地方的危机”进行军事干预。为此正式组建一支快速反应部队。

2004 年 6 月，北约首脑伊斯坦布尔会议，制订了在大西洋地区之外进行军事干预行动的计划。

2006 年 4 月，北约在保加利亚首都索非亚举行 26 国外长非正式会议，决定发展“全球伙伴联盟”，作为即将于 11 月间在拉脱维亚首都里加召开的北约峰会的议题。关于这次的索非亚会议，法国《费加罗报》4 月 27 日有如下报道：美国希望北约向太平洋发展。北约成员国的外交决策者正在研究美英提出的与亚洲国家发展军事关系的建议。美英还建议与澳大利亚和日本优先发展军事关系。继东欧、地中海和海湾之后，北约现在希望向太平洋发展。北约的野心已经没有边界。

西方主流媒体，为此大造舆论。

美国布鲁金斯学会研究员达尔德和美国对外关系委员会研究员古德捷吉尔，明确提出“北约的全球化”，主张北约适应美国全球霸权主义的新战略，“超越传统的地理界限和行动范围”。①

美国《基督教科学箴言报》网站 8 月 21 日，有《北约二十一世纪的任务：从“欧洲”到“全球”》。

美国《国际先驱论坛报》10 月 13 日发表《为了全球安全，扩大北约》。

然而事情并不如意。11 月里加会议前夕，世界甚至从西方听到的，也是两种而不是上述一种声音。

一方面是布什，强调的是“北约现在应该成为一个在欧洲以外的一些地区探讨安全的组织”。——“欧洲以外一些地区”，却不明言哪些地区，既不直接得罪人，又因其宽泛而无所不包；又是“探讨安全的组织”，北约什么时候变成了一个“探讨”问题的组织呢？这种集虎狼一样的凶残、兔子一样的怯懦于一身的表演，总在告诉世界一些什么。

一种别有所图、用心险恶的安排是，恰恰在会议的前一天，即 11 月 27 日，美国总参谋部所属的国防大学国家安全研究所，汇总了一份题为《中国在世界范围积极行动》的报告。报告所列

① 《北约的全球化》，美国《外交》2006 年第 9—10 期。

中国的罪名是，“一方面在反恐对策及北朝鲜核问题上与美国合作，同时又支持不包括美国的各地区的各种自主行动”，具体地说，就是中国积极参加中俄和中亚国家组成的上海合作组织、东盟和日中韩组成的东盟 +3 会议，以及东亚首脑会议这些协商机构的活动。它终于想出了一个由头：“亚洲国家为谋求抵消中国的影响，要求美国积极参与亚洲事务。”

中国和谁发展关系，支持和参与什么活动，为什么非得经过美国签发批准证明呢？这些罪名真是霸气得可以。《日本经济新闻》坦率地指出，北约全球化，目前就是北约进入亚太，在亚太找到了动枪动炮的明确目标——中国和俄罗斯。

> 北大西洋公约组织 28 日开幕的领导人会议将确定，把日本、韩国、澳大利亚作为新的“合作伙伴”，目的是考虑在欧美地区之外开展工作，推动与亚洲地区的合作和情报交换工作。……
>
> 在欧亚大陆，由中国、俄罗斯和中亚国家组成的上海合作经济框架，在探索安全合作问题，北约希望通过与日、澳、韩的合作，能够监视这一动向。①

一些欧洲国家发出另外一种声音。法国国防部长强调的，还是“欧洲—大西洋军事联盟”。伦敦一家欧洲改革中心的分析家丹尼尔·基奥恩对法新社记者表示，向世界特别是向中国和印度发出“这是西方对抗其他国家”的信息，“有可能”是很不明智的。比利时、希腊、西班牙、意大利，也在不同程度上反对

① 《北约扩大与日韩澳的合作》，日本《日本经济新闻》2006 年 11 月 28 日。

北约全球化。①

这意味着什么呢？

第一，新自由主义全球化和美国霸权主义全球化在全球处处碰壁，美国为首的国际垄断资本，正在进行军事的集结，正在企图更多地使用军事手段维护和扩大自己的利益。北约正式成为美国对全球进行军事政治干预和控制的武器。所谓北约扩大，其实就是：美国垄断资产阶级的势力、权益、影响、野心到那里，北约就到那里。

第二，北约的行动，一个针对社会主义国家，一个针对第三世界。我们已经看到了它在解体和毁灭南斯拉夫过程中的角色。它现在的扩大，直接目标无非是向北制约俄罗斯，向东制约和包围中国、朝鲜。我们也已经看到了它在侵略伊拉克和阿富汗过程中的角色和深陷泥坑的窘境。现在还有让西方头痛的力量，比如苏联的几个加盟共和国，"颜色革命"久攻不下，也还要准备依靠导弹飞机之类东西；又比如伊朗、叙利亚、黎巴嫩真主党、土耳其库尔德人武装等等。在非洲，北约已经向苏丹插手，也是随时准备"扩大"下去的。

第三，第三世界中还有一个拉丁美洲。美国操纵北约，然而其中也有其他欧洲国家的军事力量。它会允许比如法国和德国军事力量的触角，进入这个它独占的领地吗？这只有在它掌握绝对控制权和指挥权，其他力量成为它的绝对附属物的时候，才是可能的。

第四，北约在伊拉克和阿富汗的记录，是失败而不是胜利。德国《法兰克福汇报》2006 年 10 月 9 日有《危险在增加》，认为北约在阿富汗的维和行动一旦失败，将会失去信誉。几天以后，

① 《北约全球化：华盛顿赞成，欧洲人意见不一》，法新社布鲁塞尔 2006 年 11 月 24 日电。

就有英国《卫报》10月20日的《北约不可能在阿富汗取胜》：

> 在塔利班下台5年后的今天，阿富汗正陷入与伊拉克一样的血腥杀戮。安全形势已经崩溃。1/3国土饱经暴力叛乱的蹂躏。自杀式炸弹爆炸事件不断增加，上个月有230人丧生；外国承包商遭到绑架。警察和政府官员遭到谋杀。
>
> 在那里，民族主义情绪日益抬头，百姓由于政府任命的地方官员贪污腐败而忍无可忍，由于联军的军事战术而怒火中烧，由于政府未能改善基础设施而失望。这些因素结合在一起，形成了抵抗运动的潮流。
>
> 英国和北约正在为下一步的反应发愁。

如果回过头去看一看北约的历史，就可以明白，美国的这个武装到牙齿的猎犬，在哪里没有遇到强大的阻击、在哪里胜利过呢？北约在东欧国家包括南斯拉夫的业绩，与其说是它的胜利，不如说是那些国家领导集团自身瓦解的结果。在伊拉克和阿富汗，它是尝到了人民反抗的苦头了。可以预言，无论在社会主义国家还是在其他第三世界国家，凡是在人民英勇抵抗的地方，它只能收获失败。

第五，北约目前是一个美国靠自己的权威和实力拼凑起来的军事政治联盟。在社会主义国家和其他第三世界国家之外，它的使命之一，是美国借此控制其他西方国家和新加入进来的东欧国家。把这些力量聚合在一起的，不是正义，而是各国统治集团的利益。无非是慑于美国的威逼，甘心做“马前卒”式的小伙计或者炮灰，牺牲自己人民的生命财产而拣点残羹剩饭。或利尽而交疏，或见利而相争，“联盟”毕竟只具有暂时的性质。各国的人民反对。各国的统治集团也自怀异志。随着人民的斗争，它的分崩离析倒是不可避免的了。

然而就近期来说，北约全球化——尽管程度不同，尽管不能完全如美国当局的心愿——仍然是残酷的事实，世界人民为此付出苦难的代价仍然不可避免。

别名13：

坏思想全球化

英国一篇报纸文章提出，“在世界强国中流传坏思想并非新鲜事物。但是现在，全球化使坏思想传播的速度更快、范围更广，所到之处造成严重破坏，给人们带来许多苦难”，“当大量的资源被使用以支持坏思想时，坏思想会变得更加危险”。①

该文所谓的“坏思想”是一种语焉不详的概念。该文所谓坏思想，包括法西斯主义、共产主义、日本式管理、亚洲价值观。这种界定本身就会引发巨大的争议。但是它把美国的星球大战计划、建立美国为首的全球金融体系的企图和“经济周期终结”理论归属到坏思想，认为出现、采纳这些东西，只会给一个已经动荡而危险的世界带来更多危险和动荡，还是有见地的。

真正威胁世界，而且已经和正在全球化的坏思想，最主要的是美国垄断资本的意识形态。这种意识形态的核心，就是美国垄断资本自封的全球绝对统治地位，就是他们的统治天然有理而其他人只配当奴隶。为此有美国文化霸权主义，有取消人民历史主动性和销蚀人民反抗精神的消费文化。

“硬办法”已让位于“软办法”。

那些“反帝”的反对派回到家里，仍然只能收看美国有

① 《危险世界里的错误思想》，英国《金融时报》2002年11月25日。

线电视新闻公司的节目或因特网上的消息，以了解外部世界。牛仔裤和摇滚乐之类的东西，在奠定美国新的统治地位方面，可能比原子弹更具有决定性意义。

美国的影响战略的实行，要同时依靠国际货币基金组织和世界银行作为资金提供者的作用、美国的出口以及美国的生活方式和文化在中产阶级中的影响。同B—52轰炸机的作用相比，美国的影响战略更有效、代价更低。

对美国来说，在电视上播放美国的电影和连续剧以及美国式的新闻，具有首要的战略意义。所有这些文化产品都是根据美国“感情”制作的，是按照美国对世界的看法来教育人的。我们这样说，可以说是触及到了问题的核心。美国的娱乐业在世界各大陆传播，各国制定的有关规章制度已经不能使当地居民免受这些图象的影响。世界上越来越多的人，在接受美国有线电视新闻公司播放的新闻和美国电视剧的熏陶。大公司不得不接受美国会计标准和美国“企业管理”规则。美国培养了拉丁美洲、中国和韩国的许多精英人物。

归根结底，美国的力量首先在于头脑。这当然是指领导人的头脑，但也是指所有那些美国化了的人们的头脑。①

这种坏思想控制西方国家，同时大举进攻第三世界国家，占领世界的几乎全部意识形态制高点，进行一场就其深度和广度而言从未有过的全球洗脑运动。这是一种美国展开其文化霸权、向全球发动文化侵略和进行文化渗透的过程。

坏思想全球化正在改变全球。健康的思想从人民诚实的劳动中产生，却从来不会自发地产生免疫力。世界200多个国家，

---

① 《美国将并购整个世界吗?》，法国《玛丽安娜》周刊1999年11月22—28日。

但是所谓“国际社会”、“国际舆论”其实主要仅限于美国和十多个西方国家。新加坡一家报纸就坦率地称呼“国际社会”为“西方”。[①] 美国官方或得到官方认可的著作成为世界各国大学、各国官员的当然教科书。各国人民丰富多彩的、积极进步的文化被对美国霸权主义的臣服、崇拜、向往、模仿所替代，他们为摆脱悲剧命运、创造自己新生活而进行的历史探索，总是受到压抑与窒息，设法被埋没和遗忘。世界各国的首都和大城市变得越来越一个模样：小汽车、噪音、烟雾、摩天大楼、夜总会、富人别墅区、选美比赛、模特儿表演、规格化超级市场、臃肿、暴力、快餐、耐克、芭比娃娃、高尔夫球场、美国草铺就的草坪，总是争先用美国的纪念日淡化本民族的传统纪念日、用迪斯尼同化观念、用麦当劳统一口味、用美国明星统一审美标准。

非洲荒芜草原的茅屋家徒四壁，穷得没有一张床、一张桌子，但是墙上贴着美国女郎的大幅半裸照片。第三世界的街头和电视屏幕满是美国广告。美国商品广告和电影、电视剧，以绝对优势占领第三世界国家的大街、影院、剧场、放映厅和家庭电视机。普通人因为有一件美国体恤衫而傲然周围。女士如果穿上美国短裙就身价陡增。精英则宁肯忘记自己的祖国和母语，以使用英语和西餐刀叉为炫耀资本。“兄弟当年在哈佛”或者引述几句哈耶克、弗里德曼之类，成为进入政界、爬上社会上层的敲门砖。俄罗斯曾经是一个文化大国，现在则不仅大量引进美国充斥着性和暴力的影片，而且自己也在亦步亦趋比赛拍摄这类东西了。阿根廷因为照搬美国模特儿文化而出现一种苗条病：营养不良、枯瘦如柴、面容憔悴、弱不禁风，10个姑

① 《为什么中国如此理智地对待西方》，新加坡《海峡时报》2006年6月17日。

娘中就有 1 个患者。①

曾经属于人民的，风格平实简朴、大方庄严的莫斯科，现在成为聚集着富翁的最为奢华的城市。物价排名全球第四，房价则跃居首位，2005 年每个平方米涨到 2700 英镑（1 英镑约合 1.82 美元）。但是俄罗斯人均月工资 170 英镑，莫斯科人均月工资也不过 350 英镑，而且在这个"人均"背后的，是日益加剧的贫富两极分化。苏联时代政府向普通人提供的简洁实用的住宅和廉价旅馆被夷为平地，取而代之的是豪华商场、富豪俱乐部、喷水池、草地和四星级、五星级的西式酒店。所有这些，都是参照西方城市和跨国公司的收入水平建造的。英国《卫报》这样描述印度的情况：

> 印度经历了两个多世纪的殖民统治，从 1951 年至 1980 年取得的进步是最明显的。到 1980 年，印度平均年增长率是 3.5%，赶上了大多数国家的增长速度。在这一时期内，印度受到嘲笑的社会主义经济也有助于提高该国的工业能力。
>
> 事实上，中国的国民收入在计划经济年代即 1952 年至 1978 年间增长了 5 倍。尽管工资很低，但社会福利——有名的"铁饭碗"——保证了就业、养老金、公费医疗等福利，从而带来了个人安全感。
>
> 印度追求经济增长的代价也是产生一批新贵，并使已经到了警戒线的社会和经济不平等进一步扩大。保健设施和初等教育已经恶化。经济增长局限于都市中心，并在很大程度上造成失业。1/3 的印度人生活在极端贫困和被剥夺

① 《阿根廷姑娘为崇拜模特儿付出代价》，美国《华盛顿邮报》1997 年 7 月 3 日。

> 的状态中。好斗的共产主义运动已经在那些最贫困的邦死灰复燃。
>
> 在一个能源匮乏的世界，随着印度和中国的崛起，出现一批消费主义中产阶级，人们不难想象，这个世界将难逃曾经使上个世纪变得血腥的经济竞争和军事冲突。不管怎么样，追求无休止的经济增长、希望印度和中国几十亿消费者有一天也能享受欧洲人和美国人的生活方式，只能是一种荒唐而又危险的幻想。①

美国一家杂志邀集几位政界、商界、文化界名家，围绕所谓“反恐”，议论美国文化全球化现象。议论中的两个问题值得注意。一个，这种全球化“使西方的办事作风、方法和价值观引入了发展中国家，这样做往往使少数人富了起来，可是没有给广大群众带来实惠”。另一个，“实际上，世俗的美国文化在全球广为传播促成了一种逆反倾向的形成，即激起人们狂热地推崇以宗教为基础的本土文化，比如在伊斯兰世界，这通常表现为反美主义。”②

这两条沾点边，只是没有透底。实际上，第一条是说，坏思想全球化是美国霸权主义的一种形式、途径、武器，在新自由主义全球化进程中发生了广泛的、带根本性的、极为恶劣的作用。第二条是说，它正在异化到走向自己的反面，创造终将埋葬自己的敌人。

---

① 《西方对印度和中国崛起的看法是一种自我肯定的推理》，英国《卫报》2006年6月10日。

② 《从危机中吸取教训》，美国《未来学家》2002年第9—10期。

别名 14：

犯罪全球化

什么叫犯罪，是一个最直接地关系到对立阶级立场的、必然产生尖锐分歧的问题，也是古往今来一切剥削阶级都在制造最大思想混乱的问题。

在他们看来，阶级压迫、民族压迫天理昭然，而旨在推翻这种压迫的反抗和革命，就是最大的犯罪。新自由主义全球化使这种混乱达到顶点。偷窃是犯罪。抢劫是犯罪。但是，难道有比美国推行霸权主义、国际垄断资产阶级欺压盘剥工人阶级、被压迫人民、被压迫民族，全球掠夺和杀人越货，有比第三世界的买办资产阶级出卖自己国家的主权和独立、出卖自己的民族资源、生产力和人民利益更大的犯罪吗？他们把这种自封的权利叫做上帝赋予的权利。"饥寒起盗心"，正是因为剥削者把他们的窃国大罪合理化为法律。在狭义上，发生在全球任何地方的危害人民权益的犯罪行为，难道有即使一件，和美国及其推行的新自由主义没有直接的或者间接的关系吗？美国当局把它所谓的恐怖主义指为犯罪。以反对恐怖主义之名，动用国家力量，发动侵略主权国家的战争，占人国土，灭人种族，杀人平民，掠人资源，这种标准的、危害最严重的恐怖主义，正是美国自己。大家都在谈论犯罪，然而对这一概念的理解，真是相差十万八千里。

西方主流媒体的通病是，经常把犯罪和贫困相联系，却不去揭示导致犯罪和贫困的深层社会原因。

但是第一，今天贫困的来源，不是资源短缺，不是贫困者的愚蠢懒惰和没有接受高等教育的毕业文凭，也不是社会生产力发展程度不够，而是资本主义制度特别是新自由主义的全球统治地位。贫困无罪。相反，穷人总是犯罪行为的最大受害者。

第二，“不是穷人比富人犯罪更多，而是现行的司法制度对穷人不利”。①

第三，不是贫困引起犯罪，而是资本主义制度、新自由主义制造的贫富两极分化、失业和与此必然地联系在一起的贫困，成为犯罪滋生的沃土。美国的数据是：失业率每上升1%，监狱囚犯就增加4%。相关的现象是，被谋杀者增加5.7%，自杀者增加4.1%，到精神病院看病的男子增加4.3%、妇女增加1%，死于心脏病、肝硬化和其他疾病的人增加1.9%。联合国《关于犯罪与公平的全球报告，1999》得出结论，说社会经济压力是解释世界各国“接触性犯罪”（包括谋杀、恫吓、性暴力、性骚扰和抢劫）变化程度的重要因素，一个国家的基尼系数增加1个百分点和谋杀率增加1个百分点，是相互关联的。世界银行对50多个国家的调查，也发现一种全球性的对应关系：收入不平等的扩大，导致谋杀率增高。②

第四，一个特别值得注意的现象是，新自由主义为犯罪的松绑，一方面导致犯罪和非犯罪之间界限模糊以及非犯罪领域、部门、行业甚至全社会的犯罪化，一方面导致犯罪现象愈益走向残酷和野蛮。中国有“盗亦有道”之说。在一种可以控制的社会秩序的范围内，“盗”也有自己的“游戏规则”。比如绑架和偷窃都是犯罪，然而按照“盗”的“道”，绑架的目的是索取赎金，

① 《新闻、民主……与阶级斗争》，美国《每月评论》2000年第11期。

② 《暴力的世界》，美国《当代》2000年8月号。

收到赎金，于是放人；偷窃的目的是获得财物，财物到手，并不伤人。现在是收到赎金也要“撕票”，获得财物也要伤人甚至杀人。闹得“盗无道”，也算得新自由主义的一大发明。

我们姑且不在“犯罪”这一概念上进行详尽的论辩，而只在目前人们普遍接受的范围内论及犯罪全球化问题。

按照墨西哥杂志文章的计算，世界犯罪行业的总产值，已经占到世界国内生产总值的2%到5%，即6000亿美元到1.5万亿美元。这里所谓“犯罪行业”，包括了贩卖毒品、贩卖武器、组织非法移民、卖淫、掠夺资金、非法制造产品、逃税和洗钱。它把罪犯等同于黑手党。①

全球犯罪率在大幅度上升。欧洲刑警组织2006年6月间向欧盟25国内政部长提交的报告评估，本年有4个大的黑社会团体对欧盟特别具有威胁性。这些团体的参加者相当一些并非来自欧洲国家。其犯罪超出墨西哥文章指出的范围，特点之一是使用精密技术诈骗和盗用信用卡，对欧盟造成严重经济威胁和“欧盟国家已经应付不了的局面”。②

美国安然公司、世通公司等一系列大公司严重腐败东窗事发，证明在西方国家，越是大型跨国公司，越是黑幕重重，越是经济犯罪的最大洞穴。日本《产经新闻》由此谈到日本用进口牛肉冒充国产牛肉的事件，把美国、日本这些国家经济犯罪不断的现象，归之于“资本‘主义’在心理上和行动上主要是想短期内使资本的利润最大限度地膨胀”。美国曾经推行所谓所有权与经营权的分离，结果是“经营者同时成为股东”。法律条文密密麻麻，然而法律本身成为收买对象，“法律万能主义是行不通的”。于是美国为了应对经济危机，就“对其他国家进行帝国主

① 《世界经济实力》，墨西哥《全球化》2002年第12期。
② 法国《欧洲时报》2006年6月7日。

义的攻击”。[1]

事源于资本主义的本性。经济犯罪由此产生，又在这个循环圈里周而复始。这就是日本文章的结论。

由于苏联解体而成为资本主义新兵的俄罗斯，几乎在社会进步和经济发展的一切方面都表明着负号，惟独经济犯罪领域出现大幅度跨越。一个同西方国家相比经济犯罪曾经微不足道的国家，现在飞跃直追，屡屡创造新的奇迹。按照 2002 年 11 月俄罗斯内务部公布的数据，这年警方记录在案的经济犯罪 34 万起，11.9 万人受到指控。黑手党控制着 50 万家企业，包括国家最大的汽车厂家伏尔加汽车制造厂，并对圣彼得堡、新罗西斯克、纳霍德卡等主要港口影响甚大。国家经济总量的 40% 以上与犯罪经济有关。这导致 10 年来 1200 亿至 1500 亿美元的资金非法外逃。[2]

正常情况下一般认为很少或不会涉及犯罪行为的人们，也卷入犯罪的恶流。

根据联合国的一项调查，一向以彬彬有礼的绅士风度自诩的英国，现在成为西方国家中犯罪率最高的国家。它平均每百人中有近 18 人犯罪。其后是澳大利亚，百人中 16 人。英国《星期日独立报》2006 年 7 月 14 日的头版文章，索性把英国称为“西方犯罪之都”。

英国少年犯罪团伙尤其使政府头痛。他们整天在街头游荡，抽烟喝酒，吸食毒品，毁坏公物，以威胁和攻击他人取乐，形成一种“小流氓文化”。最新的统计显示，其中 60% 的团伙涉嫌绑架，30% 的案件涉及枪击，40% 曾经从事毒品交易，谋杀和强奸各占发案率的 10%。政府为此已经决定“从 3 岁娃娃抓起”

① 《资本“主义”的未来令人担忧》，日本《产经新闻》2002 年 8 月 26 日。
② 埃非社莫斯科 2002 年 11 月 9 日电。

观察“潜在犯罪倾向”了。[①] 日本青少年犯罪自1991年以后趋于增加。2003年少年犯罪相当于成年人犯罪的8倍，在拦路抢劫等街头犯罪中占70%。美国城市地区，1990年至2002年间被定罪的杀人犯中，将近1/3被捕时不足21岁，1/2不足25岁。在俄罗斯，2004年超过112万未成年人因犯案进过警察局，其中55.5万人有一般违法行为，15.4万有犯罪行为，1.9万人有犯罪前科，5.8万人正在通缉。

犯罪低龄化，是一个世界性问题。不是没有法律，而是现行法律本身，就在维护犯罪和制造犯罪。一位参与英国布莱尔政府的相关法律改革的官员说，“越来越多地把轻微违法行为的青少年当成罪犯，对青少年坚持大量采用拘留和判刑这样的处罚。还有一些我们真的应该感到羞愧的问题，如囚禁青少年的方式和将涉及社会行为的青少年妖魔化等。”于是法律改革成为向青少年发起的战争。[②]

由于收入不足和医疗费用增加，使老年犯罪成为日本的一道新的社会风景线。监狱里的老年罪犯越来越多。过去10年，60岁以上犯人增加两倍。其中多为盗窃罪。有些老人为生活所迫而选择监狱，以保证一日三餐和有一个挡风遮雨的住处。这使得日本监狱不得不增设轮椅滑行的坡道、浴室扶手甚至配备喂食的护士。德国的老年罪犯10年来也增加两倍。这使《明镜》周刊感慨系之：“德国从未有过像今天那么多的老年小偷、老年骗子和老年暴徒。”[③]

新自由主义全球化甚至使少女已经不再仅仅意味着美丽圣洁和温柔多情，而是把她们改造为惯匪和职业杀手，推进到犯

① 《“小流氓文化”让英国人头痛》，《世界新闻报2006年3月10日。

② 《对青少年发起的战争正在把青少年妖魔化》，英国《观察家报》2006年8月20日。

③ 《德国老年犯罪活动呈上升趋势》，德国《明镜》周刊2004年12月6日。

罪人群。在哥伦比亚，贫困成为女人的代名词。2004年1月到11月间的一项统计显示，因杀人被拘捕的女性人数比上年同期增加27%，与袭击或殴打有关的犯罪上升14%，与毒品有关的犯罪上升18%，非法拥有、制造或走私枪支弹药的犯罪上升18%。一篇介绍哥伦比亚女性犯罪的文章使用了这样的引题："冷血女郎很漂亮，伤害贫困拿起枪"。①

美国少女在使用暴力进行袭击方面正在超过男孩子。美国有一个专门机构，叫做少年司法和不良行为预防办公室。这个办公室承认，即便在男孩子犯罪下降的年份，少女犯罪率仍然在上升。美国联邦调查局承认，1992—2003年，少女犯罪案件上升6.4%，在攻击性犯罪中上升40.9%。美国司法部的数字是，从1995年到2004年，法院受理的男性犯罪案件年增长率3.3%，女性犯罪率年增长率5%。

美国报刊越来越多地出现这样一类标题：《女孩子们变得更加暴力》、《少女暴力事件上升》、《女孩子不再是甜点》、《少女和暴力》。华盛顿的少女犯罪团伙，就超过270个。她们已经把班级里的口角之争、校园里的小打小闹扩展为街头的大规模斗殴。在一个世界最富有而贫富两极分化日益加剧的国家，在一个少数几个富有者可以买下半个地球而穷困者家徒四壁、一贫如洗的国家，在一个电影、电视、广告、报刊、书籍、手机、短信、邮件、因特网无处不宣扬暴力的国家里，还能够希望什么呢？

这个帝国主义、霸权主义国家，一方面自己就是名副其实的"监狱国家"：它奴役和囚禁自己的人民，人口占世界5%而囚犯占世界25%，处决少年犯人居世界首位，世界名城芝加哥荣获"谋杀之都"的称号，华盛顿也由于犯罪率上升而在2006年

① 《哥伦比亚女性犯罪多》，《世界新闻报》2005年1月14日。

7月宣布进入“犯罪紧急状态”。犯罪和色情——这可以算做是它的道德的或者叫毁灭道德的永恒主题——弥漫全国，此类杂志、报纸、书籍、电影、电视销量最大。另一方面，它在自己的全球化中全球犯罪并把全球变成监狱，变成出口诈骗、抢劫、盘剥、屠杀等犯罪知识和出口武器、刑具的无边无际的市场。

有相对独立性又彼此相关，往往很难同犯罪全球化断然划分开来的，还有**黑社会全球化**、**毒品全球化**、**洗钱全球化**、**赌博全球化**、**走私全球化**。

无论在美国或是日本，人们都会或明或暗地感觉到，尽管有各种看来完善的所谓民主程序和堂而皇之的宣言，尽管没完没了地自封“民主国家”，然而控制国家政治权力核心的，往往是一种神秘的、带黑社会色彩的小宗派。日本有黑社会组织的登记制度、合法批准证书和活动条令。截止2005年，日本有合格准证的黑社会组织为21万，每个组织的成员从70到2万不等。它有自己的理事会、企业和律师。黑社会草菅人命、噬血成性。但是很有趣，2007年7月，黑社会头目还以维护“人权”为由，就“反黑主题的教育片抹黑黑社会”，向福冈县教育委员会正式提出抗议。

在俄罗斯，毁灭社会主义之后的一大特色，是“地下经济”繁荣昌盛。根据2005年10月间的统计，俄罗斯地下经济相当于国内生产总值的40%以上，大约为9.8万亿卢布(折合3420亿美元)。地下经济，也被称为灰色经济、影子经济、黑色经济、经济黑洞，包括逃避纳税的小商小贩，尤其包括具有黑社会性质的犯罪经济。

即使就狭义而言，黑社会也已经成为全球现象。新自由主义染指的国家和地区，总是存在着黑社会，而且它们的活动总是具有超越国界的跨度。欧洲刑警组织2006年6月间向欧盟25国内政部长提交报告，首次对黑社会的威胁进行全面评估。报告说，2006 年有 4 个大的黑社会团体对欧盟特别具有威胁性。这些团体主要在欧洲国家活动，成员则来自欧洲本土、非洲和亚洲。他们的活动，有走私贩毒、走私人口、诈骗和盗用信用卡、制造假币。美洲有世界最大的黑社会犯罪网络。其数量庞大、组织严密、活动方式灵活多样，暴力手段非比寻常。比如让美国当局大为光火的伊拉克反美武装的“斩首”，在美洲甚至美国本土，就屡见不鲜。

英国《经济学家》载文说，黑社会不仅广泛地存在于中美洲国家，而且也已经在美国迅速蔓延开来。文章称洛杉矶是一个“滋生黑帮的城市”，华盛顿特区黑帮集中程度名列第二。文章传达出的三个情况值得注意。一个是，美国的监狱就是“犯罪学校”，“在大多数情况下，那些刚从洛杉矶被驱逐出来的黑帮成员，就能自由地在家乡组织活动，而且在美国学到了各种技巧，声望也高了。”另一个是，由于富人的严密的保安措施，黑社会犯罪的主要侵害对象只能是普通人。最后，黑社会成员来自失业人群和贫困者。①

这就是说，当一个资产阶级社会抛弃底层的受苦受难的人们的时候，所谓黑社会，就成为一种带有原始性的、残酷而野蛮的报复方式。黑社会的存在和蔓延，是社会制度和新自由主义政策的产物。罪恶的来源不是那些受苦受难者，而是社会，而是社会的执政者。

全球毒品贸易2002 年达到5000 亿美元，是仅次于世界军火贸易而高于石油贸易的第二种交易。吸毒品的人数超过 2 亿。种植规模最大的为“金三角”——缅甸、泰国、老挝及印度等一些邻近地区；“金新月”——阿富汗、巴基斯坦、伊朗交汇地区；非洲西部几内亚湾沿岸；拉美哥伦比亚、厄瓜多尔、玻利维亚、

① 《美洲的黑帮问题》，英国《经济学家》2006 年 1 月 7 日。

秘鲁，被称成为南美的“金三角”。

毒品生产和转运本身就是一种全球化现象。总部设在纽约的“自由之家”1997年初发表的一个报告说，在全球31个生产和转运毒品的国家中，21个属于“新的民主国家”。它唯独没有说出来的事实是，最大的毒品市场在美国，吸食者占人口8.2%。其次为西欧国家。在社会主义时代消灭毒品种植和吸毒现象的俄罗斯与东欧国家，通过新自由主义而接受资本主义，被划归为“新的民主国家”，现在在吸食毒品方面，则紧随美欧之后而穷追不舍了。法新社维也纳2006年6月26日的一则报道，题目就是《东欧国家青少年吸毒的人数5年内增加了3倍，迅速赶上西欧的水平》。新自由主义把“市场自由”绝对化为神圣教条。最符合市场律令和市场规律的，莫过于毒品的生产和销售。为暴利所吸引，或者出于某种政治目的，甚至美国中央情报局和美国军警，都在参与毒品销售活动。美国在反对毒品名义下投入的资金，每年为400亿美元左右。结果产销两旺、愈反愈盛，使毒品问题形成恶性循环的局面。

在所谓“新的民主国家”中，接受新自由主义的拉美国家，同时成为大量种植和销售毒品的国家。倒是摆脱新自由主义而进行自己的探索的玻利维亚，毒品问题正在得到明显缓解。

一个典型是阿富汗。阿富汗在苏联军队撤出之前不存在鸦片生产。美国中央情报局为着反对苏联而支持某些社会势力，恰恰通过种植鸦片筹集毒品美元，然后洗钱进行资助。阿富汗毒品经济本身，正是美国战争计划的产物。塔利班政权曾经同联合国合作，在2001年使阿富汗鸦片生产下降90%，为185吨。美国入侵，摧毁塔利班政权，扶植一个新政权，美国当局宣称“重建”阿富汗成功，“民主和新生”到来，实际上在这里开拓的却是毒品经济的新局面。2002年，阿富汗鸦片产量达到3400吨。2003年3600吨，占世界鸦片产量的2/3，全国31个省中的28个恢复种植罂粟。据联合国毒品和犯罪问题办公室2006年9月2日发布的《阿富汗鸦片年度报告》，本年阿富汗鸦片产量达到创记录的6100吨，占世界总供应量的92%。

阿富汗被美国改造为一个十足的“毒品国家”。毒品走私超过国家经济的52%。政府官员中70%涉足毒品问题。新当选的249名议员中，1/4同毒品生产和走私有关。“毒品交易链从地区一直延伸到政府的最高层。”首都喀布尔耸立起高大的商业楼厦和奢华富丽的富人别墅。70%的资金来自毒品利润。30万个家庭以种植鸦片为生，成为政府发动的扫除毒品行动的主要对象，然而毒品收入的90%并不在他们手里。美国一家报纸说：阿富汗的主要问题——腐败猖獗，武力施虐，践踏人权，行政治理不良——都与毒品走私有关。”①

一种社会制度、一种社会秩序、一种执政阶级或集团，为着少数人的富有而不惜以多数人的贫困和死亡为代价，为着少数人的“人”的生活而不惜多数人陷入非人的处境。毒品扭曲人性，把“人”变成“鬼”。然而无论种植毒品或者吸食毒品，都不是那些人的本来愿望。当社会已经断绝生活之路、使阿富汗劳动者只有从种植鸦片中才能多少看到存活的微弱希望的时候，种植鸦片不是他们的罪过。美国监狱里关押着大量吸毒者。他们是穷人，是被社会抛弃，社会不向他们提供正常生活条件、生活环境的人。一篇美国人的文章说得不错：“吸毒是一种病，吸毒是穷人的病。大部分吸毒的人是穷人。毒品已经成为穷人的噩梦。”②

但是富人的政权需要穷人。毒品的种植、转运、销售是一种人为的社会现象，其日益严重尤其成为新自由主义的直接结

① 《阿富汗毒品犯罪形势严重》，美国《新闻周刊》2006年1月9日。

② 《美国的穷人》，《书摘》2005年第7期。

果。没有哪一个当政者宣布毒品有益和合法。不过像今天西方当局这样，声称反对毒品而又每天制造贫穷和从毒品种植、转运、销售中获取暴利，声称向毒品开战而不过借此干涉别国内政和扩展自己的权益，声称禁毒而其实纵容和操纵其间，则证明自己、证明西方全球化已经腐烂到骨髓了。于是正如一位研究毒品问题的国外学者所说，“毒品现象日趋全球化，而全球化也变得愈加依赖毒品及其提供的各种机会。从这一点来说，毒品的全球化，同时也就使全球化本身遭到毒化”。[①]

同一篇文章涉及到洗钱问题：不同的机构、组织和个人正在以五花八门的手段，利用毒品交易和反毒品交易，使之渗透全球化进程，把从毒品生产和销售中获取的黑钱进行清洗，悄悄地进入世界经济。

> 毒品交易者以及为之洗钱的人，正在利用全球化趋势带来的各种方便条件加紧活动。运输费用降低，海陆空运输线路增加，世界贸易增长，资金转移电脑化以及“逃税天堂”、“飞地性”地址等手段所导致的各国金融市场的渐趋统一，乃至更为普遍的农业和化学技术的传播——所有这些，均成了促成毒品交易全球化的因素。

前述总部设在纽约的“自由之家”1997年的报告披露，在进行洗钱的33个国家中，就有29个所谓“新民主国家”。

洗钱，就是把犯罪得到的脏钱，通过某种程序洗白为干净的钱，然后堂而皇之再度进入流通领域。西方全球化导致的犯罪全球化，使犯罪活动成为全球大获收益的产业。按照埃及银

---

① 劳伦特·拉尼奥《毒品与全球化：一种暧昧关系》，《国际社会科学杂志》季刊(中文版)2000年5月。

行 2000 年一份报告的统计，从事犯罪活动的收益，已经从二十世纪八十年代的 6%，上升到 25% 以上；全球毒品贸易每年营业额 8000 亿美元，色情业 200 亿美元；洗钱数额约占全球 GNP 的 5.2% 左右，每年所洗的脏钱约为 3000 亿—4000 亿美元。新自由主义所谓“金融自由”的载体国际金融市场，成为洗钱的主要工具。国际清算银行的统计显示，通过国际金融市场所洗的脏钱，八十年代为 800 亿美元，1992 年达到 8800 亿美元，后来增加到 1.25 亿美元。这些钱大约占到世界洗钱总额的 25%。①

洗钱活动的主要受害者是第三世界国家。英国一个叫做牛津饥荒救济委员会的人道主义机构统计，由于存在“金融天堂”即集中洗钱的国家或地区，第三世界国家每年的财政损失达到 500 亿美元。这几乎相当于西方援助发展计划的全部预算。

2000 年 5 月 26 日，西方 7 国集团金融稳定论坛公布过一份名单，列举了 42 个“金融天堂”。它门被划分为三类：与国际金融当局合作的、有所合作的、根本不合作的。6 月 21 日，7 国集团的金融行动小组公布包括 15 个国家或地区的第二份名单。6 月 26 日，经合组织又公布包括 35 个国家或地区的第三份名单。三份名单各有取舍，但主要国家基本相同。除了瑞士、新加坡、卢森堡、香港、俄罗斯等以外，被列入其中的主要是太平洋和加勒比的偏远小岛。按照这些组织的统计，全球毒品走私、黑社会、恐怖组织和其他犯罪团伙通过洗钱所运作的资金，每年为 6000 多亿美元，相当于世界第七经济大国加拿大的全部产值。②

① 《世界金融市场洗脏钱 4000 亿美元》，沙特阿拉伯《中东报》2000 年 8 月 29 日。

② 《向金融天堂宣战》，西班牙《论坛》周刊 2000 年 9 月 17 日。

2001 年 6 月，俄罗斯内务部和联合国禁毒署联合举办打击非法洗钱和灰色经济国际会议，俄罗斯有关部门、一些国际组织以及来自 20 多个国家的 300 多名专家到会。这次会议指出，全球每年洗钱的数额为 1 万亿至 3 万亿美元，一些发达国家高达 1000 亿美元，一些世界金融中心为 3000 亿美元到 5000 亿美元。这次会议特别提出，美国的花旗银行、美洲银行等大银行，已经成为世界洗钱通道。俄罗斯是“重灾区”。国内资本外逃每年 200 亿到 250 亿美元，近 4 万家企业和 1/3 银行掌握在犯罪集团手里。2000 年洗钱数额为 1000 亿美元，9 月间一笔通过纽约银行洗白的的钱，就达 100 亿美元。

在西方 7 国集团和经合组织列举的“金融天堂”的几份名单中，都有一个开曼群岛。这是一个在地球仪上找不到的小岛国，人口 36000，却有超过 2200 个互助基金组织、500 家保险公司、6 万家企业、600 家银行和信托投资公司，总资产达到 8000 亿美元。只要说到洗钱，它就出现频率甚高，在劫难逃。这恰恰是美国一些大银行经常涉足洗钱、逃税和诈骗的地方。

美国监管部门 2005 年曾经宣布，因为违反美国的反洗钱法，对荷兰银行处以 8000 万美元的罚款。荷兰银行是世界第 20 大银行，资产 8300 亿美元，倒也认罚，承认自己“在相关领域的合规性没有达到标准”。荷兰的确是一个洗钱者偏爱的地方。每年注入荷兰的洗过的黑钱据说为 246 亿欧元，其中来自美国的 89 亿，来自俄罗斯的 17.4 亿。

2005 年 3 月 16 日，美国两名议员提交一份有关洗钱的调查报告，揭开一个秘密金融网的内幕。这个秘密金融网的中心，是美国的里格斯银行，一家中等规模却自称“全世界最重要城市里的最重要银行”。它包括超过 125 个在美国和外国不同银行的帐户，而全部为智利前总统皮诺切特所有。里格斯银行在美国花旗银行、美国银行、英国汇丰银行、智利银行、西班牙桑坦德银行的串通下，为这位美国当局扶植起来、靠军事政变上台而堪称拉美新自由主义先驱的皮诺切特，组建了一个复杂的秘密金融网。其存款估计为 1300 万美元。该银行最大的客户还不是皮诺切特，而是赤道几内亚总统恩圭马。此人存款为 7 亿美元。这是一个美国公司垄断其石油生产，人均收入居非洲最前列而 65% 人民生活在贫困线下的国家。里格斯银行的本领，就是把他们的非法的、来路不正的钱清洗一番，为其保密和随时提供出去为非作歹。

真正耐人寻味的，也许是刊载揭露里格斯银行内幕的法国杂志的“原文提要”：

> 如果美国想要将令它不快的某个国家的丑事公之于众，它就会最先站出来揭发某腐败和脏钱交易。但是，如果换成它的某个盟国或保证向其提供能源的国家，美国就会严守秘密。因此，在长达几十年的时间里，美国里格斯银行确保了智利皮诺切特将军和赤道几内亚独裁者恩圭马等侵吞资金的安全。①

有人问到一位瑞士银行家：现在偷偷转移 5000 万美元的难度增加了多少。这位银行家讳莫如深地微微一笑，回答是：最大的不同是，我现在收费更多了。洗钱，正是估计非法交易规模的最好窗口。1990 年以来，世界贸易大体翻了一番，而全球洗钱的规模至少增长了 10 倍。

在新自由主义全球化进程中，凡是有利可图的行当都在走私。毒品，假币，假冒商品，从坦克、隐型飞机到小型武器，都在走私。走私意味着暴利。2004 年阿富汗种植罂粟的农民平

① 《里格斯银行，独裁者们的洗钱工具》，法国《外交世界》2005 年第 8 期。

均年收入1700美元，而海洛因走私到英国，1公斤的价格为3.9万美元，就是一个好例子。

甚至人体器官也成为走私的物品。英国一家报纸援引阿富汗官员的话说："近几年，成百上千名儿童被劫持出境，其中一些儿童就是器官贩子的猎物。"[①]但是这类令人发指的悲剧还远远不只是发生在阿富汗。在西方国家和第三世界国家，都有赤贫者出卖器官而奸商靠倒卖人体器官大发横财的现象。世界大都会的贫民窟，都有人体器官贩子的踪影。有组织的器官犯罪团伙控制了黑市。一个摩尔多瓦贫民以3000欧元的价格出卖自己的肾，但是倒卖到土耳其，价格就飚升10倍。土耳其正是国际人体器官交易的中转站。[②] 德国《明镜》周刊1996年第46期的一篇文章，曾经专门谈到第三世界国家成为移植器官的西方富人宝库的情形：

> 商业性的肾脏移植在印度尤其盛行。
>
> 很长时间以来，日本人从菲律宾人身上获取他们所需要的肾脏。在器官旅游业生意兴隆的时期，仅在印度南部的马德拉斯市的一条街上，就有200家闻名的肾病诊所相互竞争。这一地区偏僻的村庄，早已成为远近闻名的"肾脏殖民地"。有一种说法，在那里，谁要是拥有一辆自行车，那么他的胁腹部位就会有一个25厘米长的伤疤。

资本主义总是不得不给自己极少数人赚钱的卑鄙目的，加上名目繁多的遮羞布。新自由主义把资本主义推到一个新的阶段。用英国著名学者苏珊·斯特兰奇《疯狂的金钱》一书中的话

① 《阿富汗儿童成为器官贩子的猎物》，英国《独立报》2004年6月7日。

② 《非法人体器官交易猖獗》，德国《商报》2005年1月9日。

来说，叫做把世界变成“疯狂的赌场”。她在 1986 年的一篇论文《赌场资本主义》中写道：“西方世界的金融体系简直就是一个急速膨胀的赌场，每天反复地赌博，涌入大把大把难以想象的钞票。每到夜里，这种游戏又转移到地球的另一方。”“至于将来怎样，全凭运气。勤劳、熟练、创新、决断等优点都已经失去意义，并且人们对社会制度失去信赖。自由民主所最终依据的伦理价值也失去了人们的敬意。……人们越来越身不由己，即使不是自愿的，也都不知不觉地变成了惯赌。”另一位英国学者彼得·高恩，索性就把自己一本著作的书名，定为《华盛顿的全球赌博》。

这也是我们曾经谈到的坏思想全球化的的一个直接后果。正是通过铺天盖地的广告谎言、花样翻新的骗钱伎俩、主流经济学家的似是而非的说教，新自由主义把人类改善社会地位和提高生活水平的精力、希望和追求，从诚实劳动，转移到空幻的想象、侥幸心理、碰运气、听天由命直到进行投机、诈骗、偷盗、抢劫。赌博全球化由此兴旺。

英国超过 70% 的人参与赌博，2005 年赌场消费、网络赌博和购买彩票人均 800 英镑，毫无愧色地被称为“赌徒国家”。美国赌博业年总收入超过 1300 亿美元，仅仅在线赌博的开销，就达 40 亿美元以上。法国 2004 年赌博开销 340 亿欧元，相当于 170 架 A380 新型空中客车飞机的造价。德国多次发生赌球丑闻。在意大利，赌博不仅俘虏了成年人，而且腐蚀着青少年。

可悲的是，消灭了或者从来就不存在赌博业的原社会主义国家，今天也被卷入这种荒诞的游戏。截止 2005 年 6 月，曾经享有盛誉的英雄城市莫斯科后来居上，成为大赌城，出现 56 个赌场、2000 多个赌厅、超过 5 万个老虎机，“世界上没有哪个首都设有如此多的赌场。”200 万人时不时参与赌博，60 万人称得上真正的赌徒。一位议员把赌博等同于犯罪。他说：“每 170 个莫斯科居民就有一台吃角子老虎机，而居民人均拥有的医生比例都没有这么高。如果有一天吃角子老虎机安到了政府大楼里，我都不会感到奇怪。”①

① 法新社莫斯科 2005 年 6 月 9 日电。

别名 15：

奴隶制全球化

经过新自由主义的洗脑，今天世界相当多的人，即便问到马克思的国籍都一片茫然，也要一听马克思就摇头，一引述马克思就勃然跳脚大骂，以显示自己的改革嘴脸和前进姿态。我们何尝不希望多少照顾一点这类读者的政治情绪。然而无可奈何；难道这类好汉能够举出一个研究者、一篇文字，能够像马克思那样，彻底而清晰地揭露资本主义同奴隶制度的内在联系吗？

正是马克思，指出资本主义"要求人民群众处于奴隶地位，使他们转化为雇工，使他们的劳动资料转化为资本"，说"雇佣劳动制度是奴隶制度，而且社会劳动生产力愈发展，这种奴隶制度就愈残酷，不管工人得到的报酬较好或是较坏"。[①] 资本主义靠奴隶贸易发展起来，当棉纺工业在英国已经产生儿童奴隶制的时候，"它同时在美国促使过去多少带有家长制性质的奴隶经济转变为商业性的剥削制度。总之，欧洲的隐蔽的雇佣工人奴隶制，需要以新世界的的赤裸裸的奴隶制作为基础。""如果允许无限期地出卖劳动力，那就会使奴隶制恢复起来。如果这种

① 马克思《资本论》，《马克思恩格斯全集》第 23 卷第 788 页，人民出版社 1972 年版；《哥达纲领批判》，《马克思恩格斯全集》第 19 卷第 28 页，人民出版社 1963 年版。

出卖包括一个工人的一生，那就会把他变成他的雇主的终身奴隶。”①

马克思之后，没有一位西方的洗脑专家和接受洗脑者，不在和马克思对话、不在想要最后埋葬马克思。但是他们总是事与愿违，总是还需要一次再次地继续宣布马克思荒诞、过时、陈旧、死亡，不厌其烦地循环往复。不幸的是，资本主义史的每一页、每一个新步骤，正在越来越成为而且没有一天不成为马克思不朽论断的无可辩驳的证据。

马克思写下这些话的时候，西欧一些国家存在若干“允许出卖自己劳动力的最大期限”的法律规定，只有新生的资本主义美国实行赤裸裸的奴隶制。一个半世纪以来，工人阶级斗争的进展，社会主义制度在人类历史上的确立，第三世界民族解放运动的兴起，曾经一度使老牌欧洲资本主义国家形成所谓福利制度，使美国的赤裸裸的奴隶制度不得不有所收敛和变化。

然而在新自由主义全球化的时代，和解体苏联、向社会主义和世界工人运动发起全球性围剿同在的，是世界工人阶级、被压迫人民、被压迫民族的厄运。福利制度被渐次剥蚀。工人运动陷入低潮。第三世界国家捍卫自己国家主权、民族独立的能力遭到削弱。资本主义超经济剥削的权利，获得无限制的最大解放，“允许出卖自己劳动力的最大期限”的法律规定亦即对超经济剥削进行某些限制的法律规定烟消云散。垄断资本彻底地自由了，工人阶级由于被剥夺一切财产和一切权利也彻底地“自由”了。这种“彻底”的程度前所未有。于是奴隶制的恢复，被推到历史的前台。或者如同美国学者威廉·格雷德所说的：

① 马克思《资本论》，《马克思恩格斯全集》第23卷第828页，人民出版社1972年版；《工资、价格和利润》，《马克思恩格斯选集》第2卷第179页，人民出版社1972年版。

新自由主义全球化正在使“野蛮的生产手段和方式得以复兴”，“让历史沿着以前工业革命所走过的同一条血腥道路重演一次”，“复活使十九世纪的公众感到触目惊心的残忍暴行”。①

如果工人劳动力的出卖“包括一个人的一生，那就会把他变成他的雇主的终身奴隶”。当导致这种出卖的资本主义制度被新自由主义固定化为全球性制度和所谓历史的终点，那就意味着全球工人阶级、被压迫人民、被压迫民族变成国际垄断资产阶级的终身奴隶。这里已经远远超出工人和雇主这种个人与个人之间的关系，而成为一种全球性的阶级关系。

美国自诩以霸权领导世界和新自由主义主导全球的30年来，无论西方发达国家，还是丧失社会主义的国家和第三世界各国，都普遍出现奴隶制度以各种形式程度不同地复辟的严重情形。试图埋葬社会主义、号称先进得达到历史终点的资本主义，以新自由主义作为思想政治旗帜的资本主义，竟然导致人类历史上最腐朽、最野蛮的社会制度的复活，竟然以奴隶制度作为资本主义雇佣劳动的基石或者它的最新存在形态。这不仅是人类历史倒退的记录，尤其成为新自由主义全球化最肮脏、最黑暗、最无耻和最充分暴露其本质属性，又偏偏任何精致的歪理邪说都无法洗雪和掩盖的血腥篇章。

这既不是什么人出于政治偏见编造的故事，也不是夸大个别事例的耸动听闻的人为炒作，而是新自由主义世界的无处不在的事实。

不仅在法律上而且在事实上废除奴隶制的第一个国家，是社会主义苏联。至于在西方国家和西方控制的第三世界国家，甚至仅仅名义上的废除，都经历了艰难的过程。国际联盟1926

---

① 威廉·格雷德《资本主义全球化的疯狂逻辑》第6、39、47页，社会科学文献出版社2003年版。

年通过一个《奴隶制公约》，此后有各国政府签定一系列废除奴隶制的协议。第二次世界大战以后，1948 年的《世界人权宣言》要求所有成员国废除奴隶制劳役、禁止所有形式的奴隶买卖。但是二十世纪七十年代美国以新自由主义裹挟全球以来，用一家美国《新闻周刊》1992 年文章的话来说，“联合国专家掌握的材料证明，违反这些协议的现象非常普遍，而且越来越多。关于奴役问题的报告塞满联合国的文件柜，但是很少得到进一步的处理。一些国家政府没有解放奴隶，而是通过了一些根本不能执行的法律。”文章援引英国一个人权组织的数字说，当前全球仍有 1 亿人、包括童工，过着“奴隶般的非人生活”。①

这里首先提出一个问题，即“奴隶”的定义。英国萨里大学社会学凯文·贝尔斯教授主张，“奴隶是指那些完全在他人暴力威胁下工作，却得不到分文报酬的人。这一概念既适用于 1850 年在密西西比的奴隶，也适用于今天。他们都是被奴役的。”按照这一定义，他认为的奴隶包括债务奴隶或契约奴隶、在军事设施中被强迫劳动的人们，主要出现在印度、东南亚、巴西、非洲和一些阿拉伯国家，总数为 2700 万。这一数字“比罗马帝国或奴隶贸易高峰时还多”，已经为联合国所接受。

无论凯文·贝尔斯还是西方的其他研究者，都远没有彻底到如马克思那样，把雇佣劳动制度看作本身就是奴隶制度。好在他对自己研究成果的评价是谨慎的。他承认，他的定义是狭义的，“现代奴隶问题在英国等西方国家越来越严重”，“现在的奴隶数量增长更为迅速”。②

他在后来的一篇文章中，把“奴隶”的范围扩展到包括被贩卖的人口、血汗工厂工人、妓女、家庭佣工和强制在种植园劳

① 《奴役》，美国《新闻周刊》1992 年 5 月 4 日。

② 《现代奴隶》，英国《金融时报》2000 年 12 月 2 日。

动的工人。他提出的一个新概念是“潜在奴隶”：“我们对奴隶的隐蔽世界的无知，是普遍存在的。”①

凯文·贝尔斯的定义，就狭义而言甚至没有包括普遍认为应该归入奴隶的童工。2700万也是一个显然保守的数字。世界童工大约2.5亿。这就是说，目前全球奴隶，至少在5亿以上。

美国《基督教科学箴言报》载文，认为现代奴隶制的存在形式有：人身奴役制；儿童奴役，包括童工；债务奴隶；强迫劳动，包括血汗工厂和奴隶制庄园劳工；奴役式婚姻；强迫卖淫。②

仅就狭义的定义而言，奴隶还应该包括或者涉及到另外两个方面。

一个是科技奴隶。他们主要是从失去社会主义的国家和其他第三世界国家来到西方国家的高级知识分子。这些人中的相当部分，曾经是自己国家的宝贵人才。或者因为国家衰落而走投无路，或者因为对西方“自由世界”的盲目崇拜，也许是偷渡，也许是通过其他途径，进入西方国家。但是他们的多数，并不能得到发挥专业才能的机会。其中包括来自苏联和东欧原社会主义国家的高级知识分子，不仅陷入人格的侮辱，而且每有火箭专家做杂工、机械工程师端盘子、功勋艺术家街头卖艺的故事。加拿大有报纸文章引述一付对联，绝妙地写出这些人的遭遇：“已有博士跑堂，尚欠教授洗碗”，横批是“斯文扫地”。③美国高科技中心硅谷存在高科技奴隶，已经不是秘密。来自印度、俄罗斯、中国、东欧国家的高科技人才，无权选择工作，也没有法律保证的人身自由。他们落入被称为“吸血公司”的中

---

① 《现代奴隶制的社会心理特点》，美国《科学的美国人》2002年第4期。

② 《奴隶制废除了吗?》，美国《基督教科学箴言报》1996年5月17日。

③ 《加拿大华裔移民结构的变化》，香港《广角镜》2000年第12期。

介猎头公司的掌控。大体上2.5美元的手续费。工资比同等水平、同等职位的本地员工少一倍，其中30%—50%要作为佣金上缴公司。如果离开，则一年内不得到另外的高科技公司工作，否则又须交纳巨额罚款。

在很大程度上作为一种比照现象存在却又程度不同地确有近似于奴隶的意义的，还有所谓"房奴"、"车奴"。既没有皮鞭枪弹的威胁，也没有行政命令的强制，一切都仿佛自觉自愿。这里有的，只是我们在坏思想全球化中说到的西方式消费主义对人们精神的侵蚀。一旦被其俘虏，就会梦魇一般地陷入"花明天的钱，圆今天的梦"的商业蛊惑，成为信贷消费的奴隶。

奴隶制全球化的事实，已经引起世界各国的严重关注。

法新社1998年4月23日的一则报道，有一个很长的题目：《奴隶制、强迫劳动和贩卖人口，这些现象至今仍然存在。在世界各地，有数千万成人或儿童为养家糊口，为还债或仅仅是因为贫穷而被买卖、被剥削》。被报道点名存在奴隶制的地区和国家，有西非3万名少女被作为"吉祥奴隶"赠送给一些宗教领袖，存在类似现象的还有毛里塔尼亚、苏丹、乌干达。东南亚大约6000万到7000万妇女儿童离家出走、被迫卖淫。在秘鲁，童工被毒打、强奸，而且一天只有一顿饭。

非洲仍然存在传统奴隶制的残余。一家哥伦比亚报纸写道，"我买下这些小伙子"，是在非洲经常听到的一种说法。估计一半非洲国家仍然存在奴隶制度。贩卖人口成为最赚钱的经济活动。尼日利亚有1500万儿童当奴仆。苏丹交战双方都绑架对方部落的青少年当炮灰。年轻妇女和女童经常被卖去当佣人或妓女。①

---

① 《在西方大国掠夺下非洲国家面临七大祸》，哥伦比亚《时代报》2005年6月19日。

在许多国家，都有世代为奴的家庭和被掠而强迫成为奴隶的人们。其最野蛮的存在，为南非“桑人”即布须曼人。他们被等同于动物，遭围捕，强行关进动物园，有时候被作为礼品或奖品。印度“贱民”的社会地位等于奴隶。在巴西和海地的庄园，也有像牲口一样被卖来卖去、强制劳动的奴隶。在第三世界，海湾国家是世界外来劳工最多的地区之一，估计在1000万以上。这些沦为现代奴隶的人们主要来自亚洲国家，怀着脱离贫困的愿望被骗到这里，或者做苦力、打黑工，或者从事家务劳动，或者沦为乞丐，没有任何权利和社会保障。一位在科威特做家庭佣人的菲律宾女性说，她每天洗衣服，擦地板，打扫厕所、水槽和浴室，不停地干这干那，没有食物，没有休息。她终于逃亡，却又因为没有得到拖欠的工资而无法离开这种地狱般的生活。

类似情况在西方发达国家同样普遍。

法国有一个“打击现代奴隶制委员会”。根据这个委员会的调查，法国有几千名8岁到15岁的“保姆奴隶”，65%来自非洲，其他则来自东南亚和印度。她们中25%被强奸，58%遭到暴力殴打，11%长期忍受折磨和虐待。2002年1月法国议会讨论的一个关于打击奴役现象的提案承认，法国有卖淫者1.2万到1.5万，此外还有10万中国人在地下工厂受黑工头的盘剥。法新社2003年2月25日的报道说，法国卖淫妇女中63%为外国人，外国人中60%来自东欧国家，中国人则主要涉及打黑工和债务奴役行为。

意大利存在大量被卖进来或偷渡而来的阿尔巴尼亚、南斯拉夫儿童，靠打工或乞讨为生。比利时有8000菲律宾女佣，被当地媒体称为“现代奴隶”。欧洲数千外交官奴役女佣。《星期日泰晤士报》揭露，这里存在“把成千上万非法移民贩卖到英国”的现象。这些被卖到英国做奴隶的人，主要是印度人。

奴隶制问题最严重的，是美国。

美国本来就是一个靠奴隶制起家的国家。从殖民地时代，它就实行种族奴隶制。它的反殖民主义斗争的胜利以及独立国家的建立，都没有、反而扩展了这种根深蒂固的奴隶制。上个世纪九十年代以来，已经发生多起黑人活动家起诉几家大公司、要求为役使奴隶进行赔偿的事件。2000 年，还有一批美国议员敦促国会通过决议，要求政府就将近两个半世纪中支持奴隶制进行正式道歉。

美国废除奴隶制已经 130 多年。但是法律是一回事，事实是另一回事。即便废除奴隶制，美国当局也从来拒绝承认奴隶制是一种犯罪，而仅仅承认这是对人权的践踏，因此绝不允诺向受害者提供经济补偿。

第二次世界大战结束的最初几年，美国奴隶制状况有所缓解。人们还记得，那是一个被称为“东风压倒西风”的时代。苏联解体，世界社会主义进入低潮，特别是进入二十世纪九十年代，无论在全球或是在美国，都可以用美国媒体经常使用的语言，叫做奴隶制“死灰复燃”。关于美国，我们所列举的，也许只是九牛一毛而已。

1990 年，美国司法部一份报告透露，“在我们国家的大部分历史时期，法律秩序不仅支持、而且维持奴隶制度、种族隔离和种族歧视；事实是，警察肯定要维护这一秩序。这样一个秩序为警察对少数族群所采取的行动和态度设定了模式，并一直延续到今天。”

《纽约时报》2000 年 4 月 2 日刊出《中央情报局的报告描写了大量强迫劳动交易——人贩子靠诈骗妇女儿童的钱财过日子》。中情局的报告完成于 1999 年 11 月，题为《国际向美国贩卖妇女活动：当代奴隶制的表现形式》，承认每年有 5 万妇女儿童被拐卖进美国。他们来自泰国、越南、中国、墨西哥、俄罗斯、捷克、菲律宾、韩国、马来西亚、拉脱维亚、匈牙利、波兰、巴西、洪都拉斯和另一些国家。这些人被强迫从事"性产业"和其他廉价劳动的甚至毫无报酬的产业，有的进入血汗工厂。

2001年3月，华盛顿的约翰霍普金斯大学发表人权报告，所提供的数字超过中情局。它说，每年仅被卖到美国从事"性产业"即被迫卖淫的妇女，就达5万。

2004年9月23日，美国加利福尼亚大学伯克利分校人权研究中心和华盛顿"解放奴隶组织"共同提出一份《隐蔽的奴隶：美国的强制劳工现象》，说美国至少90个城市存在现代奴役。

2005年美联社加州伯克利3月25日的一则报道，题为《奴隶制度在被废除一个多世纪之后，仍在美国人的心中挥之不去，时时激起人们的愤怒。每一代人看上去都被迫以当代观点重新面对这一制度》。报道说，越来越多的作家、历史学家和电影人在探讨奴隶制，"无论是小说还是非小说，有关奴隶制度的图书越来越多。从某些方面来说，整个国家都已经准备好更深刻地探讨奴隶制这一制度。"对于历史的这种普遍的思考热潮，正在于它并没有作为历史成为过去。

和整个奴隶制的状况一样，美国血汗工厂在第二次世界大战结束的最初几年里可以说基本消灭，九十年代死灰复燃。1996年有巴西报纸披露，仅纽约第五大道和第七大道附近，就有近千家血汗工厂。2.5万名外国侨民在那里工作，提供纽约市场1/4的服装。那里缝纫车间肮脏不堪、令人窒息，工人每天工作12小时，每周工作7天，小时工资约为美国本国人的1/3。[①] 此前有消息说，在加州埃尔蒙特的一家血汗工厂，工人每天工作时间达到17个小时，小时工资只有60美分。截止2003

① 《美国时装工业剥削非法移民》，巴西《圣保罗州报》1996年11月29日。

年的统计，美国服装业96万工人中，约60%在血汗工厂条件下工作。

2003年，在美属南太平洋的萨摩亚，发生了美国最大的现代奴隶案。一家生产知名品牌服装的血汗工厂，车间闷热如同蒸笼，每天工作13个小时，35个人挤在一间宿舍里，200人的午餐只有不到1公斤鸡肉。越南女孩阮青因为参加罢工，被用塑料管挖掉一只眼睛。

美国是世界监狱最多、囚犯最多的国家，也是监狱工业最兴旺、发展最快的国家。上个世纪七十年代囚犯不足30万人，1990年100万，2000年200万。监狱工业生产军用产品、飞机零部件到灶具、助听器、桌椅等难以数计的产品，占领美国市场的相当大的份额。它有自己的商品展览会、网站和邮购服务系统，开设有广告公司、建筑公司、投资公司、食品公司。很难把这些监狱同纳粹集中营区别开来。正如西班牙一家报纸文章所揭露的，"美国的监狱工业与奴隶制有着千丝万缕的联系"。这里强迫劳动，进行人格污辱和性虐待，每小时工资25美分，不会发生罢工，于是"在经济利益的驱动下，美国监狱越来越多，也越来越大。将更多的人送进监狱，就能带来更多的财富"。①

至于美军在遍布全球的军事基地役使不同国籍的奴隶，包括强迫劳动的苦力和性奴隶，不过是其国内监狱奴隶制的延伸罢了。

作为奴隶制全球化的表现形式或者它的补充，必然地出现**人口贩卖全球化或新贩奴运动全球化**现象。

移民不同于人口贩卖。无论合法或者被指为"非法"，移民

① 《美国监狱工厂：赚钱生意还是新型奴隶制》，西班牙《起义报》2005年10月25日。

中的很大部分，尽管作为雇佣剥削的对象带有奴隶的色彩，却不必归结为贩奴运动中的奴隶。但是任何人如果沦落到失去一切基本权利而被作为商品买卖、为雇主所任意驱遣，那就很那难同贩奴运动中的奴隶区别开来了。

历史上贩卖非洲黑奴的运动，成为西方全球化的最丑恶、最卑污的一页。作为新自由主义一部分的新贩奴运动，其规模和数量都远在其上。现在的贩卖线路不再仅仅从非洲到欧洲或美洲，贩卖对象也不再仅仅限于黑人。国际劳工组织的一个调查结果是，新线路包括从菲律宾到孟加拉、从巴西到多米尼加和欧洲。全球人口贩卖的数量，保守的估计为每年60万到80万，然而世界社会论坛提供的数字为每天平均3000人，联合国儿童基金会2003年的一个报告说仅贩卖儿童每年就达120万。"蛇头"以此获利，估计每年80亿到120亿美元，最高的估计达到170亿美元。至于偷渡，一家中国报纸的相关报道，使用了"再写黑奴贩卖史"这样的标题：

> 据可靠消息透露，目前全球以各种方式从事和卷入偷渡活动的人数，即使最保守的估计大约也有2亿人，占全球1/30人口左右。而过去400年里，非洲也只有1150万人被贩运出非洲大陆。偷渡者许多被迫从事性交易和充当廉价劳工。①

联合国毒品和犯罪问题办事处2006年4月发表报告，指出全球有27个国家是被贩卖人口的来源国，有137个作为贩卖人口目的地的国家。报告说，在贩卖人口案例中，女性案件占77%，儿童案件占33%，87%的案例涉及性服务，28%的案例

① 《2亿偷渡者再写黑奴贩卖史》，《中华周末报》2000年7月14日。

涉及各种形式的强迫劳动。“实际上，全球没有任何国家免遭这种一性剥削和强制劳动为目的的贩卖人口犯罪行为的侵害。”

美国国务院2006年6月公布过一个“人贩国”名单，把布什政权不喜欢的所谓“邪恶国家”、“流氓国家”悉数列入，惟独没有人口贩卖问题最为严重的美国自己和问题同样严重的它的忠诚的战略伙伴，比如一些西欧国家和日本。这是一种“政治排行榜”。但是1997年就已经有媒体披露，一些西方公司在大做把拉美儿童贩卖到美国和西欧国家的赚钱生意。美国有100多家公司利用互联网公开向“希望收养”儿童的人提供方便。按照某些关注者当时的统计，被卖到美国的儿童详不可考，被卖到挪威的为1.2万人，被卖到瑞典的为3.7万人。[①] 美国在伊拉克的驻军，也从事人口贩卖的勾当。还有这样的故事：一位美国穷苦母亲出卖自己的女儿，先卖给美国人，又卖给英国人，结果引发一起跨国儿童贩卖的国际纠纷。在欧盟内部，每年平均50万妇女儿童成为人口走私的受害者。

西非儿童奴隶市场经常被买卖的儿童奴隶的数字，为20万上下。黑人儿童或者被强制成为“娃娃兵”，女孩则同时兼任“慰安妇”，或者横遭抢劫欺骗塞进货船，仍然离乡背井，越洋运到欧洲或美洲卖掉，一桩买卖动辄涉及数百人。已经发生多起儿童在转运途中饿死、病死、葬身大海失踪的悲剧。

新贩奴运动为自己开辟的新领域，主要是在两个地方。一个是亚太，3000万妇女儿童成为人口贩卖的牺牲品。其中包括大湄公河次区域(柬埔寨、越南、老挝、泰国、缅甸和中国的云南、广西)和阿富汗。现在新加入的是韩国。《韩国时报》2006年7月16日发表《韩国妇女被拐买到国外卖淫》，说至少5000名韩国妇女轻信广告的欺骗宣传，沦为色情人贩子的受害者，

① 拉美社哈瓦那1997年11月19日电。

被拐买到美国卖淫。

另一个是俄罗斯和东欧那些曾经彻底消灭奴隶制度的国家。

俄罗斯国家杜马议员拉霍娃2004年说，俄罗斯孤儿10年间激增70万人，然而俄罗斯公民领养的数量减少一半，外国公民领养的数量却增加4倍，“为外国人办理领养俄儿童手续已经变成有利可图的生意”。于是领养成为贩卖。妇女则往往以婚姻形式嫁给外国人。她们是一些希望通过与外国人结婚获得幸福的浪漫的年轻女子，平均年龄不足20岁。美国司法部的资料显示，最近10年间以新娘身份进入美国的苏联妇女达到7.5万人。但是离婚率100%。脱下婚纱，前途就是被迫卖淫或被卖为奴隶。

西欧国家的性奴隶，主要来自俄罗斯和东欧。有报道说，每年从原属苏联的各加盟共和国和东欧国家出口到西欧的性奴隶，为50万人。一位立陶宛少女15岁被人贩子骗到英国做性奴隶，三个月内被转卖8次，足迹遍于英伦三岛。这种性奴拍卖，还明目张胆地在英国机场堂而皇之地进行。

一位名叫卡门的摩尔多瓦女孩谈到她的遭遇。她不足18岁，父亲工作的工厂不发工资，两个妹妹和弟弟因父亲无力供养上不起学。她根据当地报纸刊载的意大利招收女招待的广告前去应召。她和一位乌克兰姑娘被塞进汽车后备箱穿过边境，在一个酒吧间被强奸，然后和许多来自原苏联其他加盟共和国的女孩一起，在一个巨大的性奴隶交易市场，以每人325欧元到1300欧元的价格拍卖。女孩子们只穿内衣，任由买主讨价还价，在身上指指戳戳。她被波斯尼亚一家酒吧老板以1000英镑的价格买走，在脏乱的地下酒吧开始卖淫生涯。1英镑可以买1瓶啤酒，10英镑可以买女孩半个小时。这里的美国军事基地人员也常来光顾。拒绝与顾客发生性关系的女孩，要么遭到毒打和强奸，要么控制这类行业的黑社会将去报复她们的家人。在她卖淫的地方，这样的女性奴大约有上万名。

英国《星期日泰晤士报》2001 年 2 月 18 日在《垄断市场》一文中报道卡门的经历，并且评论说："卡门这样的女孩，是罗马尼亚和摩尔多瓦社会主义崩溃的牺牲品。"德新社一篇相关报道也说，"共产党政权的崩溃、巴尔干战争和该地区不断恶化的贫穷，推动了东南欧贩卖人口犯罪网的发展。"①

前面提到的英国教授凯文·贝尔斯提供了一组数字，说一名奴隶在 1850 年的价格为 1500 美元，这相当于今天的 3 万美元。现代奴隶价格大为下跌。这种"薄利"背后的是"多销"，是"奴隶制正不断扩展，受奴役人数也在不断增加。与蜘蛛一样，奴隶制充满我们的世界。"而且"过去代价高昂的奴隶是一种受保护的投资；如今的奴隶是一种对低水平生产的便宜的一次性投入"。

关于新贩奴运动中现代奴隶的廉价贩卖活动的暴利，还可以提供一些数据。

根据联合国公布的资料，每年大约各有 50 万人通过偷渡非法进入美国和欧盟国家。他们为从中国到纽约的旅程向偷渡组织支付的费用，最高可达 3.5 万美元。另一些人被作为商品贩运——也就是说，在国际上买卖。买卖一名妇女，在欧洲可以赚取 2 万美元，在南亚可以赚取 3000—6000 美元。罗马尼亚蒂米什瓦拉的廉价妇女为 50—200 美元一名，卖到西欧可以赚 10 倍的利润。美国治下的阿富汗，一名 8 岁到 12 岁的女孩，价格为 300 到 800 美元。在俄罗斯，以"国外工作"名义拐买一名女子，价格为 1500 到 3000 美元。美国参议院外交事务委员会一次听证会提供的材料，说非洲苏丹的奴隶市场随行就市，1988 年的价格是一支步枪换 6 名到 7 名奴隶少年。1989 年尼罗河上一

① 德新社德国科隆 2002 年 7 月 22 日电。

个叫丁卡的部落的妇女或儿童，市场标价90美元，1990年下跌到15美元。

美国前国务卿奥尔布赖特颇有几分义正词严："贩卖人口已经成为世界增长最快的一项贸易活动。这种可耻的行为破坏了我们的经济结构，威胁着我们社会的格局。"俄罗斯报纸也有文章，在指责女孩子们不自尊、自重、自爱，丧失道德情操。

国务卿在作为国际垄断资产阶级的代言人发出声音。他们也知道，人口贩卖全球化或者新贩奴运动全球化，不是一件给他们的全球化增加光彩的事情。不过请问这位奥尔布赖特，您在指责谁呢？是谁行为可耻而且威胁到您的经济结构和社会格局呢？新的贩奴运动，正是您所代表的新自由主义和霸权主义以及经济结构和社会格局，在大举毁灭社会主义苏联、绞杀世界工人运动和民族解放运动的历史行为中的必然产物。当您所代表的阶级，在新自由主义改革的旋风中把世界历史拉向倒退，恢复旧的罪恶和制造新的罪恶的时候，您的义正词严，只是一种推委历史责任的小骗局。

的确有报道说，在俄罗斯，有以色相换取金钱和学位的女大学生，也有保持自尊而拒绝嫁给外国人或者拒绝为富人当情妇、"小蜜"的女大学生。但是当一个社会主义国家的政权和人民的一切权利被过去的、新生的剥削阶级所篡夺，剥削制度复辟，出现巨大社会倒退的时候，掩饰社会制度的落后陈腐，仅仅对弱者进行道德指责，本身就成为罪恶者的帮凶了。

妇女儿童的命运和社会地位，成为衡量社会进步程度的准则之一。新自由主义全球化使进步人类为妇女儿童解放而进行的数百年努力付之东流，把人类推入一个极端自私的、伤害最弱和最没有自卫能力群体的世界，一个没有母亲和没有未来的世界。这种社会堕落的程度，在人类历史上也属于前所未有。

别名 16：

儿童灾难全球化

儿童这个人类中最弱小的、无力自卫更无力反抗的群体，在新自由主义造就的全球贫富两极分化和广泛动荡中受到的侵害最为严重。新自由主义是儿童的地狱。甚至在孩子们中间，也已经出现残酷的两极分化。连污染都是如此：西方 1 名儿童制造的环境污染，超过第三世界 30 名儿童制造的污染。

解体苏联以后的世界，很少甚至可以说没有任何地方，能够逃脱资本主义意识形态的侵蚀。种种反人道、贪婪至上、极端自私和导致人和人之间彼此隔离与点燃仇恨的情绪和观念，从孩子降生就毒化着他们的世界。引导孩子们纯洁、文明、精神健康和得到为社会服务的科学知识的教育体系，被扭曲、削弱或毁灭。广告、电影、电视、报刊、书籍以至于成年人的作为，家庭、学校和社会，告诉他们的是私欲、贪渎、色情、暴力、仇恨和恃强凌弱。适合于孩子们居住和游戏的地方，也已经纷纷被快餐店、夜总会、妓院、星级饭店、高尔夫球场和富人别墅侵占。

1996 年，《人民日报》曾经援引美国国际食物政策研究院提供的一组数据：全球 1/3 亦即 1.85 亿学龄前儿童营养不良，其中每天 4 万孩子因为营养不良和疾病死亡，每年 25 万到 50 万孩子因缺乏维生素 A 而失明。他们绝大多数生活在第三世界国家。这些国家的婴儿死亡率 10 倍于发达国家，读不到四年级就中途辍学的小学生占入学人数的1/3，女孩子的辍学率高于男孩子。①

2002年有过几次关于儿童问题的国际会议。这些会议提供的数据同样阴云密布：全球每4名儿童中就有1名极端贫困，每12名儿童中就有1名不足5岁就夭折，1.5亿营养不良，1.2亿从来没有上个学。每天5500名死于饮食污染。1300万儿童成为"艾滋孤儿"。因艾滋病死亡的15岁以下儿童已达320万。过去10年的武装冲突，使非洲200万儿童丧生，600万受伤或残废。在美国，每年10万儿童受到性虐待，5000儿童惨遭枪杀。

2004年，孩子们在死亡线上挣扎的状况丝毫不见好转。在全球儿童中：

10亿多遭受贫困、暴力冲突和艾滋病的折磨；

至少7亿权利被剥夺；

在15个有统计数据的工业化国家，11个国家过去10年中低收入家庭的儿童比例增加了，儿童贫困率从10年前的14%上升到16.4%；

6.7亿极端贫困；

6.4亿缺乏合适的栖身之所；

1.4亿从未上过学；

4亿喝不到达到卫生标准的水；

2.7亿享受不到医疗保健服务；

4亿流浪街头，卖杂货或卖淫；

1500万成为孤儿；

600万在战争冲突中永久致残；

300万到500万感染艾滋病；

① 《人民日报》1996年5月29日。

500 万因饥饿而死；

2000 万新生婴儿体重不足；

120 万被拐买；

30 万到 50 万成为“娃娃兵”。①

不知道出于怎样的考虑，或者只是不经意间泄露出事实真相，世界银行做了一种不大给美国当局留面子的对比：保证 1.04 亿失学儿童得到读书机会的费用，不过是美国入侵伊拉克战争开支的十一分之一。

联合国 2006 年 9 月间公布的《联合国秘书长关于针对儿童暴力的研究》，补充了一些新的事实。每年 2.75 亿儿童目睹家庭暴力，成为他们的人生启蒙教科书。每年 1.5 亿女孩和 7300 万男孩遭受性暴力，儿童占世界人口 23%，而遭受性骚扰的比率却占 61%。

可悲的是，发达国家儿童的状况也糟糕透顶。欧盟儿童中 1700 万陷入贫困。联合国儿童基金会 2005 年 5 月间的一个报告证实，22 个高度工业化国家中，13 个国家的儿童贫困率在二十世纪九十年代出现增长。增长最高的，是世界最强大、最富有的美国。

英国有两个 100 万。生活在贫困线下的儿童 100 万。由于不断恶化的社会问题如竞争压力增大、离婚率上升、酗酒者越来越多，存在精神问题的儿童 100 万。其中 70 万人存在行为障碍，比 30 年前增加 10 倍。但是《卫报》2006 年 7 月 14 日一篇报道说，儿童孤独症发病率是公布数字的 25 倍。

日本不断出现虐待和杀害儿童的案件，包括亲生父母虐待

① 法新社伦敦 2004 年 12 月 9 日电；《世界儿童状况堪忧》，墨西哥《标志》周刊 2004 年 5 月 27 日；埃菲社罗马 2004 年 12 月 8 日电。

甚至杀害自己子女的案件。2004年，这类案件增加25%。2006年11月7日，日本法务省的一份报告说，针对儿童的犯罪案件“略微减少”，比如强奸儿童的案件，2005年比上年减少两起，“但发案率仍保持在相当高的水平”。

法国《欧洲时报》报道，说2004年法国将近10万儿童在安全、精神、健康及教育方面受到虐待，在社会环境恶化、家庭结构脆弱的情况下，受虐待儿童的数量，以每年7%的速度增长。①

德国儿童协会2005年10月发出警告，说德国出现一种“新型儿童疾病”。这就是：发育失调，行为紊乱，注意力障碍，运动机能减弱，语言开发迟缓，焦虑增多，过敏、攻击性和抑郁心理。大约1/5的儿童，成为程度不同的患者。

美国在糟糕方面又一次排在前列：儿童贫困率高于总人口贫困率，贫困人口中1/3是儿童，儿童贫困指数在22个发达国家中排名倒数第二。哈佛大学的研究报告称，美国有一种“儿童难民”，尤其受到粗暴对待，更加容易遭到性强暴，在工作中受到更加严重的剥削和虐待。

美国统治当局为孩子们提供的社会环境，在贪欲、欺骗、虚伪、冷漠、贫困、淫乱、色情、暴力和吸毒方面，居于世界首位。孩子们成为社会的牺牲品。数百万儿童成为虐待对象。儿童被绑架和失踪，成为美国的社会顽症。1988年到1997年，成为枪下之鬼的美国儿童达到6817名，其中凶杀3447名，走火1782名，自杀1588名。

富人家庭孩子的口头禅是：“我爸爸买下你爸爸”。然而富人毕竟只占总人口的极少数。美国2004年的统计数字是，儿童中2000万生活在低收入劳动家庭，1300万常年处于饥饿状态。

---

① 《法国越来越多的孩子受到虐待》，法国《欧洲时报》2005年4月11日。

这些孩子们所遭受的苦难显然更加严重。

在俄罗斯，孩子们的生活曾经意味着免费上学、在学校免费用餐、红领巾、少年宫、夏令营。社会主义的崩溃把他们首先抛向深渊。一方面是剥夺孩子出生的权利，出生率连续下降。另一方面，儿童成为社会灾难的最悲惨的承担者。2005 年 7 月俄罗斯国家杜马妇女家庭青年事务委员会公布的报告说，每年被父母虐待而死的儿童为 2000 人，无家可归的流浪儿已经达到 100 万。2006 年公布了 5 年来的数字：残疾儿童 64.2 万，慢性病患者增长 15%，新生儿患病率增长 20%，艾滋病毒携带者超过 1.1 万，中学毕业选择职业因身体条件受到限制的 50%。不过刊登这个消息的报纸，有一个特别声明："这只是官方数据"。①

在占世界人口绝大多数的第三世界，孩子们的童年到处成为"不会笑的童年"。

美国的一家拯救儿童组织，专门对 30 个"受战争影响的国家"的儿童状况进行调查，2006 年 9 月间发布一份报告。它的调查结果是：超过 4300 万儿童因战争失学，许多地方学校被毁，教师被杀害或不得不逃离学校，孩子被强征入伍或被迫从事暴力活动。

总部设在佛罗伦萨的联合国儿童基金会下属一个无辜者研究中心。这个中心的研究表明，第三世界新生儿死亡率高达 10%，全球 98% 的儿童伤害与死亡发生在第三世界国家。他们从出生之日起，具有保证他们起码生存权利和安定社会条生活条件能力的国家主权和民族独立，就处于被消解的过程，私有化浪潮使父兄一个一个失去工作，家庭日日贫困下去，社会动荡混乱，盗贼蜂起，娼妓遍地，和好莱坞、裸体画、欺骗性广

① 《压力让孩子不堪重负》，俄罗斯《议会报》2006 年 6 月 1 日。

告并存的是环境的日益恶化。他们中的绝大多数，从哪里寻找欢乐和幸福呢?

新自由主义全球化导致了**童工全球化**。

作为攫取高额利润的手段，童工本来就是资本主义的痼疾。这一痼疾由于新自由主义全球化而遍及全球，达到顶峰。根据国际劳工组织的统计，全球被迫从事各种形式经济活动的儿童为3.5亿人，其中5岁到15岁的孩子达到2.11亿人。仅仅印度的童工，就有2000万人。

一家墨西哥杂志指出，非洲5岁到14岁儿童中41%被迫参加劳动，奴隶制在那里继续发展；而且奴隶制已经越过国界和洲界，“变成一种全球性的现象”：“那些被卖掉的孩子过着暗无天日的生活。尽管锁链和鞭子没有了，但是他们每天要工作10至15小时，工作条件极其恶劣。过度的劳累使他们患上疾病，身心受到严重损害，有的甚至过早地死亡。”①

无论西方国家还是第三世界国家，童工都是一个古老的又是至今严重存在的问题。越是西方全球化，也越是童工全球化。一个值得注意的童工新产地是亚太地区。国际劳工局2006年4月发布的一个报告洋溢着乐观的情调，说从2000年到2004年，全球5岁到17岁的童工已经减少2800万人。剩下的人数是2.18亿，但是在5岁到14岁的童工中，亚太地区占到56%，为1.22亿。

① 《儿童奴隶》，墨西哥《标志》周刊2004年2月5日。

别名 17：

妇女灾难全球化

美国加州大学教授露茜·程发表文章，认为全球化使妇女“参与率普遍增加”。但是仅仅从这位教授的文章中就可以知道，这种“参与”和“增加”意味着什么：“妇女多半集中在各个专业的底层，例如是一般教师或护士而非医生或律师”，“地位和工资都低的职位以妇女为多”；妇女成为农业领域的主要劳动力，全球化“给多半地方的农村妇女带来灾难”；“付给从事家务劳动的妇女的工资通常低于标准，还有时拖欠不发。关于假日的规定不获遵守，伙食营养不足，居住条件恶劣而不安全，没有医疗保障，行动受到限制。除此之外，她们还常常受到虐待和性骚扰，工作过重，被迫替另外的人家干活的事也时有发生”；很大一个比例的妇女在娱乐业，“‘娱乐’其实同时也是性服务的一种委婉的说法”；结论是，“全球化兴起，妇女往往首先遭到打击”。①

在新自由主义席卷的一切地方，曾经由工人阶级斗争和社会主义事业发展争取得来的妇女社会地位的提高、男女同工同酬，已经几乎被完全取缔。在失业方面和报酬偏低的行业，女性总是占到多数。

---

① 露茜·程度《全球化与亚洲妇女的有酬劳动》，《国际社会科学杂志》(中文版)2000 年 5 月号。

妇女到处成为犯罪和暴力的受害者。全球1/3 女性遭遇家庭暴力。联合国的一份报告指出，联合国192 个成员国中，102 个国家没有制定针对家庭暴力的法律，至少53 个国家没有把妇女遭到性伴侣强奸列入可以起诉的罪行，只有93 个国家立法防止贩卖女婴。就家庭暴力而言，第三世界国家严重于西方发达国家，农村严重于城市。此外，目前世界妇女中还有1.3 亿人曾接受割礼。

社会地位发生颠覆性变化、真正从天上掉到地面的，是原属苏联的各加盟共和国和东欧社会主义国家的妇女。

2006 年3 月9 日，《环球时报》以“本报驻外记者联合报道”署名刊出《世界没忘记三八节》。文章说，目前，俄罗斯是仍然规定三八节为法定假日、也是最有过节气氛的少数国家之一。在社会主义时代，“苏联妇女的政治地位和就业状况在全球范围可说是首屈一指”，“苏联解体后，经济完全私有化，赚取利润成为许多工作的唯一目标，那些因生育而无法在一个岗位上连续工作的妇女被当成负担。一些经营者甚至认为，要提高效益，就必须解雇妇女”。俄罗斯失业人口的2/3 是妇女，其中最多的是受过高等教育的妇女。俄罗斯妇女的现代观念是，“不顾一切地挣钱”。

这篇文章援引美国《新闻周刊》的话，来比喻西方发达国家妇女的地位：即便“有份工作，但别指望干一番事业”。在一层所谓文明面纱、一番装腔作势的尊敬和关爱背后的，充其量只是“温柔的陷阱”。美国一家报纸论及他们的母亲节，说西方全球化提供的是一个“有关母亲的神话在现实面前漫漫破裂的时代”，逢到成年女性脱口而出的一句“母亲节快乐”，只是“一句空话”。①

---

① 《我们有能力让父母喘口气》，美国《华盛顿邮报》2006 年5 月14 日。

中国国务院新闻办公室《2005 年美国的人权状况》指出，美国妇女不享有与男性同等的参政机会和权利，女性平均收入低于男性，单亲母亲的贫困率在所有人口中最高，女性还是家庭暴力和性侵犯的受害者，囚犯中女性的增长率为男性的两倍。因此而有女科学家为减少歧视而做改变性别手术的故事。至于世界最大的零售商沃尔玛公司发生性别歧视案，就更加不足为奇了。

英国《金融时报》开列的数字也许不完全准确，但是总可以看出一个大概：

世界 8.5 亿文盲中妇女占 2/3；

世界妇女文盲率妇女占 30%，在南亚占 60%，在阿拉伯国家占 55%；

全球收入中妇女占 1/3；

发展中国家 2/3 妇女从事农业；

家庭消耗粮食的 90% 或世界粮食的一半，由妇女种植，但妇女却只拥有土地的 1%；

在全球依靠每天 1 美元生活的人口中，7/10 是妇女；

在全球艾滋病患者和感染艾滋病毒的人口中，妇女占 2/5。①

① 《妇女的世界》，英国《金融时报》2003 年 2 月 22 日。

别名18：

色情、卖淫、强奸全球化

新自由主义导致人类社会向动物性、原始性、自发性的倒退。作为社会的人的女性的特点被降低，而作为动物的女性的特点却被突出出来并大肆渲染。正如“伟哥”之类兴旺到可以在一夜之间卖遍全球，强化女性特征的化妆品、装饰品和专一丰乳肥臀的药物器械，到处成为利润增长最快的行业。这是因为以男性为中心的社会，本身正在把女性仅仅作为化妆品、装饰品和动物性对象，这是因为社会已经使女性不得不以自己的动物性作为生存的手段和根据。这在任何意义上，都不意味着丝毫的进步和文明。

妇女沦落到不得不主要甚至完全依靠性的买弄和出售，寻找职业与晋升的机会，或者取得基本生存条件和社会地位与更多的收入。在形式上，这或许多少不同于妓院和暗娼那种直接付费的性交易，然而没有本质的区别。此外还存在大量没有任何回报，连“交易”都算不上的性侵犯、性骚扰。大赦国际的一位巴尔干代表就说，“一些东欧妇女的遭遇完全没有任何自愿存在。如果明知一位妇女是被人口贩子拐买而来，还要与她发生性关系，那就是强奸。”①因此，当我们论及新自由主义全球化别名的时候，很难在色情全球化、卖淫全球化、强奸全球化之间

① 《东欧女性》，西班牙《国家报》2005年1月31日。

划出明确的界限。

一个最新也最热闹的行业是模特业。以推销服装为目标的模特业，即使怀有利润至上的考虑，也可以姑且不论。问题在于模特尤其是女性模特的裸体化；这已经不是推销服装而是推销性、推销皮肉了。从中得到什么好处、讨到什么便宜的人们编出一堆漂亮话，把这叫做“美”，由此吸引年轻女性靠出卖身体取得生活保证甚至发财致富。极个别女性在这条道路上的所谓成功，代价是成千上万女性甚至包括“成功者”自己的无望的追求、苦难和沦落。

曾经使巴黎倾倒的著名模特杰玛·克拉克，就把自己的一篇文章定名为《我的非人的模特生活》：

> 我 16 岁经过一番激烈角逐进入模特界。
>
> 羞辱是家常便饭。想一炮走红的模特，要陪人上床。
>
> 在这个行当里，吸毒才算酷。
>
> 在东京，工作时间长得可怕。平均每天 15 小时，每周要工作 7 天，纯粹对你的身体采取法西斯做法。
>
> 各种各样的模特大赛如雨后春笋般涌现，模特公司则用高收入引诱姑娘们。而实际上，模特赚取的钱直接流到公司的户头上。给我们的钱少得可怜。
>
> 不要被神话迷惑。①

第三世界国家模特的遭遇更糟糕。一篇报纸文章介绍屡出美女的印度的模特的血泪生涯。她们的理想是从灰姑娘一夜成名。但是一个一个“新德里小姐”、“班加罗尔小姐”、“印度小

① 杰玛·克拉克《我的非人的模特生活》，《国际先驱导报》2005 年 5 月 20—26 日。

姐"、"查谟小姐"，要么成为政客富商的玩物，要么成为色情影片的演员，要么被当作礼物送来送去，要么靠出卖色相为生。15岁进入模特界、曾经当选"查谟小姐"的阿娜拉，向她的姐妹们提出这样的忠告："选美不属于我们！是个陷阱！"①

全球色情网站正在以每天46个的跨越式速度增加。色情旅游在全球大规模蔓延。在第三世界国家，"色情旅客给他们带来收入，但更多的人因为他们的到来而遭了罪"，"很多西方的买春客到穷国来，带来了一种新的'殖民思想'。对一些不发达国家的人来说，一旦把自己变成了商品，将使自尊丧失殆尽，从长远上带来恶果"。②

西班牙一家报纸写道，"性暴力并非战乱国家或不稳定国家的专利。发展中国家的统计数字证明，性暴力在发达国家同样也时有发生。性暴力行为包括强奸、性奴役、强迫婚姻、婚内强奸等。"③色情成为一种简直在涵盖和渗透社会所有方面的文化。明明暗暗的色情业和性暴力，一日千里地蓬勃于全球。

美国的多数州在名义上禁止卖淫。在大部分西方国家，卖淫是一种合法职业。在禁止卖淫的地方，卖淫业也正在从公开的妓院转移到夜总会、按摩室、洗头屋、美发厅、桑那房，照样热气腾腾。

整个美国社会的色情化，成为卖淫昌盛的温床。这也是"上有好者、下必甚焉"的事情。因特网、报纸、刊物、书籍、广告、电视、电影，色情无处不在。绯闻遍于白宫、国会、国务院、国防部，各政府机构、军队、企业、学校、医院、监狱，更加不断传来淫乱私通、性骚扰、性侵犯的故事。2006年6月

---

① 《大红大紫背后屈辱生活，选美选星造出色情女星》，《环球时报》2004年11月19日。

② 《色情旅游在全球大规模蔓延》，新加坡"星岛环球网"2006年9月7日。

③ 《性暴力在全球蔓延》，西班牙《先锋报》2006年3月3日。

的一则报道说，《纽约时报》连续三周的畅销书，是一本《笔记本女孩》。作者是四个女高中生。愤怒的学生家长们指责它“以性内容为荣”，“她们想越过青春期所有的尴尬，一下子变成性感女人”。[①] 这种书的热炒和盛行，对于任何国家都不是光彩的事情。

大名鼎鼎于全球——先是因为经济实力，后来是因为经济犯罪——的安然公司，就是一个在性问题上乱七八糟的王国。办公室里每天演出风流韵事，流言蜚语飘来飘去。业务总裁杰弗里·斯基林把“小蜜”提拔到年薪60万美元的岗位。副董事长丽贝克·马克曾经被《财富》杂志评选为美国最有影响的50位商界女性之一。她的优势，就是利用“女性的娇柔”将谈判桌前的男性们玩弄于股掌之上。办公室窗帘后面有男女高层主管在鬼混。一位男性主管的夫人原来是脱衣舞娘。公司走廊里时不时走过几位不知来路和去路的性感女郎。在公司内部，人们把与老板睡觉的女人，称为“法国中尉的女人”。[②]

在美国，官员闹桃色新闻，中央情报局局长陷于“妓女门”，连议员也在招妓了。女性就业，姿色成为一个基本条件，而且就业岗位多为“粉领”。难怪和克林顿闹得不清不楚的莱温斯基，已经成为美国年轻女性人生追求的最高样板。每年2万名年轻女性涌往华盛顿充当实习生，成为华盛顿“最热的一道风景线”。她们在各政府部门端茶倒水、复印文件，穿着越来越暴露、越来越性感，“刻意炫耀着各自的迷人身材，将一些正派的华盛顿政客看得心跳加速”，“国会议员们喜欢这样”。这些性感女郎的理想，就是成为莱温斯基。[③]

---

① 《少女日记成了美国畅销书》，《环球时报》2006年6月6日。

② 《安然丑闻》，美国《新闻周刊》2002年3月11日。

③ 《性感女实习生充斥华盛顿，渴望成为莱温斯基》，“解放网—新闻晚报”2006年7月10日。

2006年，英国揭露出每年5000名未成年人遭受性侵害的消息。7月，又有100多名精神病院女患者遭受性侵害的丑闻。由于2005年900万男性、200万女性上色情网站，互联网色情业增长居全球首位，英国已经成为毫无愧色的“世界色情大国”。

日本性交易猖獗，尽管和美国的政治军事战略关系蜜如饴糖，美国国务院2004年的一份报告，还是不得不把它列入“性奴交易”的重点国家。

西班牙妓女为40万人的浩荡队伍，还有130万之多的女工遭到性侵犯。2006年7月传来消息，在西班牙疗养地马贝里亚市，市长竞选正如火如荼。其中一位30岁的“当红艳星”约拉·贝洛卡，在电视发表竞选演说，纲领就是“性满足”。她还现身说法，大爆自己与男明星们之间的花边新闻，许诺免费隆胸、增加夜总会和妓院数量。根据当地政治家的分析，她获胜的几率最大。荷兰一位市长，施政纲领之一，居然是妓女劳军。新西兰还有女警察把卖淫作为兼职以补贴生活的事情。

美国也发生性感女郎和在任州长、影星施莱辛格竞选下任州长的事情。在澳大利亚，妓院已经上市发股票。2006年7月，当地的一家妓院老板，还就亚洲妓女卖淫价格低廉，“进行不正当竞争”，提出严正抗议。

德国倒不羞羞答答，承认卖淫合法，还向外国人签发“娱乐签证”。2006年世界杯足球赛期间，世界各国4万名妓女胸怀发财致富的志向云集这个国家淘金。其“业务量”的惊人居然使妓女们提出了罢工要求。一位德国妓女说：“我想如果我再不离开这里的话，那么我肯定会死在这里的。跟我一起工作的人也不能忍受了。她们也想离开了。我想现在已经有很多人都不能忍受这样高强度的工作了。”①

① 《累！德国妓女罢工》，法国《欧洲时报》2006年6月14日。

新自由主义尤其把第三世界造成色情、卖淫、强奸的园地。

西方在用他们的需要强行压制第三世界国家。不断传来西方人或者以商人面貌、或者以军人身份在第三世界国家强奸妇女包括幼女的丑闻。这还不够。联合国的一个委员会居然向中国发号施令，因为据说“卖淫是妇女使用自己的身体从事再生产的权利”，所以要求中国“允许妇女作为性工人出卖自己的身体”。一个“独立妇女论坛”的主席对此提出指责说：“联合国与世界银行经常逼迫贫穷国家采纳与她们的传统格格不入的政策，以作为获得国际金融援助的代价。这是不折不扣的文化帝国主义行径，是敲诈勒索。”①

当全球美国化如同飓风袭来，仿效和照搬美国成为时髦和改革精神的标志的时候，人们发现，别的不好学，有些压根就无法学，惟独色情、卖淫、强奸，可以学，容易学，甚至可以学得比美国还美国。美国再一次成为全球榜样。这不能不大大削弱第三世界各国优秀民族传统的积极意义，严重毒化第三世界人民的灵魂。

曾经属于苏联的各加盟共和国和东欧国家，现在成为向西欧出口被玩弄妇女的主要国家。

俄罗斯在经济崩溃、社会衰败、两极分化加剧的途程中，获得一个使为自己民族的历史性成就倍感骄傲的人们深觉羞耻的绰号：“盛产美女的工厂”。这也算得一种“世界工厂”。西方大模特公司纷纷涌入，目标是漂亮姑娘。苏联解体的1991年，克里姆林宫塔顶红旗飘然跌入尘埃，俄罗斯举办了首届精英模特大赛，演出了“红旗落地，模特升天”的一幕悲喜剧。十月革命的故乡、英雄的城市列宁格勒，竟然因为妓女之多和妓女中艾滋病患者之多，成为俄罗斯的“性都”。这个城市现在的名字

---

① 《联合国敦促中国使卖淫合法化》，《香港传真》2000年6月13日。

叫圣彼得堡。然而无论对于列宁还是对于彼得大帝，“性都”的绰号都是一种无情的亵渎。

俄罗斯出现了裸体播音员。保加利亚的电视人物，也在脱得一丝不挂。乌克兰一些中学以创收的名义，把妓院开到了学校。过去属于南斯拉夫，现在被美国“民主化”改造的科索沃，用英国杂志《名利场》2002 年 第 7 期一篇相关文章的话来说，“妓院经济成为主导经济”。妓女大都来自乌克兰、保加利亚、阿尔巴尼亚和俄罗斯及其他原属苏联的地区，主要消费者是以维和名义驻在这里的西方军人。这里已经成为向欧洲转运妓女的一个中心市场，每年被拐买的妇女达到 20 万人。捷克一个 3 万人口的小镇切布，有近百家妓院，24 小时营业，妓女们操 6 国语言，成为欧洲最大的红灯区。在捷克首都布拉格，也已经公开为妓女塑像了。

根据 2001 年的数据，在泰国、马来西亚、菲律宾和印度等国，色情业占到国内生产总值的 2% 到 14%。童妓蔓延，妓院林立，甚至所谓中产阶级的妇女也以出卖肉体作为收入的一部分。泰国 28% 的家庭，靠女儿卖淫补贴家用。印度一个叫做索纳加奇的地方云集 6000 名妓女，成为亚洲最大的红灯区。菲律宾至少有 52000 名美国兵的私生子女。美军入侵伊拉克，使这个伊斯兰文明的中心色情遍地。台湾电视节目有“性爱百分百”，报纸纷纷开辟情色专版，到处是衣着暴露的“槟榔西施”、“口香糖西施”。在非洲，联合国维和部队官兵用援助物质作为筹码诱奸未成年少女。墨西哥女子到美国卖身，已经多次演出成批成批地被又奸又杀的悲剧。巴西是一个旅游大国。但是它仅仅童妓就超过 100 万，使旅游成为性旅游。

别名 19：

道德沦丧全球化

道德这个概念，在多数情况下被用来囊括社会中人与人的关系。但是资产阶级从来就不是一个讲道德的阶级。它把自己的极端私欲作为宇宙的脐眼，上帝、爱、人权以及民主自由之类，寸步不离这个脐眼，除此之外都是扯淡。用《共产党宣言》的话来说，这个阶级使整个社会服从于它们发财致富的条件，创造一种使劳动者成为自己奴隶的专制制度，“这种专制制度越是公开地把营利宣布为自己的最终目的，它就越是可鄙、可恨和可恶。”

《宣言》发表 160 多年之后，资产阶级的道德水平没有些许提高，反而在无可挽回地继续下降。当这个阶级在一国占据统治地位的时候，它成为这个国家道德下降的标志。当新自由主义全球化确立其全球统治地位的时候，这种本来属于资产阶级的下降，也已经扩散和毒化为全球性的道德沦丧。

现在我们看到的，是《新的历史蓝图：全球化资本主义的终结》的作者、墨西哥教授海因茨·迪特里奇 2004 年新著《资本之战：从萨拉热窝到伊拉克》的引言。这个引言对新自由主义全球化进行了一番道德评价：

> 资产阶级绝无可能成为一个讲伦理道德的阶级。它从未指望成为这样的阶级。它把道德和慈善事业留给了牧师

和知识分子，一心一意干自己的事情：做生意。

这种“先天”命运使得资产阶级放弃了道德主题的地位，接受了自己的存在理由，即充当人类的剥削者，并以暴力作为自己的存在方式。……

暴力有两种形式：其一是资产阶级生产和流通部门的日常暴力，在这种暴力中实行统治的是资本独裁的规矩；其二是国家的战争暴力，它利用资本的武装形式确保自己在那些居住着80%纳税人的下等世界国家里顺利地进行掠夺。①

资产阶级最大的道德缺失，或者说它对人类道德的最大的侵害和亵渎，正在于这里所说的两种暴力。它在这两种暴力的实行中存在，也在这两种暴力的表面，喷洒一层文明的油彩，其代表人物也总是不忘记给沾满劳动者汗水和鲜血的两手戴上白手套。道德堕落和腐败行为，像英国一家报纸所说，“都是资本主义生产模式的一部分”。②

无论如何，世界社会主义阵营对世界资本主义构成的制约，包括道德的制约。那是西方包括美国频频挥舞涂料和白手套的时代。那时的道德沦丧，还只是在西方上层传播的瘟疫。当新自由主义只是作为资产阶级经济学的一种学派存在的时候，即使不过出于主观愿望，它的个别派别，比如德国有一个弗莱堡学派，也还曾经主张公平高于效率。

但是一旦和美国霸权相表里，一旦垄断资产阶级控制现代科技的手段，反道德的文化和工业产品，就会借助于媒体强势弥盖全球和送进千家万户。新自由主义全球化不仅权力范围扩

① 见《香港传真》2005年10月10日。

② 《仅存的就是改良主义》，英国《卫报》2002年8月12日。

大和深入到世界各地，甚至使任何涂料和白手套，都一概成为多余。世界银行有一个“商业道德办公室”。不知道比如国际货币基金组织和美国财政部是不是也有这样的机构。这些机构的任务，就是把疯狂侵夺第三世界人民的财富资源，作为“商业道德”的范例。利欲熏心泛滥成灾，已经摧毁西方传统道德的最后的护栏，使曾经被认为坚实的东西化为空气或肥皂剧。而这一切，一方面上升为国家政策，一方面浸透到人们生活的每个角落。

美国亿万富翁索罗斯坦率地承认，美国文化缺少道德原则。意大利的一位电信公司董事长也来一个旁观者清：“在美国，如果一个首席执行官偷公司的钱，不会被认为是小偷。这是一种道德之癌。”①

如果说美国曾经有过还多少称得上是道德的东西的话，那么现在，首先是在它的上层，“道德资本”已经耗尽。布热津斯基《大失控与大混乱》，就直陈美国的二十个大难题，其中一半以上——贪婪的富有阶级、打官司走火入魔、日益加深的种族和贫困问题、广泛的犯罪和暴力行为、大规模的毒品流行、社会上绝望的情绪蔓延、过度的性自由、视觉媒体大规模传播道德败坏之世风、公民意识下降、制造分裂的多元文化抬头、日益弥漫的精神空虚——同道德相关。

现任美国总统小布什的父亲、克林顿的前任老布什，1993年卸任的时候在西点军校讲话，还扬言美国“运用自己的道德与物质资源”领导世界。也是这一年，布热津斯基出版《大失控与大混乱》。克林顿在莱温斯基石榴裙下马失前蹄；在美国上层社会，这是家常便饭，也不会影响他继续当总统。但是它却使美国的道德权威再次成为全球笑柄。至于接着上台的这个小布什，

① 中央社纽约2002年6月27日电。

用美国前国务卿奥尔布赖特的评价来说就是，仅仅一个以军事作为外交政策的基础，已经“使本国的道德权威丧失殆尽”。①

英国《独立报》分析美国的所谓反恐战争，说美国歪曲事实真相和欺世盗名，炸死平民而拒绝承认“这是任何形式的失误”，拒绝使用“调查”一词，这就叫做“道德沦丧”。② 在美国国内，总统陷入桃色事件或撒谎欺骗；“国会把会受到社会其他方面嘲笑的行为定为合乎道德的行为”③；五角大楼和中央情报局时不时传来经济的或色情的故事；大公司丑闻愈演愈烈，最新成果是，美国第一快餐品牌麦当劳和另一个著名品牌耐克，2006年4月被英国消费者评为“最不讲道德的品牌”的冠亚军；学校里要么响起枪声，要么教师、校警强奸女学生；一向被认为神圣的教会，也在围绕金钱和性进入伤风败俗的行列。

美国的报刊文章，已经很少道德的自信。人们大量看到的，是这样一种议论：美国人有一种“道德失落感”；低劣的电影、毒品贩子、粗俗不堪的电视节目、流行音乐、时装、随便可以看到淫秽图像的因特网、传播性与暴力的录像片、败坏文化的名人和体育明星、被抛弃的儿童、受虐待的老人、破碎的家庭，以及人们发出的“我们如何会沉沦到这个地步”的疑问；“你不能信任30岁以上的任何人”，成为美国人的口头禅。普通人对政府和企业的信任，人和人之间的信任，甚至家庭成员之间、号称朋友者之间的信任，都已经成为遥远的回忆和同样遥远的愿

---

① 《我认为，如果布什再次当选将是可怕的——美国前国务卿奥尔布赖特在与本报的谈话中抱怨，现任总统使本国的道德权威丧失殆尽》，德国《南德意志报》2004年10月23日。

② 《“9·11”事件扭曲了美国的道德观》，英国《独立报》2002年3月7日。

③ 《说客浮出水面反映了首都风气的变化》，美国《华盛顿邮报》2006年1月12日。

望。所有这些都说明，美国“今天的道德氛围还不如五十年代”。①

即便摊上一个黑暗的、罪恶的政府，人民总是善良的并且永远成为一个民族道德力量的源泉。美国人民对国家道德沉沦的状况深为不满，为此进行的抗议活动此起彼伏。其中既有政府应当为发动侵略战争和屠杀别国人民而进行道歉的要求，也有宗教性质的“忏悔运动”。1997 年由一个叫做“信守诺言者”的组织发起的运动，要求唤醒国家、拯救民族和提高社会道德水平，50 万人参加而没有一个政界人士。

问题的症结在于资本主义制度本身，尤其在于美国霸权主义和新自由主义的全球垄断权利。它绞杀人民的历史主动精神，摧毁一切使人民团结和进步的组织，把人降低到动物。它不是创造负责的社会公民而是把大家都变成胃口无边的消费者和极端的自私者，不是创造人们相互信任、平等合作和健康成长的社会环境而是播种冷漠、隔离与仇恨。

这已经使西方社会堕落为贪婪的社会。为此才有德国前总理施密特的《全球化与道德重建》。该书所开列的描述德国社会价值堕落的关键词——投机，哄抬股市，骗税，走私，腐败，学校和大学漏洞百出，电视全面获胜并导致思想肤浅化和暴力，青少年犯罪越来越多等等，首先属于美国，也属于德国和其他西方国家。至于美国总统布什和英国首相布莱尔，因为发动侵略主权国家伊拉克的大规模军事行动，在那里几乎不受任何约束地进行屠杀和抢劫，而获得诺贝和平奖提名，则已经成为人类道德水平下降到最低点的里程碑了。

---

① 《道德伦理沉沦了吗?》，美国《基督教科学箴言报》1998 年 12 月 16 日；《尊重权威：反复出现的主题》，美国《华尔街日报》1999 年 6 月 24 日；《一出道德剧》，美国《洛杉矶时报》1999 年 8 月 29 日。

苏联解体10周年，俄罗斯学者A·奥格涅夫重提“谁出卖了苏联”这个揪人心肺的问题。他的文章旁征博引，偏重于道德方面的分析。他看出，新自由主义改革吵吵闹闹地开场，民主派、自由派从西方主要是美国贩来极端的利己主义、虚伪和欺骗，用低级庸俗、令人作呕的文化浊流威胁着民族的生存，使俄罗斯人民失去热爱祖国的道德灵魂。10年前苏联遭到颠覆的，正是避免苏联人民走上流氓道路的制度。雅科夫列夫恰恰把热心这种颠覆的人，放到领导电视、广播、报纸、杂志的位置上。作者写道：

导致我们国家崩溃、千百万人贫困的反革命，开始于八十年代的家庭瓦解。自由派破坏民族道德传统，极力玷污在家庭和国家中负有责任的思想。道德传统曾教育女孩子保持贞洁，教育男孩子要珍惜对女孩子的真诚关系。所谓性欲革命的腐朽思想，放纵两性之间关系上的无耻行为，培植了腐化堕落、道德败坏，人的道德变得畸形。

联合国儿童基金会的报告“不很愿意并且几乎是含糊不清地”认为，“社会主义的社会个人道标准，甚至比最发达国家的标准要高得多”。

读了这份报告后，自由派米纳耶夫在《火花》上发表文章承认，“我们过去的医疗保健和妇幼工作，教育及社会协调等方面的工作，是有条不紊的。”

科学博士伊万诺夫，这位曾毫不妥协地同苏联政权战斗的批评家得出结论说：“我们老是抱怨以前的保健制度不完善。只要到世界各地走一走，我就可以说，苏联时期的保健制度是世界上最好的保健制度之一。”

B·罗佐夫谈到像导演M·扎哈洛夫这样一些没有良心地污蔑苏维埃制度的人时写道：“上学免费，从幼儿园一直到大学。他们成了苏维埃共和国的功勋演员，成了列宁勋章的获得者，成了社会主义劳动英雄。这就是那个时代！有些人成了世界知名人士，现在却唾弃、玷污自己的过去。我认为这是不道德的、十分卑劣的。"

卡拉·穆尔扎很正确地指出："我们的一些精神贵族认为，消灭社会主义制度是他们毕生的事业。因为在社会主义制度下，出身低微的人即'穷小子'上了大学，这些'穷小子'忘记自己的地位，和精神贵族混在一起，有损于贵族的种族。这是对精神贵族的最大侮辱和妨碍。"这间接证明了"白领"复辟君主制社会的梦想。①

俄罗斯是一个大国，深厚的民族道德文化传统，由于社会主义制度的确立，尤其焕发出新的活力和显示出巨大的力量。尽管如此，一旦自我毁灭、放弃自己的优势，当新自由主义的浊风恶浪扑面涌来的时候，也已经根基动摇、枝叶飘零，其他第三世界国家就更加限于困境。

在印度，报章杂志关于年轻人做坏事的报道越来越多。他们醉酒驾车、不守规矩和使用暴力——其中包括杀人、强奸及其他犯罪——的情况屡见不鲜。这种趋势，使得父母和社会活动家忧心忡忡。在新自由主义全球化波及的任何国家和地区，这其实大同小异，有些还要更糟糕。但是公正的舆论，并没有简单地责备孩子们，而是看到社会本身的作用。新加坡报纸就援引尼赫鲁大学一位社会学家的话说，"社会正在为消费至上主义付出代价"。它还写道："社会现实再加上学校道德教育的缺失，使得这一代年轻人梦想着一夜暴富，痴迷于像手机这样的

① 《谁出卖了苏联——对苏联解体10年的回顾和发反思》，俄罗斯《苏维埃俄罗斯报》2001年1月6日。

小玩意。”①

社会已经使阿谀、欺骗、堕落、叛卖、色情、盗窃成为升官发财，使穷光蛋和目不识丁骤变为大款大腕与灿烂明星的通行证，把诚实、勤劳、正派边缘化和使之成为贫穷、失业、被冷落和歧视的同义语，何况这已经不再是个别的、偶然的现象而是成为一种体制和习惯势力。这又是新自由主义全球化的丰功伟绩了。年轻一代的道德沦丧，来自老一代人的、当权者的和社会制度的道德沦丧。

2005年初，韩国总统卢武铉任命的一位副总理，因为“个人道德”问题四天即辞职。所谓“个人道德”问题，据说一是“儿子加入美国籍”，二是“浪费公款，违法兼职”，三是“隐匿财产，偷税漏税”。这样的问题，在第三世界国家许多有权有势的人物身上都存在，有些还更严重、更恶劣。

问题到底在哪里呢？按照西方主流媒体的咒语，是守旧和僵化，是需要彻底的、不间断地进行他们圈定的改革。倒是法国一篇报纸文章的提法有些道理。它说，物质的富有造就的是自私自利，“别人制订的游戏规则进入了头脑”，而第三世界国家“未能找到一种适应自己文化遗产的发展模式”，未能穿上“自己亲手裁制而不是由别人代做的衣服”。② 新自由主义的一个基本点，正在于剥夺人民自己创造历史的权利。它把自我描述为绝对化的个体，以此消解第三世界各国各民族人民劳动、团结、互助、平等的优秀传统，在所谓扩张自我、实现自我的喧闹中，第三世界恰恰失去了自我。这就不能不构成人类道德衰退的历史性悲剧。

---

① 新加坡《海峡时报》2006年11月26日。

② 《胜利的亚洲，不安的亚洲》，法国《世界报》1997年5月9日。

别名 20：

腐败全球化

腐败全球化，同时就是**买官卖官全球化和贿赂全球化**。

资产阶级国家，作为资产阶级管理自己事务的委员会，在某种意义上，本来就意味着资本家豢养和选拔为自己服务的官员。资产阶级政治本来就是金钱政治。

数百年来，这个阶级曾经用血与火开拓疆土、杀人越货以积聚财富，但是行贿受贿自来有之。而且越到现代，资本扩张和剩余价值盘剥的经验越丰富，它似乎越加明白一个道理："收取贿赂得来的钱财，聚敛方式比较特殊，其低廉的'生产成本'足以让殖民时期洗劫加勒比海与太平洋地区的强盗们感到妒忌。据估计，利用职权进行欺诈的行为，耗费的成本只占所得'收益'的不到3%。这就是专门致力于调查腐败问题的机构得出的结论之一。"[①]美国全球霸权和新自由主义全球化，赋予国际垄断资产阶级一种空前集中的"全球职权"，提供了一种进行全球欺诈的新的环境和条件。

美国的选举，用一家澳大利亚报纸文章中的话来说，不过是"花钱买官"和"合法化的行贿受贿"。[②] 总统、议员、州长的选举莫不如此。选票要花钱，一张总统选票 38 美元，一张议员

① 《全球化了的腐败》，阿根廷《民族报》2001 年 6 月 17 日。

② 《花钱买权》，澳大利亚《悉尼先驱晨报》1999 年 8 月 21 日。

选票10美元。于是越有钱，就可以购得和分发越多的选票。布什为竞选总统“筹集”资金的数额，是美国历史上从未有过的。二任竞选，他还在纽约的喜来登酒店举行一种“筹款餐会”，5个小时筹款400万美元。一朝权在手，于是既回报曾经给予资助的大公司，又开卖官职和经销权。几家烟草公司为布什和共和党竞选捐出“政治献金”700万美元，布什的回报是让对烟草公司的起诉落空。矿业公司的捐款为260万美元。现在则解除关于要求这些公司整治污染的规定。安然公司2000年曾为布什竞选捐款2亿美元，于是布什向阿根廷政府施加压力，把一项数亿美元的天然气管道工程交给这家公司。至于卖官，比如一个驻外大使的官衔，加码可以达到10万美元。

美国一个重要的政治现象，是政治游说集团。华盛顿有3万多名说客，每年经手的资金超过20亿美元，专门在公司与政客之间拉皮条。这是一个连死人都为竞选捐款的城市。他们集中于华盛顿K街的游说业中心，被英国报纸称为“世界上最腐败的地方”。①

美国媒体自己也有所揭露。这些说客主要在国会议员中上串下跳。国会山起草立法的每一个房间，都有他们的身影。如果没有钱，这是寸步难行的地方。尤其是布什就任总统以来，共和党有一个“K街计划”，目的是使这些说客帮助制订共和党的立法计划。说客的通常手段，是用旅行、打高尔夫秋、狩猎直到赠送高级住宅和豪华轿车，使议员们说他们需要的话，“一笔特殊的竞选运动捐款，导致某个国会议员投下特定的一票”。一个叫做杰克·阿布拉莫夫的说客，租有摩天豪华包厢，经常邀请议员和及其工作人员观看体育比赛。他还拥有华盛顿的两家餐厅，以招待游说对象。在他因为什么事情陷入刑事调查的

① 《世界上最腐败的地方》，英国《观察家报》2005年1月8日。

时候，代表他的律师事务所的一位发言人就振振有辞：他的行为“在华盛顿司空见惯并且完全正当”。

越富有的利益集团，政治捐款和为游说付出的钱越多，所得到的好处也越大。

制药商最大方，在截止2004年的6年里雇用3000名说客，支出7.59亿美元。一项《医疗保险法案》，包含着使制药公司大发横财的条款。药品制造商给投赞成票的议员的捐款，比给投票反对的议员的捐款高出两倍。仅仅2003年，因为由纳税人出资为老年人提供处方药的条案获得通过，就为医药公司带来1390亿美元的额外利润。其次是保险业。参众两院通过一个有利于金融、保险、房地产商的法案。背景是这些集团在2003年到2004年间总共为国会议员竞选活动捐款3.06亿美元，其中60%捐给共和党人。石油天然气行业排名第七，但是捐款占共和党所获资金的80%。众议院即于2005年4月通过《能源法》，“规定”关于这类公司造成污染、涉嫌致癌的起诉“自动弃权”，还给予这些公司在北极国家野生动物保护区进行石油钻探的权利。

揭露这些事实的美国媒体说，在华盛顿腐败始终存在，但是现在，企业团体和说客快要发疯了。“腐败正在华盛顿迅速蔓延。不仅国会立法越来越倾向于使最富有的集团有利可图，而且国会本身已变成一个交易机构，影响立法和联邦政策的买卖日趋明目张胆”，这是一种“新的、更高程度的腐败”。[①]

在美国政府里，大公司是唯一的声音，甚至政府本身就是一个大公司。政治即金钱，用人唯钱，还不仅是涉及总统的几个小例子。议员、部长、将军、州长、大大小小的官员和多少有点权力的人，各有各的权钱交易腐败帐。

---

① 《出售华盛顿》，美国《纽约书评》2005年6月23日。

2005年，布什在国会中的重要盟友、众议院多数党(共和党)领袖汤姆·迪莱洗钱罪东窗事发，还牵出了英国前首相撒切尔夫人。在国防部，从波音公司得到好处的官员从采购单上删掉了洛克希德公司。相比之下，官员到军火公司兼职捞外快，小姐隆胸公费报销，反倒是区区小事了。军事演习中时时暴出腐败故事。驻兵伊拉克，军购中与承包商里外勾结，军官“吃空额”，更加屡见不鲜。中央情报局和联邦调查局屡屡夸大国家危险程度以增加经费。中情局还有前几把手贪污的丑闻。管工程的行贿得到项目和偷工减料。警察敲诈老百姓。财务造假帐。律师搞伪证。税收官员帮助偷税漏税。外交官员卖签证。管移民的官员和女性移民进行性交易，或者强奸。教师奸污女学生。神职人员和牧师霸占女信徒、对儿童进行性虐待。监狱人员性侵犯女犯人。模特成为经纪人的摇钱树，还要多方收取高额佣金，一片使人晕眩的脂粉里混杂着女孩子们的血泪，演绎着“模特们明星梦背后的龌龊的交易”。①

安然公司事件败露，1亿客户的积蓄付之东流，成为美国最大经济犯罪的第一幕。安然之后，全球有线公司、安达信公司、泰科国际公司、世界通信公司、施乐公司、阿德尔菲亚公司、美林公司、默克公司等大公司，一个接着一个出丑。一些美国媒体感慨万千：“还有多少安然公司？也许比人们想象的更多。”据估计，25%的公司公布的年度财务报告有问题。“安然现象”对美国的打击，被认为不在“9·11”之下。用美国媒体经常使用语言来说就是：徇私舞弊，欺诈瞒骗，强取豪夺，勾心斗角，倾轧成风，挥金如土，奢侈糜烂，绯闻满天，污浊下流，早已被蛀蚀得蚁迹斑斑。

对于任何一个国家来说，“9·11”这样的事件，都是政府能

---

① 《模特成为经纪人的摇钱树》，法国《费加罗报》2003年8月11日。

力和国民素质的检验器。法国一家周刊说，截止2002年底已经发现，200多名美国人中的骗子，谎称有亲人死于灾祸，领取补偿金500万美元。美国人给事件受害者捐款5800多万欧元。负责管理这笔捐款的一个协会，直到事件之后8个月，一直没有给孤儿寡母们任何资助，其后分发捐款，仍截流3900万欧元。华盛顿有一种“受害者补偿基金”，基金会负责人同白宫关系密切。在事件之后的14个月里，得到它的补偿的家庭，只占应该得到补偿的家庭数目的25%。在废墟的清理中，250吨金属废料失踪。前来营救的消防队，对大厦商店的信息器材、名酒、珍宝首饰，进行了有组织的洗劫。世贸中心里美国大通银行的银库，存有2500个保险箱。大部分被挖掘出来，却发现全部空空如也。[①]

正如阿布拉莫夫成为美国政治腐败的样板，安然成为美国经济腐败的典范，世贸废墟上的丑闻成为美国社会腐败的缩影，媒体尤其成为谎言载体。国家被腐败折磨得千疮百孔、遍体鳞伤，使美国人常年为“还有谁可信”所困惑。两个判断颇有历史价值：一个出自布热津斯基，直接称华盛顿为“世界最腐败的首都”；[②] 另一个出自《国际先驱论坛报》，说美国的问题是金钱控制政治。[③]

有一个名为公职人员廉洁研究所的机构，总部设在纽约，有150名新闻记者、社会学家和研究人员，据称“不受党派控制”。《华盛顿邮报》2004年4月30日发表对该所一项25个国家腐败问题调查报告的评论。报告承认，25个国家中每一个国家都受到腐败的挑战，西方发达国家也在所不免。但是它特别费

① 《“9·11”事件以后的丑闻》，法国《周末三日》周刊2003年1月22日。

② 见《华盛顿——腐败之都》，英国《金融时报》2006年1月6日。

③ 《金钱控制政治》，美国《国际先驱论坛报》2002年1月24日。

心地证明，“美国在几乎每一项衡量标准中都被列为‘良’或者‘优’。”有趣的是，评论援引出它的所长刘易斯的一段老实话：“吹嘘这种公然惟利是图风气的，不是印度尼西亚、尼日利亚，也不是俄罗斯，而是美国。在这种风气下，宣扬影响力的人不知羞耻地赚钱。”

2006年11月，“透名国际”再一次公布全球腐败程度的国家排名，对美国腐败程度的评价是“严重恶化”。不论有多少回护暧昧，看来不能否认的是，在腐败和包括买官卖官、行贿索贿这样的领域，美国当之无愧地名列前茅。

这类丑陋现象在整个西方世界，都蔓延成灾、病入膏肓。欧盟专门设有“反诈骗办公室”，足见诈骗现象的普遍。欧盟人道主义办公室的一个机构派员出差非洲，24人包租一架可以容纳220多人的波音707飞机。它的驻华盛顿办公室装修一番，花费超过购买价的3倍。它以430万美元资助一个设在西班牙的欧洲拉丁美洲研究所，仅仅旅游就花得所剩无几。法国《欧洲时报》为此发出感慨：“丑闻严重损害了欧盟的形象”。①

英国首相布莱尔卖官鬻爵，已经闹得举国沸腾。他出访美、日、中、韩，夫人切丽身着价值7000英镑的裙装。大法官欧文用35万英镑装修官邸，已经闹得舆论哗然。诸如此类，叫做“英国式腐败”。这种腐败的特点，是校友、富人俱乐部、裙带的小圈子。有人讥讽说，第三世界国家的腐败是“民主的”，而英国式腐败却是“专制的”，门槛很高，高到可以挡住老百姓的视线。但是这完全不意味着它没有门槛不高的腐败。经过6个月的调查，英国监狱管理局和伦敦警察局2006年提供出一组数字：1000名狱警向监狱内偷运毒品和手机并从中受贿，另有

① 《腐败损害欧盟形象》，法国《欧洲时报》2001年5月2—3日。

500多人涉嫌与犯人存在"不适当的关系"。①

法国政坛贪渎成风，外交部也在卖签证。德国不时揭出企业行贿的内幕。意大利连总理都在因为腐败出庭受审。它的一个法律研究委员会1996年提交给议会一份报告，说仅仅针对贿赂罪的刑事判决数量，1988年12宗，1995年增加到258宗，2%的公务员被刑事起诉，一半是因为受贿。在日本，首相因为腐败下台，议会调查要住豪华宾馆，找艺伎作陪要公款报销，众议员一年大吃大喝就耗资5000万日元。

德国在透明国际关于世界160个国家贪污受贿情况的名单中，排名第16，算是比较干净的。但是它被揭露出来的，全是诸如宝马、克莱斯勒、西门子、卡尔施塔特、大众等知名大公司，涉及的人物也是董事会成员或部门主管。法国一家报纸的评论说，"被揭发出来的人和事，还只是其中一部分，可以说是冰山一角"。②

原来属于苏联的各加盟共和国和东欧社会主义国家，无论就道德从高尚到沦丧，还是就政治清明、清正廉洁到腐败、买官卖官、行贿索贿不胫而走，从天上坠入尘埃，跨度都是最大的。

在新自由主义改革喧闹中乘风破浪上台的执政者，普遍被认为是一批铜臭熏心、政治投机、良心扭曲的政坛蛀虫。他们先是被金钱，然后是被权力搞昏了头，最后是两者都要；最初还有点节制，后来就无法无天。卡齐米耶日·波兹南斯基所著《全球化的负面影响》，专门研究新自由主义全球化中的东欧，有两句话，准确地总括了那里的腐败泛滥的情形：一句叫做"寡

① 《秘密报告称1000多名狱警涉嫌腐败》，英国《卫报》2006年8月1日。

② 《授受贿赂日益严重，德国知名企业又爆腐败丑闻》，法国《欧洲时报》2006年8月10日。

廉鲜耻，无所顾忌”，另一句叫做“腐败已经成为带动私有化前进的火车头”。

在俄罗斯，高层官员的大宗收入来自私有化中廉价拍卖国家资源，然后就是受贿。俄罗斯2001年财政预算400亿美元，商人行贿数目达到330亿美元。从2001年到2005年，商人向官员行贿的人均数，从1万美元剧增到13.6万美元，贿金总额增加到3160亿美元。[①] 圣洁的大学殿堂成为肮脏的行贿市场，占到普通人行贿总额的16%。在莫斯科，企业给各级官员的“补偿金”每月不少于6亿美元，每年可以达到70多亿美元。仅仅建筑市场，每年的行贿金额就是35亿美元。[②]

在新自由主义的阴霾下，社会糜烂不堪。2/3的人明明暗暗地送“红包”。2002年1月31日，俄罗斯民意基金会发表俄罗斯腐败问题的全景报告，把腐败定义为“权力机构中的偷窃”，说腐败已经渗透到每一层官阶，49%的人认为多数官员腐败。

> 很多问题是这样解决的。
>
> 在交警部门，100美元可以在一个工作日内拿到驾驶证，200美元就可以在一个小时内取。上一个号码比较响亮的牌子要500美元，走私车上牌子要5000到6000美元，而偷来的车则用1万美元就会拥有全套合法手续。在法院和强力机关，作出冻结帐户的裁决，法官可以得到10万到15万美元；赢得仲裁法院的诉讼为10万美元到无限多；把对手立案要5万美元，撤消立案要1.5万到3.5万美元。议员提案5万美元起价，组织并得到需要的政府法案则为10万以上或者不少于项目总额的2%。非法调查竞争对手动用警

① 《俄罗斯贪污现象严重》，新加坡《联合早报》2005年10月3日。

② 《腐败在俄罗斯已成万恶之首》，俄新社莫斯科2005年10月3日电。

察部门需要500美元到无限多。组织带搜查证的税务检查，从1万到5万美元不等。[1]

按照前述波兹南斯基著作提供的数字，波兰国有企业在私有化中廉价拍卖，收入180亿到280亿美元，贿赂费4—8亿美元，而主要来自西方的收购者获利2160亿美元。在保加利亚，截止2004年，政府16位部长中的8位（包括1名副总理）受到腐败调查，100名司局长一级官员接受或索取贿赂，这年仅海关就有500多人涉嫌受贿。罗马尼亚议会的大多数议员有自己的商业公司。2003年上半年4500人因营私舞弊受到指控，其中1000人担任领导职务，伸手最长的是法官、金融警察、检查官、银行官员。罗马尼亚人把腐败作为演变以后的"国家癌症"。

法国一家报纸专门谈到罗马尼亚海关贿赂盛行的情况。1/4的海关工作人员承认接受红包。调查显示，每年每个海关人员平均收回11500欧元。[2]

英国《泰晤士报》惊呼"新欧洲腐败恶名仍存"。[3] 这个"新欧洲"就是指东欧国家。今天的"腐败恶名"实有其事，然而英国这家报纸来了一个"仍存"，把新自由主义蹂躏的东欧国家的腐败，看作是原来社会主义国家腐败的继续，这就滑稽而且暴露出太深的政治偏见了。西方主流媒体，把制造和渲染社会主义制度下的腐败，作为颠覆那些国家的一种重要手段。在十多年以后，当时具有煽动性的谣言已经被历史之风吹得飘零四散，事实重新回到人民中间。当时一个震撼世界的谣言，是罗马尼亚共产党领导人齐奥塞斯库在国外银行存了大量美元和黄金。齐奥塞

① 《普京出重拳打击腐败》，《环球时报》2006年6月12日。

② 《罗马尼亚海关贿赂盛行》，法国《欧洲时报》2006年10月8日。

③ 《新欧洲恶名仍存》，英国《泰晤士报》2003年12月3日。

斯库夫妇为此被糊里糊涂枪毙，社会主义国家政权在一片混乱中毁于一旦。没有多久，真相大白，连当时造谣的西方报刊也出来辟谣，承认所谓齐奥塞斯库腐败之说纯属子虚乌有。

第三世界国家，是腐败全球化、买官卖官全球化和贿赂全球化的最大受害者。联合国秘书长安南在联大的一次发言中说，“腐败对穷国的打击尤其严重，因为它把用于发展的资金转移走了。”世界银行2004年的一份报告，依据对53个第三世界国家的3万多个公司的调查，说因为犯罪、腐败等原因，造成的损失相当于公司营业额的1/4。世界银行的报告还说，每年向第三世界国家输入金额的5%，即500亿到800亿美元，都流向了当地的腐败官员。肯尼亚半数人口每日平均收入不足2美元，然而每年的行贿金额竟然达到10亿美元。不过在谈到这类问题的范围、严重程度和产生原因的时候，出自西方媒体和研究部门的报道、评论、排名、研究报告，总是一方面着意回避私有化中廉价拍卖国家资产和资源中存在的问题，另一方面特别地突出第三世界国家的国内因素，喋喋不休地指责这些国家。不论他们的论述多么洋洋洒洒、数据多么密密麻麻，坦率地说，这是不公正的。

美国霸权的淫威和新自由主义浪潮，使第三世界国家政府，首先是它管理经济的权利和能力普遍遭到削弱。接受西方教育、不知国家主权、民族独立和民族优秀文化传统为何物的所谓精英，被推上权力颠峰。舆论成为西方媒体的应声虫。政府本身或者政府要员被收买，宁愿赋予西方跨国公司法人资格和种种不受限制的特权。一些国家甚至适应西方跨国公司需要修改自己的法律，使国家的附庸化地位取得法律保证。在这种情况下，第三世界国家的腐败，在一定意义上，正是资本主义西方腐败的延伸和组成部分。

第一，大量出现在第三世界国家的腐败现象，由西方到第三世界国家制造出来，本系西方易地所为。通常是西方政府施加压力而跨国公司出面行贿和获得利益。西方政府、西方跨国公司，才真正是第三世界国家腐败的罪魁祸首和腐败现象中至关重要的角色。

透明国际2000年的一份报告分析1997年亚洲经济和金融危机，指出“国际公司在发展中国家的行贿泛滥成灾”，成为危机的一个主要原因。在它进行的调查中，把危机归咎于美国政治经济压力的占61%，多数认为“美国最习惯于利用外交和经济压力为其公司取得不公平的商业优势”。①

西班牙《国家报》说，在拉美腐败事件一一获得披露的时候，人们看到，那些卷入腐败的政要及其同伙的共同点在于，他们都有在美国、瑞士或西方当局控制的其他地方的银行帐户。他们不需要费什么力气，就可以利用美国或欧洲的大银行、大企业支付贿赂和隐藏来历不明的巨额款项。墨西哥新自由主义总统萨利纳斯的哥哥劳尔·萨利纳斯承认，他曾经将180多亿塞塔(相当于1.15亿美元)汇入纽约的花旗银行。银行负责人埃米·埃利奥特，为他设计了将其存款隐藏于美国、英国、瑞士银行的秘密帐户的“全套办法”。

仅仅这家花旗银行，截止2001年，就已经有300多个“政治帐户”被揭露出来。这还只是一小部分。主要角色，一方是第三世界国家政要，一方就是美国银行和大公司。一个例子是，美国IBM公司为了获得与阿根廷国家银行一项价值450亿塞塔(相当于2.88亿美元)的合同，共行贿66.6亿塞塔(相当于4260万美元)。

非洲的腐败现象，往往是一头源自富饶的资源，一头源自西方的贪欲，总是联系着西方吞噬资源的争夺。根据英国《卫

---

① 美联社伦敦2000年1月20日电。

报》2005 年 6 月 1 日《曝光：新的非洲争夺战》披露的材料，在赤道几内亚，英国一家公司买下今后 17 年液化天然气的生产权，英国汇丰银行帮助总统奥比昂把该国石油收入的现金转移到卢森堡和塞浦路斯的金融“黑洞”；在利比里亚，英国一家银行策划垄断金刚砂的生产和电信；在尼日利亚，美国石油公司和其他西方银行，曾通过行贿从阿巴查军政权手中掠走数十亿美元的石油财富。这就是说，“一些大公司不是帮助债务累累的国家致富，而是助长腐败，引起局势不稳”，那里“石油财富留下的遗产是腐败、贫困和冲突”。

前引西班牙《国家报》的文章中，有一段美国议员的话：“美国不应该两面三刀。我们不应该一面谴责国际腐败行为——官员接受贿赂也好，挥霍公款也好，一面放任美国的银行通过这些腐败行为获得资金。”至于这家报纸因此而只把西方国家首先是美国只叫做“腐败的帮凶”而不是元凶，显然有点避重就轻了。①

我们已经涉及的美国那个安然公司，就曾通过美国政府向印度政府施加压力和贿赂印度官员，在印度修建电力公司，电价为当地最高电价的 2 倍、最低电价的 7 倍。

最近 10 年，中国调查的 50 万起腐败案件中，64% 同国际贸易和外资企业有关。美国朗讯公司 2003 年 9 月发表的年度报告指出，该公司在中国运营中涉嫌违反美国的《反海外腐败法》。美国司法部 2005 年 5 月的一份报告说，全球最大诊断设备生产企业 DPC 的子公司天津德普诊断产品有限公司，向中国国有医院医生行贿达 162.3 万美元。中国商务部的统计显示，外资企业一半以上声明亏损，但是 2/3 以上名亏实盈，所谓“亏损”，

① 《腐败的帮凶》，西班牙《国家报》2001 年 5 月 22 日。

是为了逃避税收而制造出来的。①

在新自由主义所谓“无形的手”后面的，是有形的西方强权、血腥和污浊，是一方提供高额回扣或佣金、演说报酬、奖学金、版税、出国旅游、色情服务和其他好处，另一方出卖自己国家的权力和利益。贪婪的政治当权者，靠西方公司的“细菌培养液”，在私有化的浪潮中陡然大富大贵。美国一家网站透露，美国九家企业驻华负责人接受采访时承认，他们一般通过经销商或公关公司从事贿赂，支付高额回扣、娱乐和旅游费用，贿赂中国官员已经成为他们的“正常行为”。②

斯蒂格利茨对全球私有化有一种尖锐的评价。在他看来，私有化的实现不仅以消费者为代价，而且以工人为代价，就是把工人从在国有企业就业转变到失业状态。但是减人未必增效，反而势必增加社会成本。私有化最严重的问题，正是经常发生腐败。

> 市场原教旨主义者经常宣称私有化将减少被经济学家称为“寻租”的政府官员活动，这些政府官员不是从政府的企业中赚取利润，就是向他们的朋友馈赠合同和工作岗位。但是实际情况往往并非如此，在许多国家，私有化已经把事情弄得如此之糟，以至于如今私有化被开玩笑地说成是“贿赂化”。

他举出的个案是俄罗斯。私有化的大风大浪，书写了俄罗斯历史上至今无法洗刷的、最耻辱的篇章：“俄罗斯提供了‘不

① 《跨国公司两张脸》，《世界知识》2006 年第 7 期。

② 美国《华盛顿邮报》网站 2005 年 8 月 23 日。

惜任何成本实现私有化'的危害的破坏性案例研究。"①

冈纳·缪尔达尔的一个著名判断真是千真万确："西方商业公司放弃由贿赂打进不发达国家的经济生活，对于那些国家克服软政权弊病的努力来说，将是一个极为实质性的援助。"

第二，西方当局成为第三世界国家腐败政权的主要支持者和腐败行为的主要纵容者。

谈到这样的题目，人们首先就会想起上个世纪四十年代的蒋介石、五十年代的吴庭艳，和越来越近的苏哈托、蒙博托、萨利纳斯、皮诺切特。这都是美国一手扶植起来，因为腐败而遭到自己人民唾弃的第三世界国家的最高统治者。他们的新一代，正在美国导演的最后把社会主义斩尽杀绝和埋葬民族独立要求的凯旋曲中登上舞台，腐败也为此越来越成为一种直接的政治行为。

美国当局在苏联解体过程中着力给予扶植的，是额头刻有新自由主义改革标记的戈尔巴乔夫和叶里钦。先是戈尔巴乔夫，待到他完成国家解体的任务，就把他晾在一边，酬报是个什么基金会。叶里钦的俄罗斯，其实是美国当局的天下。然而这一切都伴随着美国式的"民主"和渗透着铜臭。意大利记者朱利叶托·基耶萨的《别了，俄罗斯》一书②，把这一过程写得活灵活现。

解体苏联和叶里钦的俄罗斯，被他认为是美国的胜利，"在胜利这个词的全部意义上的美国的胜利"。这也经过了一番"选举程序"。美国政治顾问秘密地参加了叶里钦的竞选活动。从1993年的全民公决到1993年和1995年的议会选举，充满各种

---

① 约瑟夫·斯蒂格利茨《全球化及其不满》第45—47页，机械工业出版社2004年版。

② 朱利叶托·基耶萨《别了，俄罗斯》，新华出版社2000年版。

诡计、蒙骗和作弊，美国顾问们“帮助叶里钦取得拯救俄罗斯改革的胜利”。“俄罗斯改革派请的4个秘密美国火枪手”住进总统宾馆。民意调查显示，叶里钦只有6%的支持者，有5名候选人的支持率超过他。“火枪手”“以美国大选的经验为依据”的建议送给叶里钦。其中包括，“为了不使对共产主义的怀旧重新抬头”，“一出现危险，就放下胡萝卜，拿起大棒”。

恰好在选举前夕，国际货币基金组织向俄罗斯提供103亿美元的秘密贷款，“以供在开始时显得毫无希望的竞选活动作开销之用”。此外还有德国提供的30亿马克。同时有巴黎和伦敦的贷款俱乐部慷慨地决定俄罗斯延期归还债务。外债在1996年达到1200亿—1950亿美元。“在这样的条件下，俄罗斯的国家主权及其对外政策的独立自主，根本就无从认真谈起。”

美国经济学家杰弗里·萨克斯作为新政府的顾问，和叶里钦、盖达尔、丘拜斯一起，成为俄罗斯私有化运动的主要决策者。美国国际开发署拿出3.25亿美元支持俄罗斯改革，主要是私有化和建立资本市场。其中4040万美元归萨克斯。他在俄罗斯的“国际开发研究所”，曾经为叶里钦起草几百份“命令“，还有一部分“总统令”。这笔钱的下落是一堆糊涂帐，“华盛顿至今都不知道4000万美元用到哪里去了”。

不过有一个问题是清楚的：几千万美元帮助“买走”了价值几千亿的苏联国有财产。

现在的问题已经不是某人侵吞财产的个人腐败，而是以整个国家而且是世界最强大最富有的国家作为赌注，来做自己的生意了。叶里钦得到总统位置，付出的是苏联后来则是俄罗斯的国家主权、民族独立、无法计算的巨额财产和资源。这种生意当然只能产生“美国的胜利”。

事情就是这样。美国利用新自由主义全球化实施霸权主义，谁沾上它谁倒霉。本来不存在腐败的国家会生出腐败。本来存在腐败的国家会腐败得深入骨髓、泛滥成灾。

格鲁吉亚第一任总统谢瓦尔德纳泽，是曾任苏共中央政治局委员、在解体苏联过程中发挥特别积极作用的改革派。他在格鲁吉亚总统任内的一大政绩，是给自己工资上涨50倍。美国策动的一场“颜色革命”导致他的下台，新总统萨卡什维利的新政绩，又是在“高薪养廉”的名义下，把自己的工资提高到比前任再高11倍；为此买单的，是美国发展委员会和索罗斯基金会。在乌克兰，“颜色革命”的主角尤先科出任新总统。他的19岁的儿子及其女友，拥有两辆分别价值15万美元和8万美元的轿车、一套每平方米4000美元的豪华公寓，还有价值4万美元的白金手机和两名私人保镖。

《纽约时报》这样概述西方首先是美国导演和强加给非洲的新自由主义改革：这种改革的伴随物“是腐败、犯罪和贫困程度的加深”，对很多普通非洲人来说，“尚未带来实质上的好处”。①

美国《读者文摘》主编肯尼思·蒂默曼曾经大声呼吁关闭世界银行和国际货币基金组织，指责这两家机构的援助对受援国的“贫困和腐败现象的恶化起到了主要作用”。他和他的杂志进行了一系列调查：给蒙博托的援助使他在瑞士银行的存款增加到40亿美元，刚果人民则债务缠身；“苏哈托政权被作为抵挡共产党多米诺骨牌效应的堡垒”，世界银行25年里向印度尼西亚输入300亿美元，至少有60亿美元落入官员口袋，现在也要由人民偿还；在俄罗斯，一笔国际货币基金组织提供的48亿美元，曾经3天内从纽约被转到澳大利亚和伦敦然后又回到纽约，最后落到瑞士的一家私人帐户，“用来为俄罗斯寡头政治家们的

---

① 《非洲悄然走上民主之路》，美国《纽约时报》2002年6月2日。

奢侈生活方式提供资金”。①

第三，西方当局把反对第三世界国家的腐败现象，作为一种进行政治、经济、思想文化干预的手段。无论是买官卖官、贿赂还是其他形式的腐败，都成为西方首先是美国或拉或打的一种政治筹码。支持谁，反对谁，支持和反对到怎样的程度和采取什么方式，都颇有讲究。在需要的时候，它们就凛凛然摆出反腐败英雄的姿态，真仿佛一脸正气，目的仍然在于使不驯服的奴才变成驯服的奴才，或者换一届更驯服的奴才。

眼前的例子是伊拉克。萨达姆和伊朗开战，进兵科威特，都得到美国当局的支持。然而越出美国划定的界限，就飞机大炮一起出动，杀你个片甲不留、血流成河。理由中间也有一条腐败。但是此前的萨达姆不腐败吗？为什么那时不兴师问罪呢？而且事实上今天已经成为美国殖民地的伊拉克，世界银行调查给它的最新的名称，就是“全球最腐败的国家”。英国《独立报》2005 年披露，伊拉克新政权，为对付反美武装而用 10 亿美元购买军火，得到是一堆破烂。直升机可以用步枪射穿。号称最新型号、每挺 3500 美元的美国机枪，是只值 200 美元的埃及仿制品。这被称为“伊拉克历史上最大的盗窃案之一”。美国当局每年都要正式宣布几次伊拉克已经获得他们的“解放”和“民主”，美军驻扎和控制伊拉克，美国制造出伊拉克政府，美国是世界最大的军火提供者，美国公司又是伊拉克军火的最大承包商。事实在嘲弄谁呢？

透明国际和西方主流舆论，总是把第三世界国家特别是非洲国家，描述为世界最腐败的国家。针对这种舆论，英国《卫报》强调，“现在是彻底改变对腐败和发展问题的看法的时候

① 肯尼思·蒂默曼《关闭世界银行和 IMF》，香港《亚洲华尔街日报》2000 年 4 月 17 日。

了”。在这家报纸看来，透明国际所谓标榜的最清廉的的国家，却是“海外逃税”的天堂，比如美国、英国、瑞士、卢森堡、比利时和爱尔兰，其中英国、美国和瑞士，应该纳入全世界最腐败国家的行列。其他姑且不论，仅仅成为“逃税天堂”，就使这些国家造成的恶果，“比第三世界国家领导人的任何腐败行为都更为严重”。①

一个值得注意的现象是，西方的腐败，往往成为以第三世界国家作为过渡而好处却又回到自己的腐败。英国《泰晤士报》2006年11月13日揭露出一个重大诈骗案。这是首相布莱尔批准的涉及2800万英镑的交易：英国航空航天系统公司向只有8架军用飞机的坦桑尼亚出售空中交通控制系统，支付回扣，从而获得合同。德国媒体11月15日揭露，西门子公司2亿欧元流入黑帐户，其中涉及到通过贿赂尼日利亚官员和叙利亚官员得到好处。

世界银行前行长沃尔芬森在2004年的一个讲话中，说出过一个谁都知道、却又由他来说最为合适的事实：

> 我担任行长时，人们告诉我，不能使用“腐败”这个词。人们告诉我，这是政治问题，而我们不能卷入政治事务。我立刻把它定义为社会和经济问题。
>
> 事实在于，来到任何发展中国家，我们几乎都可以在48小时内发现哪些人是腐败分子。你可以发现总统是否受贿、总统夫人是否受贿、多少钱能买到有利的司法裁决，以及多少钱能拿到海关许可。那类腐败中没有任何秘密。
>
> 但富国也并非无可指摘。三年前，欧洲半数国家也都

① 《英国、美国和瑞士应该纳入全世界最腐败国家的行列》，英国《卫报》2006年9月4日。

存在为减税而行贿的现象。因此你不能说腐败是非洲或拉美国家的发明。①

为什么不能作为政治问题，而只能作为社会经济问题使用“腐败”这个词呢？——看来，这位世行行长有自己的难言之隐。无非是“为强者讳”；他的“强者”就是美国当局。然而以他的身份，承认在美国霸权主义和新自由主义统治的世界里腐败已经全球化，终归应该得到赞许。

在腐败全球化这样的问题上，可以非常贴切地使用“全方位”这个词。

就政府最高层领导人来说，截止我们专门分析全球腐败问题的时候，除了很少几个国家，几乎90%以上，都从不同的方面、程度不同地牵涉到腐败问题，被大小媒体曝光和在群众中指指点点议论风生者不少于半数。

阿根廷《民族报》1995年10月8日有《腐败使各国政府处于危险之中》，可以看作是当时揭露出的全球腐败大案的集录。这是一个大名单：

巴西总统费尔南多·科洛尔；

哥伦比亚总统桑佩尔和国防部长费尔南多·博特罗；

厄瓜多尔副总统阿尔韦托·达伊克和财政部长毛里西奥·平托与外交部长帕雷德斯；

意大利曾七次担任总理和二十一次担任部长而现在还是终身参议员的朱里奥·安德列奥蒂、前总理贝迪诺·克拉克西、前总理和后来再次出任总理的西尔维奥·贝卢斯

① 《对贫困国家的援助如何改变“9·11”后的世界》，美国《今日美国报》2004年9月28日。

科尼；

比利时前任经济事务大臣、后来又出任北约秘书长的威利·克拉斯；

美国总统克林顿；

巴拉圭总统卡洛斯·瓦斯莫西和内政部长卡洛斯·波德斯塔；

法国总理阿兰·朱佩、总统克拉克；

西班牙首相费利佩·冈萨雷斯、信贷银行前行长马里奥·孔德、西班牙银行前行长马里奥·鲁维奥、国民警察首脑路易斯·罗尔丹、法官巴尔塔萨·加尔松、副首相纳西斯·塞拉；

日本6年中倒台的4位首相，即竹下登、海部俊树、宫泽喜一、细川护熙；

委内瑞拉前总统佩雷斯；

墨西哥前总统卡洛斯·萨利纳斯、他的兄弟劳尔·萨利纳斯；

玻利维亚前总统贡萨洛·桑切斯；

哥斯达黎加总统何塞·菲格罗斯；

秘鲁前总统阿兰·加西亚。

就在当时，这个名单也只是很少一个部分，然而已经足以令人震撼。当时已经揭露和涉及的名单不全，此后还在变本加厉的情况尤其没有反映出来。不过公平地说，把这个名单开列得一无遗漏，那是不可想象的事情。

但是—，不应该忘记还有一些由于执行新自由主义又由于腐败，才成为世界名人的第三世界国家总统：哥斯达黎加的卡尔德隆、印度尼西亚的苏哈托、菲律宾的马科斯和埃斯特拉达、刚果的蒙博托、尼日利亚的阿巴查、尼加拉瓜的拉卡约和博拉尼奥斯、肯尼亚的莫伊、阿根廷的梅内姆、秘鲁的藤森和托莱多、海地的杜瓦利埃、智利的皮诺切特、阿塞拜疆的谢瓦尔德纳泽、墨西哥的福克斯。这些人物有些已经下台，有些还在继续执政。

二，不应该忘记美国、英国、日本这些国家的高层。那可不仅是一个克林顿的桃色故事和安然公司事件，上上下下，文武百官，卖官鬻爵、行贿受贿、结党营私、贪污盗窃的事件林林总总，而且数额也远远大于第三世界国家。美国现任副总统切尼，就被卷入多起腐败案件。

三，不应该忘记透明国际在"清廉指数"中排名第一和第二的丹麦和芬兰，也并非与腐败绝缘。这两个国家至少曾经对拉美渔业进行"不忠实的贸易"。

四，不应该忘记原属苏联的各加盟共和国和东欧各国。在那里，高喊改革轮番上台又因为腐败下台的领导人，走马灯一样起起落落。这是一个长长的名单，其中包括俄罗斯的叶利钦家族、叶利钦时代的克里姆林宫财务总管博罗金，相继担任过乌克兰总理的拉扎连科和季莫申科，哈萨克斯坦总理阿·卡热格利金，阿塞拜疆议长古利耶夫。

五，不应该忘记领导人个人腐败之外，更普遍、更数额巨大的是政党竞选、筹集经费中的腐败和政府采购中的腐败。政党竞选中的腐败首推美国。透明国际也认为"没有几种行为比政府采购产生的诱惑更大"。政府采购的任何环节都可以导致腐败。比如制定特殊规范、使其他供应商丧失资格和施加某些干涉以满足特定供应商。比如提出额外索求、将商品倒卖或占为己有、伪造质量或标准证书。联合国定名的"政府腐败"，每年使世界损失6000亿美元，每天平均16.43亿。

就全球腐败而言，一个突出的方面是工程腐败。在一定意义上，工程成为豆腐渣的同义词，而且越是巨大的工程，也越制造着巨大的腐败。透明国际2005年的年度报告说，全球工程涉及腐败的金额为32亿美元。报告点名六大腐败工程：投资20亿的菲律宾巴丹核电站，八十年代建成，严重污染环境而不曾发出一度电，至少1700万美元作为佣金送给了总统马科斯的一位朋友；阿根廷—巴拉圭交界处的亚西雷塔水电站，经费超支，效益极差，运行需要政府补贴，却有18.7亿美元"缺少合法文件的支持"；马来西亚巴贡水电站，为寻找消费者大伤脑筋；乌干达布加加里大坝，承建工程的挪威建筑公司、英国分公司承认向乌干达公务员行贿；非洲莱索托高地水利工程，涉嫌行贿200多万美元；也是莱索托，一家德国的垃圾焚烧厂，涉嫌贿金千万美元。至于美国主持的所谓伊拉克的重建，更加制造着历史最大的腐败丑闻。2004年5月的一项调查说，58%的伊拉克人"听说"重建中有腐败问题，32%的人相信美英占领当局官员存在腐败行为。

在资本主义的词典里，体育本来就不是人民健康的手段和保障，而是一种生意。教练和运动员成为商品，成千上万人伤病缠身、残废和穷愁潦倒，却鼓起了资本家的钱袋。公平竞赛的后面暗影憧憧。和国际体育组织、国际体育比赛联系在一起的权钱交易、贿赂、黑哨、兴奋剂、制造事端甚至于绑架和暗杀，足可以写成几部大书。用于体育竞赛的兴奋剂，日渐繁荣的巨大产业，"服务价格不菲，每个运动员根据申请的服务项目级别的高低，每年要花费3万欧元至6万欧元。付得越多，服务内容就越丰富"。① 用一位德国体育报纸主编的话来说，"奥运会无非是金钱、电视转播和商业化"。

美国在体育丑闻方面屡建奇功。它的兴奋剂成为一大产业。它从国际奥委会得到的"体育援助"占到援助总额的一半，一个

① 《庞大的兴奋剂产业》，西班牙《国家报》2006年8月7日。

摔跤运动员拿到的补贴超过一个小国家。奥运会大部分电视转播权也给了美国。2002 年在美国的一场花样滑冰比赛，美国媒体的起哄，硬把美国人喜欢的加拿大选手制造为同俄罗斯选手“并列“的第一。最大的体育丑闻是美国盐湖申奥贿选的丑闻。这次贿选涉及到国际奥委会 13 名委员。接着又揭露出澳大利亚悉尼、日本长野申办中的“见不得人”的故事。而偏偏美国霸权主义的魔爪更深地伸进来，下令国际奥委会每月向它的参议院的一个委员会进行工作“汇报”。这就使标榜奥林匹克精神的国际体育运动，更深地陷入经济的和政治的腐败旋涡了。

有这样一种统计，1970 年每 10 条报纸新闻中有 2 条与腐败有关，1995 年增加到了 5 条。这倒算得上一种龙腾虎跃的跨越式发展了。最近 30 年来，如果不是每天，至少隔个三五天，就会揪出几个总统、总理、部长、局长或其他什么长。算总帐，排列在一起，浩浩荡荡，可以组建一个腐败师队。更不消说跨国公司和企业的总裁、董事长以及经理们了。

最值得思考的是，人民是伟大的、智慧的、正直的、道义的，然而为什么我们这个世界，总是把一些简直是社会渣滓的人们，推到国家、政党和各行各业组织的领导地位上去，总是在这些东西的罪行大白于天下的时候，才能把他们拉下马来，而人民中间的、真正代表和维护人民权益的优秀分子却总是灾难重重，受到压抑、迫害、监禁、杀戮呢？什么时候人类才能最终告别这种“去其精华、取其糟粕”的循环圈呢？

别名 21：

欺骗、造假、谎言全球化

欺骗、造假、谎言，成为新自由主义世界的一个最大共性。资本主义的政治、金融、商业、广告、新闻，本来就是欺骗盛行的领域。现在，无论西方发达国家或是第三世界国家，这些领域天天都有令人眩晕的创新，素以圣洁被人崇敬的教育、科学、医疗卫生部门，素有社会公平和正义守护神身份的法律制订及其执行机构，弥漫着温馨和信任的情爱和家庭，也由欺骗提供着几乎是唯一的通行道。诚实受到嘲笑，勤劳就是恶行，忠厚意味着无能，倒是懒惰、欺诈、贪渎、蛮横、偷盗、抢劫，成为时代英雄的徽号。社会的每一个角落，都被这种污浊所浸透，都书写着自己的最无耻的篇章。

德国社会民主党领导人奥斯卡·拉封丹，在与该党的新自由主义路线发生分歧之后，辞去党和政府的职务，写了一本《心在左边跳动》。他说，新自由主义全球化把所谓个人自由——其实是垄断资产阶级的自由——绝对化到极端的程度，使暴徒成为新的流行词，造就一个“尔虞我诈的社会”。①

任何一个呼吸着新自由主义空气的人，都可以在阿根廷《生活》月刊 2004 年的一篇短文《真相商店》里，找到自己身边的

① 奥斯卡·拉封丹《心在左边跳动》第 269 页，社会科学文献出版社 2001 年版。

故事。

> 一名男子在大街上闲逛。商店货架的牌子上写着各式各样的真相。他走进商店。
>
> 小姐问他："先生，您要买什么真相？部分真相，相对真相，统计真相，还是完全真相？"
>
> 太多的欺骗、隐瞒、谎言和假货，使他伤心透了。他说："我要买完全真相！"
>
> 小姐问他："您知道买完全真相要付出多少代价吗？"
>
> 为了完全真相，不论多少代价，他都愿意付出。店员告诉他："如果要买走完全真相，代价是永生不得安宁。"
>
> 他有些悲哀地意识到，他毕竟还需要一些谎言和借口，把某些事情隐藏起来，他还没有能力直面所有赤裸裸的真相。

在一个谎言成为社会通病、成为生活的基本需要甚至安全保证的时代，诚实者无话可说。

泡沫一个接着一个，来得快，去得也快。香港《信报》2004年底一篇文章说，"新经济"泡沫在新世纪初引爆，"多少Dotcom泡沫股下跌了99%，跌势4年不止"；2001年房地产泡沫小试牛刀；2002年是安然之年，企业英雄泡沫以企业丑闻作终；2003年是伊拉克泡沫，一战功成，后患无穷；2004年石油泡沫价格每桶超过50美元。"前面还有何泡沫？"①

我们写下这段文字的时间，2006年8月。接着《信报》看泡沫，"新经济"、"网络经济"几成被忘却的名词；房地产价格继续飚升；伊拉克牛皮越吹越低调，已经闹到美国急欲抽身撤走

① 《新世纪泡沫》，香港《信报》2004年10月7日。

的地步；石油每桶一度接近 80 美元。问题仍然是“前面还有何泡沫?”

许多文章的标题，就足够触目惊心，比如《全球半数电脑用盗版》、《制假猛于偷盗》、《假冒经济运行良好》①。这里提出了“欺诈全球化”的概念。

最易于发财的是造假币。在美国，没收的假币约占所造假币的40%。流行设计款式、软件、药品、服装、鞋类、手表、手提包、化妆品、玩具、体育设备、手机、食品、饮料、汽车部件、飞机部件、香烟，从垃圾堆里的血汗工厂到设备齐全的正规工厂，都在造假。纵横交错的销售网络，导致有组织犯罪。国际商会人士透露，每年通过网络成交的假冒伪劣商品，约值 250 亿美元。

西方主流媒体在谈论假冒经济的时候，经常把矛头指向中国、俄罗斯、东欧和其他第三世界国家。这本身就是谎言，目的在于维护西方垄断资本的知识霸权和剥夺第三世界国家的经济、文化、知识主权。

可以被称为足球之乡之一的墨西哥，谈到足球经济。来自西方的“经纪人”，在喀麦隆发现一位有足球天赋的青年。青年的农民父亲，变卖牲口和田地，凑齐经纪人索要的 4000 欧元，后者则允诺青年到欧洲的足球俱乐部踢球。结果是没有进任何一家足球俱乐部，进不去任何一家业余队，又回不了家，无依无靠，经纪人则带着钱溜之大吉。许多非洲青年和他们的家庭，都遭遇过这样的骗子。“仅在法国，近 6 年里就有 600 名这样的年轻人登记在册。但这并不是所有的人，其他国家的人数就更

---

① 《全球半数电脑用盗版》，德国《德国之声》网站 2002 年 11 月 22 日；《制假猛于偷盗》，英国《经济学家》2003 年 5 月 17 日；《世界假冒经济运行良好》，法国《费加罗报》2004 年 5 月 19 日。

不得而知了。”①

美国报纸谈到意大利的假冒产品。2005 年意大利假冒商品销售额为35 亿到70 亿欧元。这里成为世界第一仿冒奢侈品的目的地，又成为假冒商品的制造地或组装地。“有组织的犯罪正渗透到造假产业的各个领域。因为与毒品等相比，这种贸易活动的利润非常之高，而风险却小得多。”②

第三世界存在假冒经济，难道不正是新自由主义的产物吗？他们决不愿耐心地查一查，那些以第三世界国家为生产基地的假冒产品，大半或明或暗、直接间接地来自西方跨国公司操纵的企业。这些假冒产品在第三世界国家占用资源、污染环境、破坏民族经济的健康发展，扩散一种贪婪、欺诈、奢侈浮华、坑蒙拐骗的文化理念，使第三世界人民成为最大受害者。

美国一家报纸文章，专论美国的“骗人之心”，称“作弊事件在美国已泛滥成灾”。不知道什么原因，其中没有谈到欺骗和作弊最烈的美国政界，倒是列出了另外一些领域：

> **商界**。约60%的大公司曾经为了抬高股价而虚报利润，事情败露后不得不更正：世界通信公司和安然石油天然气公司等商界巨头的弊案令世界震惊；蒂科公司的丹尼斯·科兹洛夫斯基被判了25 年刑，他的罪行兼具欺诈和胡闹色彩：花费6000 美元“顺便”给保姆的浴室买了浴帘。
>
> **体育界**。足球教练在引进运动员过程中的花招已经司空见惯，如今又接二连三有运动战员涉嫌服用兴奋剂。
>
> **教育界**。有残障的学生在学业能力倾向测验（SAT）中

① 《“埃托奥梦”的破灭》，墨西哥《改革报》2006 年9 月17 日。

② 《意大利制造：假冒经济曾经只是进口货》，美国《国际先驱论坛报》2006 年10 月4 日。

可以延长考试时间。这一无可厚非的惯例如今成了作弊途径。

税收界。许多美国人认为，他们可以顺利地逃税。约200万美国人拥有非法的海外帐户。你越有钱，国内税收署越不会追查你，因为有钱人可以高价聘请律师和会计师，"我们不交税，只有小人物才交税。"逃税行为使国库每年损失高达5000亿美元。

与此同时，不计其数的美国人经常骗取保险赔款，逃避有线电视费和使用盗版软件。美国人不仅欺骗行为越来越多，而且惭愧感越来越少。他们觉得欺骗行为得大于失。

简言之，在许多人看来，金钱已经变得比名声和诚实更重要。这令人想起了羞耻文化和内疚文化之间的区别。在羞耻文化中，欺骗行为被人发现的感觉很糟，因为它会遭致公众的辱骂；而内疚文化靠得是个人在内心告诉自己不要干坏事。美国向来流行的是内疚文化，难道我们如今真的要转向羞耻文化吗？①

假冒经济的典范在美国。自上个世纪八十年代以来，随着新自由主义地位的上升，资本扩张的全球障碍被逐步清除，无数投机活动，使金融业成为利润最高的行业和全球经济的驱动力，同时出现的是实物经济过剩和投资过剩。表面上极富创造性而实际上建筑在幻想基础上的交易鼓噪，导致高科技股值狂升。2000年，华尔街股市投资者损失4.6万亿美元。这相当于美国国内生产总值的一半。经济真相被幻觉所蒙蔽，又冒出大量弄虚作假的会计手法，就是造假帐。在美国，"企业舞弊是'新经济'的一个重要特点"，"监督者和被监督者扔掉了受监管

① 《骗人之心》，美国《美国新闻与世界报道》2006年11月6日。

系统约束的假象，共同维持虚假的繁荣”，而正是那些深受华尔街青睐的企业，接连暴露出具有世界影响的丑闻。①

英国《金融时报》在谈到美国养老金基金严重亏损的时候，没有忘记提醒世界：“安然已经成为欺诈会计的代名词了”。②

美国最时尚的骗术同高科技相结合，有一套系统的网络骗术。网上欺诈大师的基本功是伪造金融票据。随着其他金融票据的骗局渐次被识破，近年又时髦伪造邮政汇票。美国邮政汇票防伪技术高超，但是仅仅 2005 年的 10 月到 12 月，就截获 3700 多份伪造的邮政汇票，比此前的 12 个月加起来还要多。这些邮政汇票达到以假乱真的水平。诈骗分子通过电子邮件或网上聊天室，和不知情的消费者取得联系，把伪造的邮政汇票作为网上交易的支付手段，诈骗金额往往达到数百万美元。

美国媒体巨头经常购买国际运动会的转播权。在运动场馆空空如也的时候，他们会伪造观众，只要美国队出场，就把镜头集中于原本稀稀拉拉的几个观众那里，制造全场欢腾的假象。NBA 占绝对优势、大比分取胜的篮球比赛场面，一定要不厌其烦地占领各国电视屏幕，反反复复地播放。奥运会 20 多年来不断修改规则，大多违背奥林匹克的平等原则，纯粹是为了增加美国的奖牌、美国的电视观众和美国媒体的广告收入，满足美国那种“自我专注和自我封闭的霸权感”。在体育造假方面，美国真正有资格赢得金牌。③

这没有什么奇怪。

美国人民是以其勤劳、智慧、正直得到世界人民尊敬，在世界历史进程中创造奇迹的伟大人民。如果有一种人民自己选

---

① 《资本主义危机与公司犯罪》，美国《外交政策聚焦》2002 年 7 月 18 日。

② 《为退休作帐》，英国《金融时报》2003 年 4 月 21 日。

③ 《美国以自我为中心的行为可以赢得一枚金牌》，英国《泰晤士报》2004 年 8 月 20 日。

择的、保证人民成为国家主人地位的社会制度，美国人民在世界历史进程中发挥的积极作用，将火山一样迸发出来。但是今天美国历史运动的主导权不在人民手里，而在垄断资产阶级手里。这是世界人民、首先是美国人民的不幸。

垄断资产阶级的美国，用美国学者一本新著《瞒骗文化：为什么美国人为了成功做坏事》中的话来说，是一个“到处都有人在骗人”的国家。该书承认，过去20年里，美国造假现象日渐猖獗。从父母到孩子，从运动员到教练，从老师到学生，从公司老板到审计机构，从股评家到会计师，从律师到警官，包括过去最受信赖的职业，如医生和记者，几乎无处不出现信任危机。①

当不明真相的某些第三世界知识分子仍然在顶礼膜拜美国的所谓民主和自由的时候，出生在孟加拉国的女作家塔斯利玛·纳斯林怀着崇敬来到美国，并任教于哈佛大学。但是她大失所望，不仅体味到那些关于民主自由的宣传的虚伪性，而且“9·11”事件以后6周通过的《爱国者法案》，干脆取消结社自由、新闻自由、言论自由、得到律师忠告的权利、不得随意搜身以及快速公开审理案件的权利，授予情报和治安部门前所未有的监督权和监禁权。增加的是美国当局用谎言愚弄人民的权利。她感到窒息和恐惧，“不害怕萨达姆，而是害怕布什”。②

倡导和推行新自由主义的美国，民主成为“公然说谎”③，2006年揭露出，135名联邦政府职员，包括白宫和国家安全局官员，曾经光顾一家网上销售伪造文凭的公司，以求得晋升机

---

① 见《美国人的瞒骗文化》，《环球时报》2004年10月22日。

② 塔斯利玛·纳斯林《令人窒息的美国》，法国《新观察家报》2003年12月17日。

③ 《美国民主本质的畸变》，香港《明报》2004年10月11日。

会。① 总统竞选尤其“谎言满天飞”②。正如《纽约时报》所说，“即使在以色列，布什的美国也已经成为欺骗和滥用权力的代名词。”③

美国政府应该当值无愧地荣获全球政府造假的金牌。而且事情还远不是自布什政府开始。

美国《华盛顿邮报》2002 年 10 月 22 日和 2003 年 6 月 15 日，曾先后有两篇集中揭露美国政府和总统撒谎的文章。2003 年文章的标题，就叫做《如果布什在撒谎，他并不是第一个》。美国当代历任政府都在信誉问题上失足，欺骗成为国家的政策行为。五角大楼 2002 年曾经成立一个宣传部门——战略影响办公室，任务就是专门在外国媒体中制造假新闻。这一部门在人们的抗议声中很快偃旗息鼓。这没有丝毫改变美国政治的惯例：“经常胡扯瞎说甚至撒谎，是美国总统的一个传统”，“骗人的官方声明，欺骗以及纯粹的谎言，对于白宫来说，简直是家常便饭。”

1960 年，美国中央情报局飞行员弗朗西斯·加里·鲍尔斯驾驶 U2 飞机入侵苏联领空。艾森豪威尔断然否认有任何侵犯苏联领空的企图，指苏联在制造谎言，直到苏方把这位鲍尔斯活生生地请出来示众，才知道谁在制造谎言。

1961 年美国入侵古巴，肯尼迪政府却声称没有支持推翻卡斯特罗的行动。这位总统还胡扯听见过小猪发出狗叫的声音。

林登·约翰逊当政期间，华盛顿流传的一则笑话就是：“你怎么知道林登什么时候是在说谎？答案是，他嘴唇动的时候。”

“水门事件”使尼克松成为第一位因说谎而辞职的总统。

里根捏造了自己解救集中营的故事。

---

① 中新网 2006 年 10 月 15 日电。

② 《美国选战谎言遍地》，《北京青年报》2004 年 3 月 19 日。

③ 《这不是美国》，美国《纽约时报》2004 年 3 月 30 日。

现任总统的父亲老布什，为了争取国内支持入侵伊拉克的第一次波斯湾战争，炮制了一则新闻：他们找到了科威特驻美大使的女儿，要她假扮小护士，指控伊拉克军人害死婴儿。这个编出来的情节，后来成为好莱坞电影《摇摆狗》的蓝本。

克林顿在“白水门”事件中瞎扯，在莱温斯基性丑闻中一面宣誓一面撒谎。

美国作家凯文·菲利普出版过一本《美国王朝：布什家族的贵族财富和欺骗政治》，除了大量篇幅披露布什家族同军工、金融、能源等关键性产业以及中央情报局的关系，特别强调这个家族权倾数代的秘密：杀手锏是欺骗和虚假情报。《纽约时报》还开列过美国书店里一些关于布什的著作的书名：《谎言和讲述这些谎言的说谎大王》、《弥天大谎》、《身居高位的贼》以及《乔治·W·布什的谎言》。

《纽约时报》2004 年 10 月 12 日、2005 年 3 月 13 日和 3 月 16 日，分别以《布什八大谎言》、《布什当政，一个预制新闻的新时代》和《现在播出假新闻》为题，披露美国政府制造假新闻的情形。事涉 20 几个政府机构，包括白宫、国务院、五角大楼，都在制造假新闻。这些新闻通常预先制好，官员的采访要拟定问题、排练完美，然后再选择时机播放。近年来制造的假新闻的内容，从治头痛的药方到汽车保险无所不包。比如伊拉克人欢呼美军入侵，高喊“谢谢你，布什！谢谢你，美国！”镜头的炮制者，是美国国务院。“布什政府加强航空安全”的新闻，以美国运输安全部一名官员的假名发布。政府决定向农场主开放市场的消息，系美国农业部通讯办公室编造。

八大谎言，主要是讲美国国内问题：就业、失业、赤字、减税、税收计划、财政责任、支出方案和医疗保健。在国际问题上，最大的谎言围绕于入侵阿富汗和伊拉克的战争。

前引 2002 年 10 月 22 日《华盛顿邮报》文章，已经排列了入侵伊拉克之前编造的四个瞎话。

——瞎话1：伊拉克无人驾驶战机企图袭击美国。伊拉克的这种战机尚处于实验阶段，不可能飞到美国。

——瞎话2：伊拉克半年内可以制成核武器。布什的根据是国际原子能机构的报告。事实是，根本没有这样的报告。

——瞎话3："基地"高级官员在巴格达接受治疗。他所说的"基地"高级官员为阿布·穆萨巴·扎查维。情报官员确认，此人早已经离开伊拉克。

——瞎话4：美军进驻以前，阿富汗女孩没有学上。其实，在阿富汗，塔利班上台以前和塔利班执政期间，只要家长允许，女孩都可以上学。

关于侵略伊拉克的战争，无论战争理由、进展过程、战争期间的各种细节、各方反映、后果和今天的情形，都充斥着谎言。这本身就是一场谎言铺就的、建立在谎言基础上的战争，就是一场美国人民所称的"布什用虚假的开战理由欺骗我们"的战争。其中来自美国布什当局和他的忠实盟友英国布莱尔当局的谎言，可以编成至今世界最厚的谎言集成。这不是本书的任务。然而由于美英领导人总是喋喋不休地唠叨他们编造的伊拉克拥有大规模杀伤性武器的谎言，所以不妨根据美英报纸文章①，列一列关于这种发动侵略战争理由的种种瞎话，也还和上面的瞎话连接排序。

——瞎话5：萨达姆政权从西非购买核材料铀。国际能源组织已经证实，这纯属捏造。

——瞎话6：伊拉克将使用化学武器。解密的中央情报局报告说，伊拉克使用这种武器的几率"很低"。

---

①《布什用虚假的开战理由欺骗了我们》，美国《洛杉矶时报》2003年4月22日；《谎言如何铺就战争之路》，英国《独立报》2003年4月27日。

——瞎话7：萨达姆拥有18个生物武器的实验室。联合国武器核查人员一再证明，这是子虚乌有。

——瞎话8：伊拉克在战争期间发射了“飞毛腿”导弹。伊拉克根本就没有这种导弹。

——瞎话9：伊拉克把大规模杀伤性武器运到了叙利亚。截止2003年4月，美国派出的专门执行证实此说的4个小组中的两个，已经无功而返，放弃这项任务，倒是另外组建了3个受命寻找“非常规武器”的小组。

可以顺便补充的是，布什有“说谎大王”的雅号；他的副总统切尼因说谎而曾荣获“不知所云奖”的提名；至于他的忠诚盟友英国首相布莱尔，民意测验证明，2/3英国人认为他在造假。

国家最高领导人如此，国家机构和各级政府官员如此，有头有脸的社会公众人物如此，社会风气如此，“民主”旗号下的选举无异于叫卖香水和老鼠药，商人为利润伤天害理，记者、编辑、作家、教授、医生屈从于权势和美元而不问天理良心，都已经势在必然了。在这样一个一手挥舞新自由主义旗帜、一手挥舞导弹刺刀的霸主统治下的全球，净土凤毛麟角，倒是说好的时候无论怎样好也难以相信，说坏的时候再夸大几百倍也不足为奇。

在道德沦丧全球化之后，我们一一领略了腐败全球化、买官卖官全球化、贿赂全球化、欺骗全球化。这些东西彼此交织、重叠、渗透、血脉相联，如果说以道德沦丧为精神的、思想的基础，以腐败作为贯穿一切的中轴，其他种种干脆就是道德沦丧和腐败的活生生的存在形态。

新自由主义全球化扫荡社会主义、压抑左翼、削弱民族独立与主权，销蚀各国各民族的优秀文化传统，遏制各种形式道德败坏现象的力量被取消或边缘化，开辟的是丑行恶德繁衍孳生、上天入地、泛滥成灾、无所不为的通衢大道。

总之，新自由主义造就的世界，无论就丑行恶德的范围还是深度而言，都是创记录的、前所未有的。它既不属于个别国家、个别领导人，也不为个别部门、个别领域所专有，而是已经成为弥漫全球和占据统治地位的一种时尚、一种生活方式、一种时代特征。政治、经济、军事、文化，政府、经济部门、企业、军队、媒体、文化机构以及学术、教育、医疗保健、体育领域，从皇宫、总统官邸、议会、豪宅到贫民窟、茅草屋，人们物质生活和精神生活所涉及的所有方面，或者制造和沉迷其中，或者被丑行恶德所胁持、所腐蚀、所麻醉、所戕害。人类从来没有像今天这样，生活在血腥、虚伪、无耻和欺骗锻造的权杖下，生活在恶臭冲天的空气里。它无时不在、无处不在地吞噬我们这个世界，撕裂社会和腐蚀人们的灵魂。只要多少沾上新自由主义，就没有一个地方不流溢着社会败坏糜烂的污水，就没有哪里能够允许健康力量的存在和生长。

亲历国家走向衰落的俄罗斯经济学家格拉济耶夫，正是根据新自由主义在他的祖国的实践，在《俄罗斯改革的悲剧和出路》中指出：国有财产私有化就是腐败的同义词。

美国经济学家克鲁格曼的分析，也许更加具有全局的意义："这是一种制度的瓦解。这个制度的失败不是因为疏忽大意或机能不健全，而是因为腐朽"，"现代资本主义体制本身是腐朽的，其结果显而易见：自由变成了欺骗的武器。"①

① 《一个腐朽的制度》，美国《纽约时报》2002年1月18日；《安然公司：当国家撤走的时候》，阿根廷《号角报》2002年1月19日。

别名 22：

死亡全球化

人难免生病，也终究会死亡。为战胜病痛、延长生命而奋斗的历史，和人类社会同样地久长。但是死亡的原因各种各样，为战胜病痛、延长生命而进行的奋斗也各种各样。至少可以区分为个人方面的和社会方面的。在美国霸权主义统治和新自由主义全球猖獗的时代，尽管关于和平、民主、自由、富裕、幸福的允诺和鼓噪，从来没有如此地响亮和涵盖全球，尽管科学技术的发展使人类可以登上其他星球，可以"克隆"出原来的动物，但是死亡在增加，居于统治地位的社会因素不是在战胜病痛、延长生命，而是在促进死亡。

这使我们想起了恩格斯：

> 如果社会把成百的无产者置于这样一种境地，即注定他们不可避免地遭到非自然的死亡，遭到如同被刀剑或枪弹所杀死一样的横死，如果社会剥夺了成千人的必需的社会条件，把他们置于不能生存的境地，如果社会利用法律的铁碗强制他们处在这种条件之下，直到不可避免的结局——死亡来临为止，如果社会知道，而且知道得很清楚，这成千的人一定会成为这些条件的牺牲品，而它仍然不消除这些条件，那么，这也是一种谋杀，和个人所进行的谋杀是一样的，只不过是一种隐蔽的阴险的谋杀，没有人能

> 够防御它，它看起来不像是谋杀，因为谁也看不到谋杀者……①

不是在个别企业、个别行业、个别国家、个别地区而是在全世界，因此不是成百人、成千人而是几亿人、几十亿地遭遇这样的谋杀——这就是资本主义全球化，特别是解体苏联以来的新自由主义全球化。在这个意义上，死亡全球化，其实就是国际垄断资本对世界人民的谋杀全球化。

没有发生两次世界大战那样的战争。但是局部战争始终在进行。几乎所有这类战争，都有西方势力的明明暗暗的介入和操纵其间。此外还有种种恩格斯所说的“隐蔽的阴险的谋杀”形式：美国对其他国家进行的制裁和封锁，失业、饥饿和贫困，剥夺基本生存权利和社会权利，延长工作时间和增加工作负担，劳动条件的恶化，削减收入和福利，毁灭社会医疗体系和大幅度提高医疗支出，社会风气的败坏和犯罪现象泛滥成灾，非理性竞争导致的体力衰竭和精神压抑，自然灾害、各种污染和环境的破坏，等等。所有这些，怎样在总体上损害人类的身心健康，在多大范围与何等程度上成为死亡因素，还是一个需要进行综合研究的新领域。

富人因营养过剩生病和死亡，穷人因饥饿、营养不良、非人的劳动与生活条件生病和死亡。这是贫富两极分化的反映，同时本身也是一种两极分化。

国际劳工组织曾经公布两组数据。一组是 2001 年 4 月 27 日：每年 130 多万名工人死于意外事故或与工作相关的疾病，称“现在的工作比 10 年前更危险”。另一组是一年以后，2002 年

---

① 恩格斯《英国工人阶级状况》，《马克思恩格斯全集》第 2 卷第 379—380 页，人民出版社 1961 年版。

4月29日：全球每年200万人死于工伤和职业病；每发生一起致命的劳动事故，就意味着发生1000起非致命的劳动事故，通常导致劳动者残废、永久失去劳动能力和收入来源。事故大部分发生在危险的劳动部门。长期接触危险物质而死亡的劳工，每年34万人，仅石棉一项就杀死10万人。在长期接触危险物品、噪音污染或强辐射的工作环境中，员工患癌症、心血管病以及中风的危险大幅度增加。农业和矿业也都属于危险的劳动部门。这些部门死亡人数是战争的2倍、死于酒精和毒品的人数的总和。工伤和职业病给世界各国国内生产总值带来的损失，为全球所有官方援助资金的20倍。

第三世界国家为西方跨国公司控制的鞋帽、成衣、玩具行业，也往往潜藏着生命杀手。拥挤的车间，污浊的空气，肮脏的环境，一天十几个小时的紧张重复的简单动作，营养缺乏和不洁的饮食，没有任何劳动保护，结果是工伤、癌症、不孕、畸形婴儿、流产的增加。

2002年8月，国际医生组织发言人说，全球每年近千万人死于疾病，“那些在西方社会整天议论的医学革命，对于贫困人口毫无意义。”全球艾滋病、肺结核和疟疾基金会2001年成立，希望每年投入70亿美元同这些疾病做斗争，只得到20亿美元的承诺。“100亿美元的的捐款要求并非荒诞不经，不过是全世界4天的军费开支。”①

世界卫生组织2005年10月5日的一个报告，包括心血管病、糖尿病、肥胖症、癌症和呼吸系统疾病的慢性病在低龄化，中年人成为高发人群，80%的死亡病例在第三世界国家。在美国，总体国力的增强、人均收入的提高，没有改变癌症死亡率上升的态势。按照美国媒体的资料，从1900年到2000年，人均

---

① 《全球每年近千万人病死》，法国《欧洲时报》2002年8月24日。

收入由8620美元增加到23812美元，每10万人中死于癌症的人数有64人增加到到200人。世卫组织警告，到2015年，慢性病将导致4亿人的死亡。

二十世纪中叶在一些国家首先是社会主义国家已经被消灭或者成功地得到控制的传染病，比如霍乱、鼠疫、白喉、肺结核、斑疹伤寒、麻疹、回归热、疟疾、血吸虫病和性病，从二十世纪后期新自由主义主导全球以来，重新萌生猖獗，成为人类特别是第三世界人民健康和生命的巨大威胁。1996年的统计显示，世界死亡人数的1/3，是死于传染病的第三世界国家人口。苏联曾经是在解决全民医疗和传染病问题上取得最大成就的国家。但是在今天的俄罗斯，自1991年到2002年的12年里，仅仅肺结核的发病率和死亡率，就增长1倍。

2000年4月，77国集团首脑会议在哈瓦那召开。卡斯特罗发表讲话说，现行世界经济体系在3年里所杀害的人，比第二次世界大战6年里所杀害的人还要多。这些人死于饥饿和可预防或可治愈的疾病。因此应该再设立一个纽伦堡法庭，来审判那些建立世界经济新秩序的人。

别名23：

艾滋病全球化

在传染病全球化中，艾滋病全球化尤其成为使全人类为之不安的问题。这被看作是人类史上最具破坏性的、威胁人类生存的传染病。正如联合国的一位艾滋病专家所说："这种流行病所带来的破坏——病痛折磨、家破人亡、家庭和社会陷入贫困、卫生保健系统负担增加、寿命缩短和死亡率上升——实在让人感到恐惧。"①

《环球时报》有这样的描写：

在西方，得了艾滋病的富人尚能用药物维持生命，而患同病的非洲人只能等死。一般非洲妇女也买不起可以阻止将病毒传染给婴儿的药物，于是孕育了带着艾滋病病毒的新一代非洲人。反过来艾滋病又加剧了贫穷，甚至威胁国家的生存。坦桑尼亚塔盖地区3万人死于艾滋病，绝大部分是20岁到40岁的劳力。田里看不到人，咖啡园和香蕉园也荒芜了。乌干达每10个人中就有1人感染艾滋病病毒，总统不得不重新规定军人奔丧的假日条例，因为大批军人离开军队参加葬礼，危及了国家安全。艾滋病几乎毁灭了赞比亚的中产阶级。一位工程师说，"我们的社会只限于葬礼和扫墓。"一个垂死的妓女证明下面这句话是更有道

① 美联社约翰内斯堡1997年11月21日电。

理的——“贫穷比艾滋病更可怕。”①

联合国艾滋病规划署1997年11月26日公布的报告说，1981年发现首例艾滋病，截止本报告，全球3000万人携带艾滋病病毒，90%在第三世界国家，预言2000年时这个数字将增加到4000万。

按照2000年在美国召开的泛非艾滋病问题国际会议提供的数据，1999年，全球几乎所有国家和地区都发现艾滋病感染者，总数已经达到5000万。艾滋病最严重的地方是非洲，传染最快的是东欧国家、俄罗斯和印度、中国等亚洲国家。

根据联合国艾滋病规划署的报告，2003年因艾滋病死亡280万，新增感染者480万，感染者总数3780万；2004年死亡310万，新增感染者490万，病毒感染者总数3940万；2005年死亡280万，新增感染者480万，病毒感染者总数3860万，艾滋病感染率有史以来“首次趋于稳定”；2006年死亡290万，新增感染者430万，病毒感染者总数3950万，又反弹了。1981年首次发现艾滋病以来，全球死于艾滋病的人数已经超过2500万，同时有6500万人感染这种病毒。

这家联合国机构说，截止2006年11月间的统计，这种全球化性疾病，在所有地区都有增长。新感染者中，40%是15至24岁的年轻人，女性比两年前新增100多万。撒哈拉以南非洲是艾滋病感染最严重的地区。它在亚洲、东欧、拉美传播的一个主要原因，是色情行业中没有保护措施的性行为和不安全的毒品注射。

美联社报道，“尽管绝大多数亚洲国家的艾滋病传染率仍然很低，但报告认为，这类统计数据很可能是具有欺骗性的。由于亚太地区地域辽阔，人口众多，因此一些亚洲国家的实际艾

① 《受伤的总是穷人》，《环球时报》2000年7月21日。

滋病感染人数其实比撒哈拉沙漠以南的非洲国家还要多。”2002年发现，在印度的一条公路上，16%的卡车司机艾滋病病毒检测结果为阳性。[①] 印度艾滋病感染率在总人口中只有0.9%，远不及南非的19%，但是2006年印度艾滋病患者总数达到570万，已经超过南非的550万，成为全球艾滋病感染者最多的国家。整个亚洲的感染者大约860万，比2004年增加10%，新感染者增加12%。

美国一位来自加利福尼亚的律师博伊德·格雷维茨指出，从1964年到1978年，美国政府执行过一份“特别病毒计划”，制造出艾滋病病毒。该计划耗资5.7亿美元，目的是消灭减少世界少数族裔人口。在美国举行的一个“黑非洲种族灭绝研讨会”上，他展示了“特别病毒生产过程图解”，公布一张1971年拍摄的人造病毒照片。他说，“我们认为艾滋病病毒是阴谋的产物，它是被人为地制造出来的。”[②]作为它的佐证的，是肯尼亚《旗帜报》2004年8月和10月两次披露的诺贝尔和平奖获得者、肯尼亚环境和自然资源部副部长旺加里·马塔伊的话：艾滋病病毒是西方用来大清洗的生物武器，“有人说艾滋病病毒来自猴子，我表示怀疑，因为远古以来我们就和猴子生活在一起。在这个星球上，与其他人种相比，死于艾滋病的黑人要多得多。事实上，这是一些人制造出来的制剂，以消灭另外一些人。如果没有那些人，就不必入侵伊拉克。”[③]

耐人寻味的是，如此骇人听闻的消息，既没有美国官方的证实或反驳，也似乎没有引起舆论应有的严重关注。但是更多的事实无法抹去。

---

① 《亚洲艾滋病蔓延形势严峻》，美联社日本神户2005年7月1日电。

② 《绝密：美曾斥巨资制造艾滋病病毒》，见《广州日报》2003年1月21日。

③ 《诺贝尔和平奖一言惊世：艾滋病病毒是西方生物武器》，见《中国青年报》2004年10月13日。

第一，美国政府阻挠本国艾滋病专家出席2004年在曼谷召开的第15届世界艾滋病大会。

第二，美国把艾滋病作为一种干预第三世界国家内政和加强掠夺与控制的手段。

第三，美国利用艾滋病药物进行盘剥。西班牙《国家报》引述印度新德里《小杂志》编辑安塔拉·德夫·森的话说：

> 我并不憎恨美国人。我不能那样做，因为是美国人将我养大，而且现在我的生命中也有美国人的存在。
>
> 但美国诗人艾伦·金斯伯格的诗在我脑中激荡：“美国，为什么你的字典里全是泪水?”
>
> 越南、古巴、阿富汗、巴拿马、格林纳达和南斯拉夫：上百万人因为一些无足轻重的理由而丧失性命。
>
> 因为一些令人质疑的理由，疯狂的炸弹被扔在利比亚、苏丹、索马里、黎巴嫩和伊拉克的“禁飞区”。
>
> 同样，美国也曾对一些实行民主选举的国家，如智利、尼加拉瓜、圭亚那、萨尔瓦多、危地马拉、希腊、印度尼西亚、巴西、柬埔寨、哥斯达黎加、多米尼加共和国、东帝汶及海地等，实施过颠覆政府的行动。有报道说，所有这些活动，都是美国中央情报局策划和支持的。
>
> 为什么一个不停地强调民主自由的国家，却总是在践踏民主和自由? ……
>
> 美国的另外一些记忆，冲淡了我对它的“慷慨”：美国强迫贫穷的非洲国家消费美国制造的昂贵的艾滋病治疗药物，并禁止这些国家购买廉价药物，而这实际上可能挽救更多人的生命。①

---

①《美国在世界上的角色》，西班牙《国家报》2004年9月26日。

别名 24：

抑郁症全球化

新自由主义把苦难带给绝大多数人，把金钱和权利集中于极少数人，然而“无形的手”成为恩格斯所说的“谁也看不见的谋杀者”，“新自由主义”得使所有的人都失去自由，受制于一种超自然力量。人们越来越不能掌握自己的命运，越来越不能对社会进程和周围事物进行理性的判断，对自己和对社会的信心越来越低落。

于是抑郁症，即以持续焦躁不安、孤独沮丧、精神压抑、对生活丧失乐趣和对前途丧失希望为主要临床表现的精神性疾病，无论在富国、富人还是在穷国、穷人中，都成为流行病。其中大约 15% 的患者可能走向自杀。抑郁症患者得心脏病的几率为常人的 2 倍，死亡率不逊于癌症和心脏病。“世界上有千千万万人深受抑郁之苦，其中约有 1/5 终生生活在抑郁中。”①世界卫生组织认为，到 2025 年，抑郁症将成为仅次于心血管病的世界性重要疾病。西班牙《荟萃》月刊 2005 年 7 月号一篇文章的题目，就叫《精神疾病时代来临》。

在西方国家，抑郁症患者比 40 年前增加 10 倍。普通人为就业下降和福利削减、社会保障条件恶化以及子女在糜烂社会环境中的成长不安。金钱不等于快乐。列名《福布斯》的富翁和被

---

① 《抑郁症：难言之隐》，美国《读者文摘》2000 年 6 月号。

认为成功者的名人明星，也在患抑郁症。

美国《纽约邮报》2004 年刊出的《新失乐园》承认，美国患抑郁症的人数“呈现爆炸性增长”。1992 年美国官方公布的数字显示，近 50% 的在业工人为失业危险忧心忡忡，其中 65% 过度疲劳，45% 经常失眠，美国精神病床位占整个病床位的 65%，仅儿童精神病患者就达 1000 万人。10% 的青少年精神严重压抑。在大学生和入侵伊拉克的军人中，正在出现越来越多的抑郁症患者。按照 2000 年的统计，美国每年为治疗抑郁症的支出，达到 437 亿美元。

英国《卫报》2006 年 4 月 28 日载文援引“政府健康专家”的话说，情绪低落、焦虑和其他形式的精神疾病，已经超过失业，成为英国最大的社会问题。15% 的英国人受到情绪低落或焦虑的折磨，使英国每年的损失达到国内生产总值的 1.5%。

在德国，二十世纪六十年代大约 10% 的人患抑郁症，40 年后这一比例翻了一番。①

日本抑郁症患者最近 20 年里增加 4 倍，抑郁症被成为“日本社会病”，上班族力不从心和过于疲劳，大学生因为费用上涨和就业困难而不再无忧无虑，连皇太子妃也长期受深度抑郁症的折磨。

2004 年，伦敦医药学院对英国、法国、德国、西班牙、阿根廷、巴西、墨西哥、加拿大、美国共 9 国的调查证实，过去 10 年间，18 岁以下的青少年和儿童，服用抗抑郁的人数增加 70%。这类药物副作用很大，服用一种 SSRI 者自杀倾向尤其严重。②

对于第三世界绝大多数人来说，第一位的问题是基本生存

① 《关于抑郁症的问答》，德国《世界报》2004 年 10 月 22 日。

② 《服用抗抑郁的儿童人数增加 70%》，英国《泰晤士报》2004 年 11 月 18 日。

权利。在国家的解体、混乱、衰落中，人民巨大而深刻的精神创伤，至今尚未引起足够的重视，更不要说切实的预防和治疗措施了。

仅仅从1995年哈佛大学医学院的一个报告中就可以看到，“低收入国家在精神、行为和社会健康方面正出现一场未曾遇见的危机”。报告谈到的第三世界国家精神健康方面的一些主要问题包括：14岁到44岁的人神经失常——抑郁、精神分裂症和自杀——在“全球疾病负担”中占12%；迟钝和癫痫患者比工业国家高2倍到4倍；亚非某些国家90%癫痫患者得不到治疗；拉美一些国家男子暴力在导致人的寿命缩短方面的作用，超过肠胃病和癌症。

这个报告把第三世界人民的精神健康问题，归结为“我们时代存在的全球性转移”的结果。① 我们完全可以把这里的“全球性转移”，理解为权利的转移、资源的转移、财富的转移，——从第三世界向西方国家的转移，从穷人向富人的转移，从绝大多数人向极少数人的转移。

---

① 《第三世界的精神健康问题日益增多》，路透社联合国1995年5月15日电。

别名 25：

自杀全球化

按照世界卫生组织的统计，1950—1960 年，全球每年 10 万人中有 10 人自杀，1990 年每年达到 10 万中 14.22 人自杀。比例最高的匈牙利 10 万中 44.9 人自杀，其后依次为：丹麦 31.57 人，德国 20.9 人，日本 17.55 人，美国 11.5 人。

联合国确定每年 9 月 10 日为“防止自杀日”。2006 年 9 月 10 日，联合国召开有关研讨会。在这次会上，两位专家说，每年死于自杀的人，比死于战争和谋杀的人的总和还要多。世界每年大约 100 万人自杀成功，但企图自杀者却在 2000 万到 6000 万之间，自杀尤其成为“富国国民的重要死因”。

老年人和青少年是自杀高发年龄组。大部分国家的青少年自杀率呈上升趋势。其中尤以 15 岁到 24 岁为甚。美国青少年死亡有多种形式中；1965 年自杀排第五位，1990 年上升到第二位。

一般认为，自杀 2 人，自杀未遂者为其 6 倍到 10 倍，有自杀愿望者又要高出许多倍。日本以“你曾想过死吗?”为题进行的调查显示，初中生 24.5%、高中生 34.5% 作了肯定回答。在大学生中，75% 对“你曾想过自杀吗?”这一问题作了肯定回答。①

英国《经济学家》2001 年 12 月 8 日的《浪费生命的美国青少

① 《关于自杀》，伽玛医生网站 2001 年 9 月 17 日。

年》提供的数据是，美国15岁到24岁的青少年中的自杀率，从1950年到1994年提高2倍，原因是家庭破裂、酗酒和吸毒。越来越多的媒体披露，在美国自杀者中，参加入侵阿富汗、伊拉克的兵士和印第安人，占相当大的比重。

日本自1998年以来，每年自杀人数已经连续8年超过3万。在自杀人群中，60岁以上的人最多，19岁以下的青少年增幅最大。自杀现象泛滥的两个重要的直接原因，是失业和升学压力。最近几年的新的动向，是自杀网站的出现和集体自杀。通过互联网安排实施自杀者，2004年为55人，2005年达到91人。2006年9月10日"防止自杀日"这一天，日本的一个"自杀对策支援中心"说，日本每天有1000人产生自杀的想法。

欧洲自杀率在上升。欧盟卫生部门发言人透露，欧盟各成员国每年自杀人数为5.8人，每4人中有1人受到心理问题的困扰，其中56%曾尝试自杀。12岁到17岁的青少年中，4%的人最终选择自杀。他说，"精神病已经像癌症一样成为人类的杀手，因此自杀的欧洲人已经超过因交通事故和凶杀而死亡的人数"，"自杀已经成为欧洲的隐形杀手"。①

在德国，官方认可的自杀人数仅为非官方数字的一半。一本集自杀者书信的《让我结束自己》，成为最畅销的书之一。

在法国，青少年开始产生自杀念头的年龄，可以小到只有6岁。孩子们的作文居然出现这样的句子："自由，就是自由地去死。因为这个世界已经腐烂了。"青少年女性自杀者增加，是因为"女孩的生存状况严重恶化，抑郁、酗酒、吸大麻和逃学的女生越来越多。她们的身心健康出现了问题。"②

俄罗斯和阿尔巴尼亚，在失去社会主义的国家中颇具代表

---

① 《自杀，欧洲的隐形杀手》，委内瑞拉《宇宙报》2005念月3日。
② 《青少年自杀年龄越来越小》，法国《费加罗报》2005年2月3日。

性。前者自杀率高于世界平均水平的3倍，上个世纪九十年代自杀率上升近50%，10万人中有36人自杀，边远地区可以高达100人。后者成为世界儿童自杀率最高的国家。在阿尔巴尼亚，成人很难找一份可以糊口的工作，贫困率达到90%，只有28%的适龄儿童上学，倒有2/3的儿童是家庭暴力的目击者，数不清的孩子们成为暴力的直接受害者。他们或者被关在家里，以免受到社会的伤害，或者被强迫从事性交易和做童工。在这个世界儿童自杀率最高的国家，有一个儿童自杀率最高的城市，叫卢什涅。当地的医生说：在医院的记录中，自杀者中儿童占大多数。一个似乎已经被世界遗忘的小国，却因为儿童自杀率名气大增，被称为"儿童自杀之国"。①

世界卫生组织2006年的最新统计表明，亚太自杀率占世界自杀率的六成。

台湾卫生署2006年8月的统计显示，自杀已经连续9年成为岛内10大死因之一，每10万人中自杀死亡者达到18.84人。在15岁到24岁的青少年中，自杀从10大死因的第三位上升到第二位。

韩国大学生中想过自杀问题的为70%，青年自杀给这个国家造成的经济损失达到32亿美元。

印度军方负责人承认，每年至少100名士兵自杀。特别是由于农业实行新自由主义的所谓"转型"，导致农民自杀率大幅度上升。1998年到2003年的6年间，印度10万农民自杀。英国《独立报》2005年5月17日披露，英国政府资助印度安得拉邦进行的自由化改革，在当地造成农业危机，使农民普遍负债累累，引发自杀浪潮，导致4000名农民丧生。对40名自杀农民的调查发现，他们每人平均负债折合2400美元。该报援引一位印

① 《阿尔巴尼亚：儿童自杀之国》，哥伦比亚《观察家报》2005年5月29日。

度教授的话说："很清楚，在经济自由化改革和农民频频自杀之间存在直接的联系，而安得拉之所以走上自由化改革的道路，英国国际开发署难辞其咎。"

情况在继续恶化。在主要产棉区、孟买所在的马哈拉施特拉邦，棉农在自杀：2006年7月298人，8月105人，9月97人。香港一家报纸所谈印度农民大量自杀原因，和《独立报》几无二致：西方跨国公司推销昂贵的转基因种子，迫使农民更多地贷款，年利息高达60%，"许多放贷者挣了很多钱，许多农民损失惨重。"①

一个到处冒出高楼大厦和高速公路，现代化商场和富豪别墅、五星级饭店和夜总会、高尔夫球场错落交织的时代，同时成为一个抑郁症、艾滋病、死亡率、自杀率上升的时代，一个极少数人困守于富裕孤岛、绝多数人挣扎于贫困和失业，所有的人都迷惘与恐惧的时代。用中国魏晋诗人阮籍描写乱世的《咏怀诗》中的名句来说就是："生命无期度，朝夕有不虞。但恐须臾间，魂气随风飘。"一位当代中国诗人的诗句，读来也许更为平易：

大雾弥漫，找不到既定的方向
如没有头绪的流萤。焦灼中
有人在模拟死亡，温柔地告别
更多的人滞留在拥挤的路上
航班延误，恋情受阻；
水路亦险恶，搁浅。沉沦。
无论如何也解释不通，关于一个
司空见惯的谎言、事实、也许

① 《毁灭的种子》，香港《南华早报》2006年9月27日。

弄人的造化——捉摸不定。①

人类社会的进步不仅仅表现在物质财富的增加，尤其不能归结为一个已经普遍引起疑问的 GDP。最高的、具有根本意义的标准，是绝大多数人的物质文化生活状况。

经济居于基础性地位，但是社会进步应该包括人的尊严和主动性、平等、自由、教育、科技、道德以及人与自然的关系等远为广泛的多方面内容。在世界工人阶级、被压迫人民、被压迫民族为维持基本的物质生活条件和自己的尊严而苦苦奋争的时候，西方社会也在讨论"有钱是不是等于幸福"的问题。尤其可怕的是，越来越多的青少年和孩子们患抑郁症，要么失去受教育的机会，要么接受现行教育体系的培养而陷入绝望，因厌倦社会而放弃生命。这就是新自由主义全球化时代：没有现在的时代，没有未来的时代。

① 宋晓杰《背道而驰》，《清明》2006 年到 4 期。

别名 26：

医疗卫生倒退全球化

新自由主义全球化从两个方面导致医疗卫生事业的倒退。一方面，由于贫困、饥饿、犯罪、工伤事故和的增加，由于社会对人的精神世界的摧残，患病人数和疾病的数量都增加了。另一方面，由于医疗资源私有化和成为利润的附属物，预防和治疗疾病的可能性都大为削弱。

刊于沙特阿拉伯《生活报》的《公共医疗卫生私有化》指出，世界贸易组织、联合国贸易和发展会议、世界银行和国际货币基金组织等国际机构，参与和策划了经济和社会服务业私有化运动。新自由主义迫使公共服务机构向私营企业开放，跨国公司为扩大私有化范围施加压力，美国等西方国家则利用世界贸易组织这样的机构为自己的跨国公司谋求好处。被迫实行新自由主义政策的大部分国家，医疗卫生问题变得严重起来，大多数人的医疗卫生状况陷入困境。私有化政策对医疗卫生产生了一系列消极影响：

在失去政府支持后，医疗卫生业经费减少；

市场化道路、医药卫生和服务机构私有化直接导致穷人享受的医疗服务水准下降，因为这种医疗服务只有那些有支付能力的人才享受得起；

把医疗卫生服务同争创利润联系在一起，导致直接违反医疗职业道德的不良行为；

减少政府对医药公司及其分配的管理和控制，使有关医药、医疗保险和公民利益的政策难以贯彻实施；

导致外国资本控制民族制药工业并对其进行体制改革，使其朝着制造高利润药品的方向发展，同时使一些以合理价格向所有人提供必要药品的政策无法实施；

医疗卫生机构私有化导致公共卫生质量下降，医疗卫生单位数量减少，国营医院职员跳槽到私营医院等，同时由于政府以促进医疗卫生业实行市场机制为借口而要求提供税费，致使公共医疗服务的利用越来越少（如使儿童疫苗接种率降低）；

值得注意的是，一些跨国公司为了出售药品，在不少国家采取了许多不道德的推销行为。

文章说，“提供公共服务（包括医疗卫生保健服务）是收入再分配的一种，其目的是使社会融为一体，共同承担风险和开支，这就是说，人们根据需要而不是根据支付能力来获得这种服务。这种福利的缺失，对失业者、穷人和老年人等最弱势群体的不利影响，会越来越严重。”①

全球90%的劳动者没有安度晚年的退休保障，在有统计数字国家的范围里，至少10亿人缺少最基本的医疗保障。美国一个大学2004年的研究结果表明，根据对13个西方发达国家的比较研究，发现美国在16项健康指标中平均排名倒数第2位，新生儿体重低，新生儿死亡率、婴儿死亡率排名倒数第一。1/5的美国人没有医疗保险。数不清的美国人，因为得不到应有的治

① 《公共医疗卫生私有化》，沙特阿拉伯《生活报》2005年5月25日。

疗而死亡。[①]

在俄罗斯，苏联时代的医疗卫生体系遭到毁灭性破坏。2006年的官方数字是，4年来，15岁以下儿童慢性病患者增加15%，新生儿患病率增加20%，儿童中艾滋病患者超过1.1万人，残疾儿童达到64.2万，占学龄儿童比例超过3%；50%的中学毕业生在选择专业时受到身体条件限制，30%以上不适合服兵役。[②]

联合国儿童基金会一个报告在谈到亚洲国家儿童死亡率增长的时候指出，导致这种情况发生的原因是私有化："过分依赖私有化的医疗保健而放弃国有医院的做法，危害到成千上万母亲和儿童的健康"。[③] 一家美国刊物1995年的相关文章，援引一位因厌恶而愤然从国际货币基金组织辞职的经济学家的话，把这种悲剧的发生，直接归结为世界货币基金组织和世界银行推行的新自由主义改革：

> 国际货币基金组织—世界银行的结构调整计划减少发展中国家的消费，并将资源导向生产用以还债的出口商品……这些程序的最大的失败，可以从它对大众的影响上看出来。在非洲、亚洲和拉丁美洲，由于国际货币基金组织—世界银行的结构调整计划的反人民的、甚至灭绝性的实质，从1982年以来，每年至少有600万5岁以下的儿童

① 《数不清的美国人因得不到治疗而死亡》，美国《纽约时报》2004年6月28日。

② 《压力让孩子不堪重荷》，俄罗斯《议会报》2006年6月1日。

③ 《亚洲医疗机构私有化使儿童死亡率提高》，《世界新闻报》2004年10月11日。

死去。这仅仅是冰山的一角。[①]

仅仅按照这里的数据，从上个世界八十年代起，新自由主义改革导致的儿童死亡的人数，就远远超出两次世界大战死亡的人数。这就是说，在最近的30年里，新自由主义仅仅向全球儿童，就已经发动了两次世界大战。

2000年，世界卫生组织有一个评价全球保健制度的报告，得出两个有价值的结论。第一，医疗制度——包括预期寿命、医疗保健效率和质量，以及是否承担对民众的社会和经济责任——的优劣，并不取决于医疗保健方面平均支出的多少。美国平均支出3700美元，比任何一个国家都多，但这个拥有最昂贵医疗体制的国家，在191个国家的评估中只排第18位。中国和阿曼的平均支出少得多；前者曾经成为第三世界国家普遍羡慕和学习的榜样，“是医疗保健的出色的样板”，后者目前排在第8位。第二，“取消公费医疗制度，这意味着许多人不再受公费医疗制度的保护”。

医疗保健从人道主义的行业，变为为取得高额利润而不择手段的行业，从令人尊敬的神圣的行业变为用健康和生命榨取钱财的行业。研究工作主要为西方的富贵病服务而忽视第三世界的的常见病。研究、预防、治疗的每个环节，都贯穿着盘剥和欺骗。

腐败使德国疾病保险局每年“丢失”60亿到200亿欧元。2006年法国300多家公立医院和私人诊所的调查显示，违规和舞弊导致的收入超过5000万欧元。[②]

---

① 迈克尔·坦泽尔《国际货币基金组织和世界银行的影响》，美国《每月评论》1995年第4期。

② 法国《欧洲时报》2004年11月17日。

在美国，“几十年来，医生从制药商那里收取礼物已经成为寻常的事情。”美国药物研究机构和制药厂商协会承认，用于向医生推销药品（包括免费药物样品）的支出，或者说贿金的数量，1999年为121亿美元，2003年达到229亿美元。成为医生，就意味着“从制药商那里得到许多优厚的礼物——比如高级餐馆的免费午餐和晚餐，以及无穷无尽的办公用品，因为制药商希望他能在处方中开列他们的药品”。①

可悲的是，美国的这一丑陋经验，已经随着新自由主义的推行，向世界特别是第三世界国家蔓延泛滥，在一些带有浓厚封建主义传统的国家，以更加恶劣、更加卑鄙、更加无耻的形式，向人民发起制造死亡、疾病、残废的战争了。

英国《经济学家》认为，“制假猛于偷盗”，全球药品5%—7%可能是假药，积极性的治疗成分甚少，提炼粗糙，成分混乱，还要用变化和循环使用的外包装掩盖失效期。② 澳大利亚学者称，全球许多制药厂，普遍为牟利而有计划地“创新”出一些疾病名称，或是夸大某些症状，加之利用广告的煽动性吹嘘，诱导民众购买他们的新药。例如夸大女性或男性的性功能障碍，已经使一批又一批其实无用而有害的所谓新药大量投放市场。2006年4月11日，英国《泰晤士报》报道了这个消息。英国制药业协会立即作出反映，说英国的严格的检查制度“不可能给制药商提供这样的商业漏洞”，“但不否认在药品业更开放的美国，制药公司同媒体合作特意强调某种药品的可能性”。

假药是财富和卫生资源的极大浪费，会导致成千上万人延缓正常治疗或加速死亡。它对全球卫生系统构成的威胁，比艾滋病和疟疾加在一起还要大。美国药物研究和制药商协会的一

① 《同礼物进行斗争》，美国《时代》周刊2005年11月14日。

② 《制假猛于偷盗》，英国《经济学家》周刊2003年5月17日。

个人物，就在日内瓦的一个会议上说："假药制造者是进行生物恐怖主义的下流坯。"①

哈佛大学教授玛西娅·安吉尔的《一个 2000 亿美元的行业如何欺骗：制药业的真相》②，集中揭露的，正是美国制药业的真相。

该书写道，上个世纪八十年代以前，美国的制药公司一般将资金提供给学术医药中心，然后静待研究结果，医药研究具有一定的独立性。现在的情况是，"传统的学术界和实业界的界限已经越来越模糊"，2/3 的学术医药中心在赞助其研究的公司中拥有股份。有些研究人员担任制药公司顾问或发言人，成为制药商的"执行工具"和"受雇员工"，参与推销药物和相关设备。一种仅限于治疗癫痫症，而且必须是在其他药物无法控制、突然发作时才可以使用的应急药品，被宣传为可以在常见病和说不清病状的情况下使用，或者被说成是治疗癫痫症的唯一药品。制药公司集中了 12 篇论文，每篇都堆砌着不着边际的溢美之词。它们收买学术研究人员发表这些论文或在论文上签字，每篇获得 1.2 万美元的报酬，如果"作者"愿意签名，还可以额外多付 1000 美元。

该书说，有一项"没有受制药公司赞助的实验"，比较了四种治疗高血压的药品，证明一些最老的药物疗效最好，而且便宜得多。制药公司最不想做的事情，就是把新药和旧药进行比较。因为在很多情况下，新药的售价高得惊人、利润甚大，疗效却不如旧药。

没有多少疗效甚或有害的所谓新药，不仅为制药公司带来

① 《假药正日益侵入世界公共卫生系统》，路透社日内瓦 2002 年 9 月 24 日电。

② 玛西娅·安吉尔《一个 2000 亿美元的行业如何欺骗：制药业的真相》，北京师范大学出版社 2006 年版。

巨额利润，而且新药的实验还在大幅度地降低成本。一个主要办法，是在第三世界国家进行实验。这里有廉价的人体试验者。从阿塞拜疆到尼日利亚，从俄罗斯到印度，这样的试验者已经从1999年占总数10%，上升到2005年的40%。这种试验如何损害试验者的健康，无论西方公司还是所在国政府，都讳莫如深。但是在美国，在每位试验者身上的花费为3万美元，在比如罗马尼亚，则只有3000美元了。①

中国杂志说得不错："美国医院害人，日本医院坑人，英国医院杀人"。②

① 《跨境药品人体试验内幕》，《国外社会科学文摘》2006年6月号。

② 《中国新闻周刊》2004年4月22日。

别名 27：

教育倒退全球化

世界各国包括一些第三世界国家，学校特别是各种名目的大学越来越多，大学设立的分校、学院、研究中心之类也越来越多，学校校门和高楼大厦越来越神气，学生宿舍和教室越来越豪华奢侈，教学仪器和设备越来越昂贵，印刷精美、纸张昂贵、花花哨哨的教科书和有关杂志越来越铺天盖地，各种报告会、研讨会一个接着一个，在官员和买卖人中间，在大街、酒馆、舞厅、夜总会，随时都可以抓出大把大把的有“教授”、“博士”头衔的人物。

但是新自由主义治下的全球教育，到底是前进了，还是倒退了呢？

在世界各国各民族的优秀传统中，教师始终是教育的基础和关键，始终是人类社会和文明得以传承的崇高职业，始终受到人们的羡慕和社会的尊敬，而且待遇相对地丰厚。联合国的一种说法，温文尔雅，彬彬有礼，主要从正面提出问题。这就是联合国教科文组织总干事松浦晃一郎，在2006年10月5日即世界教师日发表的声明：

> （希望）各国当局加强对教师的尊重，提高教师这一职业的地位，以防止未来可能出现的教师短缺现象。
>
> 撒哈拉以南非洲地区的教师短缺现象最为严重。在

2005年之前，那里的教师力量，需要增加68%。

亚洲南部和西部在未来10年里，需要增加325万名教师。特别是在受战火蹂躏的阿富汗，未来10年中，教师队伍几乎每年要增加9%，才能满足需求。

北美和西欧未来也将面临教师短缺的问题。仅美国、爱尔兰和西班牙，就将需要招募总数为120万名的教师，特别是教授和自然科学的教师。

老教师逐步退休，年轻人对致力于教育事业不太热心。

在冲突地区，学校、教师和学生，常常成为袭击的目标。①

我们实在应该钦佩这位总干事娴熟使用外交辞令的技巧，实在应该体谅他的难言之隐。这里除了最后两句，其他都是说未来如何。但是谁也可以体味出他的苦心和他的不无沉痛的警告，这就是，人类的教育事业，已经从根本上陷入严重的困境和产生巨大的危机。

可以稍微多谈谈美国的教育状况。

仅仅就教育内容本身而言，正如美国一份政府报告所承认的，美国的基础教育，也就是中小学教育，是落后的。师范教育的本科培训不够专业。比如一名化学教师，没有得到支持去深入学习更多关于自己所教课程的知识，却同时要他们去教生命科学和普通科学。这很难教得好。美国基础教育的一个特点是，不是根据孩子们的好奇心推动他们取得科学进步，而是把课程设置建立在孩子们的思维简单的基础上，科学教育过于宽

① 《到2015年，全世界将需要1800万名新教师》，美联社巴黎2006年10月5日电。

泛而不够深入。[①]

美国高等教育也处于落后状态。国家公共政策及高等教育研究中心的报告指出，在35到64岁这个年龄组中，美国拥有大学学历的人口比例领先世界，但是在25岁到34岁这个年龄组中，美国拥有大学学历的人口比例，在发达国家中只排第七位。在高校的学生毕业率方面，美国也排名靠后。美国的强项，是那些退休的和快要退休的人。它的光荣，不属于现在和未来，而属于过去。报告悲哀地写道，“不能完成学业，是美国高等教育的致命弱点”，“我国历史上第一次面临年轻一代教育水平不如别人的局面”。[②]

中国国务院新闻办公室《2000年美国的人权记录》收入这样的材料：美国85%的未婚母亲和70%的被捕者是文盲。5个中学毕业生中有1个不会阅读自己的文凭。小学四年级学生中71%达不到所要求的文化水平。大学辍学比例达到37%。过去几年了，情况不是改善而是更糟糕。

2002年一项调查提供的情况简直令人难以置信：18岁至24岁的美国青年中，85%的人在地图上找不到阿富汗和伊拉克，69%的人找不到英国，29%的人找不到太平洋，近1/3的人认为美国人口在10亿到20亿之间。美国《外交政策》写道：“每隔几年，都会有新的调查报告推出，说美国孩子的科学和教学水平远低于国际水平。这一做法使立法者和公众陷入恐慌。”[③]

美国一家报纸，以《当今美国学生对历史知之甚少》为题报道，美国非营利性机构大专院校研究学会，就大学生历史知识

① 《研究发现美国中小学的科学教育落后》，路透社伦敦2006年9月21日电。

② 《一份最新报告称，长期以来一直在高等教育方面居于世界领先地位的美国，已经在高校招生率和毕业率方面落后于其他一些发达国家》，美国《纽约时报》2006年9月7日。

③ 《迷失在美国》，美国《外交政策》双月刊2006年5月—6月号。

状况，对两组学校进行了调查：

> 调查对象是随机抽取来自25所普通高校的7137名四年级本科新生和高年级学生。为了进行比较，还调查了来自全国最好的25所高校的约7000名新生和高年级学生。
>
> 平均来看，接受调查的学生都没有合格，高年级并不比新生好。新生和高年级学生答题的正确性，分别是41.9%和45.7%。
>
> 在与公民教育有关的的课程中，精英高校的高年级学生知识少于普通高校的学生，平均得分低于新生。
>
> 在两所得分最高的学校——罗兹学院和科罗拉多大学，高年级学生平均上过4.2门历史和政治学类课程。两所得分最低的学校——加利福尼亚大学伯克利分校和霍普金斯大学，高年级学生平均上过2.9门类似课程。

调查报告的结论是："美国公民品行即将出现危机。"①

美国教育成为一个腐败丛生的部门。克林顿下台以后，美国教育部长罗德·佩奇宣布，根据审计机构的调查，克林顿执政的最后3年，美国教育部4.5亿美元的经费不翼而飞。

美国教育又成为一个贫富两极分化严重的领域。2004年11月27日《华盛顿邮报》报道，上年美国最好的24所州立大学新生中，40%来自年收入10万美元以上的家庭，而全美只有不到20%这样的家庭。中产阶级受到的打击最大。美国最好的250所大学中，1985年新生的40.9%，来自这样的家庭；这一比例在2000年下降到33.2%。与此同时，几乎一半州政府，减少了为低收入家庭学生提供的财政支持。美国教育部承认，2000年

① 《当今美国学生对历史知之甚少》，美国《今日美国报》2006年9月26日。

美国大学生平均贷款比7年前多15倍。已经有差不多一半来自高收入家庭的学生，也需要贷款读书了。而且由于贷款来源主要倚重私营性质的机构，将不得不付出更多的利息。美国大学正在越来越成为超级富翁家庭的专属领地。

前引国家公共政策及高等教育研究中心的报告也说，“对于大多数美国家庭来说，大学学费越来越难以负担”。联邦政府的“佩尔”助学金，在二十世纪九十年代的时候，能够负担大学一年学费的70%，现在，这个比例已经下降到不足50%。学费的增长速度超过了家庭收入的增长速度，超过了通货膨胀的增长速度，甚至超过了医疗保健开支的增长速度。

这个报告还指出，统计数字显示，一年大学的费用，占到家庭收入的31%。这个数字，已经相当高，但是掩盖了低收入家庭和高收入家庭之间的巨大差异。实际上，对于20%的高收入家庭来说，只有9%，而在20%的低收入家庭，则占到73%。来自低收入家庭和高收入家庭的年轻人，在接受教育方面的差距越来越大。根据12个州的统计，18岁到24岁的高收入家庭青年上大学的比例，至少为同龄低收入家庭青年的2倍，有5个州则达到3倍。

但是大学的校长们可是越来越富。2006年11月公布的《美国高等教育纪事周报》称，在853所美国公立和私立大学中，有112所大学的校长承认，他们的年薪加津贴超过50万美元。收入最高的达到98万美元。①

美国著名记者丹尼尔·戈尔登，有一本被誉为“堪称经典”的著作，题为《入学的价格：美国统治阶级如何挤进著名大学，而谁又被挡在了大门外》。

该书写道，著名大学“并非社会正义的推动力，而是特权的

① 美联社华盛顿2006年11月20日电。

堡垒”。它们利用手中的权力，录取特权阶层的子女，“如果不能通过降低标准让他们从前门进来，就从后门把他们弄进来”。这些大学把不少于60%的招生名额，给予那些有特殊背景的人，主要是父母是富翁或官员的人。2004年总统选举中的两名候选人——乔治·布什和约翰·克里，都是“C”等生，本来没有机会进耶鲁大学，但是进来了。“特别富有的捐助者的子女，学校对他们的偏爱，则达到令人吃惊的地步”。①

这不是个别存在的问题，而是一个政策问题。戈尔登的书就说，美国社会把亚裔美国人作为“新犹太人”，哈佛大学评估人员在“个人素质”一栏总是把他们评得比白人学生低，然而对他们的录取标准又总是比白人学生高，“大学的招生政策非常不利于亚裔美国人和贫穷的白人”。

美国的学校，还是一种乱七八糟的自由市场甚至犯罪场所。

从小学、中学到大学，因为贫困、种族歧视、恃强凌弱、教学质量低和秩序混乱，辍学现象司空见惯。小学生的性教育，其实不过在传授性犯罪。中学流行烟、酒、性、摇头丸和女生怀孕。大学生酗酒和自虐。外国学生被强迫做间谍背叛自己的祖国。军校盛行纳粹式举手礼。哈佛大学和耶鲁大学同属美国名气最大的大学。前者曾经用全部免除学费和生活费、9.3万美元的奖学金，吸收一名英国学生。唯一原因是，此人虽然成绩平平，却是布莱尔的儿子。哈佛大学在布莱尔儿子的争夺战中落败。这是寻求回报的的一笔交易。

哈佛学生的雄心，曾经是“一个训练有素的领导阶级精英的雄心”。但是哈佛的核心课程“抑制智力发展”，“懒散的大学生门多半躲在自己的房间内，发疯似地抄写其他人的笔记，准备

---

① 《有毒的常青藤》，英国《经济学家》周刊2006年9月21日。

期中考试”，“根本学不到很多具有持久价值的知识”。①

作弊成为惯例。英国《金融时报》有文章，题为《MBA 学生骗子最多》，根据美国《管理学院学刊》发表的一份调查报告称，MBA，也就是工商管理硕士，“是所有研究生中作弊最多的人”。其中 56% 承认，自己在考试中抄小条、抄袭论文或从网上下载论文。这份报告涉及美国和加拿大 54 所大学的 5300 名学生。一位教授既为学生作弊数量之大惊讶，也为学生愿意承认作弊惊讶。他说，作弊最主要的原因是，“学生们看到，他们的同学不再诚实地学习，而昂贵的学费和获得去华盛顿最好的公司实习机会的激烈竞争让他们铤而走险”。

这当然是一个学生个人的道德问题，然而它首先是一个社会问题。“社会强调‘自由市场’、‘利益最大化’等理论，潜移默化中影响了学生的价值观，使 MBA 学生比其他专业学生更加自私、追求功利。”人们忧心忡忡，“如今，美国公司出现的行业道德丑闻呈上升趋势。一些商业高层在帐目和股权上做手脚，欺骗股东牟取私利。面对 MBA 学生高作弊率，学者们不禁担心，当学生就开始作弊，毕业以后会不会欺骗股东。”②

至于混乱的性生活、此起彼伏的性骚扰，则几乎成为所有学校的共同特色。2006 年 7 月，一份由美国职业教师协会递交给国会的报告就坦率承认，遭到教师性骚扰的学生，已经超过 450 万。

两类大学，是只有美国才设置的。

一类比如联合军事情报学院，专为美国情报机构培养人才。它的科目，包括“中国动荡不定的现状”和“现代俄罗斯的不可预

① 《哈佛真相》，美国《大西洋月刊》2005 年 3 月号。

② 《MBA 学生骗子最多》，英国《金融时报》2006 年 9 月 21 日；《美国硕士生作弊非常普遍，其中 MBA 作弊最猖狂》，“国际在线”2006 年 9 月 23 日。

测性”。这所学院被称为“骗术学院”或“间谍哈佛”。①

另一类比如美洲学校。在自己没有免费大学的美国，这是为外国人提供免费教育的学校。其宗旨为“尊重人权维护民主”和对付“共产主义威胁”。截止2000年12月宣布关闭，从这里毕业的学生为5.4万人。学生主要来自拉美国家。在上世纪八十年代以来一系列震惊世界的事件中，它的学生大出风头、劣迹斑斑。比如参与哥伦比亚乌拉巴大屠杀，萨尔瓦多莫佐特谋害1000人的大屠杀，秘鲁拉·坎图塔大屠杀，谋杀、强奸并杀害4名在拉美布道的美国修女以及屠杀基督教徒的事件，谋杀大主教奥斯卡·罗密欧的事件，谋杀在智利工作的联合国人员的事件。在哥伦比亚246例特大贩毒案中，有100例同这所学校的学生有关。学生中一些人名声赫赫，比如阿根廷军事独裁者加尔铁里、玻利维亚的苏亚雷斯、曾任秘鲁国家情报局长的蒙特西诺斯和巴拿马总统诺列加。这所学校有一些另外的名称：“独裁者的摇篮”、“政变阴谋家温床”、“行刑审讯者培训基地”、“杀人训练学校”。

美国学者在《谁是无赖国家》一书中写道，墨西哥萨帕塔反抗运动一出现，当局就不断增加送往该校接受培训的学生人数：1994年15人，1995年24人，1996年148人，1997年333人。②

这所学校因臭名昭著而“宣布关闭”。一个月以后，在原址设立“西半球安全合作研究院”，顶头上司由陆军改为国防部。用一位美国牧师的话来说，“这一做法，就像一瓶毒药换一张阿司匹林的标签，可那还是毒药。”③

① 《骗术学院院长》，英国《卫报》1999年8月17日。

② 《谁是无赖国家》第44—46页，新华出版社2002年版。

③ 《美军杀人学校大揭秘》，《深圳商报》2000年12月23日。

《谁是无赖国家》还揭露，另一所同样性质的大学，为“国际刑警学院”，专门为第三世界国家数万警察提供训练。其宗旨也包括对付“共产主义威胁”。该书指出，因为警察与大众更频繁的接触，这所学校学生侵犯人权的案件，比美洲学校的学生还要多。

如果说美国的学校有点像乱七八糟的自由市场，那么它的市场倒也买卖着教育商品了。这主要是买卖假文凭。这可是明码标价、童叟无欺的生意。一种价格是，学士学位 425 美元，硕士学位 550 美元，博士学位 800 美元，同时三种 1400 美元，成绩单外加 360 美元。另一种要便宜得多：硕士文凭 89 美元，如果附有“认证机构”的证书，则另收 80 美元。①

一种统计数字是，有不少于400 家假文凭作坊，年收入 5 亿美元以上。这个行业正在由小作坊而高科技化和全球化。购买假文凭而飞黄腾达的人物各色各样。由于官场就职升迁过分重视文凭，2002 年出现于政府网站求职人员中的假文凭持有者为 1200 人，2004 年 8 个政府部门查出靠假文凭担任高级职务者 28 人，靠几所“野鸡大学”假文凭成为政府雇员者 463 人，其中以国防部雇员最多。

我们主要介绍了美国教育的情况。其他西方国家好一点吗？

《光明观察》曾刊出香港著名记者闾丘露微的《欧洲教育危机的借鉴》，说欧洲最好的罗马大学学生在马戏团帐篷上课，教授用分数换取学生的性服务，毕业几即失业，硕士研究生的岗位是每小时 6 欧元的保姆。大学毕业生人数越来越多，但是却很少社会需要的合适人才，以至于“大学教出来的学生，连接受培训都不知道如何来做”。

除了“美州学校”之类，凡是美国教育所有的一切，欧洲都

① 《文凭复制》，美国《基督教科学箴言报》2003 年 6 月 10 日。

有。贫富两极分化、种族歧视、校园暴力，教学质量差和文化知识水平降低，读书的人越来越少和买卖假文凭，已经成为通病。

可以补充的是，在欧洲假文凭市场上，收费要比美国灵活得多：从50美元到5000美元不等。在英国，大学生“写作能力差的现象普遍存在”[①]，贫困使不少于1/5大学生辍学，而且已经传出女大学生出卖初夜权和下海当妓女以筹集学费的丑闻[②]。日本大学学费从1975年到2006年上涨15倍，使优秀但贫困的学生失去继续深造的机会。青少年中盛行着纵欲。2005年同1990年相比，17岁女孩中有过性经验的比例从17%上升到近一半，男孩则从20%上升到40%。有国会议员指出，“详细的性教育内容，恰恰就是导致青少年性行为增加的部分原因”。[③]

苏联解体，使那些原来的社会主义国家抛弃自己在教育方面曾经拥有的优势和经验，全盘接受西方教育的全部污浊，并且使社会主义前的各种肮脏东西沉渣泛起。其中最有代表性是俄罗斯。这个教育事业和教师历来备受尊敬的国家，学前教育、小学教育和中学教育受到毁灭性破坏，神圣的大学殿堂更加黑幕重重，变为精神的垃圾场。

教师成为贫穷的职业和受贿者。截止2004年，莫斯科大学在全俄高校中工资最高，教授月工资不过60—100美元，退休金和一般工人一样，只有25美元。为人师表的道德成为稀有现象。这所大学教师受贿每年平均可达5000万美元。学生为入学、考试、补课、毕业，都必须支付各种额外费用。高考之前的补习费用，为一般家庭总收入的9倍。仅仅为入学准备的“礼

① 《正式的写作》，英国《星期日泰晤士报》2005年3月26日。

② 《中国日报》网站2001年12月19日；法国《欧洲时报》2004年1月1—3日。

③ 路透社东京2005年6月16日电。

金“，就不能少于1200美元。在莫斯科，进入大学经济系和法律系的行贿标准为1—2.5万欧元，人文专业为0.8—1.5万欧元，自然科学专业为0.6—0.8万欧元。2004年名牌大学招生过程中的腐败金额，总量达到3亿美元。这项金额的年增长速度为10%。

在这个社会混乱、经济衰退、两极分化严重的国家，只有40%的家庭可以供孩子读完中学，只有18%的家庭可以供孩子读大学。80%的中学生家长承认“经常”向学校提供“经济赞助”，90%的家长承认曾向教师送礼。一般俄罗斯家庭支出的1/3，用于子女教育。[①] 至于女学生兼职妓女交学费、出卖色相换学位，就更加只能使他们民族曾经显赫于全球的先辈——从彼得大帝和罗蒙诺索夫、普希金、柴科夫斯基，到列宁、斯大林和斯达汉诺夫、卓娅、加加林，使在精神文明和物质文明方面都创造了世界奇迹、用鲜血浇灌了那片英雄土地的上几代人，只能含泪扼腕于九泉了。

上世纪六十年代至七十年代中期，第三世界国家的教育事业得到长足发展。比如拉丁美洲，1960—1975年，小学生注册率增加1倍，中学生注册率增加4倍，大学生注册率增加5倍多；1970年，在校学生人数占学龄青少年总数19.7%；在15—19岁青少年人口净增700万的同时，这一年龄段文盲比例从4：1下降到6：1；大学生总数由55万增加到350万。

目前的拉丁美洲，小学生中一半以上在头3年相继辍学，中学忽视职业教育和师范教育，大学发展过快而质量明显下降。因此导致自立人口中未受教育者比例的大幅度增加：巴西为

---

① 《俄罗斯教育界近日爆出丑闻》，俄罗斯《真理报》2004年8月28日；《要上大学，就得塞黑钱》，法国《欧洲时报》2004年5月1日；《俄罗斯高校招生行贿普遍》，法国《欧洲时报》2005年6月25—27日。

36%，哥伦比亚为21%，墨西哥为27.1%。[①] 截止2005年，拉美22个国家中有10个国家的成人文盲率超过10%，5个国家超过20%。[②]

2000年8月25日《洛杉矶时报》有《“非洲的复兴”已成为历史》，说非洲的学校系统，“从小学一直到大学，都在迅速恶化”，“教育水平的下降是严重危机之一”。

至于亚洲，可以举出大国印度和美国直接统治的伊拉克。

西方主流媒体经常夸奖印度的一件事，是长期殖民统治造成的英语普及。学习英语，对于扩大眼界有益。但是在一个人口众多的大国，靠外语取得高收入，靠外语就业和晋升到高层，即便不是一种耻辱，也无论如何不是一件光彩的事情。在总体上，这是一个教育处于病态的国家。文盲占52%，却有不少名牌大学。农村适龄儿童一半失学，大学却泡沫般膨胀。合格劳动力极为短缺，却有75%的大学毕业生成为混迹于各行各业的庸才。更不消说腐败丛生的景象了。尼赫鲁大学的一位人类学家，如此评价印度的现行教育状况：“这是极度残酷的现实，是有史以来最冷血的制度。”[③]

美国的侵略战争给伊拉克教育带来巨大的灾难。一家美国报纸如此描写美国刺刀下的巴格达大学：

> 期末考试期间，黑衣持枪者闯入学生宿舍，绑架了房间里的学生。
>
> 一名建筑学大三学生说：“家里每半小时给我们打一次电话，确认我们是否安然无恙。他们很担心我们。”

① 苏振兴《发展模式与社会公正》，《拉丁美洲研究》1998年第5期。

② 《拉美与加勒比的教育问题与挑战》，西班牙《起义报》2005年2月5日。

③ 见《在印度，学龄前儿童玩耍的时间早早结束了》，美国《基督教科学箴言报》2004年3月2日。

考试的前一天早上，宿舍的外面爆发了枪战。有个学生被子弹击中，腿部受了伤。

在安全方面，阿拉伯复兴社会党执政时期比现在好得多。

就在今天，巴格达大学安全工作负责人在家门外被枪杀。

自美军占领伊拉克以来，伊拉克全国约有90名大学教职工遇害，其中教师约50人，占一半多。另一些统计数字更高。一个名为“布鲁塞尔法庭”的反战组织列出了250位遇害者姓名。巴格达大学已经有300名教师请了一年的长假以躲避暴力袭击。全职教师中约有一半，将到国外或比较安全的伊拉克北部地区度过暑假。①

历史把教育的倒退和灾难，归咎于新自由主义全球化。通过教育，奴化全球首先是奴化第三世界，成为新自由主义全球化可持续性的战略步骤。

第一，新自由主义把教育这种传承科学文化知识和优良民族传统的事业，改革为一种利润至上的产业，一种国际贸易商品，一种生意人的生财之道。

第二，教育的商品化和市场化，剥夺被压迫人民和被压迫民族的受教育权利，使“跨国公司、媒体集团甚至少数主要大学成为新殖民主义者”。后者“不仅试图在意识形态和政治方面占统治地位，也同样觊觎商业利益，结果是相同的——弱势权力的知识和文化自主权的丧失。这种新殖民主义依靠的是世界市场上大量贩卖知识产权的供应商”，于是“发展中国家及其学术

① 《在巴格达大学，最难的不是期末考试》，美国《华盛顿邮报》2006年7月6日。

系统变成了有权有钱的外国供应商的附庸”。①

第三，整个教育领域腐败泛滥。它加剧贫富两极分化，以道德沦丧和行贿受贿毒化社会，腐蚀青少年的心灵，影响学生的一生。高等教育中尊重科学与客观公正的传统在丧失，“筐”里的“烂苹果”越来越多，“高校腐败的问题在全世界都已经非常严重”，“随着高等教育的逐步商业化，大学中引入的商业价值观越多，而与传统的学术价值观的距离正越来越远”。②

第四，极端的自私和消费主义成为社会教育的主流。世界被商业文化所淹没，教给人们贪婪和无限制地追求个人享乐。一个美国儿童每年要从电视中观看4万条广告，陷身于垃圾食品和暴力玩具。这种消费主义无孔不入、广告吹嘘狂轰滥炸的社会教育，正在夺去人们创造和正常交往的能力，使人们沦为商品的奴隶。

第五，西方文化主要是美国文化之外的一切民族的优秀文化传统，被边缘化甚至被吞没。世界文化正在变为同一色调。第三世界大量知识分子或者全盘接受和臣服西方教育，或者直接成为西方的打工仔。在进行智力掠夺的同时，第三世界教育领域为西方提供了利润商机。“他们在中国、埃及、印度这样一些受过高等教育的青年中搜刮人才，好比发展中国家种植作物，长出了穗，他们就从中割走了最壮实的一些颗粒”。中国为孩子留学的支出，每年在10亿美元以上。③

① 《高等教育全球化：潜在的危险》，《科学时报》2003年3月4日。
② 《高校腐败：持久的挑战》，墨西哥《每日报》2004年11月25日。
③ 《国外“克莱登”缘何死盯中国市场》，《北京青年报》2000年9月7日。

别名 28：

科学倒退全球化

哈佛大学的著名经济学家杰弗里·萨克斯在谈到世界发展问题的时候，把问题归结为技术，“占世界 15% 的一小部分人提供了世界上几乎全部的技术革新”。他完全回避何以造成这种格局、完全回避西方技术优势背后的社会关系和丑恶历史。他的药方，除了技术伟大的豪言壮语，就一无所有。①

空泛地吹嘘靠发展科技解决人类贫困问题，同时把科技归为资本主义的专利，这样的美妙言论车载斗量。人类已经听够了这种画饼充饥的废话。新自由主义全球化时代某些科技的发展是一个客观事实。但是还有更加严酷的客观事实。

如果说科技主要是信息技术的进步，成为二十世纪人类社会发展的重要特点的话，那么，这种科技进步的功劳，只能属于工人阶级和科技知识分子。同时应该看到，科技的发展，终究应该通过推动经济归结到推动社会的进步。在这个意义上，资本主义的西方虽然控制着科技的成果，社会却在倒退，科学也在倒退。

新自由主义全球化时代信息技术的进步，是一种怎样的进步呢？

---

① 杰弗里·萨克斯《一幅新的世界地图》，英国《经济学家》周刊 2000 年 6 月 24—30 日。

——信息技术被广泛运用的最主要原因，不是出于对经济的推动作用，而是因为价格的大幅度降低。从1958年到1998年的40年间，能源、原材料、人力等价格不断上涨，计算机价格却以每年20%的速度递减。目前价格仅为40年前的千分之一。

——关于靠信息技术提高劳动生产率的判断，往往是通过修改统计数字制造出来的结论。法国一家杂志评论美国的信息技术，说信息技术的发展本身不等于繁荣，尤其没有带来劳动生产率的提高。在美国信息技术支出总额中，大约4/5集中于三个领域：批发和零售业、保险和房地产业、企业服务。然而正是这些领域，劳动生产率的增长处于停滞状态。① 结果是，股市上升和消费增长的速度，远远高于国内生产总值的增长速度，金融投机和经济泡沫越滚越大。

——信息不等于知识，可能是正确的信息，也可能是错误的信息。信息技术有利于企业的发展，却并不是企业发展的关键因素。美国和芬兰的调查表明，占企业投资总额10%的信息技术投资，仅形成3.5%的固定资产。从1970年到1992年，美国国民经济平均年增长2.8%，使用信息技术产生的推动作用只有0.5%。

——美国一家报纸曾经开列高科技的十大牛皮。② 另一家报纸把2002年的“高科技泡泡”挨个数落一遍，说“‘技术’和‘宣传造势’几乎成了同义语”。结论是比如“难以兑现的空头支票”、“未能实现的希望”、“名噪一时而已”。③ 然后就是关于硅谷的神话灰飞烟灭。“曾几何时，硅谷是世界瞩目的中心，它的

① 《美国的经济奇迹是空中楼阁吗?》，法国《信使》周刊001年第541期。

② 《自吹自擂的的技术达不到标准》，美国《商业周刊》2002年8月26日。

③ 《……到底怎么样了?》，美国《国际先驱论坛报》2002年11月25日。

技术和网络引领世界经济和改革的方向，在这里工作的‘白领’肆意炫耀着天文数字般的工资”，但是现在从高处跌落下来，“硅谷已经连续三年衰退，经济回升无望，硅谷员工以前优雅的自信丧失殆尽。”①

——因特网成为促进贩毒、赌博、恐怖活动、人口贩卖、色情活动和黑社会的工具。电子游戏毒害青少年，网吧变成大烟馆，病毒成为间谍。本世纪初，仅仅在西方7国，每年网络犯罪造成的损失就达420亿美元。2004年国际电信联盟专家会议公报说，仅仅网络垃圾邮件，每年给世界经济带来的损失就达250亿美元。

2006年11月的消息透露，美国专家指出，截止11月间，已经有70亿封垃圾邮件发出，占全球电子邮件总量的91%，也就是说，全球10封电子邮件中，有9封是垃圾邮件。英国媒体报道，过去的5个月里，全球垃圾邮件的发送数量增加两倍，形成了“垃圾邮件海啸”。②

——在国际垄断资产阶级的手里，信息技术和其他高科技，都被利用来制造骗局、制造信息泡沫、制造灾难、制造大规模杀人的武器。比如，“硅谷在伊拉克战争中扮演了极为重要的角色。”③除了信息技术，美国侵略南斯拉夫，贫铀弹大面积污染环境，使巴尔干地区癌症患者大量增加。加拿大一位作者已经指出，当前要防止的，是“纳米成为殖民主义技术”。④

——资本主义把工人变成机器的附属品，现在，新自由主义又进一步把工人变成技术的附属品，由此空前地加强对工人的压迫和剥削，扩大了不平等。工人阶级没有消失，而其历史

① 《硅谷未能在2002年起死回生》，埃菲社旧金山2002年12月16日电。

② 《全球爆发“垃圾邮件海啸”》，《广州日报》2006年11月20日。

③ 《硅谷在伊拉克战争中所扮演的角色》，美国《商业周刊》2003年3月29日。

④ 《防止纳米成为殖民主义技术》，《国际先驱导报》2004年2月13—19日。

主动精神却遭到严重剥夺。信息技术不仅在国家内部，而且在全球造成巨大的贫富鸿沟。

——信息技术导致西方知识产权霸主地位的形成和巩固，并且成为美国政治、经济、军事霸权和强制推行新自由主义全球化的手段。正如美国哥伦比亚大学教授伊莱·诺姆所说，因特网促进民主是一个神话，恰恰相反，因特网促进了国际垄断资本对于各国内部政治的操纵，至于信息技术最发达的美国，“民主还不及那些低科技地区”①。

——前引麦迪森指出：“在过去四分之一个世纪，较缓慢的技术进步是世界增长放慢的原因之一。那些自封的‘新经济’的权威们不愿意接受技术进步放慢的观点。他们用一些支离破碎和微观经济上的证据为自己辩护。然而，他们所谓的技术革命的作用，至今还没有在宏观经济统计上显示出来。所以，我无法赞同他们那种乐观的预期。”②

仅就技术层面而言，信息技术的进步也不过如此。信息技术不是技术的全体，更加不能等同于科学事业。如果观察科学技术的全貌，情况尤其不容乐观。

在新自由主义成为西方全球化中心的30年以来，在哲学社会科学领域，仅仅就理论形态而言，人类没有提供一个马克思、列宁、毛泽东那样的人物。关于资本主义和帝国主义问题的研究，关于第三世界国家解放和发展问题的研究，整个世界至今仍然不得不同这些人物对话。

沿着他们的方向——不论作者本人是否承认——进行某些社会历史专门问题深入研究的著作，往往成为这一领域的卓越

① 伊莱·诺姆《为何网络不利于民主》，英国《金融时报》2002年8月29日。

② 安格斯·麦迪森《世界经济千年史》第3、第8、第9、第260、第11页，北京大学出版社2003年版。

代表。这些著作受到当前主流舆论的冷落或压制，但其理论的、历史的价值永存。本书一再涉及这些作者和他们的主要作品。比如美国斯塔夫里亚诺斯的《全球通史》和《全球分裂——第三世界的历史进程》、霍华德·津恩的《美国人民的历史》、乔姆斯基、沃勒斯坦、詹姆斯·彼德拉斯、大卫·科茨、约瑟夫·斯蒂格利茨的著作，瑞典冈纳·缪尔达尔的著作，德国罗伯特·库尔茨的《资本主义黑皮书》，巴西多斯桑托斯的著作，墨西哥海因茨·迪德里奇的著作，埃及阿明的著作，俄罗斯谢·卡拉一穆尔扎的《论意识操纵》和格拉济耶夫的《俄罗斯改革的悲剧与出路》，等等。对于认识新自由主义全球化的性质和前景来说，这些著作所具有的科学意义及其知识含量，是那些得到西方主流舆论批准和抬举、走马灯一样忽来忽去的文化垃圾，无法望其项背的。

人文科学领域的一个令整个资产阶级世界尴尬的现象是，面对新自由主义的现实，第一，他们连一位伏尔泰、卢梭、康德、黑格尔、费尔巴哈也再推不出来。第二，甚至教条主义地重复马克思、列宁或是毛泽东的几句话，尽管这种重复为马克思主义的大师们所不齿，有时候却也能够处于理论辩论的上风。至于离开他们科学道路而闭门造车的所谓“创新”，则要么一脚掉进西方流行舆论的泥坑，要么重复一些已经成为历史垃圾的破烂，要么只是给世界增加一堆含糊其词、毫无理论准确性和学术含量的废话。

事实仍然如列宁所说，唯物史观是唯一科学的历史观。反对者遍于全球，用英文、俄文、其他文字出版的驳斥著作和文章，每年都在万种以上。其中摆出学术姿态者不过如断砖残瓦、轻风浮尘，大多数则只能归为泼妇骂街一类的污言秽语和人身攻击，完全无法撼动马克思主义构建的理论大厦。装祯精美、印量巨大的出版物，往往是一些下流的编造和作者自己肮脏心灵的陈述，越不出某某的情妇、某某身边的女人之类的单调套路。然而对于从马克思主义转向的改革好汉，对于资产阶级及其知识界，又能够期望些什么呢？

一位英国物理学家，从1985年到1990年，专门研究了自然科学的创新问题，经过了一番详尽的数学运算和反复比较：

> 创新速度于1873年达到顶峰，此后不断下降。事实上，我们目前的创新速度大致与1600年相同。到2024年，创新速度将急剧降至与黑暗时代相同的水平——黑暗时代是指罗马帝国灭亡至中世纪开始之间的时期。这种计算是以人均创新为基础的。所以，如果我们能够保持人口增长，我们在理论上将能够维持创新的绝对速度。为了做到这一点，我们必须几乎立刻给世界增添数十亿人。这既是不可能的，也是不可取的。
>
> 看来只得承认，进步，至少是科学技术方面的进步，事实上正在非常迅速地放慢速度。①

在新自由主义的动人曲调中，我们看到科学对资本权势和金钱的屈从。1998年4月1日，《纽约时报》刊出揭露美国“公司和接受礼物的学者之间难以捉摸的关系”的第一篇报告：在被调查的2167位科学家中，有43%三年内曾经接受礼物，医疗研究领域则“几乎没有不受金钱影响的”，“在科学界，像在生活中的其他方面一样，金钱是万能的”。一家周刊把这种利润诱惑下的科学，称之为“麦当劳式科学”，说“利润动机在科学研究中的支配地位最终意味着，科学被剥夺了其认识论的特性。根据这个特性，科学的首要目标，是发现真理。目前的危险在于，科

① 《世界面临新的黑暗时代》，英国《星期日泰晤士报》2005年10月16日。

学研究正在发生功利主义转变，研究的思索方面一个一个被削弱或者窒息，而研究的思索方面正是人类知识历程的内在动力”。①

许多政府和他们的科学家一样，都在成为资本的附庸。因此，尽管媒体时有披露，接受公司报酬的科学家仍然大捞其外快而很少受到应有的处罚。2006 年 9 月美联社的一则报道就说，在美国国家卫生研究院，44 名违反有关私人咨询协议规定的科学家中，只有 2 人正在受到调查。

美国中央情报局正在使科学界特别是社会科学界成为它的情报附庸。办法是“资助”方式实行的收买。这种暧昧关系持续半个多世纪，1985 年到 2003 年有 84 名特工潜入 48 所高等学府，2002 年更发生两所大学任命中情局要人担任校长和副校长的事情。中央情报局操纵学术研究方向、限制学术自由以及学者教授的“密探化”，曾经为学者们所不齿，而现在却堂而皇之，“学术界与 CIA 的关系又步入了一个春天”。②

权势和金钱诱惑的产物之一，是科学造假。假文凭就是一种高科技产品。美国一项以 3247 份有效问卷为基础的调查，根据被调查者自己的说法列出：伪造研究数据者 0.3%，剽窃者 1.4%，用同样数据发表两篇或两篇以上论文者 4.7%，随意拼凑数据者 5%，论文署名不当者 10%，使用根本不可能产生正确结论的实验方案者 13.5%。③ 曾经享有“克隆羊之父”美誉的苏格兰科学家维尔默特承认，他只担任过“指导工作”，克隆动物的技术也不是他发明的。新近轰动的，还有韩国黄禹锡论文造假和韩国一位副总理的论文剽窃。世界一流的贝尔实验室，

---

① 《麦当劳式科学的发端》，美国《纽约书评》双周刊 2004 年 3 月 11 日。

② 《CIA 密探进高校当教授》，美国《基督教科学箴言报》2003 年 4 月 29 日。

③ 《美三成科学家曾作假》，《环球时报》2005 年 11 月 11 日。

一系列似乎注定夺得诺贝尔奖的项目“突然失败”。最负盛名的两个刊物《科学》和《自然》，也刊登了许多骗人的文章。难怪《纽约时报》2005 年 12 月 20 日一篇文章的标题，就叫做《全球趋势：更多科学，更多欺骗》。

但是在扩大和巩固国际垄断资产阶级的全球霸权方面，在增加和强化压迫、剥削和屠杀的手段方面，在阻止有利于实现绝大多数人的利益方面，美国和它的伙伴却不惜利用新自由主义真抓实干。

美国大规模杀伤性武器的研制，成为科技含量最大的产业。核武器、信息武器之外，新近发展的是属于新型生物武器的基因武器。在美国，这包括设计导致炭疽热的多种细菌、在酵母菌中植入登革热细菌基因、将抗生素的大肠杆菌遗传基因与青霉素的金色葡萄球菌的基因拼接以导致抗生素失效。美国支持下的以色列，在进行针对阿拉伯种族的基因研究。英国化学生物防疫中心研究并试验基因杀人虫。德国研究耐抗生素的大肠杆菌、霍乱、鼠疫等病原体。法国培育出一种大脑缺少 13 种神经质的大老鼠。

另一方面，布什下令，禁止在美国出版古巴有助于提高人类健康水平的科学研究成果。他不惜亲自在第三世界国家东奔西跑，发出号召并施加压力，要这些国家不要发展自己的民族科技而专卖美国商品和加大消费。号称承担帮助第三世界发展的世界银行，反对第三世界国家发展科学技术，一再提倡劳动密集型产业。它提供的科技贷款和拨款，不及美国一家大型制药厂科研开发预算的 1/10。在科学技术强大的苏联，国家被解体，研究机构私有化和走向凋敝，大量科技人才流失，科技设备遭到严重破坏，“科学界贫困交加且混乱不堪”。①

① 《俄罗斯科学界——蒙垢之玉》，一国《经济学家》周刊 1997 年 11 月 8 日。

一种基础性的倒退现象，是唯心论的猖獗。在美国，对于达尔文进化论的讨伐和智能设计、上帝创世的奇谈怪论成为时髦。“带有宗教和政治色彩的人们要求在课本和课堂上给予‘创世科学’和‘智能设计’等名字委婉的理论更多的重视”，“他们的理论不像科学，而像达尔文之前的宗教”。① 2006 年 6 月，包括美国、英国、法国、以色列、日本等国科学院在内的多国科学家联合签署声明，猛烈抨击美国出现的这种反科学现象。美国最大的科学教师组织——美国科学教育中心也表示，美国堪萨斯州关于“要求教师介绍挑战进化论的科学学说”的“教学大纲”，是“美国科学教育的悲哀”。②

美国正直的科学家，也已经不能容忍布什政府的反科学政策。2006 年 2 月有 62 名科学家发表公开信，7 月又有 4000 名科学家——包括 48 名诺贝尔奖获得者和 127 名美国科学院院士——发表公开信，指责布什政府压制和歪曲科学信息，使之服从于政府的政策。

恰恰在他们的科学节，2006 年 9 月 5 日，英国闹起了“传心术”。不是街头行骗，而是一个三人小组在英吉利大学发表演讲。不是自己跑去，而是由英国科学促进会所组织。这家科学促进会创办 175 年来，历经很多科学技术里程碑——比如跨大西洋蒸汽船的设想、赫胥黎与牛津主教为达尔文进化论而进行的辩论、为恐龙命名，等等。所谓“传心术”，即主张“死后意识的延续”。这次演讲招致铺天盖地的批评。英国科学促进会走到促进反科学的地步，是令人惊讶的。

科学的倒退，从来伴随着反科学和非科学的膨胀。在新自由主义全球化进程中，世界社会主义运动、工人运动、左翼社

---

① 《人类的头脑》，美国《芝加哥论坛报》2005 年 3 月 13 日。

② 新华社伦敦 2006 年 6 月 23 日电。

会运动和民族解放运动遭到巨大挫折而陷入低潮。与此同时发生的信仰危机全球化，结果必然导致宗教的超常发展，导致迷信、邪教的全球化。

别名 29：

文明倒退全球化

人类在改造外在世界的活动中改变着自己，培植新的力量和新的品质，形成新的交往方式、社会关系，新的需要和语言。人类文明是一种各民族人民共同创造、相互交流和不断丰富并象征社会进步的过程。

西方全球化，是一种西方文明占据主导地位的全球化。但是西方文明不是几个西方发达国家专有的产物，它的具有民主性的内容，也受到其他文明的积极影响。比如在新自由主义全球化时代至今被西方当局列入讨伐黑名单的伊斯兰文明。

从公元八世纪后期到十世纪初，阿拉伯世界出现一场有组织地翻译欧洲古希腊、古罗马文化典籍的运动，史称“百年翻译运动”。欧洲文明在很大程度上通过伊斯兰文明得到存续和发展，并由此得到丰富的营养，成为西欧文艺复兴的一个重要前提。在这个问题上，美国前总统尼克松的见解，远比今天那批借鼓噪“文明的冲突”入侵阿拉伯国家的政客和学者高明。他在《抓住时机》一书中承认：当欧洲还处在中世纪的蒙昧状态的时候，伊斯兰文明正经历它的黄金时代，几乎所有领域的关键性进展，都是穆斯林取得的，“当欧洲文艺复兴时期的伟人们把知识的边界往前开拓的时候，他们所以能眼光看到更远，是因为他们站在穆斯林巨人的肩膀上。”

早期资产阶级的精神巨人，留给世界的后裔，却是一代不如一代的强盗、窃贼、骗子式的精神侏儒。无论怎样标榜物质的富有，他们无非是用铁蹄和屠刀、兵舰和毛瑟枪、轰炸机和巡航导弹、计算机和因特网，毁灭着世界各族人民的文明成就。大英博物馆的九成展品，是来自他国的"战利品"。最新的演出，是确立印着美国标记的国际垄断资产阶级的全球文化霸权，摧毁人类文明的多样性，在军事入侵阿富汗和伊拉克的战争中抢劫和盗窃文物、毁灭伊斯兰文明的标志性建筑。

正是在毁灭伊斯兰文明的同时，2002 年 2 月 26 日，布什在华盛顿发表了一篇关于文明问题的演讲：

> 我国与世界文明的历史迎来决定性时刻。今后的历史将由美国来书写。[①]

在新自由主义全球化进程中，这是透露垄断资产阶级美国当局全球战略意图，即用它的文化帝国主义奴役全球人民的一个值得严重关注的宣言。

所谓"决定性时刻"，是说从发动侵略伊拉克战争和毁灭伊斯兰文明开始的，对全球的军事的和文化的征讨，是说人类文明将由此而仅存以美国文化为代表的西方文明，其他则一概剥夺生存权和不发给出生证。

然而看它的现在，就可以知道它的未来。美国霸权主义统治的世界，文明程度不是在提高而是在下降，新自由主义不是在创造和推进文明，而是在糟蹋文明。至于它自己，到底提供给世界一些什么样的"文明"呢？

这就是把人降低到动物的水平，以弱肉强食的兽行和丛林

① 见《建立零增长的合理社会——二十一世纪资本主义的前景》，日本《经济学人》周刊 2003 年 4 月 8 日。

原则代替人和自然、人和人之间和谐相处的原则，消灭人类几千年来形成的诚实、信任、谦虚、互助的美德。世界绝大多数国家的主权和民族的独立性遭到削弱，绝大多数人的生存权、发展权被剥夺，更不消说人的尊严、主动性和自觉的历史创造精神了。自资产阶级出世就写在它的文明旗帜上的民主和自由，转变为赤裸裸的侵略、欺诈、掠夺和干涉内政。美国飞机投下的炸弹把阿富汗平民的婚礼变为血肉模糊的坟地，刚果每天平均饿死1200人而西方援助只及需要的13%，全球每年军费开支1万亿美元、商业广告费1万亿美元而9亿人挨饿、20亿人从来没有用过电，——这就是资产阶级文明一向标榜的人权和人道。用一位法国女记者的话来说："全部价值都不是用人的尊严，而是用经济效率来衡量的。"①

人类的文明素质，正在成为一个令人尴尬的问题。全球成人文盲不是在减少而是已经增加到即将突破10亿。2006年美国国家艺术基金会的一份报告，题为《处于危险状态的阅读》。报告惊呼"不读书的时代来了"：过去10年，美国18岁以上成年人中读书的人减少了3倍。一方面，"受到良好教育的编辑用垃圾电影、音乐、电视连续剧以及肤浅的文字填充他们的出版物"。另一方面，"在一个如此躁动的时代，人们更愿意听声音、读图、上网，对文字似乎失去了耐心"。② 美国人关于亚洲的知识少得可怜。美国媒体承认，美国赖以制定对华政策的情报信息往往错误百出。除了政治偏见，一个重要原因是"美国情报人员往往犯下翻译错误，改变信息"。甚至1998年克林顿在北京大学的演讲，也被美方翻译得"不伦不类"。③

① 见《全球化与日本的作用》，日本《世界周报》1999年5月11—18日。

② 见《不读书的时代来了——美国文学阅读出现群体衰落趋势》，《国际先驱导报》2006年8月6—8日。

③ 见《劣质翻译导致误解中国》，《环球时报》2006年6月21日。

英国人本来有读书的传统，公共图书馆总是成为最常见的城市地标，上个世纪八十年代每年的书籍出借量达到6.5亿本。今天，曾经使这个国家骄傲的书籍出借量，已经下降到2.7亿本。由于粗野和俗不可耐的电视节目、急功近利的广告文化泛滥成灾，特别是16岁到34岁的年轻人，历史知识的贫乏令人惊奇。在这个莎士比亚的故乡，使用语法严谨的英语被认为是傻冒，“知识分子”成了脏字。2005年在2100名伦敦人范围的一项调查证实，“书籍已经成为英国人的虚荣品，许多人买书不是为了读，而是为了装门面。”①

且不说人文科学，即便是文学艺术领域，一旦受控于商业利润，也至多不过沦为低级趣味和庸俗情结的宣传品。美国当局宁愿听任恐怖小说和进行性炫耀的“少女日记”之类，喂养自己的读者。读者有自己的选择。美国书评协会曾经根据家长、图书馆使用者或其他人的书面抗议书，列出1990年到1999年的“最差图书排行榜”。排在第48位的，是“以不可阻挡之势席卷全世界”的儿童小说《哈里·波特》。这本书在许多第三世界国家都大行其道、敛财无数，但是美国书评协会负责人说，“孩子们看了这些著作，就会相信巫婆神汉，对巫术深信不疑”。作者也承认，它“不适合孩子们”。②

知识分子的价值和名望不再基于智慧和对社会的精神贡献，倒是取决于对资本和权势的依附程度。

诺贝尔奖也许可以算作一种具有全球意义的文明标志，但是已经在很大程度上成为一种政治行为。全世界都知道，诺贝尔奖创始人对政客利用他的发明作为杀人武器深为痛心，然而

① 《英国人知识水平下降》，《世界新闻报》2004年8月16日；《英国人买书装门面》，《环球时报》2005年10月28日。

② 《应该让孩子们读〈哈里·波特〉丛书吗?》，美国《纽约邮报》2000年9月26日。

被冠以“诺贝尔和平奖”的名单，却恰恰经常出现制造历史倒退甚至破坏和平、发动战争的人物。戈尔巴乔夫和达赖就榜上有名。发动侵略伊拉克战争的布什和布莱尔，进行分裂国家活动的中国人李登辉和东突分子热比娅，美国一个身背4条人命的杀人犯威廉斯，都曾经有被提名的光荣。

2000年诺贝尔文学奖，授予一个在中国名不见经传而生活在法国的中国人高行健。揭露出来的背后运作者，为斯德哥尔摩大学退休教授、瑞典文学院成员马尔姆奎斯特。美国《洛杉矶时报》刊出《令人怀疑的幕后操纵行为使诺贝尔奖遭到玷污》，说这种行为自私和违反职业道德。香港《成报》认为，这不是在评价文学而是在“政治挂帅”，“高行健若非反共，而是拥护共产党，当选机会等于零”。①

2001年，诺贝尔家族成员已经就诺贝尔奖项中的不正常现象提出抗议。诺贝尔家族的成员特别提到经济学奖，认为这一奖项违背初衷：“大多颁给了那些反映居于支配地位的西方世界观人士。我们有理由怀疑，这是否会造福全人类。”②

在西方文明策源地之一的法国，文学评奖中全是职业作家的又全是终身的评委会成员、文学作品创作者、出版商之间“很难分辨”的暧昧关系，已经闹得沸沸扬扬。2006年法国最重要的文学奖龚古尔奖和各地大小30个文学奖陆续颁发，法国文坛迎来了一次黑幕大曝光。

有102年历史的“费米娜奖”的一位评委会成员，因为把评选“详细过程”公之于众而被开除。一位刚去世的主流出版商的回忆录，揭露文学奖评选制度为不公正评选和贿赂留下空子。

① 《令人怀疑的幕后操纵行为使诺贝尔奖遭到玷污》，美国《洛杉矶时报》2000年11月1日；《诺贝尔文学奖不脱政治味》，香港《成报》2000年10月13日。

② 《阴云笼罩诺贝尔奖》，英国《金融时报》2001年11月24日。

这被各大报刊称为“文坛上大规模的亡羊补牢”。

职业作家兼评委会成员者出版书籍，任何出版社都不敢怠慢。评委会成员本身没有薪酬，但是他们会收到作家发布会的邀请、政府赞助的豪华海外游、媒体的丰厚津贴和广告宣传费用。一些获奖者，自己就是评委会。在一定程度上，这种评选不过是给自己、给亲近的人和送来好处的人投票获奖。

法国舆论对这种评选制度非议纷起。一位独立出版人说：“当你意识到龚古尔奖得主获得上百万欧元后，其出版商也会同时受益，你便多少了解到整个事件的不道德。法国的出版业，尤其是各项文学奖，都离不开相互利益勾结。”一位作家兼记者说：“主流出版社和他们在各文学奖项任职的作者们有一层‘关系’，这本身已经很不妥当”，现行制度是一个“贿赂和受贿的制度”。

同时揭露出的，是法国美食书出版的黑幕。在法国享有崇高地位的美食书，其出版同样有“不诚实”的现象。市面80%的美食书，都有“欺骗读者”的嫌疑。大部分美食批评家，都跟餐厅老板有私交，到各餐厅酒足饭饱，接受VIP的待遇，“除了消费者之外，谁都能分到一块肥肉”。①

在曾经为人类文明贡献了普希金和托尔斯泰的俄罗斯，真理和艺术遭到浩劫。图书馆里被销毁的图书，不仅有马克思主义创始人的著作，而且还有其他伟大思想家和艺术家的著作。整个一代人甚至不止一代人，思维能力和文明水平显著下降。新冒出来的教授，以糟蹋马克思作为名望、晋升和赚钱的筹码，却没有读过即便一本马克思的著作。“新俄罗斯人”和权贵们热衷奢靡与荒诞游戏，知识水平远在他们十九世纪的前辈奥涅金、皮却林和奥勃洛莫夫之下。

---

① “星岛环球网”2006年11月。

私有化和新出台的资本主义市场经济，被供奉为俄罗斯的万应灵药。主流媒体编造出一种公有制和计划经济“养懒汉”的理论。事实上，正是社会主义公有制和计划经济的苏联，创造了经济社会全面进步、人民物质文化水平巨大提高的奇迹，使落后的国家成为世界的第一流强国。那是“懒汉”的作为吗？把“懒汉”这种污泥浊水，倾泼到体现人民伟大历史创造精神的十月革命、卫国战争、社会主义苏联建设这几代人的身上，以此湮没他们的英雄主义和献身精神，伪造历史、背师灭祖，真也莫此为甚了。用俄罗斯现任总统普京经常讲的一句话来说，这叫做“没有良心”。

2002 年俄罗斯的一次民意测验，以“当代青年与苏联时代青年的最大区别是什么”为题。结果 54% 的人赞扬苏联青年，33% 的人批评当代青年。他们认为，苏联青年视野宽、文化水平高、责任心强，而当代青年则放肆无理、没有教养、道德败坏、极不文明，没有理想、没有信念、没有生活目标，庸庸碌碌和缺乏爱国主义感情。①

另一方面的事实是，新自由主义全球化使曾经得到世界尊敬的美国人民的敬业精神，在很大程度上受到损害。2001 年美国对 87000 家单位、140 万员工三年来的敬业状况进行调查。结果是，将近 19% 的劳动人口（近 2470 万）“对他们从事的工作表现得很沮丧”、“工作效率低下，对企业不忠诚，也不满意自己的个人生活”，“磨洋工的人”每年给美国经济造成 2920 亿到 3350 亿美元的损失。2005 年的调查证实，三分之一的上班族，在过去一年里曾经谎称病假三次以上。② ——这样的“懒汉”和“养懒汉”，是无论怎样地巧舌如簧，也不能归之于社会主义公

① 《当代青年与苏联时期青年区别何在》，俄罗斯《晨报》2002 年 7 月 22 日。

② 埃菲社纽约 2001 年 3 月 19 日电；中央社美国旧金山 2005 年 4 月 25 日电。

有制和计划经济的。

还可以举出英国的例子。2006年，英国工商界对工商员工基本文化素质和数学能力进行调查。每三家公司中，就有一家不得不送员工去补课以提高基本素质。教育水平低，导致英国经济每年损失100亿英镑。学生的读写和数学能力，主要通过中等程度会考来检验。雇主们指责考试标准过低。即使如此，5门会考全部取得超过“C”以上成绩者，还不足一半。许多员工“不能把一个句子串起来”，不能写报告，读不懂安全指示，不能得体地同顾客进行交流，在找零钱或者折算扣额的时候经常出错。①

人们从不同的角度称呼美国和西方主流社会向世界推销的名目繁多的文化。最常见的是“商业文化”、“性文化”、“暴力文化”，此外还有其他提法。

“粗俗文化”。“今天，美国文化已经变得粗俗不堪。这反映在我们的语言、社会认可的标准、政治行为等方面。在执政方面，这种文化逐步而持续地沉沦，从而扭曲并损害了良好的执政风气。”②

“沉迷文化”。包括对赌博、食品、购物、性、毒品、暴力、电视、互联网、电子游戏、手机的沉迷，包括对过分关注服饰、外貌、减肥或健康状况以及对信息和通信新技术的沉迷。

“广告文化”。商业性广告使社会意识沦为时髦商品的奴仆。某种思想、理论、观点、提法，有时也像旋风一样铺天盖地，然而很快烟消云散，代之以仿佛相象又仿佛创新的、同样属于浮在历史运动表面的泡沫式的什么东西，然后又消散，如此循环往复。比如弗郎西斯·福山的“历史终结论”和亨廷顿的“文明

① 英国《独立报》2006年8月21日。

② 《美国的情况变得越来越糟》，美国《华盛顿时报》2006年6月20日。

冲突论”，比如美国的“仁慈霸权论”和“经济周期终结论”。英国《金融时报》写道，“‘反恐怖战争’如今成了备受欢迎的思想。几年后，当其他问题、威胁和意想不到的事情分散了决策者和选民们的注意力时，它还会受欢迎吗?”，“这样迅速地采纳坏思想，紧接着再抛弃，只会给一个已经动荡而危险的环境带来更多危险和动荡”。①

“骂街文化”。美国当局和主流社会在全世界骂街。姑且不论什么关于“流氓国家”、“无赖国家”一类，“人权、童工、捕捞海豚、非关税壁垒、技术转让，所有这些问题，也许它都觉得有必要指责一番。美国这样不论对什么事情和什么人都要抱怨，它就有可能变成一个爱管闲事的国家而不是一个世界领袖。”②

“股东文化”。美国《基督教科学箴言报》2000 年 7 月 3 日《全球兴起股东文化》，所指为各国都迷恋在美国发财的故事，于是纷纷投资于美国股市。称之为“文化”者，不过是因为相应地涌出一批有关股市妙不可言的报道和欺骗性信息，而且这些东西总是一阵一阵炒得火热。但是美国股市不是生产美元尤其不是生产物质产品的永动机。随着美国经济的衰退，这个发财故事正在变成发财之梦。

“消费文化”。美国作者莱斯理·斯克莱尔写道，美国成为资本主义全球化的同义语，消费主义为全球资本主义体系服务而由美国所驯化和操纵的跨国公司所支配。全球资本主义在第三世界的一个特别任务，就是不让人们考虑自己的生产能力，而接受他们推销的消费主义，用大量消费广告“诱导需求冲动”

① 《危险世界里的错误思想》，英国《金融时报》2002 年 11 月 25 日。

② 《美国正在变成一个到处指责别国的国家》，美国《商业周刊》1996 年 7 月 1 日。

和左右“得不到消费品或者实际上没有能力购买消费品的人们”。①

“虐囚文化”。自伊拉克爆出美国虐囚丑闻，类似事实正在越来越多地大白于天下。事涉美国在全球的军事基地和秘密监狱，而且在美国国内也相当普遍。起初是拉几个士兵或低级军官当替罪羊，现在已经拖出了国防部和白宫。原来这是美国固有的一种“系统工程”。《纽约时报》2004 年 5 月 8 日《虐待犯人据说在美国司空见惯》承认，“由于过去 25 年间美国囚犯人数翻了两番，达到 210 万人，监狱人满为患，因此这种监狱文化愈演愈烈。”

如果说这些东西也算“文化”，那么坦率地说，实在很难把它们同“文明”这个正面的概念联系起来。

阿根廷《生活》月刊 2006 年第 8 期的《我们的时代》，也许缺少严谨的理论概括和政治分析，但是在很大程度上提出的，恰恰是在新自由主义的阴云笼罩下，许多普通人每日每时感受着的文明倒退现象：

我们的公路越来越宽，视野却越来越窄。

我们花钱越来越多，拥有的却越来越少。

我们越来越有学问，判断是非的能力却越来越差。

我们的专家越来越多，问题却也不断增加。

我们的财产越来越多，人生价值却越来越少。

我们的话越来越多，心中的爱却越来越少。

我们学会了赚钱，却不懂怎样生活。

我们登上了月球，却不能穿过马路了解对面的邻居。

---

① 莱斯理·斯克莱尔《文化帝国主义与在第三世界的消费主义文化意识形态》，《中国与世界》1999 年第 1 期。

我们净化了空气，却无法拂去心灵的尘埃。

我们分割了原子，却去除不了心中的偏见。

我们电脑越用越好，交流却越来越少。

这个时代娱乐方式很多，乐趣却越来越少。

西方文明，曾经在反封建主义的斗争中确立自己的优秀传统。新自由主义全球化同时成为这样一种进程：优秀传统被篡改为霸道和强权，被淹没于花花绿绿的广告、赤裸裸的肉欲、油腻腻的食品和五光十色的电子游戏，而仅仅在抗议和声讨新自由主义的队伍中，包括它的知识分子队伍中，得到某种继承和发扬。

就美国而言，既有欧洲民主的传统，又有自己反对殖民统治的传统。当间谍和告密者布满全国、警察和监狱成为最兴盛的产业，以财富和贿赂定官职，科学研究、新闻媒体、文艺创作甘为金钱奴仆的时候，民主传统徒剩皮毛。如果说在苏美对峙的条件下，美国也还为实现全球野心而不得不偶而扮演殖民统治反对者的角色——比如在阿富汗，那么现在，连这种作秀都成为多余。以军事入侵阿富汗、伊拉克为标志，“拥有神圣不可侵犯的主权的美国，进行一场无视其他国家主权的战争”，“厚颜无耻地插手另一个国家的事务”①，美国反对殖民主义传统的痕迹，已经丢弃得干干净净，连皮毛也荡然无存了。

两位英国作家的《谁在仇恨美国》，提供了一个具有启发性的判断。这就是，在新自由主义全球化中，“美国也许是一个开放的社会，但又是一个封闭的圈子”，西方文明特别是美国文明“已经带有他们所指责的其他传统文明的一些缺点，例如僵化和

① 《乔治大帝》，英国《卫报》2003年4月2日。

自身正直的一种虚伪感”。[1]

法国学者皮埃尔·布尔迪厄和德国作家君特·格拉斯在一次电视访谈中，把新自由主义称为“‘进步’的复辟”，认为这是“貌似进步实质退步的社会潮流”和背弃启蒙主义传统的“保守的革命”。他们指出，“这种革命复辟过去，表面上却装扮成进步的模样。这种装扮如此巧妙，以至于谁胆敢反对它，谁就会显得保守反动。”[2]

---

① 《谁在很美国》第208页、215页，中国青年出版社2004年版。

② 《“进步”的复辟——布迪厄与格拉斯的法德会谈》，《国外理论动态》2002年第7期。

别名 30：

宗教膨胀全球化

美国在名义上政教分离，但是在本质上是一个宗教国家。

1998 年《纽约时报》提出“谁在领导这个国家”的问题。当时的答案是，几位总统包括克林顿总统和戈尔副总统、众议院议长和参议院临时负责人、两院多数党领袖和众议院少数党领袖，都是南方浸礼教徒，因此“政府现在由南方浸礼教徒掌管”。① 布什上台没有改变美国宗教国家的性质，只是通过给予右翼基督教势力以极大空间而使神权进一步控制国家。宗教右翼小集团影响并在很大程度上控制着白宫的政策走向，或者说华盛顿正在梵蒂冈化。共和党成为美国历史上第一个宗教大党，以上帝代言人自居的布什，仅仅是这个党的政治发言人。《基督教科学箴言报》的网站文章，直接把美国的外交政策，称为“福音化外交政策”。②

宗教势力日渐强大和左右社会，只会带来停滞和灾难，直接后果之一，正如一家美国报纸所说，是使美国的科学界的优势日渐萎缩，“活力正开始一点一点丧失”，“过了最风光的时候”。③

但是这不仅是美国一国或只限于其国内的情况。英国《金融时报》就说，“宗教正在成为我们这个时代的一种政治语言。不

---

① 《看看谁在领导这个国家》，美国《纽约时报》1998 年 6 月 14 日。

② 《福音化外交政策》，美国《基督教科学箴言报》网站 2006 年 3 月 2 日。

③ 《原教旨主义的回报》，美国《国际先驱导报》2005 年 6 月 22 日。

论是在美国和中东地区，还是在我们过去经常称之为第三世界的大多数国家，这一问题都是显而易见的。”①

美国在东欧导演天主教卷土重来，在俄罗斯推动东正教大规模发展，在中亚又把伊斯兰复兴作为取代和消灭社会主义的武器。在哈萨克斯坦，从上个世纪六十年代到1999年，穆斯林从4万发展到1100万，占全国人口65%，清真寺从25座增加到5000多座。在乌兹别克斯坦，清真寺从1987年的87座发展到1996年的2.4万座，穆斯林也激增到占全国人口的80%。在吉尔吉斯斯坦和塔吉克斯坦，清真寺都从几十座扩展到数千座，穆斯林都占到全国人口85%以上。

按照中国青年学者王小强《“文明冲突”的背后》一书的描述，信仰危机的结果，使伊斯兰、基督教、印度教等“正宗名牌”宗教水银泻地、无孔不入、四处蔓延，新教、邪教、歪门邪道、歪理邪说如雨后春笋。伊斯兰发展最快；已经有26个国家宣布伊斯兰为国教，22个国家穆斯林人口占全国人口多数，穆斯林总人口超过12亿。截止1997年，世界新兴宗教教派十几万个，信徒达到1.5亿。

亨廷顿把美国当局征战伊斯兰国家称为“文明的冲突”。

在中东各国，美国和沙特阿拉伯结盟而排斥其他，在伊朗和伊拉克两国之间挑起战争而支持伊拉克，转而又进剿伊拉克，在伊拉克支持一派人、打击另一派人，先扶植阿富汗的塔利班反对苏联，又进剿阿富汗、对塔利班斩尽杀绝。——人家都是穆斯林，都和他有“文明的冲突”，何以美国如此挑挑拣拣、厚此薄彼、朝令夕改呢？

拉丁美洲天主教徒占总人口的88%，和美国信仰的是同一个上帝，应该没有什么“文明的冲突”。但是美国当局把这里当

① 《宗教缘何成为新的政治问题》，英国《金融时报》2005年1月18日。

作自己的奴役对象，今天文征武讨，明天暴利盘剥，时而策动政变，时而进行制裁。这又是怎么一回事呢？

国际上有一种说法相当流行，即把美国布什当局归为基督教原教旨主义。无论基督教或是伊斯兰教，原教旨主义都意味着虔诚于自己的宗教信仰。在美国统治者，其实不过是把他们自己封为上帝，或者说，把自己这个上帝绝对地置于基督教、天主教那个上帝之上。在这个意义上，他们不是信仰宗教，而是利用宗教和役使宗教。因此与其说布什集团的所作所为是基于宗教狂热，不如说是基于维护和扩大垄断资产阶级利益的阶级狂热。不是阶级利益服从于宗教教义，而是宗教教义服从于阶级利益。

宗教同样成为美国当局实行霸权主义的领域。它被广泛地用于干涉他国内政和制造世界的不和。美国当局希望自己能在全球起到类似于教皇在宗教界那样的作用，拥有某种超国家的权力，以便把自己的政治神学假冒为“上帝意志”强加给全球。这种政治神学，把自己的利益和上帝的意旨混同起来，把自己等同于“国际社会”，成为美国的意识形态。它发端于十九世纪的“天定命运”论和门罗主义，自古尔然，于今为烈。

俄罗斯一篇报纸文章说得不错：

> 为美国的帝国扩张思想大唱颂歌的弗朗西斯·福山，曾在自己的书中写道，美国模式“是人类意识形态演变的终极目标和最高阶段，是最完善的国家管理制度。它的降临，意味着历史的完结。”
>
> 这样一来，当今地球上所有国家和民族的历史任务，就是防止二十一世纪成为美国独步天下的世纪。①

① 《美国的“政治神学”》，俄罗斯《晨报》2002年10月9日。

别名31：

迷信全球化

科学倒退为迷信盛行打开通衢大道。

到处出现“数字梦魇”。“666”这个数字在东方人看来意味着吉祥如意，门牌、车牌选号，婚嫁、开张、出行选日，抢之惟恐不及。同一个“666”，西方占卜术却在《启示录》中找到同撒旦的关系。它成为欧洲中世纪天主教同新教在教皇利奥十世地位问题上展开数字战的核心。路德派信徒证明新教皇是魔鬼撒旦的化身，天主教神学家证明“666”代表路德。宝洁公司有一种沿用130年的商标，13棵星围绕着一个在月球上的人。据说这个人的胡须卷成了“666”这个数字。于是流言蜂起，公司不得不放弃这种商标。

西方人害怕“13”这个数字。高楼不设13层，从12层跳到14层。伦敦一座高楼，标以14层而实际上是13层的地方，有一家《星期日电讯报》，厄运不断，不到一个月撤换三位编辑，发行量还在下降，吓得赶紧搬家。如果一个月的13日正好是星期五，那就更糟糕。对女性的心理刺激尤其后果严重。2002年芬兰的交通事故报告说，这天女性驾车者因交通事故致死的可能性，比其他日子高出63%。

第三世界国家一些地区的人们迷信和相信巫术不足为奇。可笑的是，美国人有9%相信鬼魂存在，5%自称曾同鬼对话。美国科技水平最高，其官方对于巫术的痴迷程度同样最高。

1978 年，中央情报局成立一个由 6 名巫师组成的情报小组，希望靠他们寻找情报目标。据说曾先后有 25 个部门交给这个小组 182 项绝密任务，每项平均由巫师作法 81 小时。这些部门包括美国联邦调查局、国防情报局、海关总署、禁毒署和负责总统出访安全事宜的特别勤务局。总统出访日程和安全事务，要向巫师请教。入侵伊拉克之前，巫师们还被授命寻找伊拉克的核武器、生化武器和萨达姆本人的藏身之所。那种“法事”简直是滑稽戏：一间小黑屋，求助者说出一个数字，巫师则喃喃自语、信口开河，于是形成结论。①

日本同样有着先进的科学技术，却被称为“崇鬼民族”，流行鬼怪文化。它每年要举行一次全国鬼峰会，各地以鬼故事为题材现场表演和评出名次。2006 年，在日本的一个城市举办了世界鬼怪大会。一群一群近似人形而面目奇异恐怖的怪物，有的长着拉长的脖子，有的一头白毛满脸血色，有的没有脸也没有脚，有的伸出血红的长舌，在大街小巷游来荡去，向周围的人们致意。祭鬼仪式，作为“非物质文化遗产”受到国家保护。鬼怪题材充斥各种文化形式。

意大利一家周刊估计，这个国家 3/4 的人相信魔鬼。一个专门行业，就叫“驱魔师”。2001 年，曾经有 50 万意大利人求教过驱魔师。

韩国越是有钱有势，就越是相信风水，越是千方百计在所谓风水好的地方，选择和迁移祖坟。美国《国际先驱论坛报》2006 年 7 月 19 日的一篇《追求理想墓地使韩国人世仇难解》。其

① 《英国“专业”八卦书迎合读者无聊心理》，《世界新闻报》2004 年 1 月 11 日；《中情局靠巫师找萨达姆》，法国《欧洲时报》2003 年 1 月 30 日。

中的一个举例是："一个哈佛大学毕业的政客，把父母的墓移了8次，差不多每年一次，希望能因此当选或者得到内阁职位。但是直到现在，还在等待内阁职位。"

别名 32：

邪教全球化

具有明显反科学、反人类性质的邪教自古代有之。新自由主义全球化带给它的，是真正的春天。

按照一种远不完全的统计，世界邪教组织 1 万多个，信徒数亿，遍及各大洲。美国、俄罗斯并驾齐驱，都有邪教 1000 多个，美国还得到“邪教王国”的称号。德国 800 个。英国 604 个。法国 172 个。比利时 187 个。西班牙 200 个以上。其共同信仰就是世界末日来临。它们组织严密、崇拜教主、残害生灵、聚敛财物、行为乖张，动辄组织集体自杀或暗杀、绑架、施毒、纵火、爆炸。①

我们说“远不完全”，根据之一是，据说日本还在 2002 年，就有大约 2000 个“新宗教”。“新宗教”不等于也不会都属于邪教，但是可以肯定，其中相当数目属于邪教。

邪教对于目前这种新自由主义全球化，倒是有一种积极响应或者说主动迎合的态度。“在日本，每个人似乎都迷失了。所有问题，包括家庭、安全、社会、审美学和金钱，都每况愈下。人们的疏远感和绝望感，随着每一条谴责国家失业率或血腥校园暴力事件的新闻而日渐加深，于是各种宣传世界末日的邪教

---

① 《全球邪教组织为何屡屡煽动字残》，《生活时报》2001 年 2 月 2 日。

乘虚而入。”①

“乘虚而入”的邪教，相当一些来自其他西方国家或者得到西方当局的明明暗暗的支持和纵容。俄罗斯的上千个邪教组织中，既有具本国背景的“前线培训班”和“神道”，也有来自西方的“生命源泉”，70%的信徒是18岁到27岁的青年。这些邪教用蛊惑人心的语言、神秘的心理暗示和催眠术，使信徒如醉如痴、神志迷乱，以此搜刮财物、进行性侵犯和引导自杀。② 中国的法轮功，是已经走向世界了。美国一个叫做“雷尔教派”的邪教——其领导人布瓦瑟拥有美国休斯敦大学和一家法国大学的博士学位——已经确定，中国正是它的一个“重点传道地区”。③

① 《邪教冲击波》，美国《时代》周刊2002年7月8日。

② 《俄罗斯，邪教为何如此猖獗》，俄罗斯《莫斯科共青团员报》2004年5月29日。

③ 《克隆人教派力主中国传道》，香港《明报》2003年1月1日。

别名 33：

资源枯竭全球化

俄罗斯一家通讯社说，“世界用 3 亿年时间积累起来的能源资源，人类仅仅用一个世纪，就消耗了大部分。地球上已经探明并且适于开采的石油储量，在最近的 30 年至 40 年内，就会被消耗殆尽。”①

同样明确的说法，来自世界野生动物基金会的一份报告《我们生活的星球》：在过去的 30 年里，地球上已经有 1/3 的资源被彻底毁灭。地球的生命，可能只剩下 50 年。② 这里所谓过去的 30 年，正是新自由主义统治全球的 30 年。

这至少不全是危言耸听。

这个敏感的话题涉及到广泛的方面，最重要的，是能源、水和耕地。

美国《油气杂志》的估计，可能算是比较乐观的一种。它说，截止 2004 年 1 月，全球探明石油剩余蕴藏量为 1733. 99 亿吨，按照目前的年产量，尚可开采 40 年。未探明常规石油剩余蕴藏量 1 万亿桶(1 吨 =7. 3 桶)。刚好正是在我们写下这些段落的时候，2006 年 9 月，美国宣布在墨西哥湾发现一个储藏量在 30 亿桶到 150 亿桶之间的大油田，使美国原油和天然气的储量增

① 《伊拉克战争的真实目的和臆想目的》，俄新社莫斯科 2003 年 3 月 20 日电。

② 《人类超极限掠夺，地球 50 年后毁灭》，法国《欧洲时报》2002 年 7 月 10 日。

加50%。

还会继续发现一些新的石油和天然气产地。也需要考虑科学技术水平和能源利用率的提高。石油之外，比如煤炭同样是可以广泛利用的能源，还可以利用水力、风力、电力，木材可以通过种植新树再生，可以从甘蔗或其他植物中提取石油，沙漠化的耕地可以改造得适宜耕种，等等。

然而由于世界总人口的增加和目前其实不可能根本改变的主导消费方式，由于许多新技术短时期内尚无法大规模投入使用，在事实上，资源问题上的乐观主义，总是需要打折扣。2005年全球石油平均日需求量为8470桶，即使发现新油田和降低需求量，俄罗斯通讯社所说的30年，《油气杂志》估计的40年，世界野生动物基金会判断的50年，也不过再增加十几年到几十年，仍然没有改变能源枯竭的事实。

水的状况和石油大致相似。尽管地球表面70%以上为海水所覆盖，淡水却只占总水量的2.5%。淡水中87%被封锁于极地、高山冰川和永冻地带，如果除去埋藏在地下含水层中的部分，人类可以利用的只有0.26%。它主要来自雨雪与江河湖泊，而很大部分又通过蒸发重新回到大气层、被植物或其他动物所利用、渗入地下或者流入海洋。海水淡化和废水利用，至少近期实际价值不大，地下水库的形成则如同石油，需要数千年或者更长时间，也属于不可再生的资源。在地球这个大水缸中，人类可以利用的水，只有一汤匙。

如果合理分配，目前淡水可以满足世界人口的基本需要。但是在水资源问题上，平均数更加显得毫无意义。人均拥有淡水资源量最高的国家，主要在人口稀少的地区和某些热带地区。占世界人口20%以上、陆地40%以上的干旱和半干旱地区，只得到全球雨水的2%。

由于滥用水资源、过度开采和气候的变化，全球大江大河半数干涸，已经缺水的第三世界国家地下水位平均每年下降3米，加上大量的污染，全球水危机日益加剧。2003年3月发表的联合国《水资源世界评估计划》说，目前世界没有哪个地区可以说不存在水资源危机，最乐观的估计是，二十一世纪中叶，将有48个国家的20亿人口缺水。

2003年6月召开的联合国防治荒漠化大会透露，耕地面积减少并变为沙漠，威胁到全球1/3的地表和超过10亿人的生计，按照这样的趋势，今后30年内全球耕地面积将减少到人均0.16公顷（相当于0.4英亩）。在除山脉、沙漠以外的可耕地中，23%已经退化和直接导致农作物产量下降。地球目前人均可利用1.8公顷，而实际需要为2.2公顷。

世界自然森林覆盖率正以每年5%的速度降低，已经有大约70%的热带旱林、60%的温带森林、45%的热带雨林遭到毁灭。全球森林砍伐每年1460万公顷，新造林只有520万公顷。

资源枯竭、生态恶化和其他人为原因，使自然灾害频繁发生。二十世纪九十年代比之八十年代，科技进步了，受灾人口却增加了6400万。生物学家预计，在未来的100年中，将有15%到20%的生物绝种。英国一家杂志写道，1/10鸟类、1/4哺乳类动物已经濒临灭绝，鱼类、贝类和甲壳类动物中濒临灭绝的物种可能高达2/3。①

2006年10月9日，是一个令人警觉、辛酸和永远不应该忘怀的日子。根据英国新经济基金会的计算，从这天起，人类已经用尽本年度地球能够提供的资源份额，开始透支地球资源了。

这家基金会的分析说，人类对地球资源的透支正在加速。1987年，人类在12月19日用尽了当年的资源份额。1995年提前到11月21日。现在则提前到10月份了。

---

①《掠夺地球》，英国《新科学家》周刊2003年5月24日。

别名 34：

垃圾全球化

西方国家，包括美国、西欧国家和日本，是我们这个世界垃圾的主要制造地。这些国家大量使用石化燃料。石化燃料的开采、运输，特别是燃烧导致的温室气体，已经造成无法计算的垃圾。此外还有其他工业产品垃圾、生物垃圾、噪音垃圾、强辐射垃圾、“绿色”产品垃圾、美国发动的侵略战争造成的垃圾，等等。

西班牙报纸文章嘲笑说，美国的五角大楼，就堆满着高科技军事垃圾。超音速飞机的中央电脑闲置无用，战车在行进途中无法发射炮弹，战斗轰炸机机翼变得松动了，拥有了最新的B—2 战略轰炸机却还得继续依赖 50 多年前的 B—52 战略轰炸机，造价比 10 年前预算已经高出 5 倍的“猛禽”F/A—22 战斗机至今没有投入服役，等等。“与所有的计划经济相同，美国国防部也有着一批耗资巨大的可怕的高科技收藏品。这些收藏品，就是美国军队使用的高科技垃圾，一批价格昂贵的、匪夷所思的垃圾”。①

迄今为止，姑且不从社会制度的角度提出问题而仅仅把事情局限在技术领域，应该说，尽管已经出现一些防止、减少污染和保护环境的措施，人类也还会在这方面继续扶持努力，但

---

① 《五角大楼的军事垃圾》，西班牙《世界报》2005 年 4 月 25 日。

是目前尚未找到可以同对自然生态和环境破坏相抵消的，成功地处理有毒垃圾的方法。有害物质重新利用几乎无利可图，等于把它继续存留到再生产品中。掩埋会有泄露，一些化学品和金属会滤出，还会汽化。

在新自由主义全球化的喧闹中，西方国家的基本政策，就是向第三世界国家出口垃圾，和把污染企业转移到第三世界国家，利润决不丝毫放弃或减少，而污染却留在别处。

> 发达国家已经找到了倾倒垃圾的另一个办法——向第三世界国家出口。出口垃圾是有利可图的，因为出口对象国的劳动成本低，规章制度也不如美国的法律严格。据估计，把CRT显示器运往中国比在美国进行回收要便宜得多。世界上大部分有害垃圾都是由工业国家制造的，向欠发达国家出口这些废品，是工业化国家回避昂贵的废品销毁问题和躲避国内严格公众监督的一条途径。①

一些在西方国家禁止的东西，却被拿到第三世界国家大行其道。包括强制或诱导推行的相当一些技术专利，本身也在制造污染、贫困、疾病和死亡。在拉美一些国家，由于香蕉业使用西方已经不再使用的DBCP除草剂，造成了男性不育。美国企业每年输出1亿升到1.5亿升本国已经禁止的杀虫剂。2000年，据世界卫生组织估计，有毒的杀虫剂每年害死1.9万人，使100万人患严重疾病。其中的绝大多数，在第三世界国家。美国《世界卫生统计季刊》警告说，未来10年，第三世界每年都要发生大约2500起杀虫剂中毒事件。

美国、加拿大和西欧，已经禁止使用造成严重健康问题的

① 《数字化的破坏：电脑革命的阴暗面》，印度《印度时报》2000年7月31日。

石棉。他们的生产石棉的公司，却在亚洲、非洲和南美洲开拓市场。

1975年以来，西方主要国家不再使用或减少使用含铅汽油，美国的埃西尔公司和杜邦公司，仍然在继续生产，并把它推销到拉美和亚洲国家。

克林顿政府禁止在其国内新建焚化厂。美国的这一工业于是开发第三世界国家包括东欧原社会主义国家的市场。仅在台湾，2000年时就已经有20多处正在建设的焚化厂，阿根廷也在准备建设18座焚化厂。

氯氟烷烃是一种冷却气体，因为破坏臭氧层而在西方国家被禁止使用。美国臭氧行动协会坦率承认，上千吨氯氟烷烃被非法进口到美国，然后再秘密地出口到中国或印度。

同样由有害物质造成的悲剧，在西方国家和在第三世界国家，有着完全不同的处理方式。美国一家公司在印度的工厂，曾经发生有毒气体泄露事件，造成6000多人死亡、7万多人健康受到损害。多年讨价还价，赔偿4.7亿美元。埃克森公司在美国本土阿拉斯加一个储藏罐泄露，没有死一个人，赔偿数字竟然高达50亿美元。

1989年，联合国曾经在巴塞尔通过关于垃圾出口问题的公约。西方国家如美国，根本拒绝批准这个公约，西欧一些国家也无视公约的规定。他们把每日每时产生的大量名目繁多的垃圾，特别是有毒垃圾，采取种种手段，用种种美妙的名义，直接输送到第三世界国家。在第三世界的任何地方，几乎都可以看到来自西方国家的垃圾，都可以看到这些垃圾制造的灾难。

德国报纸把有毒垃圾称为“给穷人的礼品”。仅仅九十年代初的一年里，汉堡港口就发生800起“假报运货”的事件。所谓“假报运货”，是把放射性垃圾和含污染物多的工业垃圾，称为“弃土”。这是一种“特殊垃圾”，主要运到第三世界国家和东欧国家。德国就是“特殊垃圾的最大出口国”。①

在每年把数万吨有毒垃圾伪装成肥料运走的国家名单中，美国居第一位。克林顿政府就要求美国的大公司，将含有高度浓缩的铅、镉、水银的燃烧炉的灰烬，和农用化工产品混合在一起，出售给第三世界国家。

一些第三世界国家已经多次发现，来自美国和其他西方国家的人道主义“捐赠”或“援助”，居然是有毒垃圾。2002 年，一批转基因食品运到玻利维亚、危地马拉、尼加拉瓜等拉美国家，以帮助妇女、儿童、老人、农民和印第安人解决饥饿问题。其中有美国的两种玉米，每个细胞都含有引起过敏、昏迷、脑损伤、肾功能障碍甚至死亡的转基因蛋白。②

在 2002 年美国捐助给阿根廷的物品中，人们发现了带血的衣服、带粪便的裤子、长霉菌的饭锅和过期的食品。③

西方国家送往第三世界国家的“洋垃圾”，真是千奇百怪，包括废旧服装、易拉罐、塑料薄膜、变质食品、轮胎、机械、纸张、注射器、手术刀、乱七八糟的生活垃圾和属于精神垃圾的东西，大量属于有毒垃圾。

美国报纸曾经谈起印度的“化学威胁”，所指为西方公司丢弃而印度公司回收利用的金属熔渣和金属灰。这是一种冶金工业在生产过程中产生的有毒垃圾，其中有残余的铜、锌、铝和铅，可供提炼和出售。回收利用这些废物，成本很高和具有中毒风险，在北美和西欧遭到禁止。于是大多数西方公司把它运到国外。美国、澳大利亚、加拿大是金属废弃物最多的国家，

---

① 《有毒的垃圾——给穷人的礼品》，德国《柏林日报》1992 年 4 月 2 日。

② 《美国向第三世界捐赠转基因有毒垃圾食品》，西班牙《起义报》2002 年 6 月 27 日。

③ 《阿根廷海关关长对美国捐助物品的态度在华盛顿引起不满》，西班牙《起义报》2002 年 11 月 23 日。

在运到印度的总量中占到一半。印度还大量进口美国废蓄电池，生产汽车蓄电池。这已经导致牛的死亡和地下水污染。

该报引述一些美国人士的话说，这是一种“以邻为壑”的行为，“印度的每个港口仿佛是排放废弃物的大闸门，全世界的废品商人都知道这一点。印度正在大批接受富裕国家的废弃物”，“我们西方人总是非常方便地把回收过程中最脏的那部分转移到亚洲去”，这是真正的“道德沦丧”。①

在美国人普遍认识到塑料的危害之后，它的塑料袋和塑料瓶子上都印有“可以回收”。但是这些塑料废物没有在美国处理，而是大量运到了国外。亚洲是最主要的目标。在雅加达，妇女在30度以上的高温中处理这些废品，皮肤出现疹子。美国1991年输出的塑料垃圾，一半运往香港，部分由香港转运到中国大陆。1992年8月，上海环保局对这些塑料垃圾的化验报告指出，其中55%居然是家庭垃圾、输血袋及管子。②

2000年6月，曾经发生菲律宾马尼拉垃圾山倒塌，使200人活埋致死的惨剧。2006年8月，一艘载有数百吨废油的货轮，从荷兰来到西非科特迪瓦的阿比让，被倾倒在十多处垃圾场。在短期内，已经有8人死亡、大约8万人入院治疗。

电子废物是世界上增长最快的垃圾。电脑是由1000多种材料组成的复杂设备，其中一半以上对人体有害甚至剧毒。如经过氯化和溴化处理的材料，有毒气体，有毒金属，生物活性物质，酸性物质，塑料和塑料添加剂。接受高频信号的调制器和变压器，能够发出有害健康的电磁波。半导体、印刷电路板、软驱和显示器的生产，更加需要特别危险的化学品。一台15英

① 《缓慢的死亡——印度已变成西方有毒废物的弃置场》，美国《新闻周刊》1996年9月29日。

② 《美将大量塑料垃圾输往第三世界》，《光明日报》1993年12月25日。

寸电脑的显示器，含有大约3公斤铅，还有水银、镉、铬、聚氯乙烯塑料、溴化阻燃剂等剧毒物质。

电子垃圾通过“美国的废物回收计划”来到亚洲。美国以回收名义收集的电子废物中，50%至80%最后运到了亚洲国家，其中大约90%来到中国。这些废物不是被回收利用，而是进入了当地的土壤、河流、池塘、沼泽地和灌溉渠。在广东一个叫做贵屿的小镇，10万人受雇进行垃圾处理的工作。他们将电线从电脑中抽出来，敲打、拆卸报废的电子器件，在电子器件上浇上酸溶液以提取银和金，焚烧塑料和电路板。那里是一个硕大无比的垃圾山和垃圾场，土地几乎寸草不生，空气污浊难闻，需要从30公里以外的地方运来饮用水。以垃圾为生的人们和附近的居民，怪异的疾病缠身，时时出现畸形儿。①

来自西方的垃圾，按照西方模式耸立起来的企业和生活方式产生的垃圾，从天空、海洋、河流、湖泊、山峦、草原、耕地日复一日地毁灭着第三世界。这成为新自由主义全球化为国际垄断资本献上的最大礼品。

---

① 美联社加利福尼亚州何塞2002年2月25日电；埃菲社旧金山2002年2月25日；年新华社洛杉矶2002年2月25日电；〈《美国剧毒电子垃圾倒向〉》，法国《欧洲时报》2002年3月28日；《IT垃圾大量流入中国》，日本《日经产业新闻》2002年4月25日。

别名 35：

环境破坏全球化

资源枯竭和环境破坏，是两个互为因果、彼此连贯的问题。1998 年，联合国环境规划署负责人曾经列出地球的十大环境祸患：

一、土壤遭到破坏。

二、气候变化和能源浪费。

三、生物多样性减少。

四、森林面积减少。

五、淡水资源受到威胁。

六、化学污染。工业带来的数百万吨化合物存在于空气、土壤、水、植物、动物和人体中，即使作为地球上最后的大型天然生态系统的冰盖，也受到了污染。那些有机化合物，那些贵金属、那些有毒产品，都集中存在于整个食物链中，并最终将威胁到动植物的健康，引起癌症，导致土壤肥力减弱。

七、混乱的城市化。第三世界城市的贫民窟在扩张。大城市里的生活条件将进一步恶化：拥挤、水被污染、卫生条件差、无安全感，等等。

八、海洋的过度开发和沿海地带被污染。

九、空气污染。多数大城市里的空气含有许多由取暖、运输和工厂商场带来的污染物。

十、极地臭氧层空洞。每年春天，在地球两个极地的上空，都再次形成臭氧层空洞，北极的臭氧层损失20%—30%，南极的臭氧层损失50%以上。①

需要专门提出全球气候变化问题。

由于人类活动，主要是使用化石燃料造成的温室效应，越来越多的二氧化碳等气体正在导致全球气候变暖。过去20多年，世界冰冻面积减少10%，阿拉斯加、西伯利亚和加拿大部分地区的年平均温度上升摄氏4度，海上冰原厚度比1980年减少40%，面积缩小6%。永久冻土已经不再继续封冻。北极大部分地区的冻土层曾经是坚硬的海岸线，现在这些海岸线却在融化，海浪侵蚀着陆地。2002年的监测发现，南极半岛顶端大约3520平方公里的终年结冰层，发生大规模断裂。2006年，高达200米的巨大冰山，已经脱离南极，向澳大利亚和新西兰附近海面运动。人类活动排放的温室气体在地球大气层淤积，使海平面上升，全球气温从1990年到2100年之间将上升1.4到5.8摄氏度。

温室效应使全球每年损失达到3000亿美元。全球变暖导致越来越多和越来越严重的自然灾害。二十世纪九十年代同八十年代相比，受灾人口增加6400万。仅仅1996年同1994年相比，自然灾害就增加三成。最近10年，在各种自然灾害中丧生的人数不少于25万。亚洲自然灾害占全球43%，死亡人数占80%。在美国，俄勒冈沿海出现含氧量很低的"死亡区"水域。极地冰盖融化使世界低地发生洪水。全球疾病中，25%与环境恶化有关。蚊虫数量的增加，就直接造成疟疾、登革热和其他虫媒疾

---

① 《地球上的十大祸患》，法国《问题》周刊1998年7月18日。

病的肆虐。澳大利亚环境学家警告，海平面的上升，已经使三个国家——图瓦卢、它的邻国基里巴斯和印度洋上的马尔代夫，面临灭顶之灾了。

1997年，美国马里兰大学的一个研究小组，估计空气、海洋、河流甚至岩石的价值，认为按照最保守的计算，生物圈每年向人类提供的物质，平均为33万亿美元。与之相比，全球国民生产总值只有18万亿美元。全球经济增长，超过了地球生态的负荷量。换句话说，人类对资源的消耗和制造的温室气体、污染、垃圾，亦即“生态脚印”，超过了地球吸收和降解的能力。1999年世界自然保护基金会的计算为，超过地球再生能力的20%。①

2005年3月，联合国发表由1300名科学家在95个国家进行考察以后所写的《千年生态系统评估》，认为使地球生命得以生存的生态系统中，有60%已经严重恶化或不能持续利用。

西方主流舆论在资源、环境、生态问题上的两个主要论点，一个是归罪于第三世界人口增加，一个是宣传他们的可持续发展。

造成资源枯竭和环境破坏的罪魁祸首，不是第三世界国家，而是西方发达国家，首先是美国。

全球资源环境领域同样是一个贫富两极分化的领域。西班牙《起义报》2004年3月31日发表《消费社会》，称今天可以进入这个消费社会的并非地球全体居民，即便在西方国家也只是一部分人而已。全球“高层次消费者”人均每天消费超过20欧元，另有28亿人人均消费不足2欧元，12亿人不足1欧元。比如美国人均每年消费纸张331公斤，印度只有4公斤，非洲不足

① 《我们每年欠地球33万亿美元》，路透社伦敦1997年5月14日电；《人类正在破坏环境》，美国《国际先驱论坛报》2002年7月14日。

1公斤。比如西方发达国家15%的人口，消耗全球61%的铝、60%的铅、59%的铜、49%的钢材。就资源和环境来说，新自由主义提供的，是一个过度消费和穷困潦倒并存和“互动”的世界。

二十世纪九十年代是全球气温最高的时期，温室气体排放量比过去增加9%，美国增加18%。非洲排放量仅占世界总量的3%。联合国承认，1992年至1999年，西方发达国家人均生物能源的消耗量，比第三世界国家高10倍以上。就能源消费的总量而言，世界最富的人的消费，为最穷的人的26倍。美国人口占世界4.5%，二氧化碳排放量却占世界25%以上。美国消费世界石油最多，达到25.7%，日本第二，为7.7%。第三世界国家原油储量占全球88.2%，消费仅占西方国家的一半。汽车和其他交通工具消耗全球资源的30%和石油的95%。美国是世界第一汽车大国。美国车主每年开车的里程，从1982年的1.5万亿公里，增加到1995年的2.5万亿公里，而且车子和耗油量越来越大。一种新的统计表明，全球1/10的温室气体由喷气式飞机排放。美国又是世界第一飞机大国，仅其国内航线使用的喷气式飞机，就占世界喷气式飞机的30%。美国、日本、欧洲纸制品消费占世界2/3，几乎所有作为原料的木材，都来自第三世界国家。①

以美国为首的西方，在第三世界进行的资源掠夺，成为第三世界同时也成为全球环境破坏的主要原因。对非洲石油、钻石、有色金属和其他资源的掠夺以及由此引发的所谓“代理人战

---

① 《更富有、更肥胖，但并非更幸福》，乌拉圭《南方杂志》双月刊2004年5月—6月号；《资源战争——全球冲突的新场景》，上海译文出版社2002年版；《飞机污染超过汽车》，《北京日报》1998年11月10日；《环境恶化挑战人类可持续发展》，《中国产经新闻》2002年2月20日；《反全球化的新趋势和未来替代》，《高校理论战线》2004年第4期。

争”，对拉美热带动植物资源的掠夺，直接导致那里的生态恶化和巨大人群的贫困。

对自然资源的掠夺，撑大了国际资本的胃口。美国一个臭名昭著的“圣菲4号文件”，就把控制拉丁美洲的自然资源，作为美国的一个优先举措和“国家安全问题”。美国、西欧国家和日本的庞大船队，穿梭于世界各大洋，竭泽而渔，使所到之处渔业资源尽遭破坏。美国是世界最大的灵长目动物进口地区。欧盟是世界最大的爬行类动物皮革、鹦鹉、王蛇、蟒蛇的进口地区。

生活在第三世界国家的稀有动植物，或者被送上西方富人的餐桌，或者成为他们用于消遣的玩物与装饰品。有一种统计，动植物非法交易的利润，仅次于毒品。每年进入这种交易的有5万只灵长目动物、400万只鸟、3.5条热带鱼，其中60%—80%死于转运途中。在巴西的亚马逊，只有1/10动物能够经得住旅途的折磨。

许多曾经处于西方掠夺视野之外的地区，比如亚热带潮湿的原始森林、高山稀疏草地和热带低湿地丛林，在遗传工程和生物技术得到发展的今天，也已经不能躲过遭受掠夺的厄运。这些数万年或数百万年形成的资源，正在成为国际资本的战利品。

英国一家报纸揭露了西方在非洲的一种盗窃活动：

> 非洲凤仙是深受英国园艺家喜爱的一种植物，然而这种朴实无华的植物，如今陷入了一场有关专利、人权和发达国家剥削穷国的国际纠纷。
>
> 跨国生物科技公司先正达公司推出新型非洲凤仙，便是西方对发展中国家进行“生物海盗活动”的例子之一。一些环保组织越来越多地用这个词来描述一种新的殖民掠夺

行为：西方公司在发展中国家猎取原材料并申请专利，然后制成价格高昂的药品、化妆品等在西方市场上销售，从中赚取巨额利润。大多数情况下，这些公司根本不与原产国分享成功果实。①

第三世界国家不仅不能承担、也没有道理承担全球资源枯竭和环境破坏的主要责任，反而是它的主要受害者。

主要由西方导致的资源枯竭和环境破坏，加剧了第三世界人民的贫困和生态灾难。自然灾害造成的死亡者，第三世界国家占96%。姑且不说汽车飞机。仅仅消除饥饿和营养不良，也不过需要190亿美元，向妇女提供基本的医疗服务也不过需要120亿美元。然而世界军费开支已经达到1万亿美元，其中一半在美国；侵略伊拉克，截止2003年发射战斧式巡航导弹大约800枚以上，一枚造价就是60万美元；美国每年浪费粮食960亿磅(1镑=0.45公斤)，如果收回5%，即可供400万人食用一年；美国每年宠物拍照耗费540万美元，欧洲人每年冰淇淋耗费110亿美元；等等。

大自然按照自己的规律形成的生态系统，是孕育、延续、变异、再生生命的有机系统。一个特定的、有着自己内在活力的生态系统，是由无生命的物理—化学环境，和生物——微生物、细菌、植物、动物——存在形式确定的。作为地球的生产和生命的发动机，对于人类社会来说，生态系统是财富和福利的源泉。它不能替代，也不能借助于任何技术手段完整地复制。因此，生态系统的破坏和消失，意味着消灭人类存在的可能性。在资本主义之前，对环境和生态的破坏是地方性的。资本主义

① 《新的海盗活动：西方是如何“窃取”非洲植物的》，英国《观察家报》2006年8月27日。

全球化特别是新自由主义全球化，却导致这种破坏的全球化。

“帝国主义”已经不再是局限于政治、经济、军事的现象，也再仅仅是文化现象，它同时也是“生态帝国主义”。它没有支付，反而继续大规模地加速对大自然、对第三世界的生态债务，甚至绝不愿用他们的最先进的计算机系统，计算出这种债务的天文数字。

西方当局及其舆论界制造和传播种种谎言，为自己的罪行和这种罪行的继续进行辩解。

比如，增长不存在极限，为了今天的富有和享乐，尽情地、放肆地随意开发和浪费吧，总会发现新的资源。

又比如，技术将解决一切问题，让我们崇拜技术至上主义吧。

还比如，人类已经进入所谓“后工业时代”和“信息时代”，只要拥有他们所谓的知识和信息，就可以拥有一切。

再比如，“我们所有的人，富人和穷人，都有罪，然而我们有共同的未来。让我们团结起来消除污染和改善环境，为我们的共同未来奋斗吧。”

诸如此类的资本主义积累模式的辩护词，这种在大自然面前、在世界绝大多数人生存问题面前的疯子般的傲慢，以其无知、贪婪、野蛮、残酷和狡诈，正在遭受无情的报复。

可悲的是，新自由主义的毒剂，已经深深地渗透到第三世界相当一些国家的政治核心，已经或正在形成适应西方帝国主义需要的买办官僚资产阶级及其知识分子群。

> 在南方和东方被统治的国家进行的对原材料和资源的掠夺，通过按照“结构调整计划”的渠道推动出口，已经制度化了。世界上的许多国家，产生了回到传统的原始经济的情况。这说明对出口和对外贸易的崇拜，已经获得合法

性和理论上的根据，复活“比较优势”已经变成外围国家统治阶级和经济的一种想象。他们愿意以快速的方式，将一国土地上所有的自然资源奉送。

为了在世界市场上有竞争力，这种出口型的意识形态，以世界银行、国际货币基金组织和世界贸易组织作为他们主要的坐标，为掠夺原料和自然资源找借口，有意识地掩盖它对环境的冲击。更糟糕的是，他们企图让私人资本家控制生态系统，使自然资源随意资本化，以便从中受益，并称也让所有的人受益。那些人有兴趣将世界上某个地方还留存的一片未开垦的原始林地掠走，在所到之处留下贫困和悲痛。他们的“绿色的”演说背后，就有这种无耻的言论。①

这里所谓“结构调整计划”，也称“经济结构调整计划”。正如新自由主义之用于拉丁美洲时叫“华盛顿共识”，用于苏联东欧时叫“休克疗法”一样，这是用于非洲时经常出现的提法。提法有别而主要内容是相同的。

主要由于这种现实，第三世界各国虽然有着自己珍惜资源、保护环境的传统和经验，却被迫把生存摆在第一位。西方主流社会的方针，温和者以“生态”、“环境”一类名义没完没了地指责第三世界，直白者干脆把世界人口分为20%和80%，主张通过资源掠夺、环境破坏、倾倒工业垃圾、输出污染物和污染性企业、战争、饥饿、奴隶般的盘剥压榨和挑起内乱等途径，减少、在某些地区干脆是灭绝第三世界居民。

然而西方主要是美国当局，又在裹挟着新自由主义的旋风，

① 《生态帝国主义不断掠夺南方国家的自然资源和穷人》，西班牙《起义报》2006年6月9日。

强制性地向第三世界推行他们的政治、经济、文化模式和生活方式。即使美国的“盟友”和“战略伙伴”遍天下，至今人类却没有看到、也不可能看到美国制造出第二个美国，甚至没有看到美国当局什么时候有过这样的善心。任何国家，如果对美国来一番全面照搬和全面仿效，那无论对世界、对它自己，都只能是万劫不复的灾难。

新自由主义全球化别名之一为美国化。美国化，美国当局自己及其在第三世界的追随者很看重，实际上也因其特别具有迷惑性而发挥着重要的恶劣作用的，是席卷着所谓自由和放浪、任意挥霍和消费主义的美国生活方式。有一种统计，说目前世界已经有1/5人口，享受着美国生活方式。但是曾经写过《人口爆炸》一书的美国生态学家保罗·埃利克就认为：美国化生活方式，正在把全球生态系统推向崩溃边缘。他举例说，美国人每年扔进下水道里的食物，比非洲撒哈拉以南地区所有人的食物还要多；如果世界人们都像美国人那样大手大脚地消耗石油，10年内将耗尽目前已经发现的石油储量。

新自由主义全球化瘟疫一般地传播的美国生活方式和美国化，是全球资源枯竭、生态和环境破坏的根源。

无论人口还是经济发展与环境关系问题，中国都为世界舆论所关注。罗马尼亚一家报纸强调，中国经济发展奇迹的秘密和成功经验在于，“第一，实行科学的计划经济；第二，充分利用自己的力量和智慧；第三，在每项重大措施出台之前首先必须进行广泛的调查研究和小范围的实践检验。”文章特别强调，“独立自主、自力更生，是中国人的一贯骄傲，它在改革的成功中所起的作用也是决定性的。”①

美国环境问题专家布朗从另一个方面提出问题：

① 《中国奇迹产生的原因》，罗马尼亚《罗马尼亚之声报》1995年11月2日。

如果中国的汽车拥有量和汽油的消耗量达到美国的水平，中国每天就需要8000万桶汽油，而世界每天只生产6400万桶。很显然，西方的发展模式在中国行不通。对印度和发展中国家的其他20亿人民来说也行不通。在美国，依赖矿物燃料、以汽车为中心和一次性物品充斥的经济，已经达到登峰造极的地步，这在发展中国家将是行不通的。因此，从长远来看，对工业发达国家来说也是行不通的。①

可持续发展，按照提出者的定义，就是这一代人要发展，下一代人也要发展。然而无论作为理论、战略、政策或是联合国决议，提出多年而至今宣传声调不减，世界资源环境问题却未见改善反而愈加严重。可见它至少不得要领。问题的症结恰恰在于，资源和环境问题，已经越来越成为一个全球性的政治问题和经济制度问题。

在同新自由主义相联系并且从属于新自由主义的时候，所谓可持续发展，不过意味着资本主义、帝国主义和美国霸权的可持续发展，意味着新自由主义灾难的扩大再生产。对于国际垄断资产阶级及其跟班，对于世界工人阶级、被压迫人民、被压迫民族，“可持续发展”完全是两回事。后者没有一天不面临失业、贫困、涨价、饥饿、疾病、疲劳过度、工伤事故、重利盘剥、环境污染、自然灾害，更不要说由于国家解体、民族衰败、社会混乱和战争带来的死亡威胁了。连这一代的生存，都已经发生日益严重的问题，都已经无法在资本主义的秩序范围之内找到解决问题的有效方法，又哪里谈得上什么下一代的发

---

① 《环境岌岌可危》，美国《新闻周刊》1998年3月9日。

展！世界绝大多数人的可持续发展，只能是摧毁今天世界统治制度的产物。至于新自由主义的所谓“可持续发展”的背后，正是整个人类和地球的毁灭。

结　语

作为这些别名考的总结，有什么话说呢？

30 年来，关于新自由主义的伟大光明、灿烂辉煌、万寿无疆和“无可选择”、“不可逆转”，关于除此之外纯属扯淡、通通必须按照新自由主义的路线“解构”和“重建”的议论，人类已经从各种文字的报刊、因特网和数以万计的著作中，从每天响撤天空的各种语言的声音中，从幼儿园、小学、中学、大学、乱七八糟的研讨会与培训班的课堂和天晓得多少讲坛上，读得太多，听得太多。这种其实仅仅属于国际垄断资产阶级及其跟班、也仅仅对他们有利的声音，几乎可以说成为唯一的声音。人民在呻吟和哭泣。人民的真理被压抑得鸦雀无声。这真是人类历史上从未有过的局面，一种席卷天下、包举宇内、囊括四海的全球洗脑运动。

马克思《资本论》1867 年第一版序言和 1872 年第二版序言，都谈到政治经济学研究的科学性问题。资产者心中最激烈、最卑鄙、最恶劣的感情和代表他们私人利益的复仇女神，正在被召唤到战场，来反对自由的科学研究。这种阶级本性和阶级斗争的客观进程，敲响了科学的资产阶级经济学的丧钟。“现在的问题不再是这个或那个原理是否正确，而是它对资本有利还是有害，方便还是不方便，违背警章还是不违背警章。不偏不倚的研究让位于文丐的争斗，公正无私的科学探讨让位于辩护士的坏心恶意。”

当时的背景，是资产阶级在英国和法国夺得了政权。一个多世纪以后的今天，自由资产阶级经过国家垄断的阶段走向国际垄断，有了一种新自由主义全球化。世界工人阶级、被压迫人民、被压迫民族的血与火的奋争，曾经在我们星球的很大一块土地上，以社会主义制度和民族解放运动的胜利，造就一种全新的社会。在这个意义上，新自由主义全球化，算得一种全球范围的“解构”和“重建”。马克思所说的那种资产者心中最激烈、最卑鄙、最恶劣的感情和代表他们私人利益的复仇女神，正在被重新召回战场并旋风一样扫荡整个世界，自由的科学研究陷入从未有过的厄运。

在新自由主义全球化别名第28种，即科学倒退全球化中，我们已经分析过科学研究沦为金钱和权势奴仆的情形。任何人都有自己的爱和恨。本书作者最不情愿的和努力防止的，就是以自己的主观愿望和情绪，影响对历史过程的客观分析。这是任何科学探讨的大忌。因此每写下一段话，都要回头看一看，删去那些有可能存在这样问题和产生类似误解的文字。然而特别是别名考结束，却自己也难免惊讶：这就是新自由主义吗？这就是它带给我们这个世界的现实吗？新自由主义全球化，果真造成了人类历史的全面倒退和全球的巨大灾难吗？——是的，希望它并不如此的愿望，为它多少进行一点辩护的、即便是骨头里挑鸡蛋的尝试，怀疑、惊讶、悲哀、痛惜、愤怒，一概无济于事：这就是新自由主义，这就是事实。而且越写下去，就越不得不承认这个事实。

对同一事物存在不同的甚至截然相反的看法，“横看成岭侧成峰”，自古皆然。何况现在面对的，是世界历史进程这样的大问题。历史运动的客观逻辑，总一次一次嘲笑那些敢于对它丝毫藐视的人们。这些人们自以为可以制造历史和使历史在自己的掌心里存在，然而他们几乎在第二天就会觉察到，历史走向的，是他们意愿的反面。这种历史的讽刺，本身已经成为历史的一部分。

从研究工作来说，根本的分歧是，从哪一种角度、站在历史运动的哪一边进行观察和研究。坦率地说，我们不能站在世界少数人的一边而只能站在多数人的一边，不能站在剥削者的一边而只能站在劳动者的一边。原因不是别的，而是后一边有真理。新自由主义全球化，使工人阶级、被压迫人民、被压迫民族在全球范围陷入无权、无枪、无钱、无势的境地。但是无论美元还是巡航导弹都无法改变的事实是，他们意味着全球的多数、意味着历史的真理、意味着人类的未来。

如果是美国人或英国人，事情就简单得多。国籍、肤色、语言、哈佛牛津的招牌，故作高深的口若悬河与纵横交错的图表，本身就成为今天所谓科学价值的标识和身份证。但是作者没有这样的标识和身份证，想说点什么属于自己的话，说话之前，就已经被判贬值。不是崇洋么？那就引文罢。我们不得不从浩如烟海的国外资料中进行大量引述，而且越是遇到重大判断，越是宁肯搬出那些来自西方国家的引文。至于因此而使我们的读者感到读起来臃肿不快，也无可如何，只能请求理解一个第三世界国家知识分子不得不然的苦衷了。

关于世界未来走向的预测，即便直接为国际垄断资本效力的主流媒体，理直气壮地帮美国当局说好话者也越来越少。

带普遍性的看法，是世界将步人黑暗时代或者多极混乱时代。沃勒斯坦有三种预测并且作出了自己的回答：第一种，美国继续称霸；第二种，中国到2005年成为世界第一；第三种，“多极化无政府状态和失控的经济波动”。他认为，第三种前景出现的可能性看来最大。

人类历史演出过无数由烈火烹油而大厦倾倒，物极必反、盛极而衰的活剧。一事、一地、一组织、一国家乃至全球，概莫能外。中国历史上，春秋战国而有秦汉的大一统，魏晋南北朝而有唐的兴盛，清末腐败、外敌入侵、国家破碎，而有“五四”运动和共产党领导的中华人民共和国勃然崛起。天下大乱，战火连绵，百姓涂炭，豪杰并起，总是首先冲击那种归根到底从中得到利益的现存秩序，总是在人民的深刻灾难中，在社会运动的艰难坎坷、起起伏伏中，萌生出新的愿望、新的力量和新的历史道路。

巧舌如簧的说教，再也无法掩盖新自由主义全球化使全球陷于倒退和灾难的事实，大把的美元、大洋游弋的航空母舰，也封不住、吓不哑遍于全球的抗议和控诉。存在民族压迫的地方就出现民族反抗。存在阶级压迫的地方就出现阶级反抗。压迫越重，反抗越烈。反抗同时将是伟大的探索。这同样是一种天下大乱，一种美国霸权失去控制的天下大乱。世界太黑暗，那就来寻找和创造光明。这已经越来越不再是少数人的愿望，而成为我们时代绝大多数人的共同行动。历史没有终结。迎面来到的，正是新的转折点。

跋

翻翻报章杂志，剪剪贴贴，由此看人生，看世界，是一大乐事。见得多的东西，印象自然深些。集之多年，仿佛渐渐地有点条理了。于是有这一本。

说不上学术专著，没有惊天骇俗的大道理，不想靠它评教授。说不上喜怒哀乐的倾诉，或世态人情的描写，也不想靠它评几级作家。何况不合时宜，恐怕大半不入眼。

只是资料。因为时尚崇洋，大多用洋资料。又因为所谓“洋”，其实不指厄瓜多尔、坦桑尼亚一类，主要指西方几个国家，便多从这几个国家的媒体或出版物上，摘摘抄抄。

无非把同样意思的话排在一起。也按照人家的话，立个题目。如今高论铺天盖地，大都让人窒息得晕头转向，却又似曾相识。一堆资料，鲍鱼龙虾之外，不知可算得白菜土豆，聊以调节口味。

认真的读者会问，布什的一帮人，不是分明自称新保守主义，而且在伊拉克打仗 5 年，丢盔卸甲，眼见得总统当得骂声遍于全球，摇摇欲坠，又有“新保守主义边缘化”之说，何来新自由主义全球化呢?

这倒是严肃的学术问题了。

在下所读报章杂志，既有论及这二者不同的文字，也有论及这二者并无根本区别的文字。五四时代的胡适，从西方讨学问，偏主张少谈点主义。其实西方人喜欢主义。你看美国的历届总统，几乎一人一个主义。主义几年下台，又出来新主义。可以找出的区别，都在政策层面，再就是师从和门派不一。深究下去，则涉及哪家上台执政、哪家少分权势和利益，背后又隐约有什么财团的看得见和看不见的手。查找谱系，索引概念，自然也会有做不完的文章。我想，还是给大学问家留下另外的天地罢。

布什上台的初年，曾经有一种议论：新自由主义正在被新帝国主义所代替。那先就告诉人，实行新自由主义，要么属于旧帝国主义，要么就不是帝国主义。姑且不来区别帝国主义的新旧，如果说新自由主义不属于帝国主义，如果说因为新自由主义了就不再帝国主义，则纯属谎言。这是一种新自由主义的帝国主义。

新自由主义强调用"市场自由"、"贸易自由"、"金融自由"，私有化和所谓"小政府"。新保守主义强调用战争。用来做什么？都是推行美国的全球霸权主义。何况，新自由主义从来没有过放弃战争——武装侵略索马里、伊拉克、南斯拉夫，导弹击中中国驻南斯拉夫大使馆，都出自口口声声新自由主义的克林顿；新保守主义也从来没有放弃"市场自由"、"贸易自由"、"金融自由"，私有化和所谓"小政府"。也就是这几天，拉美新当选的总统，已经不止一位宣布抛弃的，都是新自由主义；韩国首都群众在游行示威，反对的也是和美国签定自由贸易协定。

从二十世纪七十年代末、八十年代初，撒切尔夫人和里根相继出任英美总统以来，新自由主义成为统治全球的主义。其后既有它的苏联东欧版"休克疗法"，也有它的拉美版"华盛顿共识"和非洲版"经济结构调整"。有时候"自由"多一点，有时候枪炮多一点，甲地好端端的婚礼忽然炸弹自天而下、婚服与尸骨齐飞，乙地却大摇其“自由”的橄榄枝；便是一地，也每每枪炮硝烟与“自由”的乐曲一道轰鸣。大抵没有越出上面两位的方略，而且新自由主义的那些宝贝，至今也还在第三世界的绝大多数地方大行其道。

所以依然抄了洋人说过的话：新自由主义全球化。

总之，资料书。

略略不安的是，新自由主义家将忿忿。这实在无可如何。便是并非新自由主义家，而尊奉礼让谦和、有容乃大的文人雅士，也难免蹙眉：果真如此么？

作者在本书“结语”里，也划过这样的问号。现在只好怀了惴惴之心，等待批评。

经济学家刘永佶，以他揭示社会主义和劳动内在联系的多部著作，赢得我的尊敬。他和出版家邓小飞，曾经对本书出版给予关心和支持。两位年轻朋友秦洪良、陈志宏，也为我的繁琐的剪剪贴贴、抄抄写写、涂涂改改，提供过很多帮助。然后是我的妻子和儿孙。他们为我付出劳动，为我带来安宁和欢乐，却并不因为我终年忙碌，无暇和他们更多地团聚，而有即便一句责备。我不欠这个世界什么，惟独欠他们很多。且借书后一角，一并写下感谢和歉疚。

2006 年 12 月于北京